U0516366

华中科技大学双一流建设项目一流学科推进项目资助出版

华中科技大学社会学文库

华中科技大学社会学院优秀硕士论文集

第 1 卷

SCHOOL OF SOCIOLOGY,
HUAZHONG UNIVERSITY OF
SCIENCE AND TECHNOLOGY
OUTSTANDING MASTER THESIS,
Volume 1

华中科技大学社会学院　主编

社会科学文献出版社
SOCIAL SCIENCES ACADEMIC PRESS (CHINA)

华中科技大学社会学文库总序

在中国恢复、重建社会学学科的历程中，华中科技大学是最早参与的高校之一，也是当年的理工科高校中唯一参与恢复、重建社会学的高校。如今，华中科技大学（原为华中工学院，曾更名为华中理工大学，现为华中科技大学）社会学学科已逐步走向成熟，走在中国高校社会学院系发展的前列。

30 多年前，能在一个理工科的高校建立社会学学科，源于教育学家、华中工学院老院长朱九思先生的远见卓识。

20 世纪八九十年代是华中科技大学社会学学科的初建时期。1980 年，在费孝通先生的领导下，中国社会学研究会在北京举办第一届社会学讲习班，朱九思院长决定选派余荣珮、刘洪安等 10 位同志去北京参加讲习班学习，并接见了这 10 位同志，明确学校将建立社会学学科，勉励大家在讲习班好好学习，回来后担起建立社会学学科的重任。这是华中科技大学恢复、重建社会学的开端。这一年，在老前辈社会学者刘绪贻先生、艾玮生先生的指导和领导下，在朱九思院长的大力支持下，湖北省社会学会成立。余荣珮带领华中工学院的教师参与了湖北省社会学会的筹备工作，参加了湖北地区社会学界的许多会议和活动。华中工学院是湖北省社会学会的重要成员单位。

参加北京社会学讲习班的 10 位同志学习结束之后，朱九思院长听取了他们汇报学习情况，对开展社会学学科建设工作做出了重要指示。1981 年，华中工学院成立了社会学研究室，归属当时的马列课部。我大学毕业后分配到华中工学院，1982 年元旦之后我去学校报到，被分配到社会学研究室。1983 年，在朱九思院长的支持下，在王康先生的筹划下，学校决定在社会学研究室的基础上成立社会学研究所，聘请王康先生为所长、刘中庸任副所长。1985年，华中工学院决定在社会学研究所的基础上成立社会学系，聘请王康先生为系主任、刘中庸任副系主任；并在当年招收第一届社会学专业硕士研究生，同时招收了专科学生。1986年，华中工学院经申报获社会学硕士学位授予权，成为最早拥有社会学学科硕士点的10个高校之一。1988年，华中理工大学获教育部批准招收社会学专业本科生，当年招收了第一届社会学专业本科生。至此，社会学有了基本的人才培养体系，有规模的科学研究也开展起来。1997年，华中理工大学成立了社会调查研究中心；同年，社会学系成为独立的系（即学校二级单位）建制。2016年5月，社会学系更名为社会学院。

在20世纪的20年里，华中科技大学不仅确立了社会学学科的地位，而且为中国社会学学科的恢复、重建做出了重要的贡献。1981年，朱九思先生批准和筹备了两件事：一是在学校举办全国社会学讲习班；二是由学校承办中国社会学会成立大会。

由朱九思先生、王康先生亲自领导和组织，中国社会学研究会、华中工学院、湖北社会学会联合举办的全国社会学高级讲习班在1982年3月15日开学（讲习班至6月15日结束），上课地点是华中工学院西五楼一层的阶梯教室，授课专家有林南先生、刘融先生等6位美籍华裔教授，还有丁克全先生等，学员是来自全国十几个省、市、自治区的131人。数年间，这些学员中的许多人成为各省、市社科院社会学研究所、高校社会学系的负责人和学术骨干，有些还成为国内外的知名学者。在讲习班结束之后，华中工学院社会学研究室的教师依据授课专家提供的大纲和学员的笔记，整理、印刷了讲习班的全套讲义，共7本、近200万字，并寄至每一位讲习班的学员手中。在社会学恢复、重建的初期，社会学的资料极端匮乏，这套讲义是国内最早印刷的社会学资料之一，更是内容最丰富、印刷量最大的社会学资料。之后，由朱九思院长批准，华中工学院出版社（以书代刊）出版了两期《社会学研究资料》，这也是中国社会学最早的正式出版物之一。

1982 年 4 月，中国社会学会成立暨第一届全国学术年会在华中工学院召开，开幕式在学校西边运动场举行。费孝通先生、雷洁琼先生亲临会议，来自全国的近 200 位学者出席会议，其中主要是中国社会学研究会的老一辈学者、各高校社会学专业负责人、各省社科院负责人、各省社会学会筹备负责人，全国社会学高级讲习班的全体学员列席了会议。会议期间，费孝通先生到高级讲习班为学员授课。

1999 年，华中理工大学承办了中国社会学恢复、重建 20 周年纪念暨 1999 年学术年会，全国各高校社会学系的负责人、各省社科院社会学所的负责人、各省社会学会的负责人大多参加了会议，特别是 20 年前参与社会学恢复、重建的许多前辈参加了会议，到会学者近 200 人。会议期间，周济校长在学校招待所二号楼会见了王康先生，对王康先生应朱九思老院长之邀请来校兼职、数年领导学校社会学学科建设表示感谢。

21 世纪以来，华中科技大学社会学学科进入了更为快速发展的时期。2000 年，增设了社会工作本科专业并招生；2001 年，获社会保障硕士点授予权并招生；2002 年，成立社会保障研究所、人口研究所；2003 年，建立应用心理学二级学科硕士点并招生；2005 年，成立华中科技大学乡村治理研究中心；2006 年，获社会学一级学科硕士点授予权、社会学二级学科博士点授予权、社会保障二级学科博士点授予权；2008 年，社会学学科成为湖北省重点学科；2009 年，获社会工作专业硕士点授予权；2010 年，招收第一届社会工作专业硕士学生；2011 年，获社会学一级学科博士点授予权；2013 年，获民政部批准为国家社会工作专业人才培训基地；2014 年，成立城乡文化研究中心。教师队伍由保持多年的十几人逐渐增加，至今专任教师已有 30 多人。

华中科技大学社会学学科的发展，历经了两三代人的努力奋斗，先后曾经在社会学室、所、系工作的同志近 60 位，老一辈的有刘中庸教授、余荣珮教授，次年长的有张碧辉教授、郭碧坚教授、王平教授，还有李少文、李振文、孟二玲、童铁山、吴中宇、陈恢忠、雷洪、范洪、朱玲怡等，他们是华中科技大学社会学学科的创建者、引路人，是华中科技大学社会学的重大贡献者。我们没有忘记曾在社会学系工作、后调离的一些教师，有徐玮、黎民、王传友、朱新称、刘欣、赵孟营、风笑天、周长城、陈志霞等，他们在社会学系工作期间，都为社会学学科发展做出了贡献。

华中科技大学社会学学科的发展，也有其所培养的学生们的贡献。在 2005 年社会学博士点的申报表中，有一栏要填写 20 项在校学生（第一作者）发表的代表性成果，当年填在此栏的 20 篇已发表论文，不仅全部都是现在的 CSSCI 期刊源的论文，还有 4 篇被《新华文摘》全文转载、7 篇被《人大复印资料》全文转载，更有发表在《中国人口科学》等学界公认的权威期刊上的论文。这个栏目的材料使许多评审专家对我系的学生培养打了满分，为获得博士点授予权做出了直接贡献。

华中科技大学社会学学科发展的 30 多年中，受惠、受恩于全国社会学界的鼎力支持和帮助。费孝通先生、雷洁琼先生亲临学校指导、授课；王康先生亲自领导组建社会学所、社会学系，领导学科建设数年；郑杭生先生、陆学艺先生多次到学校讲学、指导学科建设；美籍华人林南教授等一大批国外学者及宋林飞教授、李强教授等，都曾多次来讲学、访问；还有近百位国内外社会学专家曾来讲学、交流。特别是在华中科技大学社会学学科创建的初期、幼年时期、艰难时期，老一辈社会学家、国内外社会学界的同仁给予了我们学科建设的巨大帮助，华中科技大学的社会学后辈永远心存感谢！永远不会忘怀！

华中科技大学社会学学科在 30 多年中形成了优良的传统，这个传统的核心是低调奋进、不懈努力，即为了中国的社会学事业，无论条件、环境如何，无论自己的能力如何，都始终孜孜不倦、勇往直前。在一个理工科高校建立社会学学科，其“先天不足”是可想而知的，正是这种优良传统的支撑，使社会学学科逐步走向成熟、逐步壮大。“华中科技大学社会学文库”，包括目前年龄大些的教师对自己以往研究成果的汇集，但更多是教师们近年的研究成果。这套文库的编辑出版，既是对以往学科建设的回顾和总结，更是目前学科建设的新开端，不仅体现了华中科技大学社会学的优良传统和成就，也预示着学科发挥优良传统将有更大的发展。

雷　洪

2016 年 5 月

序　言

将优秀学士学位论文和硕士学位论文编辑出版，一直是华中科技大学社会学院在人才培养方面想做的一件事情，没有别的想法，只是老师们认为这样不仅可以对优秀学士、硕士论文加以系统整理，更有助于低年级的同学参考和学习。值得高兴的是，在连续编辑两届优秀学士学位论文的基础上，优秀硕士学位论文集今天终于也编辑出版。

华中科技大学是我国重建社会学学科最早的高校之一。1980年华中科技大学成立社会学研究机构，1985年成立社会学系，2016年原社会学系更名为社会学院，设有社会学系、社会工作系、社会政策系；初步形成社会学、人口学、社会保障、社会工作等相互交叉和相互支撑的学科布局，主持国家、省部级以上科研项目200余项，获教育部及其他省部级优秀成果奖30多项；设有湖北省人文社科重点研究基地“华中科技大学养老服务研究中心”等研究机构，获批民政部社会工作专业人才培训基地等各层次人才培养与实习基地；与美国加州大学伯克利分校等多所高校有合作关系。

学院的研究生教育也具有比较长足的发展。1986年，获得社会学二级学科硕士学位授权；2000年，获得社会保障硕士学位授权；2006年，获得社会学二级学科博士学位授权和一级学科硕士学位授权，同时获得社会保障二级学科博士学位授权；2009年，获得社会工作专业硕士学位授权；2010年，获得社会学一级学科博士学位授权；2015年，获批社会学博士后科研流动站。

学院逐步形成了社会学、人口学、人类学、社会保障、社会工作等稳定的研究生学科培养方向。社会学方向紧密结合中国社会实际，吸收和借鉴国外社会学理论，对国内重大社会问题进行了深入和创新性研究，在乡村治理、社会问题、社会流动等方面的研究在国内具有重要影响。人口学方向在关注传统人口学和人口统计学的同时，重视研究中国现实人口问题和人口政策，将人口学的研究与社会保障结合起来，探讨中国人口老龄化进程中的老年保障问题，在国内有重要影响。人类学方向注重文化人类学和政治人类学的研究，对我国南方少数民族地区的历史文化和社会组织进行长期系统的研究，特别是少数民族地区的族群文化、新媒体对少数民族乡村社会与政治运作等的研究。社会保障方向既关注西方社会保障制度与思想史的研究，更关注中国社会保障制度现实的研究，在社会保障制度史、社会福利思想、中国社会保障制度整合、社会保障转移支付、社会救助研究方面影响较大。社会工作方向结合学院学科基础，注重社会工作理论研究，突出社会工作实务三大基本方法的训练，在老年社会工作、学校社会工作、医务社会工作和社区服务等方面具有一定的优势。在研究生教育尤其是在硕士学位论文选题方面，既注重紧紧围绕上述主要学科培养方向，同时也鼓励研究生根据学科与专业规范跨学科选题。

学院十分重视研究生的学术训练与科学研究，近年来采取一系列措施，如定期举办研究生“喻晨学术沙龙”，每期邀请专业老师对主讲作品进行点评；资助学生参加国内和国际学术研讨会；主办“明辨大讲堂”，邀请国内外知名专家、学者进行专题讲座；在暑假期间组织研究研讨班与专项培训，邀请国内外专家为研究生进行高级社会统计方法的专项培训；倡导举办湖北省社会报告调查大赛等学术竞赛，组织研究生积极参加各类学术竞赛；支持研究生通过独立完成科研项目（主要是学校创新基金项目）和参加导师的科研项目以及获得其他资助的科研项目，提高自身的科研能力等。这些学术训练措施效果显著，近5年来，硕士、博士生在《社会学研究》、《政治学研究》、《中国人口科学》、《社会》及CSSCI期刊上发表论文两百余篇。

在采取上述措施提升研究生学术素养的同时，学院十分重视研究生学位论文质量的提高，2013 年博士学位论文开始实施盲审，2015 年硕士学位论文开始实施盲审。为保证论文质量，从论文开题到论文答辩的每一个环节都严格把关，取得了比较好的效果。近 5 年来，获得余天休社会学优秀博士论文奖的有 2 名，获得提名奖的有 1 人，获得湖北省优秀博士、硕士学位论文的有近 10 人。

这本优秀硕士学位论文集的编辑出版，既是学院进一步鼓励和提升研究生学术训练和科研能力的又一重要举措，也是对硕士研究生优秀学位论文的一个集中总结和展示。希望论文集的编辑出版能够见证学院研究生教育的发展，尤其是研究生科研能力的不断提升。

丁建定

2017 年 12 月 12 日

目　录

第一部分　社会学

第二部分　社会保障

第三部分　社会工作

第一部分　社会学

城市居民社会资本的空间分化

——基于三类居住区的分析

卫文凯

摘　要　土地城市化、住房商品化的快速推进使得大量农村社区转换为城市社区。根据《全国城镇土地利用数据汇总成果分析报告》，2009～2013 年全国城市土地面积增幅为 14.5%，建制镇土地面积增幅为 21.7%。并且，在城镇化推进过程中有 16% 的家庭经历过征地、拆迁。这带来的直接后果是居住空间分化越来越严重，社区外部、社区内部呈碎片化状态。空间参与关系网络的建构，嵌入关系网络中的资源即社会资本。那么居住空间是否也会影响个体社会资本的生成与增加？以往的研究并没有回答这一点。基于此，本文利用 2012 年全国综合社会调查数据资料，运用单因素方差分析、多元线性回归模型，比较不同群体、不同居住区类型的居民社会资本差异以及社会资本在不同群体的空间分布，同时分析居住空间、家庭社会地位、个体社会位置对社会资本获得的影响。

本研究的结论如下：社会资本存在显著的空间分化，过渡型社区的个体社会资本均值显著低于商品房社区和传统老城区。其中，空间因素导致过渡型社区的个体社会资本均值较低，商品房社区与传统老城区的个体社会资本均值差异可归因于家庭和个体性因素；而且，不同群体社会资本存在着显著的空间差异。就家庭和个体特征对社会资本的作用来说：以父亲文化程度和家庭收入为代表的家庭社会地位对社会资本具有显著正向影响；个体社会位置对社会资本具有多元性影响。教育、职业阶层和党员身份对个体社会资本具有显著正向影响，男性比女性具有更丰富的社会资本，个人收入与社会资本并没有显著线性关系，年龄对社会资本的影响来源于个体性因素。

关键词 社会资本　居住空间　家庭社会地位　个体性因素

一　绪论

（一）问题提出

快速城市化使得农村人口大量集聚到城市，根据国家统计局的调查，2014年年末我国城镇常住人口有7亿多人，城镇人口比重为54.77%（中华人民共和国国家统计局，2015）。拆迁安置作为城市化过程中一个非常重要的手段，极大地促进了农民迁居城市。清华大学的调查显示，全国约有16%的家庭经历过任何一种方式的拆迁安置，若以第六次全国人口普查的数据为样本进行测算，在最近一波的城镇化过程中全国约有6430万家庭遭遇过征地、拆迁问题（京华时报，2013）。根据《全国城镇土地利用数据汇总成果分析报告》，截至2013年12月31日，全国城镇土地总面积为858.1万公顷，其中住宅用地面积为285.2万公顷。2009～2013年，全国城市土地面积增幅为14.5%，建制镇土地面积增幅为21.7%，城镇土地利用的区域结构向中西部明显偏移，东部地区城镇土地面积增幅为13.5%，小于全国总增幅；中部地区增幅为19.7%；西部地区增幅达到28.9%，高于全国总增幅（乔思伟，2014）。土地城市化、住房商品化以及人口流动性增大，直接后果是更多的农村被城市兼并，农村日渐凋落，城市内部的群体分化也更加凸显，社区外部、社区内部呈碎片化状态（李强、葛天任，2013：40～50），个体更多地从原来所依赖的社会关系网络中抽离出来，作为一个独立的单位而行动。

我国是一个伦理本位（梁漱溟，2011：79）的社会，“中国人社会行为的取向始终是和家长权威、道德规范、利益分配、血缘关系等四个因素联系在一起的”（翟学伟，2001：279）。关系的发展是基于互助互惠的形式，譬如俗语所说的“亲帮亲，邻帮邻”“多一个朋友多一条路”等。关系、人情一直备受学者们重视，乡土社会的关系网络主要由亲缘与地缘构成，基本结构是一种“差序格局”（费孝通，2007：23），社会关系由“己”推出，应需要沿亲属向外延展。林耀华也曾指出：“我们日常交往的圈子就像是一个由用有弹性的橡皮带紧紧连在一起的竹竿构成的网，这个网精心保持着平衡。拼命拉断一根橡皮带，整个网就散了。每一根紧紧连在一起的竹竿就是我们生活中所交往的每一个人，如抽出一根竹竿，我们也会痛苦地跌倒，整个网便立刻松弛。”（林耀华，2009：2）高趋同性、低异质性、高紧密性是其主要特征（张文宏，1999：108～118）。

而城市社会则是一个“充满社会异质性的、个人的、规模大、密度高并且永续强的集落”（沃斯，2007：2～18），分工与分化带来了地理空间在功能满足方面的专门化，即“功能结构的空间分化”（桂勇，2005：12～18），如中心商务区主要从事各种商务活动，而住宅区则以休憩为主。居住区内部也因建筑类型、小区的封闭程度而影响彼此的互动结构与关系结构，譬如开放式的居住区便于居民的面对面交往，而封闭式的居住区则限制了人们的交往频率。传统“守望相助”的邻里关系已不再是城市居民社会交往网与支持网的重要构成部分（桂勇、黄荣贵，2006：36～42），现代社会的脱域机制已经逐步地将人们的社会关系从他们所处的特殊的地域“情境”中提取了出来（吉登斯，2000：18～26）。居民的社会关系构成已经不再局限于某一行政区域内部，呈现向外扩散的特点，其支持网络也转向社区外（黎熙元、陈福平，2008：192～217）。并且，在寻求社会支持的意向上，城市居民更倾向于主动寻求业缘群体的帮助，而忽略血缘和亲缘群体（蔡禾等，1997：8～15）。

我国目前正处于社会转型期，以城市化带动社会转型意味着更多的农村将转变为城市，更多的农民将生活在城市。从这一角度来说，城市化即意味着居住空间的改变。居住空间在资本化过程中参与社会关系的重构（Harvey，1982：1－5），影响着人们的社会关系和关系网络，不同的人群被放置在不同的区域，接触的群体、接触的资源也发生着相应变化。社会资本即嵌入社会关系网络中的资源。资源，即一种“使事情发生的能力”，抑或是那些能满足人们需要和利益的物品、非物品以及事件，如金钱、情报等（科尔曼，1999：351～356）。更宽泛一点讲，就是“在一个社会系统中，人们一致认为是有意义和有用的符号和物体”（林南，1989）。网络规模越大，网内资源越丰富，则社会资本越丰富。

以往关于社会资本起源的研究认为，影响社会资本获得的因素包括宏观层面的社会结构机会与限制，如区域转型（城市化和市场化）；微观层面的个体性因素，如阶级阶层、人力资本、政治资本等（林南，2005：184～209；边燕杰，2004：136～146；郭云涛，2011：137～157）。其中郭云涛将社会资本操作化为网络位置效应因子和地位效应因子，认为城市化影响居民社会资本的网络位置效应因子。但我国的城市化并非一种单一的城市化，而是既有社会政策主导的计划性城市化又有市场主导的自发性城市化，由此形成了不同类型的居住区形态，如过渡型社区、传统老城区和商品房社区等。由失地农民集中安置而形成的过渡型社区并不是市场自由选择的结果，而是社会转型过程中多种强力作用的产物，其成员多来自同村或邻村，在生活方式、文化形态上有别于城市其他群体。为此，我们不禁要问：居住空间会影响个体社会资本的获取吗？如果有影响，是源于空间因素还是个体或家庭因素？

（二）文献回顾

对社会资本的研究，主要包括资本的获取和资本的动员两个相互联系的过程。以往的研究更多将其作为自变量进行考虑，侧重的是其功能效果，而较少将其作为因变量来考察。本研究重点关注社会资本的获取过程，因此对相关文献的梳理强调社会资本的生成。

1. 社会资本起源的理论

关于社会资本生成的诸多理论流派中，主要分为功能主义解释和社会网络解释。功能主义解释如科尔曼的功能论、帕特南的社区论、福山的信任论等，社会网络解释则如伯特的结构洞理论和林南的资源论等。

（1）功能主义解释

社会资本，是与物质资本、人力资本、文化资本相对应的一种资本形式。功能主义视角的社会资本理论从集体层面出发，强调组织、社区乃至国家，重点探讨什么样的组织可以更好地生发和增进社会资本。

在科尔曼看来，导致社会资本出现和消亡的因素有社会网络的封闭性、社会结构的稳定性、意识形态（如宗教意识形态）和其他因素，其他因素中以富裕以及需要的满足来自官方（各种政府援助计划）最为重要（科尔曼，1999：351～356）。此外，社会资本的价值将随着时间的推移而逐渐降低，须尽力维持其社会关系，以保证社会资本的不断更新和增值。在科尔曼的功能社会资本基础上，帕特南走得更远，他将社会资本推广应用到民主治理绩效上，将“我”扩展为“我们”，强调社会资本是一种“公共物品”，一种组织特征，并不是个体从中获益的私有财产。并把社会资本分为黏合性社会资本（bridging social capital）和连接性社会资本（bonding social capital）。黏合性社会资本强调团体内部的合作和互惠，有利于增强圈子内的凝聚力；连接性社会资本注重团体间的沟通与交流，重视外部资产，可以更好地扩大互惠的范围，二者类似于格兰诺维特的强关系与弱关系（帕特南，2011：11～12）。实际上，帕特南所宣称的社会资本一定程度上等于城市乃至国家的“公民精神”（civicness）。因而，一个社区的公共参与水平、社会团体规模、非正式联系等都直接体现社会资本存量的大小。据此，他认为造成20世纪60～90年代美国社会资本衰落的原因可归咎于代际更替：热心公共一代缓慢、持续而不可挽回地被他们参与较少的子辈和孙辈们替代了；传统家庭单位的衰落、电视娱乐和城市无序扩张也助推了美国社会资本总量的下降（帕特南，2011：322～330）。

福山接受了帕特南的主张，并将社会资本与信任结合得更为紧密和充分，认为组织社团内部个体之间的互动产生了社会资本。同时，对组织规范和权威的遵从也有利于社会资本的形成，并通过代际传递将这些规范和习惯传承下去，如宗教一样，共享的历史经验也可以产生非正式规范并创造社会资本。

此外，稳定的家庭和亲属关系（kinship ties）有利于增进彼此的信任度，进而催生市民社会的社会资本，但狭隘家庭主义（familism）则会阻碍社会资本的生成，因为它过分强调了家庭和血亲高于社会义务，导致关系拓展过于狭隘。

社区特性和居住空间也是影响社会资本的重要变量。空间形态的更替将改变居民间的交往频率和交往方式，从而导致社区社会资本的存量和结构的衰落、缺失和改变（方亚琴、夏建中，2014：83～91）。具体而言，社区人口、社区地理区位、社区家户规模、社区组织状况、社区活动状况及社区领导者等特性，分别与各类型的社区社会资本有一定程度的变异性或相关性（黄源协，2012：209～254）。在城市社会，邻里间社会信任关系的演进和存量可以通过对嵌入于居民区的组织联系而得到解释。国家介入方式不同对居民区内部的社会交往和人际关系产生的影响也不同。在纵向行政动员的组织策略中，居民间的交往关系往往被吸纳或建制化，而国家基层组织的网格化则提供了社会资本增生的空间和激励（刘春荣，2007：60～79）。

（2）社会网络解释

与功能主义视角重视集体社会资本不同，社会网络视角趋向于从个体层面研究社会资本，将个体关系与人们拥有和摄取资源的能力联系起来。如布迪厄认为社会资本是以群体成员间彼此认识和认知为前提，与成员资格和关系网络联系在一起的资源。个体通过参与群体活动、构建群体关系来扩大自己的关系网，“某一主体拥有的社会资本量取决于他能有效动员的关系网络的规模”。经济资本、文化资本、社会资本及其符号资本是可以相互转化的。社会资本就是通过经济和文化资本在“无休止的社会交往”中的转换而被创造并维持的。网络成员所拥有的经济、文化资源决定社会资本的质量。

伯特（Ronald Burt）从格兰诺维特的“弱关系”理论获得灵感，区分了结构洞（structural holes）和网络封闭（network closure）这两种不同的网络结构，以此来分析社会资本的生成机制。所谓结构洞即网络中各群体之间的弱联系，拥有这些弱联系的个人或群体能够运用和控制信息传播机制而获取更多的资源、取得更大的竞争优势，因而生成了社会资本。网络封闭即网络的封闭性，它不仅影响人们对信息的获取，而且促进人们从网络内的认可扩展到信任他人。对于网络封闭可以从两方面来看，一方面它极大地促进了网络内成员的交流和互动；但另一方面，它也限制了其他成员进入网络和网络内外成员间交流的机会。可以说，二者均可以产生社会资本，但结构洞强调的是群体间的弱联系，网络封闭则是强调群体内的强联系。在他看来，社会资本受到了网络限制、网络规模、网络密度和网络等级制等因素的影响（张文宏，2003：23～35）。其中，网络限制、网络密度和网络等级制与社会资本呈负相关。限制越多、密度越高、集中度越高，则社会资本越匮乏；而网络规模与社会资本呈正相关，规模越大则网络成员拥有的弱联系就越丰富，结构洞越多，社会资本含量越大。

如果承认社会资本即社会网络的观点，那么社会资本的集聚便可以通过网络规模、网络顶端、网络差异和网络构成这四个方面来进行测量（边燕杰，2004：136～146），进而认为阶级阶层地位和职业交往是造成个人社会资本差异的重要原因。阶级阶层地位，即个人及其家庭处于一定的社会经济地位之中，这影响了他们人际交往的途径、方式和范围，正如传统社会学家将产权、权威、技能作为阶级阶层划分的依据一样，它也是不同阶级成员间社会交往的结构制约。因此，阶级阶层地位将影响人们社会交往的深度和广度，从而影响人们的社会资本数量与质量。而职业交往则提供了一个补充性解释，因为人们大部分时间都是在职业场域中度过的，它提供了一个稳定的交往场域。从这一思路出发，边燕杰将人们的职业交往分为两种：一种是由于工作需要而进行的内部同事交往，即“科层关联度”；另一种是出于工作目的而进行的，与工作外的合作伙伴、客户之间的交往，即“市场关联度”。依照这一观点，胡荣则更深入、详细地分析了社会经济地位对关系网络的影响，发现男性的网络资源明显优于女性，年龄与资源丰富度呈负相关，收入对关系网络有正面积极的影响，受教育程度与网络资源呈显著正相关，党员身份、单位所有制与单位主管部门对网络资源无显著影响，但户籍身份是一个重要的身份标识，本市户口明显比非本市户口在网络资源上有优势（胡荣，2003：58～69）。邹宇春和敖丹比较了自雇与受雇两种就业状态对个体社会资本的影响，认为自雇者与受雇者的“讨论网”社会资本不存在差异，但在“拜年网”和“饭局网”社会资本中自雇者比受雇者更为主动地去投资（邹宇春、敖丹，2011：198～224）。

同样受到“弱关系”理论的影响，林南从社会资源的角度分析社会资本。资源按其属性可以分为个人资源和社会资源。个人资源是行动者自身所拥有的，而社会资源则是通过关系从其他人那里获取的，包括物质财富（如土地、房屋、汽车和金钱）和象征财富（如教育、俱乐部成员资格、受人尊敬的学位、贵族或组织头衔、姓氏、声望和名声）（林南，2005：41～42）。资源可以通过直接或间接关系被获取，这些资源既可以是他们的个人资源也可以是他们的位置资源。社会资本则是“作为在市场中期望得到回报的社会关系投资”（林南，2005：28），是社会网络和社会关系的利润产出。那么谁可以更好地获取社会资本呢？林南的回答是：自我在等级中的位置，自我与其他行动者之间关系的性质，网络中关系的位置。这三个因素导致了关于获取社会资本的四个理论命题：①自我的结构性位置的强度；②关系的强度；③关系的位置的强度；④结构位置（position）、关系与网络位置（location）的共同（互动）效应。那些占据先赋优势的行动者，也将有好的机会获取和使用具备有利资源的社会关系。初始位置越好，行动者越可能获取和使用好的社会资本。关系越强，获取的社会资本越可能正向地影响表达性行动的成功，至少在资源异质性与达高性方面，自我越可能获取好的社会资本。个体越靠近网络中的桥梁，他们在工具性行动中获取的社会资本越好。对于工具性行动，网络位置（靠近桥梁）强度视桥梁所连接的不同资源而定。对好的社会资本的获取，往往发生在那些占据靠近桥梁位置的个体行动者身上，这个桥梁连接着那些处在相对较高等级制位置上的行动者（林南，2005：62～71）。

除了强调关系强度、阶级阶层位置在社会资本演进中的重要作用外，这一阵营的学者还讨论了什么样的因素会引发社会资本的变化。“转型”是关键词。张文宏认为宏观经济社会结构的变迁带来了社会网络资本结构、功能及其运作机制的变化。家庭结构的变化、单位制度和单位组织的弱化、社会机会结构的增加改变了已有宏观社会结构机会与限制的状况，使居民社会网络结构特征发生了变化：在网络结构规模方面，夫妻轴取代了亲子轴，自致关系替代了先附关系；社会网络规模扩大，异质性上升，网络密度下降；社会群体参与的综合性逐渐降低；不同阶层间的网络存在明显的区隔和不平等；虚拟网络成为城乡居民社会网络的重要组成部分；个体层面的社会网络向民间组织及社区层面延展（张文宏，2008：73～80）。但是城市社会转型并没有影响居民社会资本的地位效应，仅仅影响了居民社会资本的网络位置效应。伴随城市规模的扩大，市场化程度对社会资本地位效应的教育获取率趋小，与社会资本地位效应的经济回报率呈正相关，而与社会资本网络位置效应的经济回报率不相关（郭云涛，2011：137～157）。

2. 居住空间与社会交往

国内外不少学者对城市空间的研究并不单纯研究空间自身的演变与情况，而是将空间转型放在经济及社会变动的框架中。转型期中国城市的发展在本质上是一个多种社会力量互动博弈的过程，涉及经济政治和文化各个方面。城市空间可以说是一个由多种过程和充满异质性的空间形态糅合在一起的马赛克，每一次的构成形式都会带来迥然不同的空间状态和社会经济特征（余琪，2011：16）。

空间是社会性的，既是人类寄居的处所，又是人类开展实践活动的场域，人们因时因地经营各种社会关系，可以说“各种形式的社会行为不断地经由时空两个向度再生产出来”（吉登斯，1998：31）。空间就其根本即一种人与人、人与物之间的关系状态，客观上呈现一种关系结构（郑震，2010：167～191）。“对空间结构的分析，并不是社会结构分析的派生物或附属物。……确切地说，两者是相互依存的。……离开社会结构，空间结构就不可能得到理论上的阐述，反之亦然。再者……离开空间结构，社会结构就不可能得到实践，反之亦然。”（爱德华，2004：88）以往对居住空间的分析，重点在于探讨居住与社会封闭之间的关系（刘精明、李路路，2005：52～81），尝试从空间分异或分割的角度论述阶层化问题，如19世纪40年代恩格斯对曼彻斯特居住空间模式的分析。

布劳在《不平等与异质性》一文中提出“接近性”假设，即人们更多地与自己群体或社会阶层中其他成员交往，处于相同社会位置的人们有着共同的社会经验和角色以及相似的属性和态度，这一切都将促进他们之间的交往，例如婚姻、朋友等性质的交往关系（布劳，1991：67）。在市场化逻辑中，人们基于收入、职业等原因而选择不同的居住区，同一阶层群体往往偏向于居住在类似的社区类型；但对于过渡型社区来说，其遵循的是政府行政主导的逻辑，而非个人的自愿选择。陈俊峰认为伴随着城市化进程的推进，居住社区的空间分化以及社会排斥问题将更为凸显（陈俊峰，2010：52～57）。罗震宇认为对失地农民的集中安置模式带来了城市内部新的“城乡分裂”以及城市居民与失地农民之间新的隔阂（罗震宇、秦启文，2009：8～11）。“村改居”过程中失地、迁居造成的居住社区和职业的改变不仅带来了社区内居民交往方式发生改变，也使得社区内代际交流产生差异（郝辰昊，

2014）。公共空间和交流时间的减少，社区空间位置、社区文化和人口异质性的增强导致了以信任和参与为主要内容的社会资本呈下降趋势（陈建先、王超，2015：89～94）。但也有学者认为社会空间与社会交往呈显著相关关系，集中居住使得交往对象范围不断扩大，总体网络规模逐步拓展；亲缘关系削弱但业缘关系逐渐生长（叶继红，2012：67～75）。

3. 已有研究启示

通过对文献的梳理，我们可以发现，针对社会资本这一议题，无论是在集体层面还是在个体层面，以往学者都进行了广泛、深入和细致的探讨。首先，认为社会资本因构成因素、规模大小、网络位置等差异而存量有所不同；其次，影响社会资本丰富程度的因素主要作用于社会经济地位这一变量，包含个体和家庭社会经济地位两个方面，接触的范围、接触者拥有的资源、个体与其的紧密程度都直接决定了社会资本的含量，简单地说就是，个体社会位置的高低与社会资本的量与质的高低一一对应，如胡荣和边燕杰的研究。最后，空间与关系网络的互构性，以往的研究虽有探讨城市化与社会资本的关系、居住空间与阶层分化的关系、空间与关系网络的关系、社区集体社会资本，但并没有将居住空间与个体社会资本联系起来，因为城市化进程中的居住安排带来了居民互动结构和交往范围的变化，形成了新的空间区隔。多样化的城市化路径带来了多样化的居住区类型，如政府逻辑下为安置失地农民而兴建的过渡型社区、市场逻辑下为获取利益而由开发商兴建的商品房小区等。而针对城市化过程中形成的不同类型居住区与社会资本的关系，已有的研究并没有明确回答这个问题，这正是本文的研究重点。

众所周知的是，由于户籍制度、资源分配和产业结构等原因，我国城乡间存在巨大差异，这种差异在个体方面的体现则是受教育水平、经济收入、职业状况等方面影响，那么经历过由农村社区向城市社区转变的居民在社会资本获得过程中与其他群体是否存在差异？如果存在差异，这种差异是由空间因素造成的，还是由个体性因素产生的？为满足居住空间存在不同这一条件，在研究对象上本文选择传统老城区、过渡型社区、商品房社区这三种类型的居住区，一方面它们分别代表了传统的、过渡的和新兴的城市社区类型；另一方面也大致反映了我国城市社区建设的两种空间逻辑：强制行政介入和市场化的资源配置。

（三）概念界定

1. 社会资本

“社会资本”一词自提出以后，经过布迪厄、科尔曼、帕特南和林南等人的开拓性研究而受到了广泛关注，但其在具体的定义和测量上存在诸多争议，由于缺乏清晰明确的界定，加之其具有丰富的内涵和模糊的外延，这一概念非常笼统和不确定，甚至被批评为像一块“大海绵”（Portes，1998：1－24），包罗万象。

布迪厄和科尔曼主张社会资本是个人拥有的资源集合体（布迪厄，1997：202；Coleman，1990：302），与其他资本一样，社会资本也是生产性的，内含共识而非明显的物质结构，随时间的推移而产生，它不会因为使用但会由于不使用而枯竭（埃莉诺，2003：26～34）。其基本的表现形式为：义务与期望、信息网络、规范和有效惩罚、权威关系。

波蒂斯（Alejandro Portes）认为社会资本是个人在社会结构中获取稀缺资源的能力（Portes，1995：12－30），区分了两种社会资本：一是使价值和规范内化，能够驱使一个人建立社会联系，或者因为一般道德命令而把资源转让给别人；二是有限团结（bounded solidarity）可以推动一个人建立社会联系，或者因为认同内部群体的集体需要和目标而把自身的资源转让给他人（Portes，1995：14－50）。不同个体联系的差异是自我与社会结构之间因果互惠的能动结果，是一个动态的过程（张文宏，2006：52），将社会资本从自我中心（ego-center）拓展到社会结构层次。罗纳德与波蒂斯的观点较为相近，他也认为社会资本就是行动者从网络结构中获取信息和控制资源的机会（Ronald，1992：9）。

帕特南认为社会资本指的是社会组织的特征例如信任、规范和网络（帕特南，2001：195～200），而在福山看来，社会资本可以定义为群体内的价值观或规则，几乎与“信任”是等价的（福山，2002：18）。

在对社会资本的测量上也是众说纷纭。边燕杰将社会资本操作化为网络规模、网络顶端、网络差异和网络构成四个指标（边燕杰，2004：136～146）。赵延东和罗家得认为测量个人“拥有的社会资本”主要有提名生成法（name-generator）和位置生成法（position-generator），具体的操作化指标为网络规模、网络的角色构成、网络密度、网络位置以及网络中所嵌入的资源等（赵延东、罗家得，2015：18～24），在调查实践中，测量西部城乡居民个人社会资本时采用个人的网络规模、网络密度和网络资源（赵延东，2006：48～52）。王卫东选取了网络规模、网络成员的 ISEI 均值、网络密度、网络成员中的最高 ISEI、网络成员中的最高 ISEI 和最低 ISEI 的差（全距）、网络成员包含的职业类型数和单位类型数等七个观测指标测量个人层次的社会网络资本总量（王卫东，2006：151～166）。

关于是否使用职业声望来计算社会网络资源这一问题，尉建文、赵延东通过对职业声望和职业权力的对比，发现二者存在显著差异，并且基于职业权力计算出来的社会资本在信度和效度方面都优于基于职业声望测算的结果（尉建文、赵延东，2011：64～83）。

综合上述讨论，本研究采用社会网络视角的观点，社会资本指人们从各种社会关系中摄取资源的能力，包括正式和非正式的成员关系。在具体测量上包括网络规模——“通常情况下，您一天里与多少个不住在一起的家人或亲戚有联系？联系方式包括电话、短信、信件、上网、见面等。”“通常情况下，除了家人或亲戚以外，您一天里与多少个人有联系？联系方式包括电话、短信、信件、上网、见面等。”网络密度——计算日常联系中亲戚人数占总联系人数的比例，并作平方处理。网络中的职业数——“您的亲戚、朋友以及打过交道的人中，有没有从事下面这些职业的？①大学老师 ②律师 ③护士 ④电脑程序员 ⑤中学老师 ⑥人事经理 ⑦农民 ⑧美发师 ⑨前台接待 ⑩警察”，计算网络中所涉及职业的个数。网顶（最高职业权力分数平方）——这里参照尉建文、赵延东《权力还是声望?》一文中的职业权力量表，对每一职业进行赋分：大学教师46分、律师59分、护士20分、电脑程序员43分、中学老师38分、人事经理72分、农民5分、美发师13分、前台接待6分、警察54分，计算个人网络中职业权力分数的最大值，并作平方处理。网差——计算网络中最高职业权力分数与最低职业权力分数的差值。网络成员职业权力分数的均值——计算个人网络中职业权力分数的均值。本文是将这六个指标做因子分析，通过加权计算得到社会资本得分。

2. 居住空间

对于居住空间的界定，主要涉及物质空间和社会空间两方面。在物质空间方面，主要反映建筑物在城市空间上的结构与组合方式，比如建筑物在城市中的分布、组合形态、空间布局及具体的层高、采光、楼距等。在社会空间方面，体现为功能性空间，是容纳人们与居住有关的日常生活的空间，如人际关系、社会活动等，兼具物质性、功能性、结构性和社会性（余琪，2011：5；张森，2009：64；王承慧，2011：3）。因而，本研究中的居住空间指在一定的地理区域范围内，由邻里单位有机组成的空间连续系统，包含人们生存生活的空间环境以及产生的各种社会关系。以题项“受访者居住的社区类型：①未经改造的老城区（街坊型社区）②单一或混合的单位社区 ③保障性住房社区 ④普通商品房小区 ⑤别墅区或高级住宅区 ⑥新近由农村社区转变过来的城市社区（村改居、村居合并或‘城中村’）⑦农村 ⑧其他”为依据，按照居住区形成的基础和方式，将居住空间操作化为由传统老城区、过渡型社区和商品房社区构成的具有社会性的地域空间。传统老城区即在城市化发展早期出现的居住区类型，具有政府或单位再分配性质，包括单位住宅社区和街坊型社区。过渡型社区即由于城市建设用地的不断扩张，采取征地的方式将农村社区逐渐转换为城市社区，居住空间的转换以政府主导下的拆迁安置区为主。商品房社区指该社区中住房完全是作为商品，通过自由的市场买卖而为业主所完全拥有，通常由某个开发商统一建造，个人通过市场购买住房而聚集在一起，排除了具有福利性质和不完全产权的经济适用房、廉租房等（吴莹，2010：134～152）。

二　研究设计

（一）理论框架与分析思路

依据边燕杰等人的观点，社会资本存量主要由网络规模、关系强度、资源多少决定。其中任何一方面的改变都会造成个体社会资本发生相应变化。而且，人们彼此之间的联系均发生在一定的社会空间场域，受到时空条件的限制。

一方面，人们基于收入状况、职业等客观条件选择不同类型的居住环境，相同条件的人们倾向于选择居住条件类似的社区，尽管需要考虑到宏观结构性因素的影响，如被动城市化的集中安置，但这并不改变空间差异与阶层差异的对应关系，因而不同居住区类型由于其居住者的阶层差异而导致社会资本存量存在差异。另一方面，居住空间也会重构居民的关系网络，如城市集中封闭的居住方式，提高了居住密度，拉近了彼此间的地理距离，却降低了交往频率。在布斯肯斯看来，个体之间如果经常沟通交流，那么将会降低警惕性，提高彼此间的信任度；更为重要的是，如果信任行为经常发生，那么信任的范围将会扩大（Buskens，1998：265－289）。此外，城市社会的人口规模、群体异质性、信息量和接触渠道也比农村社会更加丰富和复杂。这些都会影响居民的交往范围、关系密度和网络中的资源。

基于此，本研究依据“全国综合社会调查”2012 年调查数据资料，首先描述分析各变量的基本信息，如人口特征、父亲文化程度、家庭收入、个人受教育情况等相关变量信息，然后进行单因素方差分析分别考察社会资本在年龄、性别、受教育程度、职业阶层和收入等级上的差异。

其次，进一步了解各居住区类型内居民个体的社会资本存量的差异，以及比较社会资本在不同年龄、性别、收入、受教育程度和职业阶层的空间分布。

最后，用多元线性回归（OLS）模型依次加入居住空间、家庭地位和个体社会位置变量，分析各因素对社会资本的影响情况。

（二）研究假设

社会关系既包括正式关系也包括非正式关系，如家庭关系、职业关系、朋友关系等，影响关系构成的因素也多种多样，其中人们所面对的结构环境将影响其社会关系的建立和维持。而创造和维持其社会网络必然受到某些结构条件的限制。人们只能永久地在几种可能的关系中建立网络，他们的选择是一种社会结构的选择（张文宏，2006：17）。城市化和市场化带来了社会结构和居民社会网络特征的变化，那么，这也意味着城市化所产生的空间差异也会导致社会资本在获得过程中发生相应变化。

1. 居住空间与居民社会资本的获得

居住空间是与住宅密切相关的功能性空间，由于存在着市场准入门槛（房价），不同社会经济地位的人会选择不同的居住方式，集中表现为居住环境、生活设施、管理水平等相类似的社区中居住着一群阶级阶层、生活品质大致相同的人群。但对居住空间的分析必须考虑国家制度安排、大规模城镇改造搬迁的影响等，这些都会影响到居住空间的分化。研究表明，城市转型并未使等级制结构形态发生根本改变，居住在较好社区类型和较好社区地段中的是那些具有较高客观阶层位置的人，而居于城镇边缘和老旧城区的则更多是位于较低客观阶层位置的人（刘精明、李路路，2005：52～81）。另一方面，城市社区作为“一个规模较大、人口密集的异质个体的永久定居场所”，庞大的人口数量与有限的区域或高密度的居住区是其主要特征，这使得居民可接触的人群更加广泛。另外，开放性的社会网络也增加了人们获取非重复资源的机会，信息获取的途径更加多样化，因此，其“结构洞社会资本”更丰富。由此，得假设1a和1b：

假设1a：在社会资本获取过程中，过渡型社区的个体社会资本均值显著低于商品房社区和传统老城区。

假设1b：在社会资本获取过程中，商品房社区和传统老城区的个体社会资本均值差异来源于家庭和个体性因素。

2. 个体社会经济特征与居民社会资本的获得

社会资本的维持和拓宽都需要成本，不仅包括时间和精力，还有经济投入，如请客吃饭、日常往来等，都需要一定的经济条件做基础。理论上，高收入者占据较多的资源，接触的人群也更多是高收入者。以往研究也表明，收入水平与职业类型、文化程度、人力资本和政治资本显著相关，而且互为影响因子。可以说，高收入与高文化水平和高职业阶层相联系。坎贝尔等人的研究表明，个人的文化水平、家庭经济状况以及职业类型与个人的社会资源呈正相关关系（Campbell、Marsden、Harlbert，1986：97－117）。社会资本获取与个体所属的阶级、阶层和在职场中的位置相关联（边燕杰，2004：136～146）。并且，个人收入不仅由自身的能力水平所决定，而且与家庭相关联，如父母文化程度、父母收入水平等。家庭地位的影响可以通过“继承”的方式传承给子代。边燕杰认为家庭经济资本对社会资本具有显著影响（边燕杰、李煜，2001：1～18）。因此，我们假设：

假设2a：在社会资本获取过程中，个人收入、受教育年限、政治面貌和职业阶层与社会资本呈正相关。

假设2b：在社会资本获取过程中，家庭收入、父亲文化程度与社会资本呈正相关。

（三）变量与数据

1. 数据情况

本文数据来自于中国综合社会调查[①]（China General Social Survey，CGSS）2012年的调查数据。中国综合社会调查是由中国

① 有关该项目的更多信息可参考：http://www.chinagss.org/。

人民大学联合全国各地的学术机构共同进行的一个全国性、综合性、连续性的大型社会调查项目。目的是通过定期、系统地收集中国人与中国社会各个方面的数据，涉及社会、社区、家庭、个人多个层次，总结社会变迁的长期趋势。调查对象为在现地址居住的年满18周岁及以上的人口。该调查采用多阶分层PPS随机抽样，第一阶段以区（地级市、省会城市和直辖市的各大城区和郊区）、县（包括县级市）为初级抽样单位；第二阶段以街道、乡镇为二级抽样单位；第三阶段以居民委员会、村民委员会为三级抽样单位；第四阶段以家庭住户并在每户中确定1人为最终单位。其中涉及134个市县，488个村/居委共计11765个有效样本和684个变量。

根据研究需要，本文对样本做如下处理：在“受访者居住的社区类型”中剔除了“保障性住房社区”“农村”和“其他”；删除了属于“村委会”，地区类型为“农村”和“其他”的样本以保证研究的样本属于居委会管辖的城市社区。整理后的样本为6504个（老城区为2941个，商品房社区为2732个，过渡型社区为831个）。

2. 因变量

由于社会资本包括网络规模、网络密度、网顶、网差等多元内涵，本文采用主成分法将社会资本的六个指标（网络规模、亲戚比平方、网络中的职业数、最高职业权力分数平方、网差、网络成员职业权力分数的均值）进行因子分析，并利用最大方差正交旋转提取公因子，以便对本研究中有关社会资本的指标进行综合（见表1）。

表1 个体社会资本的因子分析

	因子1	因子2
总人数	0.160	0.786
亲戚比平方	-0.045	-0.823
网络中的职业数	0.828	0.190
最高权力分数平方	0.969	0.073

续表

	因子 1	因子 2
网差	0.919	0.092
网络成员职业权力分数的均值	0.810	0.011
特征值	3.152	1.345
方差	0.525	0.224

对上述指标进行 KMO（Kaiser-Meyer-Olkin）检验，KMO 值为 0.686；巴特利特球形检验（Bartlett test of sphericity）的卡方值为 11220.440，自由度为 15，在 0.000 水平上显著，说明因子分析的效果较好。这六个指标被概括为两个因子，共解释了所有变量总方差的 74.95%，满足因子分析的要求。

在提取公共因子之后，又以各因子的方差贡献率为权数，计算出社会资本的综合得分，分值越大表示社会资本越丰富、总量越大。为了便于描述和解释，本研究将这个因子值转化为一个最低分为 1、最高分为 100 的分值，[①] 它可以理解为一个百分比指数，因子值越大则得分越高。

3. 自变量

（1）居住空间

居住空间是分类变量。在具体指标方面，传统老城区，包括“未经改造的老城区（街坊型社区）”和“单一或混合的单位社区”；过渡型社区，即“新近由农村社区转变过来的城市社区，如村改居和村居合并”；商品房社区，包括“普通商品房小区”和“别墅区或高级住宅区”。它们代表了城市化的不同方式和进程。引入模型时设置为虚拟变量，以“商品房社区”为参照项。

（2）家庭社会地位

本研究以家庭经济收入和父亲文化程度两个指标测量家庭社会地位。

① 转换公式为：转换后的因子值 =（因子值 + B）* A，其中 A = 99/（因子最大值 - 因子最小值），B =（1/A）- 因子最小值。

家庭经济收入以“您家2011年全家家庭总收入是多少”这一题项进行测量，是连续变量，为消除原始变量偏右态分布对拟合效果的负面影响，对其做对数处理后引入模型。

父亲文化程度，根据“您父亲的最高教育程度是（包括目前在读的）”这一题的回答划分为“小学及以下”“初中”“高中及以上”三类，其中私塾算作初中类（林易，2010：88～108），“小学及以下”包括“没有受过任何教育”和“小学”；“初中”包括“私塾”和“初中”；“高中及以上”包括“职业高中”“普通高中”“中专”“技校”“大学本科（成人高等教育）”“大学专科（正规高等教育）”“大学本科（成人高等教育）”“大学本科（正规高等教育）”“研究生及以上”。引入模型时设置为虚拟变量，以“小学及以下”为参照项。

（3）个体社会位置

受教育程度，根据“您目前的最高教育程度（包括目前在读的）”这一题项的回答为准，并将其转换为连续变量，即受教育年限，“没有受过任何教育”=0，“私塾”=9，“小学”=6，“初中”=9，“职业高中”“普通高中”“中专”“技校”均为12，“大学专科（成人高等教育）”=14，“大学专科（正规高等教育）”和“大学本科（成人高等教育）”为15，“大学本科（正规高等教育）”=16，“研究生及以上”=19，由于选择“其他”这一选项的只有1人，故作缺失处理。在进行比较分析时，将受教育程度分为“初中及以下”“高中”“大专及以上”三类。

个人收入，是连续变量，以“您个人去年（2011年）全年的总收入是多少”这题目为依据，它由受访者自主填写。这里也对个人收入进行对数处理。在进行比较分析时，将个人收入由高到低分组进行分等级处理，即最高25%收入组、中间25%收入组、次低25%收入组、最低25%收入组和缺失组。

职业阶层，是分类变量，以权力和工作自主性为核心，职业被区分为管理者阶层、专业技术人员阶层、办事人员阶层、体力劳动者阶层、自雇佣者阶层和无业者阶层六类（李路路，2002：105～118）。引入模型时设置为虚拟变量，以“无业者阶层”为参照项。

政治面貌，是二分变量：1 为共产党员，0 为其他（包括民主党派、共青团员和群众）。

4. 控制变量

性别是二分变量：1 为男性，0 为女性。

年龄是连续变量，它等于调查年份（2012 年）减去受访者的出生年份。同时将其平方项也纳入统计模型以更加准确地反映变量之间的关系。在进行比较分析时，分为青年人（18～39 岁）、中年人（40～54 岁）、老年人（55 岁及以上）。

地区是分类变量：根据调查时的抽样设计将地区分为“直辖市”“东部地区”“中部地区”和“西部地区”，“直辖市”包括北京市、天津市和上海市；“东部地区”包括辽宁省、山东省、浙江省、江苏省、福建省、广东省；“中部地区”包括黑龙江省、吉林省、河北省、河南省、山西省、安徽省、江西省、湖北省、湖南省、广西壮族自治区；“西部地区”包括内蒙古自治区、新疆维吾尔自治区、宁夏回族自治区、甘肃省、青海省、云南省、贵州省、陕西省、四川省、重庆市。以虚拟变量引入模型，“西部地区”为参照项（见表 2）。

表 2　各变量的描述性统计

变量	样本数	均值	标准差	最小值	最大值
社会资本	2730	51.88	22.99	1	100
家庭年收入	5736	64644.32	73972.43	0	1100000
教育年限	6501	10.45	4.15	0	19
个人收入	5872	28864.55	39492.99	0	1000000
政治面貌（党员）	6489	0.16	0.37	0	1
性别（男性）	3270	0.50	0.50	0	1
年龄	6503	47.35	16.53	18	96
居住区类型					
传统老城区	2941	0.45	0.50	0	1
商品房社区	2732	0.42	0.49	0	1

续表

变量	样本数	均值	标准差	最小值	最大值
过渡型社区	831	0.13	0.33	0	1
父亲文化程度					
小学及以下	3414	0.55	0.50	0	1
初中	1632	0.26	0.44	0	1
高中及以上	1191	0.19	0.39	0	1
职业阶层					
管理人员	348	0.05	0.23	0	1
专业技术人员	939	0.15	0.35	0	1
办事人员	999	0.16	0.36	0	1
体力劳动者	940	0.15	0.35	0	1
自雇佣者	372	0.06	0.23	0	1
无业者	2839	0.44	0.50	0	1
地区					
“直辖市”	1403	0.22	0.41	0	1
“东部地区”	1980	0.30	0.46	0	1
“中部地区”	2077	0.32	0.47	0	1
“西部地区”	1044	0.16	0.37	0	1

三 社会资本基本状况

（一）变量情况

表3的数据显示，各居住区中男女比例相当，过渡型社区男性略微高一点。传统老城区的平均年龄最高，约为48岁，其次为过渡型社区，商品房社区的平均年龄最低，约为46岁。过渡型社区中的党员比例最低，只有11%，商品房社区的比例接近20%。无论是家庭总收入还是个人总收入，商品房社区高于传统老城区，过渡型社区最低，并且只有商品房社区的1/2左右。在个人受教育程度方面，也呈现类似特点，过渡型社区平均受教育年限最低，

只有 8 年，其他两类社区都在 10 年以上。在父亲文化程度方面，“小学及以下”文化水平的过渡型社区比例最高，接近 70%；商品房社区则不到 50%，相差近 20%；“初中”文化水平则商品房社区最高，其次是传统老城区，最后是过渡型社区；“高中及以上”文化水平依旧是商品房社区比例最高，是过渡型社区的两倍。在职业阶层方面，传统老城区与过渡型社区的管理人员阶层比例相近，都与商品房社区相差 2%；商品房社区专业技术人员阶层的比例是过渡型社区的 2.5 倍，是传统老城区的 1.5 倍；各居住区办事人员阶层和无业者阶层的比例相差不大，不超过 8%；体力劳动者阶层和自雇佣阶层中过渡型社区的比例最高，其中体力劳动者阶层的比例接近 30%，远远超过商品房社区和传统老城区。此外，过渡型社区在党员比例、家庭收入、个人受教育年数、个人收入等指标上低于总样本的平均数。可以大致看出，相比于商品房社区和传统老城区，过渡型社区居民在家庭社会地位、人力资本、政治资本、个人社会经济地位等方面占据劣势地位。

表 3　分居住区类型的变量概况

变量名称	传统老城区	过渡型社区	商品房社区
性别为男性（%）	49.51	56.32	49.27
年龄（岁）	48.09	47.31	46.58
政治面貌为党员（%）	14.55	11.35	19.78
家庭收入（元）	53040.74	43843.84	82844.33
个人受教育程度（年）	10.01	8.37	11.56
个人收入（元）	23140.21	18761.05	37868.05
父亲文化程度			
小学及以下（%）	57.66	69.70	47.14
初中（%）	25.45	20.20	28.93
高中及以上（%）	17.09	10.10	23.93
职业阶层			
管理人员（%）	4.44	4.35	6.77
专业技术人员（%）	12.53	7.01	19.11
办事人员（%）	14.97	13.67	16.67

续表

变量名称	传统老城区	过渡型社区	商品房社区
体力劳动者（%）	14.91	26.72	10.57
自雇佣者（%）	6.54	9.31	3.88
无业者（%）	46.61	38.94	42.99

（二）不同群体的社会资本差异

社会资本反映的是个体拥有的社会网络资源，它与个体社会特征具有密切联系，如年龄、性别、受教育程度、职业阶层和收入水平等。如表 4 所示，男性群体的社会资本平均得分为 55.34，比女性群体高 6.93，并且在 0.001 水平上显著，说明男性比女性拥有更丰富的社会资本存量。在年龄分层中，可以看到随着年龄的增大社会资本呈下降趋势，青年人（小于 40 岁）的社会资本平均得分为 56.86，中年人（40 岁至 55 岁）的社会资本平均得分为 53.84，老年人（大于 55 岁）的社会资本平均得分为 43.46，而且可以大致看到，随着年龄的增大社会资本下降的幅度也增加，如中年人比青年人社会资本平均低 3.02，老年人比中年人低 10.38，并且都达到了 0.05 的显著性水平。与此相反，社会资本拥有量随受教育水平的提高而不断提高，上升的幅度略有减缓。初中及以下文化程度的社会资本平均得分为 42.45，高中文化程度的社会资本平均得分为 55.11，比初中及以下文化程度群体提高了 29.82%（12.66/42.45 = 0.2982），大专及以上文化程度的社会资本平均得

表 4　个体社会资本分性别与年龄的比较（均值或均值差）

	(M_a) 男	(M_b) 女	(M_a) 小于 40 岁	(M_b) 40 ~ 55 岁	(M_c) 55 岁及以上	(M_a) 初中及以下	(M_b) 高中	(M_c) 大专及以上
(M_a)		6.93***		3.02**	13.40***		-12.66***	-21.31***
(M_b)					10.38***			-8.65***
均值	55.34	48.41	56.86	53.84	43.46	42.45	55.11	63.76

注：显著性水平标注为：*** $p<0.001$，** $p<0.05$。

分为63.76，比初中及以下文化程度群体高50.2%（21.31/42.45 = 0.5020），比高中文化程度群体高15.70%（8.65/55.11 =0.1570）。

从表5可以看到，管理人员阶层的社会资本平均得分为68.67，均值最高，其次为专业技术人员阶层，平均得分为65.95，办事人员阶层的社会资本平均得分为55.17，体力劳动者阶层的社会资本平均得分为47.13，自雇佣者阶层的社会资本得分为44.65，无业者阶层的社会资本平均得分为44.76。显而易见，不同阶层之间的社会资本拥有量也存在较大差异，除管理人员阶层与专业技术人员阶层、自雇佣者阶层与体力劳动者阶层、自雇佣者阶层与无业者阶层之间的差异未通过显著性检验之外，其他阶层之间均存在显著性差异。管理人员阶层比办事人员阶层高19.66%（13.50/68.67 =0.1966），比体力劳动者阶层、自雇佣者阶层和无业者阶层高30%以上；技术人员阶层与办事人员阶层的社会资本均值相差10.79，与体力劳动者阶层的社会资本均值相差18.82，比自雇佣者阶层的社会资本均值相差21.30，与无业者阶层相差21.19，分别比他们高16.36%（10.79/65.95 =0.1636）、28.54%（18.82/65.95 = 0.2854）、32.30%（21.30/65.95 = 0.3230）和32.13%（21.19/65.95 = 0.3213）。体力劳动者阶层与办事人员阶层相差8.03，即相差14.56%（8.03/55.17）。总体而言，职业阶层地位越高，社会资本的存量越大，占据社会资本优势的是管理人员阶层、

表5　个体社会资本分职业阶层的比较（均值或均值差）

	(M_a) 管理人员	(M_b) 专业技术人员	(M_c) 办事人员	(M_d) 体力劳动者	(M_e) 自雇佣者	(M_f) 无业者
(M_a)		2.72	13.50***	21.54***	24.02***	23.91***
(M_b)			10.79***	18.82***	21.30***	21.19***
(M_c)				8.03***	10.52***	10.41***
(M_d)					2.49	2.37
(M_e)						-0.11
均值	68.67	65.95	55.17	47.13	44.65	44.76

注：显著性水平标注为：*** $p<0.001$，** $p<0.05$。

专业技术人员阶层和办事人员阶层，而体力劳动者阶层、自雇佣者阶层与无业者阶层则存在相对弱势。

表6的数据显示，收入越高社会资本的存量越高，平均得分越高，增长速度随收入增加而不断提高，次低25%收入组的社会资本均值比最低25%收入组高9.98%（4.33/43.38＝0.0998），中间25%收入组的社会资本平均得分比次低25%收入组高12.55%（5.99/47.72＝0.1255），最高25%收入组的社会资本平均得分比中间25%收入组高16.48%（8.85/53.71＝0.1648）。最高25%收入组的社会资本平均得分为62.56，最低25%收入组的社会资本平均得分为43.38，相差19.17。中间25%收入组的社会资本平均得分为53.71，比最低25%收入组高23.81%（10.33/43.38＝0.2381）；次低25%收入组的社会资本平均得分为47.72。

表6 个体社会资本分收入等级的比较（均值或均值差）

	(M_a) 最低25%组	(M_b) 次低25%组	(M_c) 中间25%组	(M_d) 最高25%组	(M_e) 缺失组
(M_a)		4.33**	10.33***	19.17***	1.66
(M_b)			5.99***	14.84***	－2.67
(M_c)				8.85***	－8.67***
					－17.51***
均值	43.38	47.72	53.71	62.56	45.04

注：显著性水平标注为：*** $p<0.001$，** $p<0.05$。

四 社会资本的空间分化

（一）不同居住区的居民社会资本比较

通过上面的分析可以大致知道，相比于其他两类居住区，过渡型社区在家庭收入、个人受教育程度、个人收入、党员比例等方面都是最低，而且低于总体样本的平均水平；拥有较低社会资本得分的体力劳动者阶层和自雇佣者阶层在过渡型社区的比例最高，远高于其他两类居住区。因此，可以推测出过渡型社区内居民个体的平均社会资本拥有量也低于其他两类居住区。表7的数据证实了本文的推论，商品房社区的个体社会资本平均得分为56.13，传统型老城区的个体社会资本平均得分为50.24，过渡型社区的个体社会资本平均得分为43.76，呈现商品房社区＞传统老城区＞过渡型社区的特点。假设1a得到了数据验证。

表7 个体社会资本的空间比较（均值或均值差）

	(M_a) 传统老城区	(M_b) 过渡型社区	(M_c) 商品房社区
(M_a)		-6.49^{***}	5.89^{***}
(M_b)			-12.38^{***}
均值	50.24	43.76	56.13

注：显著性水平标注为：$^{***}p<0.001$，$^{**}p<0.05$。

进一步分析，可以看到商品房社区的个体社会资本平均得分比过渡型社区的个体社会资本平均得分高12.38，接近1/3的差距（具体为28.29%，12.38/43.76＝0.2829），比传统老城区的个体社会资本平均得分高5.89，有10%左右的差距（具体为11.72%，5.89/50.24＝0.1172）；传统老城区的个体社会资本平均得分比过渡型社区的个体社会资本平均得分高6.49，接近15%的差距（具体为14.83%，6.49/43.76＝0.1483）。从中也可以看出，商品房社区与传统老城区的差异比过渡型社区与其他两类居住区的差异小。

由于经济和政治等因素的影响，人们进入不同居住区的方式并不相同，比如在改革开放之前，工作、住房由国家统一调配，具有强烈的计划经济色彩，人们因为在同一个单位工作而居住在同一社区。但随着土地城市化、住宅商品化的快速推进，“国家分配”取消了，出现了住宅市场，住房价格成为人们进入何种小区的门槛，可以说，居住在商品房社区需具备相应的经济实力。与之相伴随的是，国家大力扩展城市面积、征收农村土地，大量农民因为城镇化而搬迁至城市社区，原有的生存来源被割断，自身的文化程度并不一定能满足城市的要求，从而面临着就业、适应等困难，这也可能是导致过渡型社区居民整体社会资本水平较低的原因。

（二）不同群体社会资本的空间差异

在描述了不同居住空间内所蕴含的居民整体的社会资本存量后，本文进一步探究同一类群体在不同居住空间的社会资本分布情况。表 8 的数据显示，在整体上，不论性别、年龄、教育程度、职业阶层还是收入等级，都是商品房社区的个体社会资本平均得分高于传统老城区的个体社会资本平均得分，过渡型社区的个体社会资本平均得分最低。这一结论与前面不同居住区的居民社会资本比较的结论相一致。

表 8　不同群体社会资本的空间比较（均值）

个体特征	传统老城区	过渡型社区	商品房社区	F 检验
性别				
男性	54.04	47.17	59.53	23.61***
女性	46.66	39.39	52.76	27.35***
年龄段				
小于 40 岁	56.23	48.23	59.66	14.36***
40～55 岁	51.42	46.71	58.85	17.52***
55 岁及以上	42.33	35.44	47.68	13.73***
教育程度				
初中及以下	41.67	39.12	46.03	7.68***
高中	55.24	52.91	55.44	0.43
大专及以上	62.67	58.45	64.89	2.96
职业阶层				
管理人员	66.53	59.34	72.68	4.57**
专业技术人员	67.14	63.82	65.44	0.72
办事人员	54.78	45.98	57.88	6.52**
体力劳动者	46.77	41.05	52.81	7.42***

续表

个体特征	传统老城区	过渡型社区	商品房社区	F 检验
自雇佣者	45.88	37.05	47.52	1.98
无业者	42.93	37.69	48.72	16.74***
收入等级				
最低 25% 组	42.08	38.80	48.72	7.48***
次低 25% 组	47.83	42.06	50.70	4.72**
中间 25% 组	54.00	50.87	54.00	0.64
最高 25% 组	61.35	52.04	64.79	9.66***
缺失组	40.18	36.93	51.99	11.21***

注：显著性水平标注为：*** $p<0.001$，** $p<0.05$。

但具体来看，具有高中文化水平群体、大专及以上文化水平的群体、专业技术人员阶层、自由雇佣者阶层、中间 25% 收入组的群体在不同居住区之间的社会资本平均得分并未达到 0.05 的显著性，即该类群体的社会资本拥有量在不同居住空间并不存在差异。进一步说，在青年人（18～39 岁）群体、办事人员阶层、次低 25% 收入组和最高 25% 收入组中，商品房社区的个体社会资本均值与传统老城区的个体社会资本均值未达到 0.05 的显著性水平；在中年人（40～55 岁）、初中及文化水平群体、无业者阶层、最低 25% 收入组中，传统老城区的个体社会资本均值与过渡型社区的个体社会资本均值未达到 0.05 的显著性水平；在管理人员阶层和体力劳动者阶层，传统老城区的个体社会资本均值与过渡型社区、商品房社区的个体社会资本均值都未达到 0.05 的显著性水平。

其实，深入了解不同群体社会资本拥有量在不同居住空间的分布情况，有助于我们更清晰地明白空间对个体社会资本的影响。在男性群体中，过渡型社区的个体社会资本均值为 47.17，传统老城区的个体社会资本均值比其高 6.87，即高 14.56%（6.86/47.17 = 0.1456）；商品房社区的个体社会资本均值比其高 12.37，即 26.20%（12.36/47.17 = 0.2620）。在女性群体中，过渡型社区的个体社会资本均值为 39.39，传统老城区的个体社会资本均值比其高 18.46%［(46.66 − 39.39)/39.39 = 0.1846］，商品房社区的个体社会资本均值比其高 33.94% [(52.76 - 39.39)/39.39 = 0.3394]。在青年人（18~39岁）群体中，过渡型社区的个体社会资本均值为 48.23，传统老城区的个体社会资本均值比其高 16.59% [(56.23 - 48.23)/48.23 = 0.1659]，商品房社区的个体社会资本均值比其高 23.70% [(59.66 - 48.23)/48.23 = 0.2370]。在中年人（40~55岁）中，过渡型社区的个体社会资本均值为 46.71，传统老城区的个体社会资本均值比其高 10.08% [(51.42 - 46.71)/46.71 = 0.1008]，商品房社区的个体社会资本均值比其高 25.99% [(58.85 - 46.71)/46.71 = 0.2599]。在老年人（55岁及以上）群体中，过渡型社区的个体社会资本均值为 35.44，传统老城区的个体社会资本均值比其高 19.44% [(42.33 - 35.44)/35.44 = 0.1944]，商品房社区的个体社会资本均值比其高 34.54% [(47.68 - 35.44)/35.44 = 0.3454]。在初中及以下文化水平群体中，过渡型社区的个体社会资本均值为 39.12，商品房社区的个体社会资本均值比其高 17.66% [(46.03 - 39.12)/39.12 = 0.1766]。在管理人员阶层，过渡型社区的个体社会资本均值为 59.34，商品房社区的个体社会资本均值比其高 22.48% [(72.68 - 59.34)/59.34 = 0.2248]。在办事人员阶层，过渡型社区的个体社会资本均值为 45.98，传统商品房社区的个体社会资本均值比其高 19.14% [(54.78 - 45.98)/45.98 = 0.1914]，商品房社区的个体社会资本均值比其高 25.88% [(57.88 - 54.78)/54.78 = 0.2588]。在体力劳动者阶层，过渡型社区的个体社会资本均值为 41.05，传统老城区的个体社会资本均值比其高 13.93% [(46.77 - 41.05)/41.05 = 0.1393]，商品房社区的个体社会资本均值比其高 28.65% [(52.81 - 41.05)/41.05 = 0.2865]。在无业者阶层，过渡型社区的个体社会资本均值为 37.69，商品房社区的个体社会资本均值比其高 29.27% [(48.72 - 37.69)/37.69 = 0.2927]。在最低 25% 收入组中，过渡型社区的个体社会资本均值为 38.8，商品房社区的个体社会资本均值比其高 25.57% [(48.72 - 38.8)/38.8 = 0.2557]。在次低 25% 收入组中，过渡型社区的个体社会资本均值为 42.06，传统老城区的个体社会资本均值比其高 13.72%

[(47.83 - 42.06)/42.06 = 0.1372]，商品房社区的个体社会资本均值比其高 20.54% [(50.7 - 47.83)/47.83 = 0.2054]。在最高25%收入组中，过渡型社区的个体社会资本均值为 52.04，传统老城区的个体社会资本均值比其高 17.89% [(61.35 - 52.04)/52.04 = 0.1789]，商品房社区的个体社会资本比其高 24.50% [(64.79 - 52.04)/52.04 = 0.2450]。

综合上述的分析，可以看出，在中年人（40～55 岁）群体中，传统型社区的个体社会资本与过渡型社区的差距最小，二者相差10%；而在老年人（55 岁及以上）群体中的差距最大，二者相差20%。在初中及以下文化水平群体中，商品房社区的个体社会资本与过渡型社区的差距最小，二者相差 17%；而在老年人（55 岁及以上）群体的差距最大，二者相差 35%。

五　居住空间、家庭地位与个体因素对社会资本的影响

（一）居住空间对社会资本的影响

通过前面的分析，可以知道个体社会资本在不同居住区之间、不同特征的个体之间以及不同群体在不同居住区之间存在差异，那么这种差异是如何产生的？是由于不同个体具有不同的家庭经济条件、收入水平、职业类型等资源，所以才导致社会资本出现空间差异，或者说社会资本的空间差异仅仅是因为个体所掌握的资源不同？结果真的如此简单吗？显然并不是。

人生活在环境中，个体与环境之间是相互建构的过程，人们的日常生活和交往行为主要发生在工作场所、居住社区或其他空间场域内，空间也形塑着个体的行为、关系网络等。“人类生存的空间秩序形成于空间的社会性生产，各种空间结构既为社会所建构又建构着社会”（胡潇，2013：113～131）。因此，为了更深入地了解居住空间对居民社会资本的影响，本研究在控制家庭地位、个体社会经济特征的条件下采用嵌套模型的方式构建 4 个 OLS 回

归模型：首先是基准模型，估计居住空间与控制变量（性别、年龄、年龄的平方和地区）对个体社会资本的效应，然后累积加入父亲文化程度、家庭收入对数、个人收入对数、个人受教育年限、政治面貌、职业阶层、性别与年龄的交互项，以观察空间效应系数的变化。

在模型1中，传统老城区的系数为-3.345，在0.01水平上显著，加入父亲文化程度和家庭收入对数后（模型2），模型的解释力提高了0.063，传统老城区的空间系数上升为-2.182（P<0.05），这表明约有34.77%（[-3.345-(-2.182)]/-3.345=0.3477）的空间效应来自父亲文化程度和家庭收入的不同。模型3显示，加入个人收入、个人受教育程度、政治面貌和职业阶层后，模型的解释力提高了0.073，系数从-2.182上升到-0.946，这表明约有56.65%（[-2.182-(-0.946)/-2.182=0.5665]）的空间效应来源于个体社会经济特征（个人收入、个人受教育程度、政治面貌和职业阶层），而且可以发现，加入这些变量后，传统老城区的系数在统计上不具有显著性，即空间差异消失了。因此，可以认为传统老城区与商品房社区的个体社会资本均值差异可归因于性别、年龄、地区、父亲文化程度、家庭收入、个人收入、个人受教育程度、政治面貌和职业阶层等因素。假设1b得到了数据证实。

但对于过渡型社区而言，情况并不是如此。在模型1中，过渡型社区的系数为-10.25，在0.01水平上显著，加入父亲文化程度和家庭收入对数后（模型2），空间系数上升为-6.962，依然在0.01水平上显著，这表明约有32.08%（[-10.25-(-6.962)]/-10.25=0.3208）的空间效应来自于父亲文化程度和家庭收入的不同。模型3显示，加入个人收入、个人受教育程度、政治面貌和职业阶层后，空间系数从模型2的-6.962上升至-4.559，这说明约有34.52%（[-6.962-(-4.559)]/-6.962=0.3452）的空间效应来自于个体社会经济特征（个人收入、个人受教育程度、政治面貌和职业阶层）。模型4显示，加入性别与年龄的交互项之后，空间的系数从模型3的-4.559上升到-4.463（P<0.01），

这说明约2.11%（[－4.559－(－4.463)]/－4.559＝0.0211）的空间差异来源于性别与年龄的共同影响。显然，过渡型社区与商品房社区的个体社会资本均值差异只有一部分（约68.71%）来自于性别、年龄、地区、父亲文化程度、家庭收入、个人收入、个人受教育程度、政治面貌、职业阶层和性别与年龄的交互项。

表9的结果说明，传统老城区与商品房社区的个体社会资本均值差异是性别、家庭社会经济特征和个体社会经济特征共同作用的结果。而在过渡型社区的差异只有一部分来自于性别、家庭社会经济特征、个体社会经济特征和性别与年龄的交互项，说明过渡型社区的空间效应对个体社会资本的影响较大。

表9 居住空间、家庭地位与个体因素对社会资本的稳健回归

	模型1	模型2	模型3	模型4
性别（男性＝1）	6.972*** (0.913)	6.170*** (0.88)	3.781*** (0.903)	8.751*** (2.608)
年龄	0.127 (0.162)	0.358** (0.163)	0.187 (0.161)	0.233 (0.163)
年龄二次项	－0.00463*** (0.00163)	－0.00551*** (0.00163)	－0.00232 (0.00165)	－0.00218 (0.00166)
居住区类型（商品房社区为参照）				
传统老城区	－3.345*** (1.022)	－2.182** (1.007)	－0.946 (0.962)	－0.909 (0.962)
过渡型社区	－10.25*** (1.549)	－6.962*** (1.568)	－4.559*** (1.505)	－4.463*** (1.5)
地区（“西部地区”为参照）				
“直辖市”	4.404*** (1.5)	－0.873 (1.54)	－2.182 (1.501)	－2.396 (1.502)
“东部地区”	3.299** (1.416)	1.356 (1.42)	1.229 (1.372)	1.142 (1.37)
“中部地区”	0.851 (1.398)	0.875 (1.35)	0.141 (1.308)	0.0528 (1.304)
父亲文化程度（小学及以下为参照）				
初中		6.064*** (1.084)	4.329*** (1.058)	4.334*** (1.056)

续表

	模型 1	模型 2	模型 3	模型 4
高中及以上		8.907*** (1.213)	4.803*** (1.186)	4.674*** (1.186)
家庭收入对数		4.789*** (0.826)	2.629*** (0.725)	2.673*** (0.727)
个人收入对数			-0.0454 (0.193)	-0.0705 (0.194)
个人受教育年限			1.182*** (0.159)	1.223*** (0.162)
政治面貌（中共党员 =1）			2.769** (1.156)	2.959** (1.156)
职业阶层（无业者阶层为参照）				
管理人员			13.19*** (1.951)	13.07*** (1.953)
专业技术人员			9.277*** (1.499)	9.218*** (1.505)
办事人员			4.126*** (1.515)	4.265*** (1.519)
体力劳动者			1.467 (1.58)	1.478 (1.585)
自雇佣者			-0.269 (2.286)	-0.097 (2.298)
性别×年龄				-0.108** (0.0538)
截距	55.36*** (3.885)	-6.804 (9.614)	2.435 (8.243)	-0.611 (8.441)
样本量	2207	2207	2207	2207
R2	0.108	0.171	0.244	0.246

注：括号内为标准误差；显著性水平标注为：*** $p<0.01$，** $p<0.05$，* $p<0.1$。

（二）家庭社会地位对社会资本的影响

表9的数据表明，在模型2、模型3和模型4中，父亲文化程度、家庭收入对社会资本均具有非常显著的正向影响。这也在一

定程度上验证了其他学者的结论：家庭地位的影响可以通过“继承”的方式传承给子代。从预测的角度来看，在模型 2 中，在控制居住区类型、性别、年龄、地区等变量情况下，与父亲文化程度是“小学及以下”者相比，父亲为“初中”文化程度的社会资本平均得分高 6 分左右；父亲为“高中及以上”文化程度的社会资本平均得分高 8.9 分。但在加入个体社会经济特征后（模型 3），父亲为“初中”文化程度的作用力略有下降，平均下降了 28.61% [(6.064 - 4.329)/6.064 = 0.2861]；父亲为“高中及以上”文化程度的作用力平均下降了 46.08% [(8.907 - 4.803)/8.907 = 0.4608]。在引入性别与年龄的交互项后（模型 4），父亲为“初中”文化程度的作用力却提高了 0.12% [(4.334 - 4.329)/4.329 = 0.0012]；父亲为“高中及以上”文化程度的作用力下降了 2.69% [4.803 - 4.674)/4.803 = 0.0269]。

在模型 2 中，在控制其他变量的情况下，家庭收入每增加 1%，个体社会资本增加 4.8% [4.789 × ln（101/100）= 0.048]，加入个体社会经济特征后（模型 3）后，家庭收入系数降低了 45.10% [(4.789 - 2.629)/4.789 = 0.4510]，但仍然在 0.01 水平上显著。在引入性别与年龄的交互项后，家庭收入的系数增加了 1.67% [(2.673 - 2.629)/2.629 = 0.0167]。

总而言之，父亲文化程度与家庭收入对社会资本具有显著正效应，但个体社会经济特征会减弱其作用力。因此，假设 2b 得到了数据验证。

（三）个体社会位置对社会资本的影响

模型 3 重点考察了在控制其他变量的情况下个人收入对数、受教育年限、政治面貌和职业阶层对社会资本的影响，模型 4 重点考察在控制其他变量的情况下性别与年龄的交互项对社会资本的影响。

数据显示，除个人收入以外，受教育年限、政治面貌和职业阶层对社会资本具有显著的正向影响。说明收入并未对社会资本产生显著影响，由收入差异带来的社会资本差异是由于抽样误差引起的。

从预测的角度看，个人受教育年限每增加一年，社会资本得分将提高 1.182；但在引入性别与年龄的交互项后（模型 4），系数提高到 1.223，这表明性别与年龄的共同作用扩大了受教育年限的效应约 3.35% [(1.223 - 1.182)/1.223 = 0.0335]。相对于非党员而言，党员的社会资本平均得分高 2.769；加入性别与年龄的交互项之后（模型 4），党员比非党员的社会资本平均得分高 2.959。在职业阶层方面，管理人员阶层、专业技术人员阶层、办事人员阶层的社会资本得分显著比无业者阶层高，分别高 13.19、9.277 和 4.126；加入性别与年龄的交互项之后（模型 4），管理人员阶层、专业技术人员阶层的系数变为 13.07 和 9.218，分别下降了 0.91% [(13.19 - 13.07)/13.19 = 0.0091] 和 0.64% [(9.277 - 9.218)/9.277 = 0.0064]，说明性别和年龄的共同作用减弱了管理人员阶层和专业技术人员阶层的作用力。但办事人员阶层的系数提高到 4.265，提高了 3.26% [(4.265 - 4.126)/4.265 = 0.0326]，说明性别和年龄的共同作用扩大了办事人员阶层的作用力。此外，体力劳动者阶层、自雇佣者阶层与无业者阶层的社会资本均值并不存在显著差异，其具体数值的差异是抽样误差导致的。从上述的分析可以得知假设 2a 未能得到数据验证。

在控制变量中，地区对社会资本的影响在加入家庭社会经济特征（模型 2）后消失了，说明各地区间个体社会资本的均值差异可归因于家庭社会经济的不同。值得注意的是，控制变量中性别对社会资本具有显著影响。模型 2 中，年龄和年龄的平方项均达到了 0.05 的显著性水平，说明年龄与社会资本存在非线性关系，一次项的系数为正，二次项的系数为负，说明年龄与社会资本是倒 U 形的关系，并测得这个曲线的最高点在 32.4 左右，以往研究认为非亲属网络在 30 多岁达到高峰，随后呈现下降趋势，老年人的交际范围局限于亲属圈（Marsden、Peter，1987：122 - 131）。但其对社会资本的影响在加入个体社会经济特征（模型 3）之后消失了，说明年龄对社会资本的影响主要是来自于个体社会经济特征的影响。在模型 4 中，性别系数为 8.751，说明男性比女性社会资本平均得分高 8.751，说明男性比女性具有更丰富的社会资本，造成这种差异的原因，一种解释是来自于文化与社会化的后果，另一种解释则是男女两性位于不同的结构位置使然。常言道，“男主外，女主内”，男性在工具性网络中网络密度较低，而于女性网络中亲属比例高。性别与年龄的交互项系数为负数，说明女性群体中年龄对社会资本的影响要大于男性群体中年龄对社会资本的影响。

六　结论与讨论

（一）小结

本研究主要讨论了城市居住空间与社会资本获取过程的关系，发现居住空间在某种程度上影响居民社会资本的形成和增生。

首先，社会资本存在显著的空间分化。不同居住空间的个体社会资本均值呈现商品房社区 > 传统老城区 > 过渡型社区的特点，但在回归模型中，商品房社区与传统老城区的个体社会资本均值差异在加入家庭社会经济特征变量和个体社会经济特征变量后统计显著性消失了，说明二者的差异是家庭和个体社会经济特征的不同而导致的；过渡型社区与商品房社区的个体社会资本均值差异尽管可部分归因于家庭和个体社会经济特征，但在过渡型社区中空间对社会资本的影响依然较大。产生这种差异的原因，可以尝试从我国独特的历史文化特点进行解释，我国是一个农业社会，并且新中国成立后受到户籍制度的影响，优先发展城市，导致城市与农村差距越拉越大，农民自身在资源占有、社会位置上处于劣势；尽管城市化过程中，居住地发生了改变，但并未改变农民先天不足的状态，也正是这种先天不足，导致社会资本的空间分化在城市中再生产出来。比如，拆迁安置小区多处于城市郊区，迁居城市的农民多从事体力劳动工作，居住地的改变并未带来社会地位的改变，身份的改变也未引起公民权的变化。

其次，过渡型社区在家庭社会经济地位上低于其他两类居住区。就家庭社会经济地位而言，过渡型社区的水平最低，而且低于总体样本的平均水平。从家庭对个体社会资本的影响来看，则呈现显著正向影响。父亲文化程度越高个体所拥有的社会资本越丰富，家庭收入越高个体社会资本总量越大，说明家庭地位的影响可以通过“继承”方式传承给子代；但家庭地位对个体社会资本的影响受到个体性因素的影响，父亲为“初中”文化水平的效应约28.6%来自于个体社会经济特征，父亲为“高中及以上”文化水平的效应约46.8%来源于个体社会经济特征；家庭收入对个体社会资本的效应约45.1%来自于个体社会经济特征。

最后，不同群体社会资本存在显著的空间差异。不论教育程度、职业阶层还是收入等级，均是过渡型社区的个体社会资本均值低于传统老城区和商品房社区。从个体社会因素对社会资本的影响来看，则呈现多元化的特征。教育和政治面貌对个体社会资本具有显著正向影响，教育水平越高则社会资本总量越丰富，党员相对于非党员具有更丰富的社会资本。在职业阶层方面，职业阶层越高社会资本越丰富，管理人员阶层、专业技术人员阶层和办事人员阶层具有社会资本的总量优势，而体力劳动者阶层、自雇佣者阶层、无业者阶层并不具有社会资本的优势，但个人收入对社会资本的影响不具有显著性，二者并没有显著线性关系。与以往研究结论相同，男性比女性具有更丰富的社会资本，但年龄在男性群体中的效应比在女性群体中低。年龄与社会资本的关系并不是简单的线性关系，而是呈现倒U形关系，即社会资本总量先随年龄的增大而增加，达到一定的年龄后开始呈下降趋势，但在加入个体收入、受教育年限、政治面貌、职业阶层等变量后，年龄系数的统计显著性消失了，说明年龄对社会资本的影响可归因于个体社会经济特征。

（二）讨论

自20世纪90年代以来，基于经济和政治两种运行逻辑，快速城市化、住宅商品化过程正在深刻地改变着我国的分层格局，其中一个重要的方面是大量的农民被集聚在城市，形成过渡型社区，从而使得城市内部呈现比以往更大的异质性和空间区隔。居住空间的区隔带来的是社会交往的断裂、信任的缺失、互惠规范的缺乏以及社会资本的流失等后果。

经济商品和空间位置一直以来被认为是城市社会最为重要的两种竞争资源。精英集团和社会权力进行联盟有意识地操控城市而形成“被操纵城市”假说（manipulated city hypothesis），城市土地利用的变化将导致城市居民成本与效益的再分配。拆迁改建可能会更加促使低收入群体受到排挤（占少华，2009）。杨上广和王春兰通过对上海居住空间分异的研究，发现高收入阶层主要居住在中心城区、城市绿地周边区或工业园周边区，而中低收入阶层则居住在中心城区未被改造的旧式里弄、老公房或者被安置到外环线附近的中低商品房动拆迁基地（杨上广、王春兰，2006：117～137）。统计结果也表明，过渡型社区的个体社会资本均值显著低于商品房社区。

过渡型社区不同于商品房社区或传统老城区，一方面，过渡型社区多处于城市郊区或远离市中心的偏僻位置，而商品房社区或传统老城区则紧邻市中心，或靠近主要交通线、商业街区的繁华路段。另一方面，过渡型社区通常是由多个村庄合并而成，村庄之间或有亲缘或因地域邻近而彼此联系着，居民具有大致相同的社会背景、经历、生活方式和思想观念，彼此之间尽管不认识或不熟悉，但都熟悉对方所属的村子；而商品房社区的居民多彼此相互陌生。按照布劳的“邻近性”假设，相同阶层群体会选择类似的居住空间，倾向于与同阶层群体进行社会交往。城市化带来的是社会结构机会与限制发生改变，如果无法有效使原有的社会联系转化为现代社会资本，快速推进的城市扩张、大量的农村社区转变为城市社区、失地农民被集中安置在城市内所带来的直接后果是过渡型社区居民遭受到来自城市的排斥与分割。参照“贫困陷阱”理论，过渡型社区居民由于具有较低的社会资本，加之居住空间的区隔，居民社会交往的网络规模、关系人强度、网络内嵌入的资源将随时间延长而越发缩水，个人收入、就业机会等社会资本的回报率将越来越低，进而导致可进行社会资本投资的本金降低，进入一种低水平的恶性循环，居住空间分化将强化这种恶性循环。

《国民经济和社会发展第十三个五年规划纲要（草案）》提出，坚持以人的城镇化为核心、以城市群为主体形态、以城市综合承载能力为支撑、以体制机制为创新保障，加快新型城镇化步伐，推动更多人口融入城镇（新华社，2016）。这也意味着更多的农民进入城市，更多过渡型社区出现。而现实的问题是，农民已经做好进入城市的准备了吗？进入城市后如何有效地适应城市生活、如何维持已有的关系网络和拓展自身关系网络？如何减弱居住空间分化、避免过渡型社区内群体关系的“内卷化”——在生活中我们总是可以看到两种截然相反的场景：商品房社区的冷冷清清与过渡型社区的热热闹闹，有效提高居民个体的社会资本总量，真正实现人的城镇化将是需要进一步研究的地方。此外，空间特性如何影响个体社会资本也依然值得我们思考，地理区位与工作机会、人员密集程度、信息的丰富程度等都有一定关系，地处繁华地段则公司企业较为集中、各种设施也较为完备，更容易扩大关系网络和提高网络内的资源；而地处偏远地段，则交流成本将会提高、交往频率降低。社区内部的管理方式相关联的是社区活动的丰富程度、趣缘群体的多少，这都影响着居民的交往活动和交往范围。此外，社区的治安、社区环境、是开放社区还是封闭社区都有可能影响个体的关系网络进而影响个体社会资本。

还有值得一提的一点是，本文在居住区的界定、自变量缺失值的处理、模型的构建等方面也存在诸多的不足。在学术研究中，“空间”一词是一个内涵与外延十分丰富的概念，既有马克思资本主义生产下的空间也有涂尔干社会决定论下的空间，还有齐美尔心灵与互动视角的空间。如何将宏大的空间概念落实到具体的居住空间是本文面临的一个难点问题。由于本文是在城市化背景下探讨空间与社会资本的关系，而且是基于二手数据的分析，因而对居住空间给予了很多限定：从农村社区到城市社区的转换、国家力量与市场力量的区分等，这也造成了本文在解释力上具有很大的局限性。在具体的数据处理过程中，无可避免地面临缺失值的处理问题。就缺失值出现的情况而言，主要集中在拒绝回答、不适用、不知道、未填写等四种情况。通常处理缺失值的方法有个案剔除法、加权个案剔除法、多重插补法和均值替代法等，因个人能力有限致使在具体的操作过程中存在困难，而直接将缺失值删除，这带来的直接后果是将使一部分弱势群体被排除在研究对象之外，以收入为例，属于不适用的主要为无工作的女性，因而在数据结论中将会忽略这一部分群体。最后在模型的设置上也存在过于粗略的情况。本文在分析社会资本的影响因素上，主要分为居住空间、家庭和个体特征三部分，家庭分为父亲文化程度和家庭总收入，个体特征表现在收入、受教育水平、政治面貌、职业阶层等方面，而在回归模型中则以家庭和个体特征整体纳入模型中，未采用逐步回归的方式，依次考虑每个变量对模型的贡献度，这带来的问题是未能更精细地分析家庭和个体特征对社会资本的作用力。

参考文献

埃莉诺·奥斯特罗姆，2003，《社会资本：流行的狂热抑或基本的概念》，龙虎编译，《经济社会体制比较》第2期。

爱德华·W. 苏贾，2004，《后现代地理学——重申批判社会理论中的空间》，王文斌译，商务印书馆。

边燕杰，2004，《城市居民社会资本的来源及作用：网络观点与调查发现》，《中国社会科学》第3期。

边燕杰、李煜，2001，《中国城市家庭的社会网络资本》，鹭江出版社。

布迪厄，1997，《文化资本与社会炼金术》，包亚明译，上海人民出版社。

布劳，1991，《不平等和异质性》，王春光、谢圣赞译，中国社会科学出版社。

蔡禾等，1997，《城市居民和郊区农村居民寻求社会支援的社会关系意向比较》，《社会学研究》第6期。

陈建先、王超，2015，《“农转非”社区社会资本状况研究》，《甘肃理论学刊》第4期。

陈俊峰，2010，《城市居住空间的分化、排斥与整合——以南京市东山新区为例》，《城市问题》第1期。

方亚琴、夏建中，2014，《社区、居住空间与社会资本——社会空间视角下对社区社会资本的考察》，《学习与实践》第11期。

费孝通，2007，《乡土中国》，上海人民出版社。

福山，2002，《大分裂：人类的本性与社会秩序的重建》，刘榜离等译，中国社会科学出版社。

桂勇，2005，《城市“社区”是否可能？——关于农村邻里空间与城市邻里空间的比较分析》，《贵州师范大学学报》（社会科学版）第 6 期。

桂勇、黄荣贵，2006，《城市社区：共同体还是“互不相关的邻里”》，《华中师范大学学报》（人文社会科学版）第 6 期。

郭云涛，2011，《区域社会转型与城市居民的社会资本研究》，《社会》第 4 期。

郝辰昊，2014，《“村改居”社区居民的公共生活研究》，云南师范大学硕士学位论文。

胡荣，2003，《社会经济地位与网络资源》，《社会学研究》第 5 期。

胡潇，2013，《空间的社会逻辑——关于马克思恩格斯空间理论的思考》，《中国社会科学》第 1 期。

黄源协，2012，《社区特性与社区社会资本之研究》，《台大社工学刊》第 25 期。

吉登斯·安东尼，1998，《社会的构成——结构化理论大纲》，李康、李猛译，三联书店。

吉登斯·安东尼，2000，《现代性的后果》，田禾译，译林出版社。

京华时报，2013，《清华大学城镇化调查报告称征地拆迁波及全国 16% 家庭》，http://www.liaozhai.tv/news/content/2013 - 10/28/content_1721743.htm，最后访问日期：2017 年 6 月 30 日。

科尔曼，1999，《社会理论的基础》，邓方译，社会科学文献出版社。

黎熙元、陈福平，2008，《社区论辩：转型期中国城市社区的形态转变》，《社会学研究》第 2 期。

李路路，2002，《制度转型与分层结构的变迁——阶层相对关系模式的“双重再生产”》，《中国社会科学》第 6 期。

李强、葛天任，2013，《社区的碎片化——Y 市社区建设与城市社会治理的实证研究》，《学术界》第 12 期。

梁漱溟，2011，《中国文化要义》，上海人民出版社。

林南，1989，《社会资源和社会流动：一种地位获得的结构理论》，《南开大学社会学系·社会学论文集》，云南人民出版社。

林南，2005，《社会资本——关于社会结构与行动的理论》，上海人民出版社。

林耀华，2009，《金翼》，三联书店。

刘春荣，2007，《国家介入与邻里社会资本的生成》，《社会学研究》第 2 期。

刘精明、李路路，2005，《阶层化：居住空间、生活方式、社会交往与阶层认同——我国城镇社会阶层化问题的实证研究》，《社会学研究》第3期。

陆益龙，2008，《户口还起作用吗？——户籍制度与社会分层和流动》，《中国社会科学》第1期。

罗震宇、秦启文，2009，《城市居住空间分异与群体隔阂——对失地农民城市居住问题与对策的思考》，《城市发展研究》第1期。

帕特南，2001，《使民主运转起来：现代意大利的公民传统》，江西人民出版社。

帕特南，2011《独自打保龄：美国社区的衰落与复兴》，刘波、祝乃娟、张孜异、林挺进、郑寰译，北京大学出版社。

王承慧，2011，《转型背景下城市新区居住空间规划研究》，东南大学出版社。

王卫东，2006，《中国城市居民的社会网络资本与个人资本》，《社会学研究》第3期。

尉建文、赵延东，2011，《权力还是声望？——社会资本测量的争论与验证》，《社会学研究》第3期。

沃斯·路易斯，2007，《作为一种生活方式的都市生活》，赵宝海、魏霞译，《都市文化研究》第1期。

吴莹，2010，《商品房小区治理中政府的新角色——以北京市雅芳家园为例》，《质性研究：反思与评论（第二卷）》，重庆大学出版社。

新华社，2016，《“十三五”规划：推进新型城镇化》，http://news.xinhuanet.com/2016－03/05/c_1118243516.htm.，最后访问日期：2016年3月5日。

熊瑞梅，2001，《性别、个人网络与社会资本》，《华人社会的调查研究：方法与发现》，牛津大学出版社。

杨上广、王春兰，2006，《上海城市居住空间分异的社会学研究》，《社会》第6期。

叶继红，2012，《集中居住区移民社会网络的变迁与重构》，《社会科学》第11期。

余琪，2011，《转型期上海城市居住空间的生产及形态演进》，东南大学出版社。

翟学伟，2001，《中国人行动的逻辑》，社会科学文献出版社。

占少华，2009，《低收入动迁居民的行为选择及其边缘化后果——对北京市两社区拆迁改建的调查分析》，《中国社会政策研究十年·研究报告选（1999－2008）》，社会科学文献出版社。

张森，2009，《社会转型期的城市居住空间演变研究》，中国社会科学出版社。

张文宏，1999，《天津农村居民的社会网》，《社会学研究》第 2 期。

张文宏，2003，《社会资本：理论争辩与经验研究》，《社会学研究》第 4 期。

张文宏，2006，《中国城市的阶层结构与社会网络》，上海人民出版社。

张文宏，2008，《社会转型过程中社会网络资本的变迁》，《社会》第 3 期。

赵延东，2006，《测量西部城乡居民的社会资本》，《华中师范大学学报》（人文社会科学版）第 6 期。

赵延东、罗家得，2015，《如何测量社会资本：一个经验研究综述》，《国外社会科学》第 2 期。

郑震，2010，《空间：一个社会学的概念》，《社会学研究》第 5 期。

中国国土资源报，《中国土地勘测规划院：我国城镇土地总面积达 858 万公顷》，http://www.mlr.gov.cn/xwdt/jrxw/201412/t20141230_13397 96.htm，2014 - 12 - 30。

中华人民共和国国家统计局，2015，《中国统计年鉴（2015）》，中国统计出版社。

邹宇春、敖丹，2011，《自雇者与受雇者的社会资本差异研究》，《社会学研究》第 5 期。

Buskens V. 1998. The Social Structure of Trust. *Social Networks* (7): 265 - 289.

Campbell K. E., Marsden P. V., Hurlbert J. S. 1986. Social Resources and Socioeconomic Status. *Social Networks* 8 (1): 97 - 117.

Coleman, James S. 1990. *The Foundations of Social Theory*. Cambridge, MA: Belknap Press of Harvard University Press.

Harvey, David. 1982. *The Limits to Capital*. Chicago: The Chicago University Press.

Marsden, Peter V. 1987. Core Discussion Networks of Americans. *American Sociological Review*. 52 (1): 122 - 131.

Portes, Alejandro. 1995. *The Economic Sociology*. New York: Russell Sage Foundation.

Portes, Alejandro. 1998. Social Capital: Its Origins and Applications in Modern Sociology. *Annual Review of Sociology* (24): 1 - 24.

Ronald S. Burt. 1992. *Structural Holes: The Social Structure of Competition*. Cambridge, MA: Harvard University Press.

我国女性居民对待同性恋态度的影响因素研究

——基于CGSS 2013年调查数据的实证分析

杨　静

一　导论

（一）研究背景及意义

1. 研究背景

“食色，性也”，人类的性问题和饮食一样，既是一种人类的本能，又是一种文化现象。作为一种被排斥于社会主流文化之外的亚文化现象，同性恋是人类社会广泛存在却又不为大多数人所接受的一种行为模式。在中国几千年的文化历史中，正史和野史都记载了很多有关同性恋的现象，如“龙阳”“分桃”“安陵”和“娈童”等，然而自20世纪80年代以来，随着“出柜”同性恋者的不断增多，同性恋现象才逐渐受到广泛的关注（陈少君等，2008：11～15）。相关机构也对有关同性恋的问题做出了回应，比如美国精神病学会（American Psychiatric Association，1980：261）和世界卫生组织国际疾病诊断分类（世界卫生组织，1993：174～175）提出，同性恋是正常的，不应该把其当作一种疾病来诊断；中华医学会精神科分会颁布的《中国精神障碍分类与诊断标准第三版》也指出，从性爱来看同性恋行为是正常的，我们不应该把同性恋者当作精神病人来看待（中华医学会精神病科分会，2001：138～139）。在关于同性恋婚姻是否合法化的问题上，丹麦最先通过了《同性恋婚姻法》，成为世界上第一个法律认可同性恋婚姻的国家（刘国生，2005：320）；随后，同性恋婚姻的相关法律法规在荷兰、挪威等不同国家相继获得批准，同性恋婚姻受到法律的保护。

改革开放以来，伴随我国社会转型和现代化步伐的加速以及受到西方外来文化的不断影响，性革命如火如荼地展开，“性解放”思潮开始涌现，传统的性观念遭到了巨大的冲击，公众对于各种性行为，其中也包括对同性性行为的看法产生了深刻变化。这一变化导致同性恋问题受到医学、伦理学、性学等社会各界不同专业学者的广泛关注并展开深入研究；同性恋群体的各类活动开始慢慢公之于众，同性恋现象也渐渐被社会主流文化所接受。虽然从社会宽容度来说，现在公众对待同性恋的态度相对宽容了，但这种宽容是有条件的、是建立在“事不关己、高高挂起”的态度之上的。如果同性恋者和自己在生活中离得很近，或者和自己同性别，或者和自己的关系很亲近，或者对自己是一个很重要的人物，那么公众对同性恋的容忍度就会较低。简而言之，空间距离、性别差异、情感距离和心理地位差异等是影响公众对待同性恋宽容度的重要因素（陈少君等，2008：11～15）。

通过查阅已有文献，发现很多研究表明，公众对待同性恋问题的态度存在性别差异，即女性比男性对待同性恋要更加宽容。因此，本文着重分析是哪些因素影响了我国女性居民对待同性恋的态度，并试图通过对这一问题的研究来引导社会公众用一种尊重、关怀和接纳的态度来对待同性恋者这一群体。

2. 研究意义

（1）理论意义

通过回顾近年来关于对待同性恋态度的研究，可以发现，有关当代大学生群体的研究占了绝大多数，有关社会公众的研究只有区区几篇，而有关女性群体的研究基本没有。而且大多数关于同性恋态度的研究只是单纯地关注同性恋态度的一般表现、成因和认知等方面，并且关于对待同性恋态度的影响因素的分析也只是泛泛而谈，没有一个统一的理论框架。而本文的研究不仅包括了女性居民对待同性恋态度的一般性研究，还在分析其影响因素时，把它们置于一个女性主义的理论框架下。同时女性主义理论的建构与发展源于西方国家，以西方政治文化思想和价值观为核心，西方相关理论是否也适用于我国文化，一直是学术界讨论的命题。因此，本研究运用女性主义相关理论研究我国女性居民对待同性恋的态度具有一定的创新意义和理论意义，既能增加人们对于女性主义理论的认识和理解，又能给大家提供一个研究同性恋的新视角。

（2）现实意义

我国社会正处于深刻而全面的转型时期，各种深层次的问题和矛盾开始逐渐凸显出来。与传统社会性规范、性道德相悖的同性性行为的大量出现，可能冲击着人们以前那种以生殖为性主要目的的性观念和性规范，进而将引发一些社会问题。而这些社会问题的产生在很大程度上与社会公众对待同性恋的态度有关。由于同性恋者作为一个特殊群体存在于社会之中，他们比一般人更加在意别人的看法，对别人一些细微的行为，如冷落和歧视同性恋者的行为更加敏感，所以他们更害怕在社会中公开自己的身份。而很多同性恋者因无法在社会生活中安全“出柜”，进而出现各种焦躁、恐惧和抑郁等心理障碍和精神问题。有的因家庭压力而与异性结婚，导致“同妻”或“同夫”数量增加，并使其成为同直婚姻的牺牲品；更有甚者还会因此伤害、杀害他人，产生犯罪行为等。在由两性构成的人类社会中，女性占据了很重要的地位，无论是从社会整体还是从男性方面都很有必要了解女性的体验和女性对待事物的态度和看法，这样才有利于促进社会的进步。因此，笔者通过定量分析了解影响我国女性居民对待同性恋态度的主要因素，找出其对待同性恋态度开放的原因，进而引导公众以更加公正、客观、尊重的态度对待同性恋者，给同性恋者提供一个相对宽容的生存空间，有助于促进同性恋者的心理健康，降低同直婚姻的发生率，维护社会的和谐稳定。

（二）相关文献综述

1. 关于对待同性恋态度的研究

（1）国内研究

当今国内不少专业学者从不同领域对同性恋的态度进行了调查研究，其中一项针对广东居民对同性恋认知和态度的调查发现，在对待同性恋的态度上，被调查者中的女性居民更加开放，年青一代的居民和本科及以上学历的居民更为宽容（谢嘉伟等，2013：116～117）。李银河、郑宏霞于2013年开展的一项针对公众对待同性恋的态度及影响因素的调查研究发现，在当今社会中同性恋者的曝光度依然不高。公众对待同性恋的态度，虽然总体接纳程度仍然比较低，但坚决反对和完全接纳的人都不是很多，这正是中国文化中庸性的体现（李银河、郑宏霞，2013：31～36）。一项于2011年进行的针对广州市某高校在校大学生的问卷调查发现，女生比男生对同性恋相对宽容，对同性恋更为宽容的是那些与同性恋者有过交际的大学生（田唤、马绍斌、范存欣，2011：24～25）。一项针对武汉市高校大学生同性恋认知情况的调查发现，在被调查的大学生中，赞成同性恋会给社会带来不好影响的占比为25.3%；不希望同性恋者担任学校辅导员或老师的占比达35.8%；不愿意接受同性恋员工的占比为22.6%。这表明在一些特殊岗位的就业中，同性恋者受到不公正对待，也表明大学生对同性恋还存在一定程度的偏见与歧视（王意等，2010：148～149）。一项于2008年开展的针对南宁市高校大学生对同性恋的认知和态度问题的调查研究发现，在对同性恋的宽容度上，女生明显高于男生，且相比男同性恋行为，被调查者更容易接受女同性恋行为（陈财英等，2008：504～505）。曹宁校、邵长庚等人对南京某大学的大学生进行了小规模调查，研究发现大部分的受访者对待同性恋的态度都是比较宽容的，然而在说到是否理解、支持同性性行为时，大部分人表示不能理解，而且女生比男生更不能接受（曹宁校等，2002：31～33）。一项针对500名医务人员和300名普通大学生的调查发现，在对待同性恋的态度上，医务人员比大学生要保守一些（陶林、周红、刘仁刚，2001：475～477）。何平、阮晓倩等人采用自己设计的调查问卷，对杭州市 3992 名男大学生进行抽样调查，分析研究了其对同性恋的态度行为：被调查者中，只有 58.4% 的人对同性恋持宽容理解态度，而 57.8% 的人反对将同性恋婚姻合法化；另外，高年级比低年级的男大学生对同性恋行为表示更能理解（何平等，2013：1312～1314）。盖彦君等人开展了一项关于 204 名大学生的调查，研究显示，在对待同性恋的态度上，女生比男生、城市学生比农村学生更为宽容；而且所有受访者表示，相比男同性恋而言，更能接受女同性恋。边仕英等人对随机抽取的 320 名西昌学院大学生进行调查，结果显示，关于对待同性恋的态度问题，他们持比较中立的态度，而且相对于男生而言，女生的态度更为宽容；城镇的学生比农村的学生更加开放；性态度越开放、越不遵守传统道德、与同性恋接触越多的学生，对待同性恋的态度越宽容（边仕英、敬斯斯，2015：142～144）。在关于是否认为同性恋属于变态行为的问题上，何平等人的研究发现，有 30.6% 的被调查者把同性恋当作一种疾病看待。严由伟等人的调查结果显示，被调查的师范院校大学生中，有 80% 左右认为同性恋是变态行为。而陶林等人认为 57.2% 的受访者把同性恋看作一种病态行为。汪亮等人的研究发现被调查的粤、澳、港三地大学生中有 23.8% 的人把同性恋看作一种变态行为（陈秀元，2008：30～35）。

（2）国外研究

美国早在 1965 年就以民意测验和抽样调查等方式相继开展了公众对待同性恋的态度调查。在关于“能否理解或接受同性恋”的调查中，能够接受同性恋的公众占比为 43%；在道德上仍然不能接受同性恋的公众占比为 47%；没有明确表态的公众占比为 10%。另外，在对待同性恋的问题上，相对于同性恋者本人和国家立法者而言，异性恋者的态度要开放很多，并主张取消对同性恋的各种限制措施。在关于“是否应该保护同性恋者合法平等的就业和生存机会”的研究中，1983 年的一次民意测验发现：支持同性恋者有权在就业过程中享受平等待遇的人达 65%；认为同性恋是一种生活方式，可以由人们自由选择的人占比为 32%。随后，1996 年的一项调查发现：赞成同性恋者有权享有平等就业权利的受访公众高达 84%；认为同性恋者有权享有平等居住权利的受访公众达到 80%，这表明美国公众越来越赞成同性恋者有权享受平等的就业机会和生存机会。然而，在关于“是否赞成颁布法律将同性恋婚姻合法化”的调查中，依然存在 58% 的公众对其持不赞成的观点，因为这一行为与他们的宗教信仰严重不符。在关于“是否支持同性恋者应该享有政治权利”的调查中，反对同性恋者成为拥有各种权利的政治候选人的被调查者达 45%，但仍有一部分人支持同性恋者成为政治候选人，享有各种政治权力，这部分人占比达到 25%（李银河、郑宏霞，2013：31～36）。此外，研究发现，年龄、性别、学历水平、宗教信仰、对同性恋的了解和认知、个人与同性恋的接触、是否交过同性恋朋友、媒体等传播媒介等都是影响公众对待同性恋态度的重要因素。

2. 关于对待同性恋态度的影响因素研究

在关于对待同性恋态度的主要影响因素探讨中，一项有关 3 所高校大学生关于同性恋认知及态度的调查发现，他们对同性恋的接受程度受其对同性恋的正确认知的影响（张涵、孙婷婷、王鹏，2008：9～12）。一项对 3 所高校的 540 名文、理、工科大学生的调查研究发现，性别、学科、认知态度和情感态度等是影响他们对待同性恋态度的重要因素（张笑笑、杨晓莉、张奇，2010：71～73）。在一项关于南宁市 4 所高校的 425 名在校大学生对同性恋认知和态度的研究中，调查者发现被调查的地区、时期、文化背景和开放程度等是影响大学生对同性恋认识和态度的重要因素（陈财英等，2008：504～505）。一项有关武汉地区公众对待同性恋态度的研究发现，环境因素在一定程度上影响公众对待同性恋的态度，其中包括群体影响和媒体影响（陈少君等，2008：11～15）。李银河等人调查发现，年龄、职业和婚姻状态是影响公众对同性恋态度的最重要因素，而城乡、地区和性别等因素对其影响不显著（李银河、郑宏霞，2013：31～36）。而吕少博的一项研究却发现，性别、政治态度、宗教信仰、对艾滋病的恐惧、是否认识同性恋者、学术专业以及对同性恋的归因等都是影响被调查者看待同性恋问题的重要因素（吕少博，2009）。李放等人的研究表明，对同性恋的偏见程度深受社会支配倾向中排外主义成分的影响（李放、郑雪、邓琳双，2012：79～82）。汤哲，陈嘉仪等人通过对 CGSS 2010 年数据的分析发现，性别、年龄、学历、收入、信息来源是影响公众看待同性恋问题的重要因素（汤哲、陈嘉仪、邓莹钰，2016：151～154）。何平等人研究发现，男大学生看待同性恋问题的观点和视角受其年级、专业、成长环境以及性观念等多种因素的影响（何平等，2013：1312～1314）。一项关于“香港大学生对待同性恋态度”的调查发现，其对待同性恋的态度与性别、宗教信仰、与同性恋者的关系等显著相关，而与学院、年级、身边同学朋友的看法等没有密切关系（刘雪红，2008）。严由伟等人的调查研究发现，高校大学生对待同性恋的态度与其思想观念、教育、心理接受程度、生源地等因素密切相关（严由伟等，2002：645～647）。此外，国外大量研究表明，接触媒体中非暴力的、明显的性内容会影响到人们在性方面的各种态度和价值观（布莱恩特·兹尔曼，2009：421～423）。

3. 简要评析

通过对相关文献进行梳理，笔者发现，在关于对待同性恋态度的调查研究上，研究对象主要针对大学生，少数针对社会公众。研究内容主要是同性恋态度的基本情况，包括性别、年龄、年级、专业、地区、生源地、婚姻状况等人口属性因素方面的差异，也包括收入、教育等个体资本因素方面的差异，但总体来看，人们对同性恋的接受度或容忍度变得越来越高。在关于对待同性恋态度的影响因素研究上，笔者发现影响公众对待同性恋态度的因素有很多，而且针对不同的研究群体，其影响因素也会有所不同。但归纳起来，发现年龄、性别、学历、学科、与同性恋的接触、职业、婚姻状况、收入、城乡、地区、对同性恋的认知、社会支配倾向等因素与人们对待同性恋的态度有紧密关系。然而之前的研究对影响因素的分析基本上是罗列起来分析的，鲜有研究使用一个理论框架来解释为什么这些因素影响了人们对待同性恋的态度。本文结合女性主义理论框架来分析影响我国女性居民对待同性恋态度的主要因素，以此为同性恋的研究提供一些补充资料。

二 研究设计

（一）研究的主要思路及内容

同性恋者是存在于这个社会的特殊人群，他们是这个社会的组成部分，但是目前社会上仍存在一些个人和群体对同性恋抱有偏见和歧视，同性恋在很大程度上依然是一个讳莫如深的话题。而大部分关于同性恋的研究都是针对大学生这个群体的，有少数是针对公众的，针对女性群体的少之又少，所以本文欲从女性主义出发，研究是哪些因素影响了我国女性居民对待同性恋的态度，弥补以往群体研究上的不足。

首先，进行相关变量描述分析，了解各变量的主要特征统计量；其次，了解单变量作用下我国女性居民对待同性恋态度的描述性统计特征，为接下来进行的推断统计分析打下基础；最后，进行序次 logistic 回归分析。第一，对本文选取的主要解释变量（家庭角色意识、女性能力意识、传统依附意识、工作平等意识、家务平等意识、婚前及婚外性行为认同意识）对我国女性居民对待同性恋态度的影响进行分析，考察这些变量在没有加入控制变量的条件下对我国女性居民对待同性恋态度的影响是不是显著的。第二，通过逐步回归的方法，将笔者通过查阅文献选取的控制变量：人口属性因素（地区、城乡、年龄和婚姻状况）、个体资本因素（受教育程度和个人年收入）和相关联因素（互联网的使用情况）加入模型，找出一个拟合度更好的基准模型，并简要分析控制变量对我国女性居民对待同性恋态度的影响，在上述建立的基准模型的基础上加入主要解释变量，考察以上分析的主要解释变量对我国女性居民对待同性恋态度的影响是否有变化，变化如何。第三，将本文采用的主要解释变量分类整合为两部分：女性主体意识因素和性态度因素，然后用逐步回归的方法，首先，把这两类主要解释变量分别放入模型一，建立基准模型；其次，在模型一的基础上加入地区、城乡、年龄和婚姻状况等人口属性因素，建立模型二；再次，在模型二的基础上加入个体资本因素，即个人年收入和学历水平，建立模型三；最后，在模型三的基础上加入相关联因素，即互联网的使用情况，建立模型四，从而形成一个嵌套模型估计这些主要解释变量对我国女性居民对待同性恋态度的效应。用以上分析就可以验证在女性主义的相关理论下提出的研究假设是否成立，即这些主要解释变量对我国女性居民对待同性恋的态度是否有影响，影响如何。

（二）相关理论与研究假设

1. 自由主义女性主义理论

自由主义女性主义是伴随着自由主义思想生发的一种女性主义思潮和运动，它为西方国家的女性运动和其他各派女性主义的发展奠定了基础（李鹭，2006：11～14）。它的基本观点是：理性、公正、机会均等和选择的自由。它认为，社会是由两性构成的，女性应当享有与男性相等的权利，社会不能以各种理由限制女性走出家门，进入公共领域，不能剥夺女性应该享有的平等权利，如就业平等机会、选择自由权利等（李银河，2005：40）。因此，它特别重视女性的个人权利，包括选择权、自我决定权以及宗教政治自由权，它主张平等自由是人的天赋人权，任何组织和个人都不能褫夺。

20 世纪 60 年代以来，性问题渐渐政治化，变为公众和学术领域探讨的主要课题；到了 80 年代，性政治问题蕴含于大众文化中，成为具有社会争论性的重要话题。对于女性主义来说，性问题是女性研究的一个主要自变量，其地位尤为重要。激进派和自由派是女性主义关于性问题的两大主要阵营，前者对性持基本否定的态度，后者对性持基本肯定的态度。

自由派女性主义的性观点主要有：异性恋及其他一些性实践会限制所有人的自由，压抑人的性欲望和性快乐。为了使性多数派受到控制，保持“纯洁”，社会通过理论分析、法律制裁或道德评判等途径将性少数派污名化。自由派认为理想的性关系应该是性伴侣在自愿、平等的基础上经过商量使用他们选取的任何方式使对方得到最大限度的性满足及性快乐。自由派鼓励超越社会所认可的性行为规范，坚决反对将性行为划分为政治上正确和不正确的两大类；对性持肯定态度，对各种形式的性表达持容忍或接受的态度，具体表现为淫秽色情品、同性恋、虐恋等；强调男女双方共同探索性的自由，支持中性的立法程序，更接近于法理社会的个人价值。此外，自由派认为女性主义应当把性享乐作为一种权利，而不应把性作为一种控制手段。在性的问题上，自由派不是绝对反对异性恋，而仅仅是反对其霸权地位（李银河，2005：134）。所以，女性认同同性恋行为的目的在于性别主体的认同，期望用性别跨界来反对既定的秩序，推翻男性对女性的控制机制，并用赋权机制来代替，是女性追求权利、平等和自由的体现，是女性主体意识觉醒的体现，而女性主体意识追求的是一种包含性别又超越性别的价值。由此，可以提出以下假设：

假设1：女性主体意识越强烈的女性，其对待同性恋的态度就越开放。

在操作意义上，这里可以细分为以下五个子假设：

假设1.1：越同意“男人以事业为重，女人以家庭为重”的女性对待同性恋的态度越保守。

假设1.2：越同意“男性能力天生比女性强”的女性对待同性恋的态度越保守。

假设1.3：越同意“干得好不如嫁得好”的女性对待同性恋的态度越保守。

假设1.4：越同意“在经济不景气时，应该先解雇女性员工”的女性对待同性恋的态度越保守。

假设1.5：越不同意“夫妻应该均等分摊家务”的女性对待同性恋的态度越保守。

2. 女性主义关怀伦理学

20 世纪 80 年代，女性主义关怀伦理学作为一种全新的理论视角出现在有关女性学的研究中，它主要用以分析女性对传统伦理价值的批判及对女性主义伦理学说的建构。该理论肯定了女性独特的道德经验，强调以关怀、情感、关系和包容的态度去看待分析问题，体现了期望实现兼顾各方利益的道德结论（龙艺、张程琪旭，2014：23～25）。

关怀伦理学的代表人物卡罗尔·吉利根在其著作中探讨了女性的道德发展。吉利根主张男女两性的行为方式、思考方式以及价值观念都有着很大的差异。研究表明，男性认为自我是一种独立自主的存在，道德是个人权利的排列，遵守一种看重权利及准则的公正伦理，更加关注做事的原则性及公平性；女性则认为自我是一种相互关系中的存在，道德是对他人的责任，遵守一种强调责任及关系的关怀伦理，更加关注表达的关系性及情感性（刘艳华，2009）。她认为，女性的道德判断有其自身的特点。女性把道德问题视为关系中的关怀和责任问题，并在一个关系网中来理解自我和他人，即在自我与他人的关系中考虑如何从他人的角度进行回应，如何承担起对他人的责任，如何减少对他人的伤害并促进他人的幸福。更深一层剖析，吉利根没有把女性的这种道德判断看成一种新的判断，而是当作从不平等的威胁中解放出来的女性表达出的一种摆脱了压抑的道德判断，以往的女性由于受到种种压抑而混淆了对它的知觉，妨碍了对它的表达。因此，关怀伦理学是女性摆脱传统压抑，认识到对自我、对他人、对关系的责任之后发出的不伤害命令以及表现出的关怀责任，这与传统社会赋予女性的种种伦理（即使是有“关怀”字样的伦理）是不可同日而语的（肖巍，1999：108）。从这一点，我们可以把女性主义关怀伦理学看作一种体现女性声音的新的伦理。

在当今社会，关于性的问题，女性已经摆脱了种种压抑，从“羞于言性、耻于言性、谈性色变”的状态走到了“敢于言性”的状态，并且从自己独特的道德经验出发表明自己的态度。女性的性态度是一种价值观的体现，对性的态度较为积极的女性更可能是从关系性和情感性的角度出发，以尊重人的选择的角度出发进行评判的，而这种评判角度的形成会大大提高女性看待问题的开放意识。因此，性态度较为积极的女性对同性恋的行为也会更多地以关怀的角度去看待，进而对同性恋的态度也会比较开放。由此，可以提出以下假设：

假设2：性态度越开放的女性居民对待同性恋的态度越开放。

在操作意义上，这里可以细分为以下两个子假设：

假设2.1：越是认同婚前性行为的女性对待同性恋的态度越开放。

假设2.2：越是认同婚外性行为的女性对待同性恋的态度越开放。

（三）概念界定与变量操作

1. 概念界定

（1）同性恋

“同性恋”一词最早由匈牙利人Benkert提出，随后被不同学者引用，20世纪80年代，Marmor对同性恋做出如下定义：“同性恋是指和同性别成员发生性关系的行为；同性恋者是指一个觉得自己对同性别成员有强烈性欲倾向的人。”国际学术界对同性恋者做出了如下定义：同性恋者是那些受同性性吸引，对同性有性渴望和性反应，并寻求同性性活动并从中得到性满足的人，而且这种影响是唯一的、显著的、持久的（罗曼，2007：34～35）。《中国精神障碍分类与诊断标准》第三版对同性恋做出了如下定义：指正常生活状态下，对同一性别的人持续表现出包括情感、思想和性爱行为等的性爱倾向，虽然可能与异性有正常的性行为，但这种性爱倾向明显减弱或缺乏（中华医学会精神病科分会，2001：

138～139）。性社会学家李银河认为，同性恋这一性取向是指以同一性别成员为对象的性爱倾向与行为；同性恋者则是以同一性别成员为性爱对象的人（男人或女人）。本文以李银河教授的定义为标准，将同性恋定义为同性间的性行为，以此来研究我国女性居民对待同性恋的态度。

（2）态度

态度是人们基于自身的道德观和价值观对其所接触的客观事物的评价和行为倾向，它是一种主观倾向，其表现形式有两种：一种是个人观点的表达（比较常用），另一种是各种不同的行为方式。人类的本质属性就是社会性，作为一个社会人，无时无刻不受周围环境的影响，人的态度虽说在一定程度上是个人主观的表现，但它也会因受到周围环境的影响而发生改变，并且这种改变是持续和长远的。

根据弗里德曼的定义，人的态度主要由认知、情感和行为倾向三个要素构成。其中认知是指人们对某些特定事物的心理印象，包括相关的事实、知识和信念；情感是指人们对某些特定事物肯定或否定的评价及因此产生的情绪情感；行为倾向是指人们对某些特定事物所预备采取的具有准备性质的反应。将态度的三要素应用到人们对待同性恋的态度上，具体表现为：第一是认知，即掌握一些有关同性恋的知识和事实，对同性恋是什么有一个大概的了解；第二是情感，即面对同性恋时的主观评价和情绪情感反应，如正常、恶心、新奇等；第三是行为倾向，即人们面对同性恋时，准备采取支持、反对还是无视其存在的反应。态度的三个构成要素之间可能会相互影响，甚至相互牵制（陈少君等，2008：11～15）。本文主要研究的是我国女性居民对待同性恋的情感成分，即是否认为同性间的性行为是对的。

（3）女性主义

在西方，女性主义（feminism）一词，最先产生于法国，后流传到英美等国，慢慢发展起来。它最早的思想根源是20世纪初期的妇女解放斗争，为了符合当时欧美国家的女性争取选举权和妇女权利的运动，当时将其翻译成“女权主义”。一开始指追求女性的社会平等与个性解放，后来泛指欧美发达国家中主张男女平等的各种思潮（郑燕，2009：14～15）。

根据我国的国情，自20世纪80年代以来，国内研究者将feminism一词翻译为“女性主义”，认为女性主义是一种追求男女平等和社会变革的理论与实践，主要目标在于消除对妇女及其他弱势群体的歧视和压迫，包括政治、经济和社会等方面。这一定义的要点是：第一，反对性别歧视、争取男女平等，包括政治、经济、法律等一切方面的平等；第二，反对一切形式的歧视和压迫。女性主义作为一种社会批判理论，滥觞于反对性别不平等的研究，但随着其理论和实践的发展，它站在边缘人的角度审视和批判传统，并在此基础上提出重建社会结构的方案。本文从女性主义反对一切形式的歧视和压迫的角度出发，通过运用女性主义的相关理论以此分析影响我国女性居民对待同性恋态度的主要因素。

2. 变量操作

（1）因变量

对待同性恋的态度。在对待同性恋的态度上，“2013年中国社会综合调查”（后文简称CGSS 2013）居民问卷中关于因变量的具体问题为“您认为同性间的性行为对不对”，一共有5个备选答案：1表示“总是不对的”、2表示“大多数情况下是不对的”、3表示“说不上对与不对”、4表示“有时是对的”、5表示“完全是对的”。选项的数字越大，说明对待同性恋的态度越开放。

（2）主要解释变量[①]

女性主体意识因素。①家庭角色意识。问卷基于“您是否同意男人以事业为重，女人以家庭为重”问题的回答进行测量，原来的测量结果为5级定序变量，答案选项为：1表示“完全不同意”、2表示“比较不同意”、3表示“无所谓同意不同意”、4表示“比较同意”、5表示“完全同意”。②女性能力意识。问卷基于“您是否同意男性能力天生比女性强”问题的回答进行测量，

---

① 因为本文选取的主要解释变量都是序次变量，但它们是数值型格式，所以在后面的回归分析中是把它们作为连续性变量来操作的。

原来的测量结果为5级定序变量，答案选项为：1表示“完全不同意”、2表示“比较不同意”、3表示“无所谓同意不同意”、4表示“比较同意”、5表示“完全同意”。③传统依附意识。问卷基于“您是否同意干得好不如嫁得好”问题的回答进行测量，原来的测量结果为5级定序变量，答案选项为：1表示“完全不同意”、2表示“比较不同意”、3表示“无所谓同意不同意”、4表示“比较同意”、5表示“完全同意”。④工作平等意识。问卷基于“您是否同意在经济不景气时，应该先解雇女性员工”问题的回答进行测量，原来的测量结果为5级定序变量，答案选项为：1表示“完全不同意”、2表示“比较不同意”、3表示“无所谓同意不同意”、4表示“比较同意”、5表示“完全同意”。⑤家务平等意识。问卷基于“您是否同意夫妻应该均等分摊家务”问题的回答进行测量，原来的测量结果为5级定序变量，答案选项为：1表示“完全不同意”、2表示“比较不同意”、3表示“无所谓同意不同意”、4表示“比较同意”、5表示“完全同意”。

性态度因素。①婚前性行为认同意识。问卷基于对“您认为婚前性行为对不对”问题的回答进行测量，答案选项为：1表示“总是不对的”、2表示“大多数情况下是不对的”、3表示“说不上对与不对”、4表示“有时是对的”、5表示“完全是对的”。②婚外性行为认同意识。问卷基于对“您认为婚外性行为对不对”问题的回答进行测量，答案选项为：1表示“总是不对的”、2表示“大多数情况下是不对的”、3表示“说不上对与不对”、4表示“有时是对的”、5表示“完全是对的”。

（3）控制变量

人口属性因素。①地区。已有研究表明，经济水平越发达的地区，人们对待同性恋的态度越开放。所以本文将地区这个因素纳入控制变量中。我国共有31个省份（不含港澳台），根据国发〔2000〕33号文件，东部地区是指北京、天津、河北、辽宁、上海、江苏、浙江、福建、山东、广东和海南，共11个省级行政区；中部地区是指山西、吉林、黑龙江、安徽、江西、河南、湖北和湖南，共8个省级行政区；西部地区是指重庆、贵州、四川、青海、云南、西藏、陕西、甘肃、宁夏、新疆、广西和内蒙古，共12个省级行政区。笔者按照此标准将问卷中记录的调查地点中的28个省级行政单位划分为东部、中部和西部三个区域，生成新的虚拟变量，其中东部为参照变量。②城乡类型。已有研究显示，城市居民比农村居民对待同性恋的态度更开放。所以，本文将受访者居住的城乡类型这一变量纳入其中。根据问卷中关于该变量的问题，出于简化目的，将处理为虚拟变量，即城市（含市/县城的中心城区、市/县城的边缘城区、市/县城的城乡接合部、市/县城区以外的镇）=1，农村=0，其中农村为参照组。③年龄。已有研究显示，年龄越大的居民对待同性恋的态度越保守。该问卷中年龄为连续变量，首先计算出被访者年龄age=2013-被访者出生年份，并将小于18周岁的样本剔除，然后对年龄进行中处理，即将该变量转换成各年龄与平均年龄之差（经计算，平均年龄为48岁）。④婚姻状况。已有研究表明，未婚者比已婚者对同性恋更为宽容。问卷中关于“您目前的婚姻状况”的情况有7种：1代表“未婚”、2代表“同居”、3代表“初婚有配偶”、4代表“再婚有配偶”、5代表“分居未离婚”、6代表“离婚”、7代表“丧偶”。为方便测量，将其进行简化处理：1~2为“未婚”、3~7为“已婚”，并分别赋值为0和1，“未婚”为参照组。

个体资本因素。①受教育程度。CGSS 2013中测量教育的问题是“您目前的最高教育程度是（包括目前在读的）”。首先，为了进行描述性分析，将受教育程度简化为4个类别变量：选项1~3为“小学及以下”，4为“初中”，5~8为“高中及相似学历”，9~13为“大专及以上”。然后为了方便后面的回归分析，对受教育程度进行了换算：未受过任何教育、私塾=0年，小学=6年，初中=9年，高中=12年，技校、职高、中专=13年，成人专科=14年，大学专科、成人本科=15年，大学本科=16年，研究生及以上=19年，将其转化为连续变量。②个人年收入。已有研究显示，在其他条件不变的情况下，公众对待同性恋的态度随着收入的增加而趋向于开放。这里的收入指的是“个人去年全年总收入”，为纠正收入的偏态分布以及减少极端值的干扰，在本文的计量分析中，笔者先对收入取对数值，即 ln(a7a)，然后再加入收入对数的平方，以便观察收入与女性居民对待同性恋的态度是否存在曲线关系。

相关联因素。①互联网使用情况。问卷基于“过去一年，你对互联网的使用情况”的问题进行测量，1 表示“从不”，2 表示“很少”，3 表示“有时”，4 表示“经常”，5 表示“非常频繁”。本文为了进行描述性分析，根据数据的分布结构对互联网的使用情况进行了“使用”与“未使用”的二分区别，定义 1 ~3 为“未使用互联网”，4 ~5 为“使用互联网”，形成虚拟变量，分别赋值为 0 和 1，“未使用互联网”为参照组。

(四) 研究数据与研究方法

1. 数据说明

本研究使用 CGSS 2013 调查数据，该数据是由人民大学“中国调查与数据中心”负责收集。它是中国第一个全国性、连续性、综合性的大型社会调查项目，采用多阶层分层概率抽样的方法。对全国 100 个县（区）、480 个居（村）委会、12000 户家庭中的个人进行调查，应答率为 72.17%。此次调查涵盖中国 28 个省（自治区、直辖市）的农村和城市，拥有比较强的样本代表性，对进行全国性的研究有很重要的意义。

CGSS 2013 调查数据包括核心模块、2003 年 10 年回顾、社会道德和公共服务满意度四大部分，共计 11438 个具有代表性的样本。本文的研究对象为 18 岁以上的成年女性居民，因此，笔者对数据进行了处理，保留符合要求的被调查者，故本研究的样本量为 5682。本文的研究主要关注我国女性居民对待同性恋的态度及其影响因素，而该数据收集了被调查者对同性性行为的看法的信息。笔者对问卷中问题回答为“拒绝回答”“不知道”“不适用”的样本进行了缺失值处理，发现对待同性性行为态度的样本有 5553 个。

2. 研究方法

本研究采用的是定量研究方法，首先采用描述性统计方法分析目标样本，从整体上比较各变量对我国女性居民对待同性恋态度的差异影响；其次，采用模型分析的方法，具体分析变量对我国女性居民对待同性恋态度的显著性影响。由于本文研究的因变量是序次变量，故采用有序分类的 Ordered Logistic 回归模型，并且通过嵌套模型考察主要解释变量对我国女性居民对待同性恋态度的效应。

累积比数模型（cumulative odds model）是本文使用的主要模型，其形式为：

$$P(Y \leqslant j \mid \mathrm{X}) = \frac{\exp(a_j - \sum_{i=1}^{P} \beta_i X_i)}{1 - \exp(a_j - \sum_{i=1}^{P} \beta_i X_i)}$$

其中 $j = 1, 2, \cdots, \mathrm{k} - 1$，等式左边 $P(Y \leqslant j \mid \mathrm{X})$ 为累积概率，该模型也称比例比数模型（proportional odds model）。将其转化为 ologit 函数，得到：

$$Logit[P(Y \leqslant j \mid \mathrm{X})] = \frac{P(Y \leqslant j \mid \mathrm{X})}{1 - P(Y \leqslant j \mid \mathrm{X})} = a_j - \sum_{i=1}^{P} \beta_i X_i$$

其中 $j = 1, 2, \cdots, \mathrm{k} - 1$，k 为参照组，$\beta_i$ 表示 X_i 每提高一个单位，Y 值提高一个及一个以上等级之比数比的对数值。模型假定 X_j 在各级的效应参数 β 值相等，即 $\beta_{j1} = \beta_{j2} = \cdots \beta_{j(k-1)} = \beta_{i0}$。因变量的序次分类对分析结果产生的影响能够由该模型较好地展示出来，故该模型是当前学术界公认的一种比较好的序次回归模型。与基本二分变量模型对比，它大大地减小了有序分类资料的信息缺失，同时在合并分类的切点选择合适的条件下两者结果相近，估计误差较小，稳定性较高。但是因为它对类别之间的相对距离不做任何假定，所以其在“有序”的表现上不是很清晰。

三　我国女性居民对待同性恋态度的描述性统计

（一）目标样本的基本情况

根据表 1 显示，在此次研究的总样本中，我国女性居民对同性间性行为态度的平均值约为1.38，即她们的态度接近“大多数情况下是不对的”的认同度，说明我国女性居民对待同性恋的态度还是比较保守的。就女性主体意识方面，我国女性居民认为“男人以事业为重，女人以家庭为重”的均值约为3.37，即接近“比

表1　样本变量的描述性统计

变量			均值/百分比（%）	标准差	最小值	最大值	有效样本数
因变量	对同性性行为的看法		1.382	0.814	1	5	5553
主要解释变量	女性主体意识因素	家庭角色意识	3.367	1.153	1	5	5547
		女性能力意识	2.927	1.183	1	5	5545
		传统依附意识	3.136	1.143	1	5	5541
		工作平等意识	2.148	0.984	1	5	5511
		家务平等意识	3.827	0.975	1	5	5544
	性态度因素	婚前性行为认同意识	1.754	1.027	1	5	5539
		婚外性行为认同意识	1.210	0.593	1	5	5550
控制变量							
人口属性因素	年龄		48.069	16.275	18	96	5552
	地区	东部	40.58	—	—	—	2253
		中部	35.73	—	—	—	1984
		西部	23.69	—	—	—	1315
	城乡	城市	61.71	—	—	—	3426
		农村	38.29	—	—	—	2126
	婚姻状况	未婚	8.50	—	—	—	471
		已婚	91.50	—	—	—	5067
个体资本因素	个人年收入（取对数）		9.383	1.185	4.382	13.459	4040
	受教育年限		8.093	4.998	0	19	5551
相关联因素	互联网使用情况	未使用	74.72	—	—	—	4138
		使用	25.28	—	—	—	1400

较同意”的认同度（无所谓同意不同意=3，比较同意=4）；认为“男性能力天生比女性强”和“干得好不如嫁得好”的均值都接近3.00，即大部分都认为“无所谓同意不同意”；认为“在经济不景气时，应该先解雇女性员工”的均值约为2.15，即大部分女性都比较不同意先解雇女性员工；认为“夫妻应该均等分摊家务”的均值约为3.83，即大部分女性都比较同意这一点，从中我们可以看出我国还有一大部分女性居民的女性主体意识不是很强烈。在性态度方面，可以看出，我国女性居民对待婚前和婚外性行为的态度都不是很开放，但是在婚前性行为态度的平均得分（1.75分）大于在婚外性行为态度的平均得分（1.21分），表明我国女性居民比起婚外性行为更能容忍婚前性行为。此外，由表1可知，此次研究样本的平均年龄为48岁，最大的为96岁；平均受教育年限为8年，大概初中水平的学历；个人年收入对数的平均值为9.38元；地区分布中，东部区域的研究对象占40.58%，中部区域的占35.73%，西部区域的占23.69%。总体上来看，东中部的研究对象比较多；城乡分布中，城市的占总调查者的61.71%，农村的占38.29%；婚姻状况中，已婚的占总数的91.50%，未婚的占8.50%，即绝大部分调查对象都是已婚；最后，在互联网的使用情况上，使用互联网的占总数的25.28%，未使用的占74.72%，从侧面也说明互联网的普及率在女性群体中不是很高。

（二）对待同性恋的态度概况

从表2可以看出，在年龄这一变量中，为了更方便地观察年龄对我国女性居民对待同性恋态度的影响，以20岁为间隔，将年龄分成了4组，而且年龄小的女性比较能接受同性恋，而年龄大的女性对同性恋的接受度比较低，这可能与各个年龄层的女性生活的时代背景不同有关；东部地区比中、西部地区的女性居民对待同性恋的态度更开放，这可能与东部地区经济发展较快，接受外来先进思想较早有关；本文为了更方便地考察教育对我国女性居民对待同性恋态度的影响，将受教育程度转换为了4个类别变量，从表2可知对于同性性行为，大专及以上学历的女性居民认为“总是不对的”的比例最小，表明学历程度越高的女性居民对新的思想观念接受得越快，对同性性行为也更开放，但也要看到她们对该问题保守的一面。

表 2　我国女性居民对待同性性行为态度的描述性统计特征

单位：%

		同性性行为					F 值	显著性
		总是不对的	大多数情况下是不对的	说不上对与不对	有时是对的	完全是对的		
年龄	18～37 岁	67.69	8.44	19.00	3.44	1.44	72.05	0.0000
	38～57 岁	82.23	5.63	10.58	1.38	0.18		
	58～77 岁	86.88	3.20	8.59	1.27	0.07		
	78～97 岁	89.10	1.42	8.06	0.95	0.47		
区域	东部	77.32	6.88	12.47	2.40	0.93	8.55	0.0002
	中部	79.33	5.14	14.01	1.36	0.15		
	西部	83.73	4.18	9.73	1.98	0.38		
受教育程度	小学及以下	86.39	3.96	8.57	0.96	0.13	102.76	0.0000
	初中	82.13	5.40	11.20	1.00	0.27		
	高中及相似学历	74.92	7.18	14.79	2.79	0.32		
	大专及以上	60.93	8.91	22.47	5.37	2.32		
婚姻状况	未婚	53.72	9.98	25.48	6.79	4.03	285.21	0.0000
	已婚	81.92	5.21	11.19	1.48	0.20		
城乡	城市	76.56	6.33	13.92	2.45	0.73	52.70	0.0000
	农村	84.38	4.47	9.88	1.08	0.19		
互联网使用	未使用	84.51	4.69	9.62	1.02	0.17	290.98	0.0000
	使用	65.00	8.29	20.50	4.64	1.57		
家庭角色意识	不同意	73.88	7.28	14.55	2.99	1.31	39.86	0.0000
	无所谓同意不同意	73.55	7.70	16.72	1.60	0.44		
	同意	83.64	4.37	10.40	1.45	0.15		

续表

		同性性行为					F值	显著性
		总是不对的	大多数情况下是不对的	说不上对与不对	有时是对的	完全是对的		
女性能力意识	不同意	76.72	6.57	13.38	2.47	0.85	23.26	0.0000
	无所谓同意不同意	75.43	6.23	16.75	1.10	0.49		
	同意	84.17	4.33	9.73	1.59	0.18		
传统依附意识	不同意	77.77	6.00	12.33	2.97	0.92	11.17	0.0000
	无所谓同意不同意	76.09	7.46	14.57	1.63	0.26		
	同意	82.42	4.51	11.45	1.27	0.36		
工作平等意识	不同意	78.24	5.82	13.26	2.04	0.63	9.12	0.0001
	无所谓同意不同意	79.96	5.95	12.99	0.91	0.18		
	同意	86.57	3.98	6.30	2.65	0.50		
家务平等意识	不同意	78.69	7.31	11.51	2.18	0.31	0.03	0.9693
	无所谓同意不同意	79.30	5.49	13.66	1.35	0.21		
	同意	79.75	5.39	12.22	2.01	0.64		
婚前性行为认同意识	不对的	87.55	4.74	6.79	0.77	0.15	415.65	0.0000
	说不上对与不对	55.53	7.02	33.60	2.87	0.99		
	对的	56.41	11.54	16.92	11.79	3.33		
婚外性行为认同意识	不对的	82.74	4.89	10.44	1.55	0.38	287.44	0.0000
	说不上对与不对	30.31	15.75	48.82	3.54	1.57		
	对的	29.27	20.73	23.17	20.73	6.10		

从婚姻状况来看，已婚女性居民在同性性行为态度上认为“总是不对的”的比例为81.92%，比未婚女性居民多28.20%，这表明未婚女性居民比已婚女性居民更容易接受同性性行为；从表2城乡变量的百分比可知，城市比农村女性居民更易于接受同性性行为；在互联网使用这个变量上，使用互联网的女性比不使用

互联网的女性在对待同性性行为的态度上更为开放，而且比例相差19.51%，这说明互联网的使用情况对我国女性居民对待同性恋态度的影响很大。在女性主体意识这一块，为了简化起见将其5个维度的每个问题的选项处理为3个类别变量：1~2为“不同意”、3为“无所谓同意不同意”、4~5为“同意”，从表2可以看出越同意“男人以事业为重，女人以家庭为重”的女性越反对同性性行为；同样越同意“男性能力天生比女性强”“干得好不如嫁得好”和“在经济不景气时，应该先解雇女性员工”的女性越反对同性性行为，而对“夫妻应该均等分摊家务”这一问题持有各种看法的女性对同性性行为的态度差别不是很大，这表明越持传统性别角色的女性越不能接受同性性行为，即同性恋；在性态度这块，为了简化起见将其两个维度的每个问题的选项处理为3个类别变量：1~2为“不对的”、3为“说不上对与不对”、4~5为“对的”，从表2可以看出越能接受婚前和婚外性行为的女性就越能接受同性性行为，而且对待婚外性行为的态度比对待婚前性行为的态度对女性对待同性性行为态度的影响要大一些。

最后，从表2中可以看出，在双变量ANOVA分析中，除了“夫妻应该均等分摊家务”这个变量不显著，其他几组的比较分析都是很显著的。

四　我国女性居民对待同性恋态度的影响因素分析

（一）主要解释变量的回归分析

表3主要描述了本文选取的主要解释变量在没有加入控制变量前对我国女性居民对待同性恋态度的影响，包括女性主体意识的5个维度：家庭角色意识、女性能力意识、传统依附意识、工作平等意识、家务平等意识；性态度的两个维度：婚前及婚外性行为认同意识。根据模型分析的结果可知：除了家务平等意识，即是否认为“夫妻应该均等分摊家务”对女性居民对待同性恋态度的

影响不显著外，其他几个主要解释变量对其都有显著影响。

表 3　主要解释变量对我国女性居民对待同性恋态度的 ologit 回归模型

	女性主体意识因素					性态度因素	
	模型 1a	模型 2a	模型 3a	模型 4a	模型 5a	模型 1b	模型 2b
家庭角色意识	-0.225***						
女性能力意识		-0.199***					
传统依附意识			-0.112***				
工作平等意识				-0.184***			
家务平等意识					0.010		
婚前性行为认同意识						0.878***	
婚外性行为认同意识							1.165***
分割点与常数项							
Constant cut1	0.647***	0.822***	1.039***	1.004***	1.427***	3.132***	2.907***
Constant cut2	1.035***	1.209***	1.424***	1.390***	1.812***	3.572***	3.351***
Constant cut3	3.040***	3.213***	3.424***	3.392***	3.810***	5.722***	5.545***
Constant cut4	4.863***	5.035***	5.245***	5.213***	5.630***	7.587***	7.426***
Pseudo R^2	0.008	0.006	0.002	0.004	0.000	0.103	0.081
样本量	4842	4842	4842	4842	4842	4842	4842

注：*** $p<0.01$，** $p<0.05$，* $p<0.1$。

1. 女性主体意识因素

从表 3 中的模型 1a ~ 5a 可知，第一，家庭角色意识的回归系数为 -0.225，这表明，越同意“男人以事业为重，女人以家庭为重”的女性居民越不容易接受同性恋，且在对待同性恋的态度上，我国女性居民同意“男人以事业为重，女人以家庭为重”的单位每增加一个，则选择不认同观点的累积概率要高 25.2%（$e^{0.225}-1$），即初步肯定了假设 1.1。第二，女性能力意识的回归系数为 -0.199，这表明，越同意“男性能力天生比女性强”的女性居民越不容易接受同性恋，且在对待同性恋的态度上，我国女性居民同意“男性能力天生比女性强”的单位每增加一个，则选择不认同观点的累积概率要高22.0%（$e^{0.199}-1$），即初步肯定了假设1.2。第三，传统依附意识的回归系数为-0.112，这表明，越同意“干得好不如嫁得好”的女性居民对待同性恋的态度越保守，且在对待同性恋的态度上，我国女性居民同意“干得好不如嫁得好”的单位每增加一个，则选择不认同观点的累积概率要高18.9%（$e^{0.112}-1$），即初步肯定了假设1.3。第四，工作平等意识的系数为-0.184，这表明，越同意“在经济不景气时，应该先解雇女性员工”的女性居民越不容易接受同性恋，且在对待同性恋的态度上，我国女性居民工作平等意识的单位每增加一个，则选择不认同观点的累积概率要高20.2%（$e^{0.184}-1$），即初步肯定了假设1.4。第五，家务平等意识的回归系数为0.010，且不显著，这表明，在女性群体中同不同意“夫妻应该均等分摊家务”对其对待同性恋的态度没什么差异，即初步否定了假设1.5。

从模型1a到模型5a可以看出女性主体意识的五个维度，除了最后一个家务平等意识，其他四个维度对女性对待同性恋的态度均有一定影响，影响方向也一致，即性别角色意识越传统，对待同性恋的态度就越保守。其中家庭角色意识，即认为“男人以事业为重，女人以家庭为重”这个维度对女性对待同性恋的态度影响最大，依次是女性能力意识、工作平等意识和传统依附意识。

2. 性态度因素

从模型1b可以看出婚前性行为认同意识对我国女性居民对待同性恋的态度有显著影响，其回归系数为0.878，这表明，越认为“婚前性行为是对的”的女性居民对待同性恋的态度越开放，且在对待同性恋的态度上，我国女性居民认为“婚前性行为是对的”的单位每增加一个，则选择不认同观点的累计概率要低58.4%（$1-e^{-0.878}$），即初步肯定了假设2.1。从模型2b可以看出，婚外性行为认同意识对我国女性居民对待同性恋的态度有显著影响，其回归系数为1.165，这表明，越认为“婚外性行为是对的”的女性居民对待同性恋的态度越开放，且在对待同性恋的态度上，我国女性居民认为“婚外性行为是对的”的单位每增加一个，则选择不认同观点的累计概率要低68.8%（$1-e^{-1.165}$），即初步肯定了假设2.2。

从模型1b和模型2b可以看出，性态度的两个维度对我国女性居民对待同性恋的态度的影响非常显著，影响方向也一致，即对待其他性行为的态度越开放，则对待同性恋的态度就更加开放。而且婚外性行为认同意识对我国女性居民对待同性恋的影响要比婚前性行为认同意识要大很多。

当然，以上分析是基于未加入控制变量前的分析，所以以上分析所得的相关或无关可能是虚假相关或虚假无关，笔者将在下文对其进行进一步的验证。

（二）女性主体意识因素的回归分析

1. 我国女性主体意识的现状

（1）家庭角色认同程度高

由表4可知，在考察女性的家庭观念时，表示同意“男人应以事业为重，女人应以家庭为重”的女性居民占比为58.61%，有12.40%的女性居民表示无所谓同意不同意，表示不同意的女性占样本总数的28.99%，这充分说明，我国女性居民更认同传统家庭性别角色分工。

表4 您是否同意：男人以事业为重，女人以家庭为重

单位：%

	频数	百分比	有效百分比	累计百分比
完全不同意	350	6.31	6.31	6.31
比较不同意	1258	22.68	22.68	28.99
无所谓同意不同意	688	12.40	12.40	41.39
比较同意	2515	45.34	45.34	86.73
完全同意	736	13.27	13.27	100.00
总计	5547	100.00	100.00	

（2）能力认识增强

现代女性在参与社会实践中所体现出的价值使她们更加坚信，她们和男人一样具有推动社会发展和进步的力量。由表5可知，在调查统计中对于“男性能力天生比女性强”的说法，有44.47%的女性表示不同意，仅有7.43%的女性表示完全同意。这充分说明了女性对自身能力的肯定与认同。

表5　您是否同意：男性能力天生比女性强

单位：%

	频数	百分比	有效百分比	累计百分比
完全不同意	610	11.00	11.00	11.00
比较不同意	1856	33.47	33.47	44.47
无所谓同意不同意	818	14.75	14.75	59.22
比较同意	1849	33.35	33.35	92.57
完全同意	412	7.43	7.43	100.00
总计	5545	100.00	100.00	

(3) 传统依附观念强

我国女性居民传统依附观念强，关于“干得好不如嫁得好”的问题，由表6可知，21.06%的女性选择无所谓同意不同意，仅有8.19%的女性则选择完全不同意，9.62%的女性选择完全同意，35.95%的女性选择比较同意，后两者的比例相加为45.57%，占比比较大。这充分说明我国女性居民有很强的依附心理。

表6　您是否同意：干得好不如嫁得好

单位：%

	频数	百分比	有效百分比	累计百分比
完全不同意	454	8.19	8.19	8.19
比较不同意	1395	25.18	25.18	33.37
无所谓同意不同意	1167	21.06	21.06	54.43
比较同意	1992	35.95	35.95	90.38
完全同意	533	9.62	9.62	100.00
合计	5541	100.00	100.00	

(4) 工作平等意识强烈

对于“在经济不景气时，应该先解雇女性员工”的说法，大部分女性都表示不同意，如表7所示，1561人表示完全不同意，占样本总数的28.33%；2254人表示比较不同意，占样本总数的40.90%；而仅仅只有10.94%的女性表示同意。这组数据充分说明，当今女性希望在工作中受到与男人一样的平等待遇，她们期待发展事业，保持经济独立，在工作中实现自己的人生价值。

表7　您是否同意：在经济不景气时，应该先解雇女性员工

单位：%

	频数	百分比	有效百分比	累计百分比
完全不同意	1561	28.33	28.33	28.33
比较不同意	2254	40.90	40.90	69.23
无所谓同意不同意	1093	19.83	19.83	89.06
比较同意	526	9.54	9.54	98.60
完全同意	77	1.40	1.40	100.00
总计	5511	100.00	100.00	

（5）家务分工认识理性化

由表8可知，70.97%的女性同意夫妻应该均等分摊家务，而更有25.14%的女性表示完全同意，只有1.82%的女性表示完全不同意。这表明，当今女性越来越主张男女共同承担家务，追求男女在生活领域中的平等。

表8　您是否同意：夫妻应该均等分摊家务

单位：%

	频数	百分比	有效百分比	累计百分比
完全不同意	101	1.82	1.82	1.82
比较不同意	542	9.78	9.78	11.60
无所谓同意不同意	966	17.42	17.42	29.02
比较同意	2541	45.83	45.83	74.86
完全同意	1394	25.14	25.14	100.00
总计	5544	100.00	100.00	

2. 女性主体意识五个维度的序次 logistic 回归分析

笔者通过查阅文献，发现了一些影响公众或其他群体对待同性恋态度的因素，因考虑到数据的局限性，选取了以下因素作为控制变量，包括人口属性因素（地区、城乡、年龄和婚姻状况）、个体资本因素（受教育程度和个人年收入）以及相关联因素（互联网的使用情况）。笔者采用逐步回归的方法，通过嵌套模型找出了拟合度更好的基准模型，即加入本文选取的所有控制变量（年龄、地区、婚姻状况、城乡、受教育程度、年收入和互联网使用情况等）建立的基准模型。

如表 9 所示，模型 1c 是在加入本文选取的所有控制变量（地区、城乡、年龄、婚姻状况、受教育程度、收入和互联网使用情况等）建立的基准模型。由模型 1c 的分析结果可知，第一，在人口属性中，中部地区与东部地区女性居民对待同性恋态度的回归系数为 0.280（$p<0.01$），表明控制其他变量后，中部地区比东部地区的女性居民对待同性恋的态度更开放。年龄变量的回归系数为 -0.016（$p<0.01$），表明年龄大的女性居民比年龄小的女性居民更反对同性恋。婚姻变量的回归系数为 -0.706（$p<0.01$），表明控制其他变量后，已婚女性比未婚女性对待同性恋的态度要保守。城乡变量的回归系数不显著，表明不同居住地类型的女性居民对待同性恋的态度差异无统计学意义。第二，在个体资本中，受教育程度这一变量与参照组相比，其余各项的系数均大于 0，即表明，随着受教育程度的提高，我国女性居民对待同性性行为的态度逐渐开放，但是只有大专及以上学历与小学及以下学历的回归系数（0.433）显著，表明控制其他变量后，大专及以上学历的女性居民比小学及以下学历的女性居民更容易接受同性恋。收入对数以及收入对数平方的系数分别是 -1.262（$p<0.01$）和 0.074（$p<0.01$），即收入与我国女性居民对待同性恋的态度呈正 U 形，说明我国女性居民对待同性恋的态度先随着收入的增加趋向于保守，但到达一定收入后，随着收入的增加而趋向于开放。第三，在相关联因素中，互联网使用情况的回归系数为 0.327，且在 99% 的置信度上呈现显著性差异，说明控制其他变量后，使用互联网

的女性居民比未使用互联网的女性居民对待同性恋的态度更开放。

表9 女性主体意识对我国女性居民对待同性恋态度的 ologit 回归模型

变量	模型1c	模型1	模型2	模型3	模型4	模型5
地区（参照组：东部）						
中部	0.280***	0.268***	0.267***	0.279***	0.279***	0.284***
西部	-0.055	-0.072	-0.070	-0.070	-0.062	-0.041
城乡（城市=1）	0.148	0.130	0.135	0.144	0.142	0.149
年龄（对中）	-0.016***	-0.016***	-0.016***	-0.016***	-0.016***	-0.016***
婚姻状况（已婚=1）	-0.706***	-0.693***	-0.698***	-0.697***	-0.705***	-0.710***
受教育程度（参照组：小学及以下）						
初中	0.004	-0.021	-0.018	-0.008	-0.003	0.017
高中及相似学历	0.204	0.153	0.166	0.185	0.196	0.225
大专及以上	0.433***	0.375**	0.389**	0.413**	0.419***	0.457***
收入对数	-1.262***	-1.285***	-1.260***	-1.242***	-1.281***	-1.239***
收入对数的平方	0.074***	0.075***	0.073***	0.073***	0.075***	0.072***
互联网使用情况（使用=1）	0.327***	0.318***	0.325***	0.327***	0.323***	0.329***
家庭角色意识		-0.093**				
女性能力意识			-0.079**			
传统依附意识				-0.056		
工作平等意识					-0.047	
家务平等意识						-0.077*
分割点与常数项						
Constant cut1	-4.066**	-4.535**	-4.323**	-4.167**	-4.271**	-4.246**
Constant cut2	-3.640**	-4.107**	-3.895**	-3.740**	-3.844**	-3.819**
Constant cut3	-1.572	-2.038	-1.827	-1.672	-1.776	-1.752
Constant cut4	0.227	-0.237	-0.0263	0.128	0.0231	0.0467
Pseudo R^2	0.053	0.054	0.054	0.053	0.053	0.053
样本量	3983	3983	3983	3983	3983	3983

注：*** $p<0.01$，** $p<0.05$，* $p<0.1$。

模型 1 是在模型 1c 的基础上加入家庭角色意识这一变量，来验证这一变量在加入控制变量后对我国女性居民对待同性恋的态度的影响是否仍显著，由模型 1 可知，家庭角色意识变量的系数为 -0.093（$p<0.05$），表明在控制了其他变量的情况下，越同意“男人以事业为重，女人以家庭为重”的女性居民越不容易接受同性恋，且在对待同性恋的态度上，我国女性居民同意“男人以事业为重，女人以家庭为重”的单位每增加一个，则选择不认同观点的累积比率要高 9.7%（$e^{0.093}-1$），而且模型 1 的 Pseudo R^2 值还略高于模型 3c，因此，假设 1.1 得以验证。

模型 2 是在模型 1c 的基础上加入女性能力意识这一变量，来验证这一变量在加入控制变量后对我国女性居民对待同性恋态度的影响是否仍显著。由模型 2 可知，女性能力意识这一变量的系数为 -0.079，且在 95% 的置信度上呈现显著差异，这表明在控制了其他变量后，越同意“男性能力天生比女性强”的女性居民越不容易接受同性恋，且在对待同性恋的态度上，我国女性居民同意“男性能力天生比女性强”的单位每增加一个，则选择不认同观点的累积比率要高 8.2%（$e^{0.079}-1$），而且模型 2 的 Pseudo R^2 值还略高于模型 1c。因此，假设 1.2 得以验证。

模型 3 是在模型 1c 的基础上加入传统依附意识这一变量，来验证这一变量在加入控制变量后对我国女性居民对待同性恋的态度的影响是否还显著。由模型 3 可知，传统依附意识这一变量的系数为 -0.056，但是在 90% 的置信度上都没有呈现显著差异，这表明，在控制了其他变量后，是否同意“干得好不如嫁得好”对我国女性居民对待同性恋的态度没有太大的影响。因此，否定了假设 1.3。

模型 4 是在模型 1c 的基础上加入了工作平等意识这一变量，来验证这一变量在加入控制变量后对我国女性居民对待同性恋的态度的影响是否还显著。由模型 4 可知，工作平等意识的系数并不显著，这表明在控制了其他变量后，是否同意“在经济不景气时，应该先解雇女性员工”对我国女性居民对待同性恋的态度没有太大的影响。因此，否定了假设 1.4。

模型5是在模型1c的基础上加入了家务平等意识这一变量，来验证这一变量在加入控制变量后对我国女性居民对待同性恋的态度的影响是否还显著。由模型5可知，家务平等意识的系数为 -0.077，且在90%的置信度上呈现显著差异，这表明在控制了其他变量的情况下，越同意“夫妻应该均等分摊家务”的女性居民越不容易接受同性恋，且在对待同性恋的态度上，我国女性居民同意“夫妻应该均等分摊家务”的单位每增加一个，则选择不认同观点的累积比率要高8.0%（$e^{0.077}-1$），与假设1.5正好相反，所以否定了假设1.5。

由表9中的模型可知，在控制了其他变量的情况下，只有家庭角色意识和女性能力意识这两个变量对我国女性居民对待同性恋态度的影响依然显著，其他几个变量的假设都被否定了。结合前面选取的主要解释变量在没加入控制变量前对我国女性居民对待同性恋态度的影响的分析，说明家庭角色意识和女性能力意识与我国女性居民对待同性恋的态度有一定的相关性。而传统依附意识和工作平等意识与我国女性居民对待同性恋的态度可能存在一定程度的虚假相关，而家务平等意识在控制了其他变量后变得显著了，并且变化方向发生了变化，这说明家务平等意识与我国女性居民对待同性恋的态度可能存在一定程度的虚假无关。

3. 女性主体意识的序次 logistic 回归分析

本文所分析的一个主要方面是女性主体意识对我国女性居民对待同性恋态度的影响，因此，所采用的变量来源于问卷中“社会态度”这一部分中对五个主要问题的看法，问题有：①男人以事业为重，女人以家庭为重；②男性能力天生比女性强；③干得好不如嫁得好；④在经济不景气时，应该先解雇女性员工；⑤夫妻应该均等分摊家务①。上文已经分别对这五个维度进行了回归分析，笔者为了进一步验证女性主体意识对我国女性居民对待同性

① 对于问题5，若越同意，即得分越大表示越反对性别不平等，与其他问题所代表的意义相反，因此，将问题5的答案选项的得分改成完全不同意取值为5，比较不同意取值为4，无所谓同意不同意取值为3，比较同意取值为2，完全同意取值为1。

恋态度是否有影响，对这五个问题进行了处理：将这五个问题相加整合成为一个问题（完全不同意取值为1，比较不同意取值为2，无所谓同意不同意取值为3，比较同意取值为4，完全同意取值为5，将这五个问题的取值相加，这样取值的范围为5～25分）。这样分数越高，表示越同意，越持有传统的性别角色态度，即女性主体意识越不强烈；分数越低表示越不同意，越持有自由的性别角色态度，即女性主体意识越强烈。

由于因变量“对待同性恋的态度”是一个定序变量，因此在研究中使用ologit模型来对影响我国女性居民对待同性恋态度的因素进行分析。因为本节主要关注女性主体意识与我国女性居民对待同性恋态度的关系，因此女性主体意识是本研究的核心自变量，为了测量女性主体意识对我国女性居民对待同性恋态度的影响，模型一（基准模型）仅放入了“对待同性恋的态度”和“女性主体意识”两个变量；在模型一的基础上加入人口属性因素，即地区、城乡、年龄和婚姻状况等建立模型二；在模型二的基础上加入个体资本因素，即受教育程度和个人年收入等建立模型三；在模型三的基础上加入相关联因素，即互联网的使用情况，建立模型四，从而形成一个嵌套模型来估计女性主体意识对我国女性居民对待同性恋态度的效应。

从表10的模型一中，我们可以看出，女性主体意识与我国女性居民对待同性恋的态度显著相关（$p<0.01$），且系数为-0.073，这表明性别角色态度越自由的女性对待同性恋的态度越开放，且在对待同性恋的态度上，我国女性居民不同意性别角色平等的单位每增加一个，则选择不认同观点的累积比率要高7.6%（$e^{0.073}-1$）。

表10 女性主体意识对我国女性居民对待同性恋态度的ologit回归模型

变量	模型一	模型二	模型三	模型四
女性主体意识	-0.073***	-0.036***	-0.025**	-0.024*
地区（参照组：东部）				
中部		0.086	0.246**	0.271***

续表

变量	模型一	模型二	模型三	模型四
西部		-0.253**	-0.097	-0.078
城乡（城市=1）		0.376***	0.161	0.135
年龄（对中）		-0.024***	-0.019***	-0.016***
婚姻状况（已婚=1）		-0.835***	-0.731***	-0.695***
受教育程度（参照组：小学及以下）				
初中			-0.012	-0.021
高中及相似学历			0.228	0.161
大专及以上			0.513***	0.382**
收入对数			-1.369***	-1.276***
收入对数的平方			0.080***	0.074***
互联网使用情况（使用=1）				0.321***
分割点与常数项				
Constant cut1	0.439***	0.393*	-4.975***	-4.497**
Constant cut2	0.840***	0.815***	-4.548**	-4.070**
Constant cut3	2.836***	2.863***	-2.481	-2.001
Constant cut4	4.615***	4.655***	-0.681	-0.201
Pseudo R^2	0.007	0.043	0.052	0.053
样本量	3983	3983	3983	3983

注：*** $p<0.01$，** $p<0.05$，* $p<0.1$。

模型二是加入了人口属性（地区、城乡、年龄和婚姻状况）因素后的情况，从模型二中我们可以看出，女性主体意识的系数（-0.036）有所增加，显著性没有变化（$p<0.01$）。地区这一变量中，西部与东部女性居民对待同性恋态度的系数为-0.253（$p<0.05$），表明控制其他变量后，西部地区比东部地区的女性居民对待同性恋的态度更保守；城乡变量的回归系数为0.376（$p<0.01$），表明控制其他变量后，城市比农村女性居民对待同性恋的态度更开放；年龄变量的系数为-0.024（$p<0.01$），表明控制了其他变量之后，年龄越大的女性居民对待同性恋的态度越保守；婚姻变量的系数为-0.835（$p<0.01$），表明控制其他变量后，已

婚女性比未婚女性对待同性恋的态度更保守。

模型三是加入了个体资本因素（受教育程度、个人年收入的自然对数及收入对数的平方）因素后的情况。相对于模型二来说，女性主体意识对我国女性居民对待同性恋态度影响的显著性下降（$p < 0.05$），这说明加入的个体资本因素对其有一定的消解作用。地区和城乡的效应变化较大，其中地区这一变量中，中部与东部地区的回归系数（0.246）变得显著了，说明控制其他变量后，中部比东部女性居民更容易接受同性恋；城乡变量对我国女性居民对待同性恋的态度的影响由显著变为不显著了，且系数变小了；而其他变量，年龄和婚姻状况的效应有一定的变化，但变化不大。由模型三可知，大专及以上学历与小学及以下学历的回归系数为0.513，且在99%的置信度上呈现显著性差异，表明控制其他变量后，大专及以上学历的女性居民比小学及以下学历的女性居民对待同性恋的态度更开放。收入对数以及收入对数平方的系数分别是 -1.369（$p < 0.01$）和0.080（$p < 0.01$），即收入与我国女性居民对待同性恋的态度呈正U形，说明我国女性居民对待同性恋的态度先随着收入的增加趋向于保守，但到达一定收入后就会跟着收入的增加而趋向于开放。

模型四是加入了互联网的使用情况这一要素后的情况。相对于模型三来说，女性主体意识对我国女性居民对待同性恋态度的影响显著性下降（$p < 0.1$），这说明加入的互联网使用情况的因素对其有一定的消解作用。地区、城乡、年龄、婚姻状况、受教育程度和收入的效应虽然有一定的变动，但变动很小。此外，由模型四可知，互联网使用情况的回归系数为0.321（$p < 0.01$），即使用互联网的比未使用互联网的女性居民对待同性恋的态度更开放。

通过对以上四个模型的分析可知，女性主体意识对我国女性居民对待同性恋的态度有显著影响，且女性主体意识越强烈对待同性恋的态度越开放，从而肯定了假设1。用 lrtest 命令对以上四个模型进行似然比检验，发现模型三比模型一和模型二的拟合度更高，而且模型三和模型四的检验结果为 LR chi2(1) = 7.31，Prob > chi2 = 0.0069，似然比检验表明模型三的拟合显著地更差，故本节以模型四为主要解释模型。

4. 女性主体意识对我国女性居民对待同性恋态度的影响机制

通过上述四个模型的分析结果可知，教育、收入和互联网的使用情况对女性主体意识对我国女性居民对待同性恋态度的解释作用影响较大，所以，笔者单独把这三个变量拿出来与女性主体意识进行分析。

由表 11 可知，受教育水平对女性主体意识的影响在 0.01 的水平上很显著，表明控制了其他变量后，受教育年限每增加 1 年，女性主体意识的分数就下降 0.19 个单位，也就是说，接受教育对于提高女性主体意识具有积极意义。互联网使用情况的回归系数为 -0.98，且显著（$p<0.01$），表明控制了其他变量后，使用互联网的比不使用互联网的女性的主体意识更强烈；而收入对数这一变量对女性主体意识的影响不显著，但收入对数的平方在 0.05 的水平上是显著的，表明个人全年总收入这一变量与女性主体意识呈倒 U 形，即首先随着收入的增加，女性主体意识逐渐变得强烈，但当到达一定的收入后，开始下降。结合表 11，可以得出结论，女性主体意识对我国女性居民对待同性恋态度的影响受其受教育水平、收入和使用互联网情况的影响。

表 11　教育、收入、互联网的使用情况对女性主体意识的线性回归模型

自变量	模型 1d	模型 2d	模型 3d
受教育水平	-0.19***		
收入对数		0.82	
收入对数的平方		-0.07**	
互联网使用情况（使用 =1）			-0.98***
控制变量			
地区（参照组：东部）			
中部	-0.23**	-0.25*	-0.11
西部	-0.66***	-0.64***	-0.45***
城乡（城市 =1）	-0.76***	-1.06***	-1.24***
年龄（对中）	0.01**	0.02***	0.03***
婚姻状况（已婚 =1）	0.91***	0.86***	0.82***

续表

自变量	模型 1d	模型 2d	模型 3d
常数项	14.79***	11.07***	12.82***
N	4828	3983	4828
R^2	0.14	0.10	0.10
F	125.88	61.27	92.20

注：*** $p<0.01$，** $p<0.05$，* $p<0.1$。

（三）性态度因素的回归分析

1. 我国女性居民性态度的现状

（1）婚前性行为态度保守

由表 12 可知，在问及“您认为婚前性行为对不对”时，有 3231 位女性居民认为它总是不对的，占调查样本的 58.33%；有 1012 位女性居民认为这种行为说不上对与不对，占调查样本的 18.27%；而只有 74 位女性居民认为它完全是对的，仅占调查样本的 1.34%。以上数据充分说明我国女性居民对待婚前性行为比较保守。

表 12　您认为婚前性行为对不对

单位：%

	频数	百分比	有效百分比	累计百分比
总是不对的	3231	58.33	58.33	58.33
大多数情况是不对的	906	16.36	16.36	74.69
说不上对与不对	1012	18.27	18.27	92.96
有时是对的	316	5.71	5.71	98.66
完全是对的	74	1.34	1.34	100.00
总计	5539	100.00	100.00	

（2）婚外性行为态度保守

由表 13 可知，在问及“您认为婚外性行为对不对”时，有 4806 位女性居民认为它总是不对的，占调查样本的 86.59%；有

254 位女性居民认为这种行为说不上对与不对，占调查样本的 4.58%；而只有 77 位女性居民认为它有时是对的，以及 5 位女性居民认为它完全是对的，两者加起来仅占调查样本的 1.48%。数据充分说明了我国女性居民对待婚外性行为比较保守，而且和表 12 对比，发现我国女性居民对待婚外性行为要比婚前性行为保守得多。

表 13　您认为婚外性行为对不对

单位：%

	频数	百分比	有效百分比	累计百分比
总是不对的	4806	86.59	86.59	86.59
大多数情况是不对的	408	7.35	7.35	93.95
说不上对与不对	254	4.58	4.58	98.52
有时是对的	77	1.39	1.39	99.91
完全是对的	5	0.09	0.09	100.00
总计	5550	100.00	100.00	

2. 性态度因素两个维度的序次 logistic 回归分析

在上文分析女性主体意识对我国女性居民对待同性恋态度的影响时，建立了基准模型 1c，所以本节分析性态度因素时也使用基准模型 1c。

从表 14 可以看出，模型 6 在模型 1c 的基础上加入婚前性行为认同意识这一变量，来验证这一变量在加入其他变量后对我国女性居民对待同性恋态度的影响是否仍显著。由模型 6 可知，婚前性行为认同意识变量的回归系数为 0.791，且在 99% 的置信度上呈现显著差异，这表明控制其他变量后，越认为“婚前性行为是对的”的女性居民对待同性恋的态度越开放。且在对待同性恋的态度上，我国女性居民认为“婚前性行为是对的”的单位每增加一个，则选择不认同观点的累计概率要低 54.7%（$1-e^{-0.791}$），而且模型 6 的 Pseudo R^2 值远远高于模型 1c。因此，假设 2.1 得以验证。

模型 7 是在模型 1c 的基础上加入婚外性行为认同意识这一变量，来验证这一变量在加入其他变量后对我国女性居民对待同性恋态度的影响是否仍显著。由模型 7 可知，婚外性行为认同意识这一变量的系数为 1.054，且在 99% 的置信度上呈现显著差异，这表明，控制了其他变量后，越认为“婚外性行为是对的”的女性居民对待同性恋的态度越开放，且在对待同性恋的态度上我国女性居民认为“婚前性行为是对的”的单位每增加一个，则选择不认同

表 14　性态度对我国女性居民对待同性恋态度的 ologit 回归模型

变量	模型 1c	模型 6	模型 7
地区（参照组：东部）			
中部	0.280***	0.274**	0.325***
西部	-0.055	-0.060	0.035
城乡（城市 = 1）	0.148	0.082	0.140
年龄（对中）	-0.016***	-0.004	-0.013***
婚姻状况（已婚 = 1）	-0.706***	-0.647***	-0.584***
受教育程度（参照组：小学及以下）			
初中	0.004	0.033	0.023
高中及相似学历	0.204	0.309**	0.234
大专及以上	0.433***	0.563***	0.609***
收入对数	-1.262***	-0.754*	-0.447
收入对数的平方	0.074***	0.043*	0.026
互联网使用情况（使用 = 1）	0.327***	0.171	0.306**
婚前性行为认同意识		0.791***	
婚外性行为认同意识			1.054***
分割点与常数项			
Constant cut1	-4.066**	-0.441	0.840
Constant cut2	-3.640**	0.0319	1.316
Constant cut3	-1.572	2.235	3.538*
Constant cut4	0.227	4.085**	5.389***
Pseudo R^2	0.053	0.126	0.115
样本量	3983	3983	3983

注：*** $p<0.01$，** $p<0.05$，* $p<0.1$。

观点的累计概率要低65.1%（$1-e^{-1.054}$），而且模型7的Pseudo R^2值远远高于模型1c。因此，假设2.2得以验证。

3. 性态度因素的序次logistic回归分析

本文所分析的另一个主要方面是女性的性态度对我国女性居民对待同性恋态度的影响，因此，所采用的变量是问卷中“您认为婚前性行为对不对”和“您认为婚外性行为对不对”。上文已经分别对这两个维度进行了回归分析，笔者为了进一步验证女性的性态度对我国女性居民对待同性恋态度是否有影响，对这两个问题进行了处理：将这两个问题相加整合成为一个（总是不对的取值为1，大多数情况下是不对的取值为2，说不上对与不对取值为3，有时是对的取值为4，完全是对的取值为5，将这两个问题的取值相加，这样取值的范围就变为2～10分）。这样，分数越高，表示越认为是对的，越持有开放的性态度，反之，则越持有保守的性态度。

由于因变量“对同性恋的态度”是一个定序变量，因此本研究使用ologit模型来对影响我国女性居民对待同性恋态度的因素进行分析。因为本节主要关注女性性态度与我国女性居民对待同性恋态度的关系，因此女性性态度是本节研究的核心自变量。为了测量性态度对我国女性居民对待同性恋态度的影响，模型一（基准模型）仅放入了“对同性恋的态度”和“性态度”两个变量；在模型一的基础上加入人口属性因素，即地区、城乡、年龄和婚姻状况等建立模型二；在模型二的基础上加入个体资本因素，即受教育程度和个人年收入等建立模型三；在模型三的基础上加入相关联因素，即互联网的使用情况，建立模型四，从而形成一个嵌套模型来估计女性性态度对我国女性居民对待同性恋态度的效应。

从表15的模型一中，可以看出女性性态度与我国女性居民对待同性恋的态度显著相关（$p<0.01$），且回归系数为0.735，这说明性态度越开放的女性对待同性恋的态度越开放，且在对待同性恋的态度上，我国女性居民性态度开放的程度每增加一个单位，则选择不认同观点的累计概率要低52.0%（$1-e^{-0.735}$）。

模型二显示的是加入了人口属性（地区、城乡、年龄和婚姻状况）因素后的情况，从模型二中我们可以看出，女性性态度的回归系数（0.686）有所减小，显著性没有变化（$p<0.01$）；地区变量中，中部地区的回归系数为0.186（$p<0.1$），表明控制其他变量后，中部比东部地区的女性居民对待同性恋的态度更开放；城乡变量的回归系数为0.313（$p<0.01$），表明城市女性居民比农村女性居民对待同性恋的态度更加开放；年龄变量的回归系数为-0.012（$p<0.01$），表明控制了其他变量后，年龄越大的女性居民对待同性恋的态度越保守；婚姻变量的系数为-0.702（$p<0.01$），说明控制其他变量后，已婚女性比未婚女性对待同性恋的态度要保守。

表15　性态度对我国女性居民对待同性恋态度的ologit回归模型

变量	模型一	模型二	模型三	模型四
性态度	0.735***	0.686***	0.685***	0.682***
地区（参照组：东部）				
中部		0.186*	0.288***	0.301***
西部		-0.094	0.007	0.014
城乡（城市=1）		0.313***	0.099	0.086
年龄（对中）		-0.012***	-0.006*	-0.005
婚姻状况（已婚=1）		-0.702***	-0.592***	-0.575***
受教育程度（参照组：小学及以下）				
初中			0.042	0.038
高中及相似学历			0.346**	0.306**
大专及以上			0.732***	0.661***
收入对数			-0.340	-0.294
收入对数的平方			0.019	0.016
互联网使用情况（使用=1）				0.173
分割点与常数项				
Constant cut1	3.833***	3.285***	2.045	2.266
Constant cut2	4.320***	3.783***	2.546	2.768

续表

变量	模型一	模型二	模型三	模型四
Constant cut3	6.568***	6.058***	4.837**	5.060**
Constant cut4	8.428***	7.930***	6.716***	6.941***
Pseudo R^2	0.134	0.149	0.155	0.155
样本量	3983	3983	3983	3983

注：*** $p<0.01$，** $p<0.05$，* $p<0.1$。

模型三显示了加入个体资本（受教育年限、个人年收入的自然对数及收入对数的平方）因素后的情况。相对于模型二来说，女性性态度对我国女性居民对待同性恋的态度依然有显著影响，系数有所变化，但变化很小。地区、城乡和年龄的效应变化较大，其中地区这一变量中，中部女性居民与东部女性居民的回归系数变得更加显著了（$p<0.01$），且系数（0.288）变大了，而西部女性居民与东部女性居民的回归系数依旧不显著；城乡变量对我国女性居民对待同性恋的态度的影响由显著变为不显著了，且系数变小了；年龄变量的显著性（$p<0.1$）减小了，且系数（-0.006）变大了，这说明加入的新变量对其有一定的消解作用；而婚姻状况的效应有一定的变化，但变化不是很大。由模型三可知，受教育程度这一变量与参照组相比，高中及相似学历的回归系数为0.346（$p<0.05$），大专及以上学历的系数为0.732（$p<0.01$），表明控制其他变量后，高中及相似学历和大专及以上学历的女性居民比小学及以下学历的女性居民对待同性恋的态度更开放；收入对数以及收入对数平方的系数都不显著，表明控制其他变量后，收入对我国女性居民对待同性恋的态度没有显著影响。

模型四显示了加入互联网的使用情况这一要素后的情况。从模型四可知，女性性态度的回归系数（0.682）有所减小，显著性没有变化（$p<0.01$）。地区、城乡、婚姻状况、受教育程度和收入的效应都有一定变动，但变动很小，而年龄这一变量由原来具有显著性变得不具有显著性了，这说明互联网这一要素的加入消解了年龄对因变量的解释作用。由模型四可知，互联网使用

情况的系数为0.173，但是不显著，表明控制了其他变量后，互联网的使用情况对我国女性居民对待同性恋的态度的影响不是很大。

通过对以上四个模型的分析发现，女性性态度对我国女性居民对待同性恋的态度有显著影响，且性态度越开放的女性对待同性恋的态度越开放，从而肯定了假设2。

用 lrtest 命令对以上四个模型进行似然比检验，发现模型三比模型一和模型二的拟合度更高，但是模型三和模型四的检验结果为 LR chi2(1) =1.83，Prob > chi2 =0.1757，似然比检验表明模型四的拟合显著地更差，互联网使用情况的贡献不是很显著，故本节以模型三为主要解释模型。

五　结论和讨论

（一）基本结论

1. 年龄、婚姻状况及收入等因素对我国女性居民对待同性恋的态度有显著影响

我国女性居民对待同性恋的态度存在着代际差距，年龄越大的女性居民对待同性恋的态度越保守，证明新的社会价值观更易于被年轻人所接受。中部地区的女性居民比东部地区的女性居民对待同性恋的态度更开放，这可能与一些控制变量的加入有关。婚姻状况对我国女性居民对待同性恋的态度也有显著影响，未婚女性比已婚女性更容易接受同性恋。受教育程度中的大专及以上学历对我国女性居民对待同性恋的态度有显著影响，与小学及以下学历的女性相比，其对待同性恋的态度更开放。收入与女性居民对待同性恋的态度呈正 U 形，说明控制其他变量后，我国女性居民对待同性恋的态度一开始随着收入的增加更加保守，但到达一定收入后则随着收入的增加而更加开放。互联网使用情况在我国女性居民对待同性恋态度上呈现显著性差异，使用互联网的女性居民比未使用互联网的女性居民对待同性恋的态度更开放。

2. 女性主体意识越强烈的女性对待同性恋的态度越开放

依据模型分析结果可知，在没有控制其他变量的情况下，女性主体意识五个维度的自变量，即家庭角色意识、女性能力意识、传统依附意识、工作平等意识及家务平等意识，除了家务平等意识，其他四个对我国女性居民对待同性恋态度的影响都是显著的，但是在控制了其他变量的情况下，只有家庭角色意识和女性能力意识这两个变量对我国女性居民对待同性恋态度的影响还是显著的，即肯定了假设 1.1——越同意“男人以事业为重，女人以家庭为重”的女性对待同性恋的态度越保守，和假设 1.2——越同意“男性能力天生比女性强”的女性对待同性恋的态度越保守。而传统依附意识和工作平等意识与我国女性居民对待同性恋态度的显著影响不存在了，家务平等意识对我国女性居民对待同性恋态度的影响变得显著了，但影响的方向发生了变化，所以就否定了假设 1.3、假设 1.4 及假设 1.5。为了进一步分析女性主体意识对我国女性居民对待同性恋态度的影响是不是显著的，笔者将有关女性主体意识的五个问题处理为一个问题，通过模型分析发现在控制其他变量的情况下，女性主体意识对我国女性居民对待同性恋的态度有显著影响，即肯定了假设 1——女性主体意识越强烈的女性居民对待同性恋的态度就会越开放。

3. 性态度越开放的女性对待同性恋的态度越开放

依据模型分析结果可知，无论有没有控制变量，性态度两个维度的自变量：婚前性行为认同意识和婚外性行为认同意识对我国女性居民对待同性恋态度的影响都是显著的，即肯定了假设 2.1——越认为婚前性行为是对的的女性对待同性恋的态度越开放，及肯定了假设 2.2——越认为婚外性行为是对的的女性对待同性恋的态度越开放。为了进一步证明性态度对我国女性居民对待同性恋态度的影响是显著的，笔者将有关性态度的两个问题处理为一个问题，通过模型分析发现性态度与我国女性居民对待同性恋的态度有显著相关性，即肯定了假设 2——我国女性居民的性态度越开放则其对待同性恋的态度也越开放，这反映了两者之间有很强的正相关关系。

（二）相关讨论

1. 控制变量等因素对我国女性居民对待同性恋态度的分析

本文对我国女性居民对待同性恋态度的影响因素进行分析后，发现前人研究出的一些对大学生或公众对待同性恋态度有影响的因素对女性这一群体也有所影响，比如地区、年龄、婚姻状况、受教育程度、收入和互联网使用情况若干因素与其都有显著相关性，但也存在一些差异。笔者研究发现，收入与我国女性居民对待同性恋的态度并不是直线关系，而是呈现正 U 形，即一开始随着收入的增长对待同性恋的态度更加保守，但达到一定收入后，则随着收入的增长对待同性恋的态度愈加开放。地区变量中，研究发现中部地区比东部地区的女性居民对待同性恋的态度更开放，与以往研究的经济越发达的地区对待同性恋态度越开放的结论出现了不一致。此外，受教育程度这一变量中只有大专及以上学历对我国女性居民对待同性恋态度的影响是显著的，初中和高中及相似学历的影响并不显著，与以往研究的随着学历的增长对同性恋的态度会更加包容并不完全一致，这可能与研究群体的不同有关。因为之前研究的对象大多是大学生，而他们的学历水平基本上一致，而本文研究的女性群体分布在各个年龄层，学历水平会有很大的不同，而且城乡这一变量对我国女性居民对待同性恋的态度并没有显著影响，这其中的差异值得进一步去探讨。

2. 女性主体意识因素对我国女性居民对待同性恋态度的分析

通过数据的实证分析可以看出，主体意识越强烈的女性对待同性恋的态度越开放。首先，家庭角色意识对我国女性居民对待同性恋态度的影响是显著的，即越同意“男人以事业为重，女人以家庭为重”的女性居民对待同性恋的态度越保守。这可能是因为自古以来的传统性别角色意识根深蒂固，并且在现代社会中通过社会伦理、家庭文化等途径影响着包括我国广大女性居民在内的数以千万的人。在面对工作和家庭时，大部分女性居民表示，家庭比工作更重要，此时传统依附意识占据了主导地位，女性主体意识薄弱，缺乏独立性和自主性，所以对待同性恋的态度也会更保守。其次，女性能力意识对我国女性居民对待同性恋态度的影响是显著的，即越同意“男性能力天生比女性强”的女性对待同性恋的态度越保守，认为男性能力并不是天生比女性强，是女性对自身认识的肯定，是女性主体意识觉醒、发展的表现，她们在参与社会实践中所体现出的价值使她们更加清楚地明白，她们与男性一样，通过努力同样能够推动社会的发展，所以她们也应该和男性一样享有同样的选择自由的权利，所以越不同意“男性能力天生比女性强”的女性对待同性恋的态度越开放。这些方面都反映了强烈的女性主体意识有利于提高我国女性居民对同性恋的包容度，在一定程度上肯定了自由主义女性主义理论对我国女性居民对待同性恋态度分析的适用性。

此外，对以上的模型分析可知，传统依附意识和工作平等意识对我国女性居民对待同性恋的态度没有显著影响。这可能与女性主体意识缺乏自觉性和稳定性有关。虽然随着现代化水平和女性受教育水平的提升，女性在平常生活中独立自主意识有所增强，但是中国女性的主体意识只是停留在表面层次上，并没有进一步内化为女性群体自身的价值观或理念，当面对艰难的选择和挑战时，深层的传统依附观念便会不自觉地发挥作用，比如一旦遭遇到社会竞争和市场经济的强烈冲击，中国女性那种“三从四德”的依附心理就会显现出来，继而会出现那种传统的安逸、防御及畏缩的心理态势（房娜，2013）。首先，传统依附意识，即是否同意“干得好不如嫁得好”在控制了其他变量的情况下对我国女性居民对待同性恋的态度没有显著影响，这可能与该问题隐含的意向不明确有关，因为该问题的提问包含了两层意思：一是事实上的判断，二是价值观上的判断。而且本文通过样本筛选得到的女性样本，平均年龄在 48 岁左右，且绝大部分都是已婚人士，所以我国女性居民在该问题的回答上有将近一半的人表示认同，这很有可能是她们通过自身的经历对社会事实的一个判断，并没有体现自己的一种价值观，所以并不能就此判断她们的女性主体意识如何，进而也就对我国女性居民对待同性恋的态度没有显著影响。其次，工作平等意识，即是否同意“在经济不景气时，应该先解雇女性员工”，在控制了其他变量的情况下这一问题对我国女性居民对待同性恋的态度没有显著影响，这可能与我国独特的社会背景下开展的妇女解放运动有关。第一，关于女性主义运动的共识框架：美国女权主义运动深受西方自由与平等思想的影响，它认为社会建构的性别差异是性别不平等的根源，正是这种性别差异导致女性无法和男性一样享有同等的政治权利及生活机会。因此，美国女权主义运动一直以来的目标就是实现男女权利平等，这种权利平等既包括公共领域的就业权、参政权和教育权，也包括私人领域的生育权和性权利。然而中国妇女解放运动主张，性别不平等的根源在于劳动分工不平等致使妇女在经济方面依附于男人，因此，中国妇女解放运动的主要目标就是鼓励妇女走出家庭，参与社会“创造性活动”，争取经济独立。简单地说，美国女性主义运动追求的是性别权利平等，而中国女性主义运动追求的是性别分工平等。第二，关于女性主义运动的共识动员机制：美国女权运动是围绕女性自身开展的，由各式各样的妇女组织以自下而上的方式举行多种活动来宣扬女权主义思想和争取女性权益，是女性主体意识觉醒的体现。但中国妇女解放运动与之不同。一方面，妇女解放思想并不是个人自发产生的思想意识形态，而是一种具有垄断话语权的国家意识形态；另一方面，中国妇女解放实践是党通过高度整合的社会组织体系自上而下地进行的，并不是建立在个体意识觉醒的基础上的，所以，妇女事实上是“解放妇女”的客体，妇女解放实践是中国妇女“整体性地被解放、被塑造”的过程。因此，民族、社会、国家的整体意识严重影响了个人主体意识的觉醒、发展，个体选择的自主性也被大大压缩（朱斌、李路路，2015：218～240）。所以，中国女性的工作平等意识的增强并不等于性别权利平等意识的增强，并一定会增强女性选择的自由权利，也因此对我国女性居民对待同性恋的态度并不一定有影响。这从侧面验证了对我国女性居民对待同性恋态度的分析并不能照搬西方自由主义女性主义理论，要考虑我国的国情和体制。第三，家务平等意识对我国女性居民对待同性恋态度的影响是显著的，而且与研究假设相反，笔者通过描述分析发现未使用互联网的女性居民家务平等意识越强烈，而未使用互联网的女性居民对待同性恋的态度越保守，所以家务平等意识越强烈的女性居民对待同性恋的态度更保守。

3. 性态度因素对我国女性居民对待同性恋态度的分析

通过数据的实证分析可以看出性态度越开放的女性居民对待同性恋的态度越开放。首先，婚前性行为认同意识对我国女性居民对待同性恋态度的影响是显著的，且对待婚前性行为越开放的女性对待同性恋的态度越开放。在当今社会，价值取向多元化是社会发展的一种基本态势，很多女性表示“基于爱情就可以或双方愿意就可以”的婚前性行为都是可以接受的，这表明女性对待婚前性行为的态度大多是从关系性和情感性的角度来理解的，对自己和他人行为的评价遵循不伤害的原则。其次，婚外性行为认同意识对我国女性居民对待同性恋态度的影响是显著的，且对待婚外性行为越开放的女性对待同性恋的态度越开放。袁小平等人访问了代表着两个时代的 4 位女性，并通过比较，得出如下结论：随着女性主体意识的发展和独立意识的强化，对待婚外性行为的态度更加宽容。因为她们学会了用自己独特的道德经验去评价某一事物，对待婚外性行为的发生，会考虑当时的情景，进行具体问题具体分析，而不再是一味地批判它，甚至有的女性会同情发生婚外性行为的主人公，将其行为合理化（袁小平、赵茹春，2007：52 ~55）。因为对待同性恋的态度和对待婚前和婚外性行为的态度属于同一个维度，所以我国女性居民对待婚前和婚外性行为态度的这些特点同样适用于对待同性恋的态度。这些方面都反映了性态度越开放越有助于提升我国女性居民对同性恋的包容度，肯定了女性主义关怀伦理学对我国女性居民对待同性恋态度分析的适用性。

（三）研究的不足

本研究通过序次 logistic 回归分析的方法对影响我国女性居民对待同性恋态度的因素进行分析，并建立了多个 ologit 回归模型，但是这些模型是否经得起更多、更专业数据的检验还有待研究探讨。

本研究的局限性主要存在以下三个方面：第一，本文只是对造成我国女性居民对待同性恋态度差异的影响因素进行了横向分析，缺乏纵向的对比研究；第二，解释造成我国女性居民对待同性恋态度差异的影响因素时还有很多可能的影响因素没有考虑到，比如父母的职业和受教育程度、个人的阶级分层、个人的职业状况等，这些都可以在本文作为控制变量纳入模型中，以便更准确地分析本文选取的主要解释变量对因变量的影响；第三，在分析主要解释变量对我国女性居民对待同性恋态度的影响时，因为数据的限制，可能有很多重要的维度没有考虑到，以至于解释的力度不够，测量出来的结果存在一定的偏差。因此，今后仍需要收集纵观数据、整合更多的相关文献对该问题加以深入研究。

参考文献

布莱恩特·兹尔曼，2009，《媒介效果：理论与研究前沿》，石义彬、彭彪译，华夏出版社。

曹宁校、邵长庚、张君炎、华晓波、刘树，2002，《从小规模调查看大学生对同性恋问题的态度》，《中国性科学》第 4 期。

陈财英、韦义萍、吴伟强、曾日海、张源慧，2008，《南宁市高校大学生对同性恋的认知与态度调查》，《中国学校卫生》第 6 期。

陈少君、戴新民、李顺来、纪红，2008，《武汉地区公众同性恋态度调研试析》，《中国性科学》第 8 期。

陈秀元，2008，《中国同性恋研究：回顾与展望——对 1986～2006 年间 178 篇学术论文的文献综述》，《中国性科学》第 11 期。

房娜，2013，《社会性别视角下女性主体意识研究》，天津理工大学硕士学位论文。

高淑艳、贾晓明，2008，《近 15 年来国内同性恋的研究概况》，《中国健康心理学杂志》第 4 期。

何平、阮晓倩、崔宏杰、金喜、姚益天、张幸、支骏、黄仙红，2013，《杭州市男大学生对同性恋的态度行为及影响因素分析》，《中国学校卫生》第 11 期。

胡婧超，2013，《20世纪西方女性主义思潮评析》，河北师范大学硕士学位论文。

胡均，2012，《对我国当前大学生同性恋性观念的调查分析与教育对策》，中南大学硕士学位论文。

李放、郑雪、邓琳双，2012，《大学生同性恋偏见程度及其与社会支配倾向的关系》，《中国性科学》第21期。

李鹭，2006，《自由主义女性主义与激进女性主义科学观浅探》，《忻州师范学院学报》第3期。

李银河，2002，《中国女性的感情与性》，中国友谊出版公司。

李银河，2005，《女性主义》，山东人民出版社。

李银河，2009a，《同性恋亚文化》，内蒙古大学出版社。

李银河，2009b，《性的问题》，内蒙古大学出版社。

李银河、郑宏霞，2013，《公众对同性恋的态度及影响因素》，《华南师范大学学报》（社会科学版）第6期。

刘达临、鲁龙光，2005，《中国同性恋研究》，中国社会出版社。

刘国生，2005，《各国（地区）同性恋立法与司法概况》，《法律与医学杂志》第12期。

刘燊，2013，《性别角色对大学生同性恋态度、爱情态度的影响》，《中国健康心理学杂志》第10期。

刘艳华，2009，《女性伦理观的现实维度与价值考量》，黑龙江大学硕士学位论文。

刘瑶青，2010，《女性主义关怀伦理学对高校德育工作的启示》，《山东行政学院——山东省经济管理干部学院学报》第2期。

龙艺、张程琪旭，2014，《女性主义关怀伦理学视角下的代孕探析》，《医学与哲学》第10期。

鲁琳，2006，《后现代视域下的女性生命伦理研究》，东南大学硕士学位论文。

吕少博，2009，《师范大学生对同性恋的态度及态度改变研究》，河北师范大学硕士学位论文。

罗慧兰，2002，《女性学》，中国国际广播出版社。

罗曼，2007，《同性恋研究文献综述》，《湖北经济学院学报》第4期。

帕特南，2002，《女性主义思潮导论》，艾晓明译，华中师范大学出版社。

潘绥铭、黄盈盈，2011，《性社会学》，中国人民大学出版社。

齐金玲、李辉，2011，《医学院校大学生对同性恋态度的研究》，《中国性科学》第3期。

世界卫生组织，1993，《精神与行为障碍分类（ICD－10）》，卫生出版社。

汤哲、陈嘉仪、邓莹钰，2016，《公众对同性恋者的包容度分析——基于CGSS（2010）数据的实证分析》，《中国性科学》第1期。

陶林、周红、刘仁刚，2001，《对医务人员和大学生同性恋态度的调查研究》，《中国行为医学科学》第5期。

田唤、马绍斌、范存欣，2011，《广州某高校大学生对同性恋的认知与态度》，《中国学校卫生》第1期。

王菲，2014，《中国城乡居民性观念差异的影响因素分析》，山东大学硕士学位论文。

王雅芬，2007，《当代中国女性意识问题的研究》，吉林农业大学硕士学位论文。

王意、喻娴、陈思礼、汤斌，2010，《武汉市高校大学生同性恋认知状况调查》，《中国公共卫生》第2期。

夏金莹，2013，《网络性内容对青少年女性性态度影响力研究》，中国青年政治学院硕士学位论文。

肖巍，1999，《女性主义关怀伦理学》，北京出版社。

谢慧、孙法柏，2007，《启蒙与启示：自由主义女性主义及其法律思想述评》，《山东科技大学学报》（社会科学版）第3期。

谢嘉伟、蔡惠薇、彭凤莹、姜微微，2013，《广东居民对同性恋认知和态度调查——以广州、佛山、珠海、中山为例》，《黑河学院学报》第4期。

杨永忠、周庆，2010，《论女性主体意识》，《中华女子学院山东分院学报》第4期。

衣英欣、程宇、刘兴来，2010，《齐齐哈尔市不同性别大学生对同性恋态度差异的调查研究》，《齐齐哈尔医学院学报》第8期。

袁小平、赵茹春，2007，《从女性对婚外恋的容忍差异看女性的婚姻观念变迁——基于四位女性的访谈发现》，《社会工作下半月（理论）》第12期。

张涵、孙婷婷、王鹏，2008，《大学生对同性恋的认知和态度调查》，《中国性科学》第9期。

张笑笑、杨晓莉、张奇，2010，《大学生对同性恋的归因及态度的调查研究》，《教育科学》第2期。

郑燕，2009，《论女性主义文学批评中“女性”、“女性主义”和“女性写作”概念的本土化理解及运用》，《语文学刊》第13期。

中华医学会精神病科分会，2001，《中国精神障碍分类与诊断标准（CCMD－3）》，山东科学技术出版社。

朱斌、李路路，2015，《独立与权利：中美女性主义运动与性别平等观念比较研究》，《社会》第 5 期。

American Psychiatric Association. 1980. *Diagnostic and Statistical Manual of Mental Disorders. Third Edition.* Washington. D. C APA.

Davies M. 2004. Correlates of Negative Attitudes Toward Gay Men：Sexism，Male Role Norms，and Male Sexuality. *Journal of Sex Research.* 41（3）：259.

Dinesh Bhugra. 1989. Doctors' Attitudes to Male Homosexuality：a Survey. *Psychi-atric Bulletin.* 13（8）：426.

Fisher Le，Banik S. 2007. College Major，Gender and Hetero Sexism Re-considered Under More Controlled Conditions. *Journal of LGBT Health Research.* 3（1）：49－53.

Friedan B. 1982. *Feminine Mystique.* Harmonds worth：Penguin.

Gregory M，Herek. 1984. Atitudes Toward Lesbians and Gay Men. *Journal of Homo-sexuality*（1）：22.

Grieger，Ponterotto. 1988. J. G. Students' Knowledge of AIDS and Their Attitudes Towards Gays and Lesbians. *Journal of College Student Development*（11）：5－7.

Herek Gm. 2002. Heterosexuals' Attitudes Toward Bisexual Men and Women in the United States. *J Sex Res.* 39（4）：264－274.

James H. Geer，Gloria G. Robertson. 2005. Implicit Attitudes in Sexuality：Gender Differences. *Archives of Sexual Behavior* 34（6）：671.

Kite，M. E，Whitley，B. E. 1996. Sex Differences in Attitudes Towards Homosexual Persons，Behavior，and Civil Rights：A Meta-analysis. *Personality and Social Psychology Bulletin.* 22（4）：336－353.

Smith G B. 1993. Homophobia and Attitudes Toward Gay Men and Lesbians by Psychiatric Nurses. *Archives of Psychiatric Nursing.* 7（6）：377－384.

Weinberg G. 1972. *Society and the healthy homosexual.*

Weishut，D. J. 2000. Attitudes Toward Homosexuality：An Overview. *Israel Journal of Psychiatry and Related Sciences.* 37（4）：308－319.

第二部分　社会保障

生育政策调整对职工基本养老保险基金的影响研究

陈　宁

一　绪论

（一）研究背景

三十多年来，计划生育政策作为我国的一项基本国策，对我国人口规模和人口结构产生了巨大影响，加快了我国人口转变的步伐。但是，20 世纪 90 年代以来，随着我国进入低生育水平阶段[①]，尤其是 21 世纪以来，我国人口发展进入新常态（李建民，2015：3～13），呈现一些新特征：一是加速的少子化，少儿人口比重持续下降；二是劳动年龄人口比重开始下降，“人口红利”逐渐消失；三是加速的老龄化，老年人口比重持续上升。“两降一升”的人口发展特征，充分展现了我国人口少子老龄化的变化特点和趋势。

少子老龄化的人口态势给养老金制度带来了挑战。国内外研究表明，在人口老龄化不断加剧的背景下，以现收现付制为筹资模式的养老保险制度[②]会承受巨大的偿付压力甚至出现支付危机。

① 是指 1992 年全国生育率调查结果显示，当年的生育率已经显著低于更替水平。

② 本文提到的养老保险制度主要指城镇企业职工基本养老保险制度。该制度实行的是社会统筹与个人账户相结合的运作模式，简称“统账结合”模式。其中社会统筹部分实行现收现付的筹资模式，个人账户部分实行基金积累制的筹资模式。本文研究的是社会统筹部分。

这是因为现收现付的筹资模式能否保持收支平衡除了受到缴费率、替代率、工资增长率和养老金增值率等指标的影响之外，更重要的是受到人口年龄结构的影响（殷俊、黄蓉，2012：1~4）。人口年龄结构直接影响基本养老保险基金的缴费人数和领取人数。

中国目前已经进入老年型社会，人口老龄化快速发展带来的挑战是中国养老金制度面临的长期问题（林宝，2010：84~92）。那么有哪些对策可以缓解养老保险的支付压力呢？有研究认为，缓解老龄化冲击的最根本手段是提高生育率，许多老龄化问题严重的国家都采取了鼓励生育的人口政策（李建民，2015：3~13）。尤其是在死亡率高度稳定在低水平以及预期寿命达到一定高度的基础上，提高生育率水平成为调节人口老龄化的决定性因素（原新，2015：18~23）。如果人口年龄结构趋向年轻化，势必会有效缓解养老保险支付压力。

2015年11月29日，党的十八届五中全会提出：全面实施一对夫妇可生育两个孩子的政策（以下简称“全面二孩”政策）。“全面二孩”政策将会对我国人口发展产生重大影响。因为生育政策调整首先会影响生育水平，进而又影响人口结构和规模。那么在生育政策调整，“全面二孩”政策正式落地的背景下，生育水平的回升能否缓解养老金支付危机呢？如果可以，“全面二孩”政策实施能够在多大程度上缓解养老金支付危机？不同生育水平下的影响效用又如何？这些都需要科学的人口预测和基金收支预测来回答。为此，本文将通过构建人口预测模型和基本养老保险基金收支模型对这些问题进行实证研究。

其实，基本养老保险基金支付出现危机的根本原因是人口系统的失衡所导致的缴费人口与受益人口的比例失调。学术界公认人口老龄化是养老保险基金产生支付危机的主要根源，并将延迟退休、参数调整等作为养老保险支付危机的应对策略进行了探讨（Breyer、Hapfeld，2010：60－77；郑秉文，2012：33~45；李珍、王海东，2010：97~103），但是并没有深入挖掘我国快速的人口老龄化背后的生育政策这一重要因素。在我国特殊的国情下，人口转变的结果很大程度上是强制约束的生育政策所带来的。因此，在生育政策调整这一现实背景下，探讨“全面二孩”政策实施对基本养老保险基金的影响具有重要的理论和现实意义。

（二）文献综述

对于基本养老金收支平衡问题的研究，是国内外共同关注的问题。因为目前世界范围内很多国家共同承受着人口老龄化的压力。基本养老金是代际财富的二次转移，如果生育率持续下降到较低水平，人口年龄结构不断老化，那么以现收现付制为基础的养老金系统的支付能力就会减弱甚至面临支付危机。所以目前一些研究围绕生育水平与养老保险财务状况的关系展开，同时围绕人口老龄化对公共养老金的影响的研究也有众多成果。因此，本文将围绕上述几个方面对相关文献进行梳理。

1. 关于生育水平与公共养老金的关系研究

Rizzo 认为 20 世纪末以来，很多发展中国家随着国内经济发展，从低收入的农业国家向经济快速发展的工业化国家转型过程中呈现两个特点：一是生育水平的大幅下降，二是公共养老金的快速增长。基本养老金作为财富的代际转移，当生育率下降到较低水平时，现收现付制的养老金系统支付能力就会减弱。如果生育水平持续下降，那么现收现付制的养老金系统将不能实现目前缴费群体的利益，那么这一制度注定将会取消或被基金积累制替代（Rizzo，2009：1－16）。

Cahvari 运用代际交叠模型（OLG）定量分析了生育水平与养老金的关系。就养老保障而言，生育的外部性常常是与现收现付制联系在一起的。他认为养老金的回报率与孩子数量有关，孩子数量越多，将来从他们身上征收的税收越多，养老金就越充分。这就是有些研究所称的“代际转移效应”。而生育率的下降将会减少缴费的基础人数，从而逐渐破坏现收现付制养老金系统的财政偿付能力（Cahvari，2009：418－442）。

杨再贵运用世代交叠模型的一般均衡框架，考察了个人缴费率、企业缴费率和人口增长率对社会统筹养老金的长期影响，研究表明，如果要增加社会统筹养老金就需要适当放松计划生育政策，提高生育水平、降低劳动资本比（杨再贵，2010：60～66）。

殷俊、黄蓉等结合现收现付的筹资模式规定，建立基础养老金收支平衡模型，通过模拟生育率和死亡率的变动考察人口效应对基础养老金收支平衡的影响。研究表明，生育率和死亡率下降引起老年抚养比上升、劳动人口年龄结构老化，在这种情况下必须通过相应提高缴费率才能实现基础养老金在测算期内的收支平衡（殷俊、黄蓉，2012：1～4）。

张思锋、王立剑等通过建立人口预测模型分析了人口结构变动对陕西省养老保险基金缺口的影响，研究表明通过提高生育水平可以缩减养老金缺口（张思锋、王立剑、张文学，2010：37～42）。

当然也有研究从社会保障制度对生育水平的影响角度展开。刘子兰等通过估计不实行计划生育政策情况下的生育率调整值（ABR）分别计算了全国各省 15 年间的养老保障水平值（SST），同时引入人均国内生产总值（GDP）等指标，采用面板回归方法分析了我国社会养老保障制度对生育率的影响，研究表明，公共养老金水平每提高 1 个百分点，ABR 下降 0.264 个千分点（刘子兰、陈一格，2015：13～21）。

Werding 通过构建迭代模型，论述了家庭最优生育决策与社会最佳生育率之间的关系，指出现收现付制度养老保险制度很大程度上使得父母对子女投资的回报社会化，从而对个人生育决策产生负向的影响（Werding，2006：1342－1348）。

2. 关于人口老龄化对基本养老保险制度的影响研究

一种观点认为人口老龄化将使现收现付制难以为继。柏杰通过改进“艾伦条件”建立无限期世代交叠模型分析现收现付制的养老金制度安排的帕累托有效性问题，认为只有当人口结构年轻，赡养率较低时，现收现付制才具有运行优势（柏杰，2000：79～88）。

李军通过建立两期世代交叠模型分析后认为，随着老龄化程度的不断加深，劳动力比重的不断下降，现收现付制的养老金收益也会不断下降（李军，2005：159～162）。

赵斌认为现收现付制必然导致税率（缴费率）不断上升，增加在职职工的负担，而缴费率不可能一直高下去，这样在财务上就潜伏着巨大的危机（赵斌、原浩爽，2013：38～46）。

李芳通过构建计量经济模型，将养老金当期结余作为因变量，将老年抚养比和参保人数作为自变量纳入模型，定量分析人口老龄化对养老金缺口的影响，结果表明老年抚养比的不断提高是城镇基本养老保险基金收不抵支的决定因素（李芳，2014）。

姜向群通过构建现收现付养老金收支模型，并利用我国1995～2050年的人口年龄结构变化趋势，对未来50年的我国人口老龄化背景下的养老金收支状况进行了预测。结果表明，必须对现行养老保险制度进行改革，否则将面临支付危机，建议逐步转变为以基金积累制为主，现收现付制为辅的混合模式（姜向群，2006：51～56）。

Willmore提出中国的严格的生育政策以及预期寿命的不断延长，导致中国人口老龄化的快速发展，这给中国的养老保险体系带来很大的挑战（Willmore，2004：1－11）。

Jukka和Valkonen认为在现收现付的体制下，随着人口老龄化的发展，制度内赡养率的提高，依靠在职者的缴费来支付当期退休者的养老金，势必会出现支付危机，这就要求提高缴费率才能维持对退休者的养老金承诺（Jukka、Valkonen，2001：168－182）。

当然也有观点认为当下我国的现收现付制能够应对人口老龄化的挑战。林宝通过构建养老金平衡公式，推导出人口老龄化与缴费率之间的关系，并测算了2008～2050年中国人口老龄化对城镇企业职工基本养老保险社会统筹部分缴费率的影响。研究发现，尽管人口老龄化一直要求缴费率上升，但是养老保险综合覆盖率之比的变化和养老金实际平均替代率的下降能够有效化解人口老龄化的影响。当前的制度设计能够应对测算期内的人口老龄化形势（林宝，2010：84～92）。

封进采用一般均衡模型，对中国城镇人口年龄结构变化和养老保险制度安排做了数值模拟。通过模拟演变人口年龄结构变动，推算劳动力数量变动以及资本存量波动方向，考虑到福利效应的公平效应，认为现收现付制是我国养老保险制度应该选择的模式（封进，2006：22～34）。

3. 关于应对职工基本养老保险制度支付危机的研究

面对我国城镇职工基本养老保险制度面临的严峻的支付危机，学者们从不同角度提出对策以期应对基本养老保险基金的支付压力，主要有如下观点。

延退论。鉴于我国城镇职工基本养老保险缴费率已经较高的现实，国内外众多学者纷纷建议通过延迟退休年龄缓解政府的财政支付压力。Gremer & Pestieau、Breyer & S. Hupfeld 、Lacomba & Lagos、郑秉文等学者通过实证或理论阐述认为延迟退休年龄能够提高养老保险基金的偿付能力（Gremer、Pestieau，2003：419－434；Breyer、Hupfeld，2010：60 － 78；Lacomba、Lagos，2010：356 － 368；郑秉文，2012：33～45）。当然关于延退论学术界也并非一致认同。余立人通过构建我国社会养老保险基金支付模型，将延迟退休效应纳入分析模型，发现延迟退休并不一定能够增加养老保险基金的支付能力（余立人，2012：74～84）。

调整论。一些学者从养老金收支平衡角度提出降低养老金替代率的观点。如王晓军认为在人口老龄化的背景下，面对养老金支付危机可以通过适当降低替代率以缓解财政支付压力（王晓军，2002a：27～30）。而李珍、王海东等学者认为近年来我国城镇职工养老保险替代率一直呈下降趋势，已经远低于制度设计的60%的目标，不宜再降低替代率（李珍、王海东，2010：97～103）。

移民论。有一部分学者研究了通过引入外来移民对养老保险基金的影响。Razin &Sadka 、陈沁和宋峥将外来年轻移民纳入分析框架，分析其对养老保险基金的影响。研究发现通过外来移民，改变缴费人口结构可以有效提高养老保险基金的偿付能力，减少养老保险基金的当期缺口（Razin、Sadka，1999：141 － 150；陈沁、宋铮，2013：1～15）。

此外，国内也有一些学者研究过调整生育政策对公共养老金的影响。如董克用、骆正清等通过模拟生育政策调整对生育水平的影响，进而对养老保险制度产生影响，认为通过调整生育政策可以改善基本养老保险财务收支状况（孙博、董克用、唐志远，2011：101～108；骆正清、江道光、陈正光，2015：94～100）。

4. 文献评述

从现有研究成果我们可以看出，人口老龄化对社会保障体制产生冲击已经是学术界的一个共识。综合而言，目前的研究主要呈现以下特征。

第一，从研究背景上来看，学者们围绕生育水平与公共养老金之间的关系进行了诸多研究，他们主要是基于生育政策调整之前，“全面二孩”政策尚未实施，生育水平维持在较低水平抑或生育水平持续走低，人口老龄化水平不断提高的背景下。研究者认为维系现收现付制的基础是年轻的人口结构、较高的劳动力比重以及较低的制度赡养率，那么在人口老龄化和生育率维持在较低水平的背景下，必然导致潜在缴费人口不足，以现收现付制为筹资模式的养老金系统的支付能力也必将受到挑战。而在生育政策调整，“全面二孩”政策实施之后，势必会对我国的人口规模和结构产生重大影响，在有可能会出现生育水平回升，人口老龄化水平得到缓解的局面下，探讨生育水平变动与基本养老保险基金的关系将是一个新的课题。

第二，从研究方法上来看，在关于未来人口变动对养老金系统的影响的研究中，其中一个重要部分是对未来人口的预测。由于我国计划生育政策对人口再生产的约束作用，在人口预测的过程中，既有研究无一例外都是进行了“政策模拟”，也就是说假设在未来的“某一年”会进行生育政策调整，进而再假定生育水平变动。此外，现有预测中预测过程多是使用一个人口预测方法，而在实际人口发展过程中，生育政策调整对生育水平的变动影响存在差异，整个预测过程中采用同一个方法，容易忽略政策调整的影响差异。

第三，从研究内容上来看，在人口老龄化日趋严重，人口年龄结构愈发老化，劳动力人口开始减少的背景下，学者们普遍认为人口老龄化是养老保险基金产生支付危机的主要根源。为此众多研究探讨了延迟退休年龄、调整制度参数以及引进外来移民等手段来缓解基本养老保险支付危机。但是，目前许多研究在关注人口老龄化与养老保险基金财务状况的时候，并没有深入挖掘我国快速的人口老龄化背后的生育政策这一重要因素。而在我国特殊的国情下，人口年龄结构老化的结果很大程度上是强制约束的生育政策所带来的。

通过以上分析，本文认为既有研究存在以下不足：第一，在生育政策调整，“全面二孩”政策实施这一现实背景的变化下，势必对我国的人口规模和结构产生重大影响，在有可能会出现生育水平回升，人口老龄化水平得到缓解的局面下，探讨生育水平回升与基本养老保险基金的关系将是一个新的课题，而既有研究结论不太适用这一背景的变化；第二，关于未来人口预测研究大多发生在单独政策效果尚未显现、“全面二孩”政策“尚无时间表”的情况之下，所以在“全面二孩”政策落地之后，这些假设条件都已经不符合现实背景的变化，因此过往研究在预测结果的适用性方面是有疑问的；第三，在探讨解决基本养老保险金支付危机的手段时，可以从如何切实提高生育水平，实现人口系统均衡这一角度进行探讨，单从延迟退休、调整制度参数以及引进移民方面进行讨论将不够全面。

综上，当下的诸多研究集中在不断老化的人口年龄结构对养老保险的支付危机的影响，而鲜有从生育政策调整这一现实背景的变化所会带来的人口年龄结构变得更加年轻的角度来考察基本养老保险制度在生育政策调整之后的应对能力。目前学界对“全面二孩”政策实施对城镇企业职工基本养老保险基金的影响研究方面尚是空白。其实，基本养老保险基金支付出现危机的根本原因是人口系统的失衡所导致的缴费人口与受益人口的比例失调。众多学者围绕人口老龄化是养老保险基金产生支付危机的主要根源，并提出相应的对策，但是并没有深入挖掘我国快速的人口老龄化背后生育政策这一重要因素。

目前的研究表明，如果生育政策调整放宽，我国总和生育率势必会有一定的回升，这将对人口结构产生较大的影响。因此在生育政策调整，“全面二孩”政策放开这一现实背景下来考察“生育水平变动”与“公共养老金”的关系，实证研究生育水平的回升能否缓解养老金支付危机；如果可以，“全面二孩”政策实施能够在多大程度上缓解养老金支付危机？不同生育水平下的影响效用又如何？对这些问题的讨论具有一定的理论和现实意义。

（三）研究意义

理论意义。本研究从生育政策调整着手，将这一社会政策与养老保险基金直接联系起来，有助于深化我们对生育政策变化对养老保险基金收支安全的影响的认识，同时丰富了养老保险支付危机的应对策略研究。除了延迟退休、降低替代率、引入外来人口之外，通过调整生育政策，提高生育水平也可以应对养老保险基金支付危机，丰富了养老保险基金管理的内容。同时借助生育政策调整影响人口结构这一中介变量，可以探究生育水平变动、人口结构变化与养老保险基金收支平衡的关系。

现实意义。本研究基于生育政策调整，“全面二孩”政策正式实施对生育水平的影响，同时考虑到生育政策调整初期和后期的不同影响，以及由于人口发展是长周期事件，必须在足够长的时间跨度内考量政策调整对人口年龄结构的影响，基于此建立科学的人口预测模型，对我国未来50年的人口状况进行科学预测，为把握未来人口发展具有一定的作用。此外，深化生育政策调整和养老保险基金管理两项社会政策的联系。通过分析未来不同人口状况下的养老保险基金收支状况，对我国养老保险制度应对人口变动下的管理、改进和完善具有一定的启发意义。

（四）研究设计

1. 概念界定

生育政策。广义的生育政策是指政府根据国际国内环境、时代、社会经济、人口数量和结构的相应变化，有目标、有计划地对人口数量和结构进行引导和调节公共政策（向霜，2015）。狭义的计划生育政策一般指直接调节和约束人们生育行为的法令和措施的总和（张纯元，2000：47～54）。在我国，生育政策通常也叫计划生育政策，它是国家和地方对育龄人口生育过程进行有计划的调节而制定的生育行为的准则。以国家对待生育的态度和影响、干预生育行为的作用方向为标志，生育政策可以分为鼓励性和限制性生育政策。鼓励性生育政策是指一国通过直接或间接的经济、行政、法律和技术措施来影响、干预人们的生育行为，主要集中在欧洲、大洋洲等国家；限制性生育政策是指一国通过多种措施鼓励人们晚婚、晚育、少生等以减缓人口增长速度，缩小人口规模（朱秋莲，2013）。我国自20世纪70年代以来实施的计划生育政策属于明确的、强制性的限制人口增殖的生育政策。①

生育政策调整。广义上讲，生育政策的任何内容的改变都叫生育政策调整。但本研究将生育政策调整限定为近几年来国家对群众生育数量的政策限制性规定的改变。更明确地说，就是指2013年11月党的十八届三中全会启动实施的“单独两孩”政策——“夫妻双方有一方是独生子女的，可以生育两个孩子”，和2015年10月党的十八届五中全会提出的“全面二孩”政策——一对夫妇可生育两个孩子政策。本文中的生育政策调整特指“全面二孩”政策调整。

企业职工基本养老保险基金，是指按照国家规定，由企业和职工个人分别按工资总额及缴费工资的一定比例缴纳，为保障企业职工离退休后的基本生活而筹集的专项资金。中国企业职工基本养老保险制度采取社会统筹和个人账户相结合的基本制度。在社会统筹部分实行的是现收现付制，在个人账户部分实行的是基金积累制（李珍，2013：15~20）。从理论上讲人口老龄化不会对基金积累制的个人账户产生影响，因此本文的测算主要集中在社会统筹部分。下文简称基本养老保险基金。

2. 基本思路

本文首先通过现有普查和统计数据对我国目前的人口结构状

---

① 尽管在20世纪90年代，原国家计生委规定计划生育“七不准”，反对在计划生育工作中对群众采取强制措施，但实际上我国计划生育政策实施中的强制性特点仍非常明显。

况和养老保险的收支状况进行描述，力求发现目前养老保险基金收支方面的特点和问题；其次以人口预测方法为工具，基于生育政策调整，“全面二孩”政策实施这一现实背景，对我国未来人口发展做出科学预测。以 2010 年第六次全国人口普查数据为基础，预测未来 50 年的人口发展趋势。通过假定不同的生育水平，进行人口预测，进而得出未来我国总人口数量、分年龄人口数量、劳动力数量、城市化率、抚养比、制度赡养率等系数；再次以第五次人口普查数据、国发〔1997〕26 号文件、国发〔2005〕38 号文件为基础区分不同类别的参保职工，同时构建企业职工基本养老保险基金收入模型、支出模型和收支缺口模型。最后将生育政策调整后所对应的人口结构与基金精算对接，进而分析二者之间的相互关系。本文的研究重点是关注“全面二孩”政策调整下的人口变动状况对养老保险基金收支状况的影响效应，以及不同生育水平下的影响程度的差异，同时考察政策调整对社会统筹账户缴费率的影响。

（五）研究方法

本文主要采用定量的分析方法，通过利用现有数据及相关理论假定，重点对我国未来人口发展和基本养老保险基金收支状况做出测算，从而得出具体的结论。

1. 人口预测方法

人口预测的直接作用是为政府的宏观决策提供服务。了解一个国家或地区的人口发展变化趋势是制定各类社会经济发展规划的前提。为了有效应对未来基本养老保险财务平衡，需要准确了解一个国家或地区的人口规模、增长速度、性别年龄结构等变化趋势。在我国进行人口预测，必须要考虑生育政策对人口系统的直接作用。

国内诸多学者对生育政策调整对人口系统的影响进行了研究。王广州、胡耀玲运用随机人口模型对不同生育政策下人口数量、年龄结构及性别结构进行了预测。研究表明，如果现行生育政策长期不变，2025 年左右总人口将达到峰值，上限约为 14.13 亿人，人口年龄结构将全面快速老龄化；如果2015年全面放开二孩，总人口高峰将在2029～2031年左右出现，高峰值约为14.39亿人（王广州、胡耀玲，2010：40～52）。孟令国基于PDE模型，以“六普”数据为基础，设定现行生育政策不变、二胎政策、完全放宽政策等三种方案，结果分别是2050年人口结构呈现严重老化状态、人口结构老化得到改善并在2030年之后逐渐年轻化、人口结构根本改变呈现年轻化但将带来大量新增人口（孟令国、季超令、胡广，2014：132～141）。

本文以2010年“六普”数据为基础，① 采用分阶段预测。第一阶段采用年龄移算法，第二阶段利用人口预测软件PANDIS-INT。本文之所以不使用上述人口预测方法，是因为本文的人口预测是基于“全面二孩”政策落地这一现实背景，而生育政策调整对生育行为与生育水平有着较大的影响。具体理由如下。

第一阶段人口预测。在我国，生育政策是影响妇女生育率的重要因素，全面放开二孩政策自然而然会影响生育率的变化。“全面二孩”政策的目标人群是在政策放开前已经生育一个孩子并有意愿再生育二孩的妇女。长期以来，政策性抑制致使目标人群具有明显的二胎“堆积效应”，这一效应将在政策放开后出现较为集中的释放。正如2013年中国人口与发展研究中心组织的生育意愿调查结果显示，已有一孩的妇女计划生育二胎的时间主要集中在未来4年，其中第二年为峰值（庄亚儿、姜玉，2014：3～14）。

可见，由于“堆积效应”的存在，符合政策生育的妇女未来几年生育行为将不再遵循以往的生育模式，生育率在政策调整初期将由于“堆积效应”的释放而出现“政策性反弹”。因此，为了更加贴合妇女在“全面二孩”政策放开后的实际二孩生育行为，本文假定未来5年逐步完成“政策性”二孩的生育。这一时期由于生育率的变动是剧烈的、“非常态的”，因此，针对2016～2020年的人口变动不宜使用适合预测“常态人口”的方法进行预测，

① 本文虽然以“六普”数据为基础数据，但是考虑到数据本身低年龄段人口存在漏报问题，故本文会对数据进行调整。

故本文采用年龄移算法进行预测。年龄移算法模型的基本表达式为：$P_{x+1(t+1)}=P_x(t)\cdot S_x$，具体公式如下：

$$\begin{cases} P_{1(t+1)}=P_{0(t)}\cdot S_0 \\ P_{2(t+1)}=P_{1(t)}\cdot S_1 \\ \cdots\cdots \\ P_{w-1(t+1)}=P_{w-2(t)}\cdot S_{w-2} \\ x=0,\ 1,\ 2,\ 3,\ \cdots,\ w-1 \end{cases}$$

$$B(t)=\sum_{x=16}^{49}W_x(t)fx(t)$$

其中，$P_x(t)$ 为 t 年 x 岁的人口数；$P_{x+1(t+1)}$ 为预测年度 $t+1$ 年 $x+1$ 岁的人口数；$P_{w-1(t+1)}$ 为预测年度最高年龄组之预测人口数；S_x为 x 岁的存活率。模型中每一行的预测关系明确，即如预测年度 1 岁组人口数，系由预测基年的 0 岁组人口数乘上 0 岁组人口存活率得到。出生人口数等于各年龄育龄妇女数乘以年龄别生育率之和。

本文预测中没有考虑人口迁移的影响。因为中国人口的国际迁移率很低，可以近似地将其看作封闭人口。第二阶段的预测也做了同样的处理。

第二阶段人口预测。由于生育政策所抑制的生育意愿将在政策调整的头几年集中释放，2020 年以后生育水平变动受政策调整影响的效应将会越来越小，生育率变动将会更加趋于平缓，因此 2021 ~ 2065 年的人口预测将采用中国人口发展中心编制的 PANDIS-INT 人口预测软件①进行预测。所需数据包括 2020 年的分年龄、性别人口数、育龄妇女年龄别生育率、分年龄死亡率。

2. 精算建模方法

本文依据国发〔1997〕26 号文件和国发〔2005〕38 号文件将

① PADIS－INT 是在联合国人口司的指导下，由中国人口与发展研究中心依据队列要素法开发的国际化人口预测软件，具有功能强大、技术先进、方便快捷、准确率高、可视化效果好、输入简单、输出结果丰富等特点，目前已在全球多个国家得到应用推广，并获得联合国、美国人口普查局、普林斯顿大学等国际权威机构高度认可。

参保人员细分为“老人 1”“老人 2”“中人”和“新人”四类，同时以国发〔2005〕38 号文件规定的制度参数，构建基本养老保险社会统筹账户收支模型。首先构建基本养老保险社会统筹账户收入模型，这个模型主要是基于缴费人数、缴费工资、工资增长率以及缴费率等参数进行构建；其次构建基本养老保险社会统筹账户支出模型，本文考虑到不同参保退休人员的待遇差别，根据人群分类，分别构建了老人基本养老金支出模型、中人基础养老金支出模型、中人过渡性养老金支出模型、新人养老金支出模型。这些模型涉及的主要参数包括各类受益人数、工资增长率、计发比例、上年度平均工资等。最后根据基本养老保险基金收支模型构建年度平衡模型和阶段平衡模型，同时通过阶段平衡模型可以推算缴费率的变动情况。

以上所建立的精算模型，其主要是基于未来人口变动以及建立在一定假设基础之上的制度参数，分别计算出 2016～2065 年每年的养老金收入和支出，从而得出每年的资金收支余额，进而对整个测算期的资金平衡状况进行判断。

3. 资料收集方法

本文的人口现状分析、基金现状分析、参保人数分析以及人口预测基础数据主要是使用现有的统计数据。诸如第五次全国人口普查数据、第六次全国人口普查数据、历年中国统计年鉴、历年国民经济与社会发展统计公报、人力资源和社会保障事业发展统计公报等政府权威部门发布的统计数据。同时基于既有研究对“六普”数据的探讨，对其进行了一些调整，调整的缘由下文会进行分析。由于本文重点集中在人口预测和基金精算，故这些统计数据足以支撑本文的数据要求。

二　生育政策调整背景下未来人口变动趋势

（一）中国人口发展现状分析

1. 中国人口自然变动状况

人口自然变动是由出生和死亡因素共同决定的，反映在统计指标上主要包括人口出生率、死亡率和人口自然增长率。通过分析中国的人口自然变动有助于我们深入了解中国的人口老龄化状况，也正是中国自然变动的一些独特的特点对我国的人口老龄化进程产生了直接的影响。

中国人口自然变动的过程也可以说是中国人口转变的过程。所谓人口转变主要是指在现代化的过程中，人口在生产类型从高出生率、高死亡率转变为低出生率、低死亡率的过程。关于人口转变过程的研究称为人口转变理论。在人口转变过程中，出生率和死亡率的下降往往是不同步的，死亡率的下降一般先于出生率的下降，即出生率和死亡率的下降之间存在一个“时滞效应”。

纵观中华人民共和国成立以来中国的人口变动过程（图 1），1949 年开始，出生率维持在较高水平，死亡率的下降使人口增长开始加速。1959 ~ 1961 年作为一个特殊时期，可以看作人口进程的一个中断，而 20 世纪 60 年代初期的高生育水平可以看作正常生育和补偿性生育的一个叠加。20 世纪 70 年代以后，中国的生育率开始加速下降，人口死亡率已经降到一个较低的水平，这一时期出生率的下降主导人口转变进程。进入 21 世纪初期，我国人口出生率和死亡率均达到了较低水平，并进入低位均衡阶段。

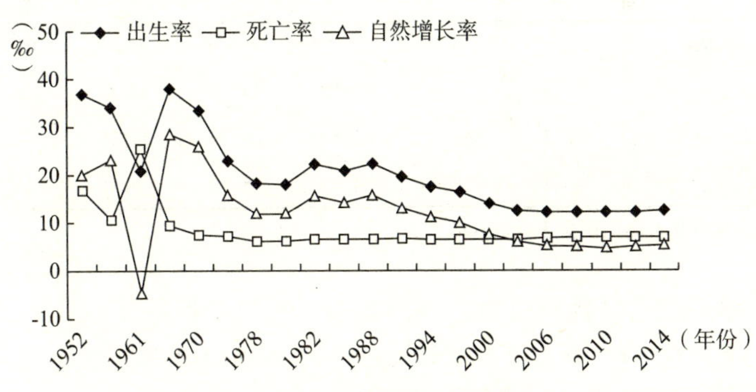

图 1　中国人口自然变动曲线

数据来源：历年中国统计年鉴。

2. 中国人口年龄结构变动状况

人口年龄结构是人口出生、死亡和人口迁移变动综合作用的结果，同时也是今后人口再生产变动的基础和起点。通常，根据人口年龄结构把人口类型划分为年轻型、成年型和老年型。具体划分标准见表1。

表1　国际通用人口分类标准

指标	年轻型	成年型	老年型
少年儿童系数（0~14岁人口数/总人口）%	>40	30~40	<30
老年人口系数（65岁及以上/总人口数）%	<4	4~7	>7
老少比（65岁及以上/0~14岁人口数）%	<15	15~30	>30

资料来源：引自佟新，2000，《人口社会学》，北京大学出版社。

中国的人口转变过程中，人口年龄结构经历了一个由年轻型过渡到老年型的过程。根据历次普查资料可以看出，“一普”和“二普”期间人口年龄结构经历了一个年轻化的过程，65岁以上人口占总人口的比例从1953年的4.41%下降到1964年的3.56%。这主要是由于当时死亡率从1949年的20‰大幅度下降到1963年的10‰左右，而同期出生率还处在较高的水平（见表2）。

表2　中国历次普查的人口年龄结构

单位：%

年龄组	1953年	1964年	1982年	1990年	2000年	2010年
0~14岁	36.28	40.69	33.59	27.69	22.89	16.6
15~64岁	59.31	55.75	61.5	66.74	70.15	70.14
65岁及以上	4.41	3.56	4.91	5.57	6.96	8.87

资料来源：我国历次人口普查公报。

第二次人口普查以后，中国的人口年龄结构从年轻化逐步过渡到老龄化。65岁及以上老年人口比例在1982年第三次全国人口普查时达到了4.91%，之后历次普查，老龄化水平不断升高，老龄化程度逐渐加深。当然，这一阶段伴随的是0~14岁少儿人口比重不断下降，15~64岁劳动年龄人口不断增加。

中国人口年龄结构不断老化的过程中，不同阶段的主要影响因素是不同的。在人口老龄化的前期，生育率的下降是人口年龄结构老化的主要因素，根据杜鹏的测算，在 1950 ~ 1990 年，中国 60 岁及以上老年人比例增加 3.5 个百分点，其中生育率的作用使其增加 2.7 个百分点，死亡率的作用使其增加 0.8 个百分点（杜鹏，1994：58 ~ 72）。近年来，人口老龄化的主要诱因则是人口惯性。根据原新等人的研究，在 1982 ~ 2007 年，人口惯性作用对年龄结构老化的贡献率为 56.06%，而生育率下降对其贡献率仅为 27.11%，此外还有平均预期寿命延长的部分作用（原新、刘士杰，2009：140 ~ 145）。日后随着生育政策放开，生育水平回升，将对我国不断加深的老龄化水平起到"缓解作用"。

3. 中国抚养系数变动状况

人口抚养系数又称人口负担系数，是指在人口总体中非劳动年龄人口数与劳动年龄人口数之比。主要分为：少儿抚养系数、老年抚养系数和总抚养系数三类。国际通用的计算公式如下：

少儿抚养比 = 0 ~ 14 岁人口/15 ~ 64 岁人口

老年抚养比 = 65 及以上人口/15 ~ 64 岁人口

总抚养比 = 0 ~ 14 岁人口 + 65 岁及以上人口/15 ~ 64 岁人口

抚养比可以度量一个社会和地区劳动力人均负担的非劳动力人口的数量。图 2 所示为我国 2005 ~ 2014 年各类抚养比变动趋势。

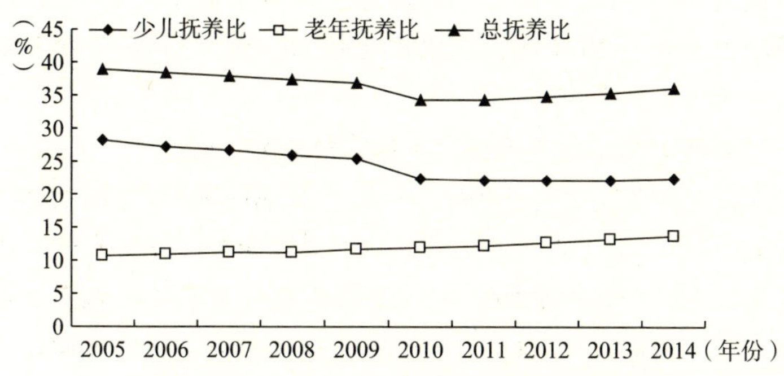

图 2　2005 ~ 2014 年中国抚养比变动趋势

数据来源：2015 年中国统计年鉴。

从图 2 可以直观地看出我国的少儿抚养比呈现不断下降的趋势，这从一个侧面反映了我国少儿人口不断减少的事实。就总抚养比而言，2005～2010年呈现不断下降的趋势，2010年之后转而不断增长，这主要是老年抚养比的不断上升引起的。从老年抚养比的变动趋势来看，我国的老年负担系数是越来越大的，这表明我国老龄化程度的不断加深，在职职工供养非在职职工的负担越来越重。

4. 中国人口发展现状的特点

综合以上几个方面的分析，中国目前人口发展现状具有以下几个特点。

（1）少儿人口比重显著下降，老年人口比重不断上升

1982年以来，我国少儿人口占总人口的比重开始下降，原因正如上文所述，彼时计划生育政策的强力约束使得生育水平迅速下降。随着计划生育政策的开始，虽然中国总人口持续增加，但增长速度随着生育水平的逐步降低而放缓。我国妇女的总和生育率则在1970～1980年从5.8降至2.4，到1990年初期已经下降到更替水平2.1以下，此后一直稳定在低生育水平。2014年，中国的少儿人口比重为16.5，相比1982年的33.6减少了52%。与之相伴的是老年人口比重不断上升，尤其是中华人民共和国成立后首次生育高峰的人口不断进入老年期，更推高了这一比重。1982年，我国65岁及以上的老年人占总人口的比重仅为4.9%，之后不断增加，截至2014年，该比重达到10.1%。相较于1982年老年人口比重提升了200%。

（2）人口老龄化速度快，年龄结构迅速老化

人口老龄化速度快是相较于世界上其他国家而言的。1990年，我国65岁及以上人口占总人口的比重为5.6%，同期世界平均水平约为6.2%。但是到2000年，我国老龄化水平与世界平均水平大体相当，均接近于7%。这说明中国的人口老龄化速度明显快于世界平均水平，十年时间就填平了大约0.6个百分点的差距。到2010年，中国老龄化水平已经达到8.87%，高于世界平均水平。根据联合国人口展望（2012）的相关人口预测（中方案）数据，未来中国人口老龄化速度仍将快于世界平均水平。世界65岁及以上人口比重从7%升至14%的时间需要40年左右，而中国只需要

25 年左右（United Nations，2012）。中国人口老龄化高速推进，人口年龄结构迅速老化也是人口快速转变的必然结果。如果较短的时期内生育水平快速下降，其必然导致出生人口的快速萎缩，那么底部老龄化的作用就十分明显。

（3）老年人口规模较大，老年抚养比不断提高

中国老年人口规模大，一方面是由于人口基数大，另一方面是因为老年人口比重高。截至 2014 年，中国 65 岁及以上老年人口数量已经达到 1.3755 亿，社会养老负担不断加重，老年抚养比越来越高。巨大的老年人口规模无形中会使人口老龄化过程中的老年问题体量更大，老年人问题面临人群“放大效应”。老年问题最终要落点到养老问题，故养老保障问题更加突出。尤其是随着老年抚养比不断提高，劳动人口负担必将愈发加重。因此如何保障养老金收支平衡，如何确定养老金水平、劳动人口的缴费水平以及调整机制等都存在很大的难度。

（二）生育政策调整与未来人口发展

1. 生育政策调整背景与路径

20 世纪 70 年代，在人口规模与资源、环境面临较大的压力下，我国启动了计划生育政策，政策实施 40 多年来，我国人口快速增长的势头得到扭转，但是人口年龄结构却迅速老化。2000 年，我国刚进入老龄化阶段时 60 岁及以上的老年人口仅有 1.3 亿人，在总人口中所占比例约为 10%。而到 2014 年年末，老年人口达到 2.12 亿人，占总人口比例达到 15.5%。十余年间老年人口数量增加了 7000 多万人，比例上增加了 50%。在人口年龄结构快速老化的同时，我国也面临其他众多人口问题。其一，妇女生育率保持在很低水平。2010 年“六普”数据表明，我国妇女总和生育率为 1.22，即使按照 20% 的出生漏报计算，总和生育率也在 1.5 左右，远低于更替生育率水平。其二，少年儿童人口比例持续下降。“六普”数据显示，2010 年我国 0 ~ 14 岁人口为 22246 万人，比 2000 年的 28979 万人减少了 6733 万人。0 ~ 14 岁人口所占比重也由 2000 年的 22.89% 下降到 2010 年的 16.60%，10 年间下降了 6.29

个百分点。如果保持现有生育水平，少年儿童人口比例还会下降。少年儿童人口规模和比例的这种变化趋势预示着未来我国劳动年龄人口的变化趋势（石人炳，2014：13 ~ 23）。

在此背景下，为促进人口长期均衡发展，2013 年 11 月 18 日，党的十八届三中全会决定启动实施单独二孩政策；2015 年 11 月 29 日，党的十八届五中全会又提出：全面实施一对夫妇可生育两个孩子的政策。接连的生育政策调整的重要目标就是适度提升生育水平、积极应对人口老龄化、优化人口年龄结构。那么生育政策调整究竟能多大程度缓解中国的人口老龄化进程？这些疑问在“全面二孩”政策放开之后需要有科学的人口预测为依据加以说明。

2. 人口预测方案设计

（1）基础数据

本文采用 2010 年全国第六次全国人口普查数据，主要包括分年龄和性别的人口数、分年龄和性别的死亡率、分年龄的育龄妇女生育率数据；历年国民经济与社会发展统计公报中的人口统计数据。

需要说明的是，诸多研究认为全国及其各省的“六普”数据的一个主要问题是在年龄结构、生育率和死亡率等数据上都存在着较大的误差，尤其是 0 ~ 9 岁低年龄组存在严重漏报、重报从而导致总和生育率偏低。其中王金营通过年龄移算法进行队列对比发现 0 ~ 9 岁人口的漏报率至少达到 5.7%，并对漏报进行了回填。

本文通过两个途径对数据质量进行了验证。第一，利用 2005 ~ 2009 年的出生人口数，通过年龄移算法，推算出 2010 年的 1 ~ 5 岁的存活人口应不低于 8008 万人，但是“六普”数据与之对应的 1 ~ 5 岁组总人口仅约为 7648 万人，相差约 360 万人。在考虑正常分年龄死亡率的情况下，普查人口数与对应存活人口差幅如此之大，只能说明低年龄组存在明显的漏报；第二，通过比对 2005 年至 2014 年的出生人口数据，发现 2010 年 0 岁组人口远低于相邻年份的 0 岁组人口数，而且差幅达到近 230 万人，没有证据证实 2010 年存在巨大的出生人口锐减，唯一可以解释的理由就是存在大量的出生人口漏报。通过验证，发现0~9岁组的漏报率基本和王金营的测算结果相似，因此本文在对“六普”数据进行初步评估的基础上，将对0~9岁组低年龄人口按照5.7%的漏报率进行回填。按照这一漏报率回填之后的人口数据如表3所示，可知2010年最低漏报人口约为884.5万人（这也是本文在2010年“六普”数据基础上递推的2015年总人口比国家统计公报数据公布的总人口多约850万人的原因①）。

表3　对“六普”数据0~9岁人口进行回填之后的情况

单位：人

年龄（岁）	原始男性	原始女性	男性漏报	女性漏报	男性回填	女性回填
0	7461199	6325235	1063670	901045	8524869	7226280
1	8574973	7082982	666371	692345	9241344	7775327
2	8507697	7109678	385532	421888	8893229	7531566
3	8272491	6978314	360457	372900	8632948	7351214
4	8246206	6973835	378588	340609	8624794	7314444
5	7988151	6743986	180464	209053	8168615	6953039
6	8034452	6770018	457724	538359	8492176	7308377
7	7292300	6136861	298484	414668	7590784	6551529
8	7423559	6243397	52750	64582	7476309	6307979
9	7726203	6522622	607791	438477	8333994	6961099

资料来源：数据引自王金营、戈艳霞，2013，《2010年人口普查数据质量评估以及对以往人口变动分析校正》，《人口研究》第1期。

（2）测算方法与思路

以2015年为预测基年，跨度为2016~2065年，周期为50年。之所以将预测期设定为50年，是因为本文考察的是生育政策调整对养老保险系统的影响，而政策调整后的“政策性二孩”对养老金的影响具有“滞后性”，至少20年以后才能发挥作用，所以预

① 本文以调整后的“六普”数据为基础，通过年龄移算得到2015年总人口约为138316万人。2015年国家统计局公布的我国总人口为137462万人，相比本文的推算数据少约850万人。

测期不能太短；同时，考虑到人口变动是测算基本养老保险金收支的基础，如果预测期太长，人口预测的误差会增大。故而本文选择50年的预测期，既能有效考察生育政策调整的影响效应，同时又尽可能地保证人口预测结果的相对可靠性。

在预测方法的使用上，本文基于政策调整对生育水平在调整初期和后期的不同影响，在预测安排上将采用分段预测。第一阶段，生育政策调整初期也就是2016年至2020年阶段采用年龄移算法；第二阶段，生育政策调整后期也就是2021～2065年使用PANDIS－INT人口预测软件。之所以采用分阶段预测，不同阶段使用不同的预测方法，具体理由已在研究方法部分进行了阐述。

（3）参数设定

第一，是生育水平。

由于本文考察的是生育政策调整对人口年龄结构的影响，所以将生育率设定为两类方案，第一类为“政策未调整”方案，假定在测算期内现行生育政策不变，并以此作为基准方案。第二类为“政策调整”方案，围绕生育政策调整对生育率可能带来的影响，将第二类方案分为低、中、高三个方案。

“六普”数据显示我国总和生育率为1.18，而众多学者认为这与中国现实生育水平不符，低于中国的实际生育水平，这个问题前文已经探究过，其主要是出生漏报导致的。所以本文总和生育率的设定不直接使用“六普”时期的总和生育率结果。翟振武等基于“打靶”的方法，推算出2010～2014年总和生育率依次为1.496、1.505、1.532、1.540和1.593，2015年作为“单独二孩”政策实施的第二年，人口自然增长率为4.96‰，相比2014年下降0.24个千分点，可见中国目前的总和生育率水平应该在1.4～1.6。基于上述分析，假设基准方案的生育率为1.55，并假定测算期内总和生育率不随时间发生变化。

“政策调整”方案：围绕政策调整对生育水平可能带来的影响，又将其分为低、中、高三个方案。由于政策调整初期的出生人口受到政策目标人群“生育潜能”集中释放的影响，因此，预测中要解决好三个问题。第一，政策目标人群的生育潜能释放总量。国家卫计委公布的数据显示“全面二孩”政策的目标人群是约是9000万人，本文以此为准。第二，政策目标人群生育潜能的释放比例。国家卫计委对目标人群再生育意愿进行摸底，得出三种方案，高方案预计有33%的人会生二胎，中方案是28%，低方案是23%。这一释放比例建立在众多学者以及研究机构的论证基础之上，故本文也以此为准。第三，生育潜能释放进度。前文提到假设未来五年，二孩“生育潜能”释放完成，其中第二年为峰值，并鉴于目标人群中35岁以上的女性超过60%，峰值过后，后续几年释放比例会逐渐下降，因此，未来5年假设每年进行二孩生育的妇女比例为0.13、0.21、0.20、0.17、0.14。①

那么结合以上对生育政策调整初期的分析，并考虑到生育政策调整后期的生育水平企稳，本文的预测方案整体设定如下。

低方案：2016~2020年“全面二孩”的释放比例为23%。在二孩“累积效应”释放之后，由于三十多年的计划生育对人们生育意愿的影响以及当下生育成本较高，人们实际的生育行为可能达不到政策预期效果。正如“单独二孩”政策实施两年来，实际生育数量低于预期，出现“政策遇冷”，假设2020年后总和生育率回落到2016年“全面二孩”政策放开前的水平，总和生育率约为1.6，此后预测期内保持稳定。

中方案：2016~2020年“全面二孩”的释放比例为28%，2020年之后随着“堆积效应”不断释放，生育“潜存能量”不复存在，生育率有可能会出现回落，2020年以后生育率回落到1.9并长期保持不变，即与法国的妇女生育水平相当。中方案之所以在2020年以后设定生育率回落到1.9的水平，主要是基于我国近十年育龄妇女生育意愿调查的结果，综合来看，历次的生育意愿调查平均理想子女数大多接近，但是不到1.9（见表4），但是那

---

① 结合2013年全国生育意愿调查中“已有一个孩子家庭准备生育下一个孩子的时间安排”中的调查数据，同时参考翟振武等在“立即全面放开二胎政策的人口学后果分析”一文中关于全面二孩的释放进度的假设，同时结合湖北省生育意愿调查中的年龄相对较小的育龄妇女可能并不急于安排二孩生育，设定这一释放进度。

是在仍然存在生育政策限制的条件下进行的，育龄妇女的理想子女数在严格的独生子女政策的限制下有所保留，所以抛开政策限制因素，育龄妇女理想子女数会有所提高，故将生育率设定在1.9的水平。

表4　近十年生育意愿调查育龄妇女平均理想子女数

单位：个

年份	调查项目	平均理想子女数
2006	第六次全国人口和计划生育抽样调查	1.7
2007	生育意愿调查	1.8
2010	江苏省六县市生育意愿调查	1.65
2013	全国生育意愿调查	1.93

资料来源：贾志科、吕红平，2012，《论出生性别比失衡背后的生育意愿变迁》，《人口学刊》第4期；庄亚儿、姜玉，2014，《当前我国城乡居民的生育意愿——基于2013年全国生育意愿调查》，《人口研究》第3期。

高方案：2016～2020年“全面二孩”的释放比例为33%，其间总和生育率突增到更替水平以上，但是由于2020年以后人口老龄化问题更加突出，国家为保持生育水平长期稳定在更替水平，继续调整生育政策，实行家庭“完全自主生育”政策，甚至出台鼓励生育的政策，由此假定生育率长期稳定在2.1的更替水平，这一假定水平与美国目前的生育水平相当。

第二，是死亡水平和死亡模式。

2010年，中国人口平均预期寿命为74.83岁，其中男性为72.38岁，女性为77.37岁，参照联合国《世界人口展望》（林宝，2014：67～74）关于中国人口预期寿命的估计，2050年中国人口平均预期寿命将达到79.5岁，其中男性77.6岁，女性81.5岁，并假定2050年到2065年维持不变。那么2014年的死亡水平根据终点值，采用线性内插法进行估计得出男性为74.78岁，女性为77.69，其他年份死亡水平预估采用同样方法。

死亡模式采用Coal-Demany西区模型生命表，之所以采用西区模式，因为西区表所采用的原始生命表最多，同时西区表更接近中国的实际。

第三，是出生人口性别比。

国家卫计委《关于极端重视和强化出生人口性别比综合整治的指导意见》，提出出生人口性别比综合整治工作的主要目标要以第六次全国人口普查数据的 117.94 为基点，每年下降超出出生性别比正常范围上限（107）部分的 10%。自 2008 年开始，我国出生人口性别比开始出现连续下降，2015 年由 2014 年的 115.8 下降到 113.5，这意味着我国的出生人口性别比从 20 世纪 80 年代以来持续攀升且高位运行的状态，开始步入“下行通道”（见图 3）。基于目前的下降趋势以及在“全面二孩”的政策背景下，有理由相信关于出生性别比的治理目标可以实现，因此假定 2020 年开始出生性别比将恢复到 107 的正常水平。中间年份出生性别比用线性内插法计算得出。

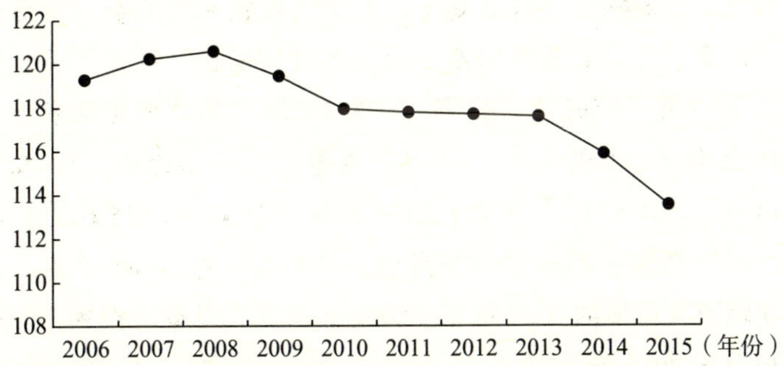

图 3　2005～2015 年我国出生人口性别比变化趋势

数据来源：国家统计局公布数据。

第四，城镇化水平。

国家新型城镇化发展规划中提出到 2020 年实现常住人口城镇化率达到 60% 左右的发展目标（人民网，2014）。中国人口与发展研究中心研究表明：2020 年、2030 年、2050 年中国的城镇化水平将分别达到 60%、70%、80%（桂江丰等，2012：3～13）。当然就城镇化水平而言，必定有一个上限值。正如 Northam 认为：为满足城镇居民的生活要求，这必须要有一定数量的农业人口，所以城镇化发展水平必定有一个上限（Northam，1979：174－180）。国务院发展研究中心（2010）研究认为中国的城镇化峰值约为 80%（何宇鹏等，2010：36～38）。据此，假设 2020 年、2030 年、2050 年、2065 年作为标准年，届时城镇化水平分别为 60%、70%、75%、80%，中间各年份的城镇化水平采用插值法计算，至于分年龄组的城镇人口数量占总人口的比例，则假设与总体城镇化率保持一致。

3. 预测结果与分析

（1）人口规模与变动

第一，基准方案下，人口规模在 2025 年达到峰值，届时人口总量为 14.1 亿人。峰值年份过后，人口规模变动开始呈现快速下降的趋势。2065 年时，人口规模将下降到 10.09 亿，相比 2015 年的 13.83 亿减少了约 3.74 亿。50 年间人口规模减少了近三分之一，而且 2065 年以后人口总量快速减少的趋势将依然持续。

第二，政策调整三种方案下，由于生育政策的放宽，生育水平的相对提高，人口总量都出现了不同程度的增长。低方案下，人口总量在 2027 年达到峰值，峰值人口为 14.38 亿人，相比基准方案增加了 0.28 亿人。2027 年之后，人口规模也呈缩小趋势，到 2065 年时人口数量下降到 11.6 亿人，相较于 2015 年减少 2.23 亿人。中方案下，人口总量在 2031 年达到峰值，峰值人口为 14.64 亿人，比基准方案峰值人口增加 0.54 亿人。2065 年时人口总量下降到 13.08 亿人，相较于 2015 年减少 0.75 亿人。高方案下，人口高峰出现在 2035 年，峰值人口达到 14.9 亿人，到 2065 年人口数量维持在 14.08 亿人的规模，相比 2015 年人口实现了小幅度增长。通过对比基准方案和政策调整方案的人口规模发现：2065 年时，“全面二孩”政策调整低、中、高三个方案下总人口规模相比基准方案下的人口总量分别增长了 6.4%、19.6%、28.7%（见图 4）。

（2）劳动年龄人口变化

本文的预测期为 50 年，预测期内“政策性二孩”没有进入退休年龄，因此生育政策调整对劳动人口供给规模将产生重要影响。所谓劳动年龄人口，按照我国 60 岁退休制度，一般将其界定为 15～59 岁组人口。劳动年龄人口是社会经济发展的主体，也是生

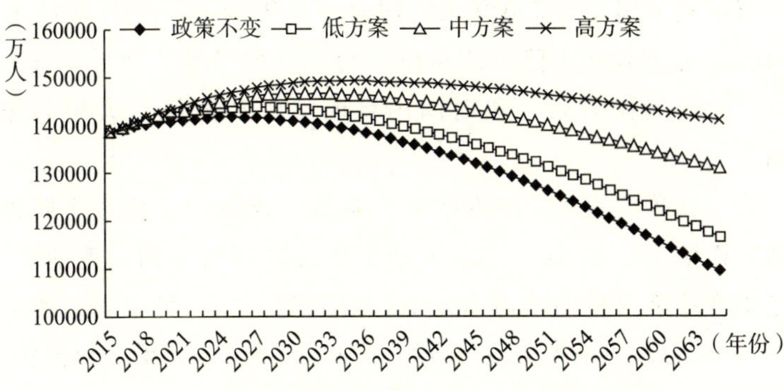

图 4　不同预测方案下我国总人口规模变动趋势

产力中最为活跃的要素，改革开放以来我国经济取得长足、快速的发展，一定程度上是受益于丰富的劳动年龄人口所带来的“人口红利”。统计数据表明，我国劳动年龄人口数量在 2012 年出现“拐点”，也就是说 2012 年劳动年龄人口供给开始步入下行通道。[①] 在基准方案下，未来劳动年龄人口仍然继续维持不断减少的趋势，而且下降速度较快。“全面二孩”政策条件下，一定节点上，劳动年龄人口持续减少的趋势得到了扭转（见图 5）。

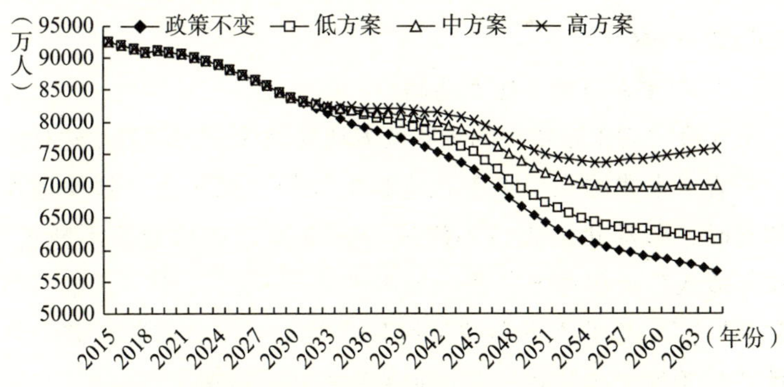

图 5　不同预测方案下我国劳动年龄人口数量变动趋势

第一，基准方案下，预测期内，劳动年龄人口总量持续下降。2015 年劳动年龄人口数量约为 9.24 亿人，而到 2065 年劳动年龄

---

① 据国家统计局数据：2012 年 15～59 岁劳动年龄人口在相当长时期里第一次出现了绝对下降，比 2011 年减少 345 万人。

人口持续减少到仅为5.6亿人。届时劳动年龄人口仅占2015年的约60%，绝对比重下降了约40%。可见，如果维持现行生育政策不变，今后我国较长一段时间内将面临劳动力供给大幅萎缩的局面。

第二，政策调整三种方案下，随着“政策性二孩”不断进入劳动力市场，在2030年左右劳动年龄人口开始不同程度地增加。这是生育政策调整的“滞后效应”导致的，第一批单独二孩要等到14岁之后才能进入劳动力市场，进而影响劳动年龄人口的供给。低方案下，劳动年龄人口虽然也是持续减少，到2065年时仅占2015年的66%，但是和基准方案相比，在2030年，劳动年龄人口增加了0.05%，之后持续增加，到2065年时增加了8.7%；中方案和高方案下劳动年龄人口在2055年之前呈不断减少的趋势，但是2055年出现“拐点”，此后劳动年龄人口开始呈现增加的趋势。中方案和高方案下，在2030年，劳动年龄人口相比基准方案分别增加了0.07%和0.1%。到2065年时，中方案和高方案下的劳动年龄人口相比基准方案分别增加了23.4%和33.7%。由此可见生育政策调整，“全面二孩”政策实施能够有效缓解未来劳动年龄人口的快速萎缩。

（3）老年人口抚养比变动趋势

图6所示为未来中国的老年抚养比在预测期内呈现单边递增趋势。随着未来我国人口老龄化进程的加快，老年人口规模迅速扩大的同时，劳动年龄人口不断减少，使得老年抚养比不断提高，劳动年龄人口负担越来越重。同时由于“全面二孩”政策调整的“滞后效应”，基准方案和政策调整方案下老年抚养比的差别从第一批“政策性二孩”进入劳动年龄后方开始显现。

基准方案下，中国的老年抚养比持续快速上升，到2055年达到74.5%的峰值，相比2015年增加了约50个百分点。随着老龄化高峰逐渐退去，2055年之后老年抚养比开始小幅下降，到2065年仍维持在70%的水平。政策调整低、中和高三种方案下老年抚养比相比基准方案均有一定程度的下降，劳动年龄人口的供养负担因政策调整得到“稀释”。低方案下，老年抚养比持续上升，到

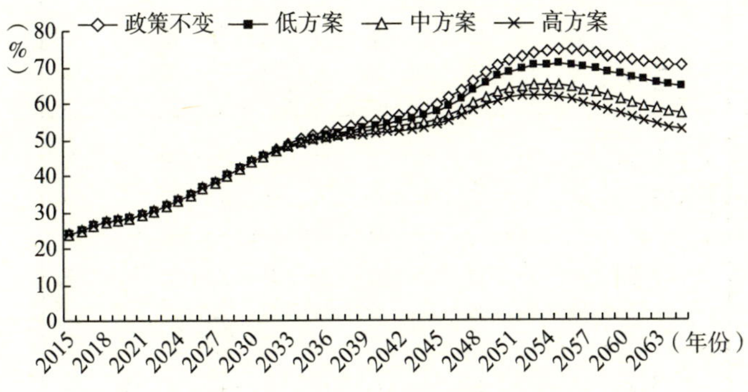

图 6　中国老年抚养比的变动趋势

2055 年时也到达 70.64% 的峰值，但是相比基准方案峰值降低了约 4 个百分点，之后开始呈现下降趋势，到 2065 年时老年抚养比为 64.52%，相比同期基准方案降低了约 5.6 个百分点；中方案下老年抚养比峰值年份为 2054 年，峰值水平为 64.98%，相比基准方案降低了约 9 个百分点，2054 年以后不断下降，到 2065 年时为 56.88%，比同期基准方案下降低了约 13 个百分点；高方案下，老年抚养比在 2053 年达到 61.95% 的峰值，峰值年份之后迅速下降，到 2065 年时老年抚养比水平为 52.4%，相比同期基准方案减少了约 18 个百分点。比较基准方案和政策调整方案老年抚养比的变动趋势可以发现，生育水平回升越高，对老年抚养比的下降作用越为明显，那么对劳动力供养负担的稀释效果也就越为明显。

（4）人口年龄结构变动趋势

为便于展示预测结果，此处主要选取政策不变方案和政策调整下中方案①未来人口年龄结构数据进行分析。如表 5 所示，0 ~ 14 岁少儿人口在 2020 年以后开始下降。在 2020 年以前少儿人口保持上升趋势，到 2020 年达到顶峰 2.38 亿人之后开始下降，2035 年下降至 1.8 亿人左右，2065 年进一步下降至 1.3 亿人左右。少儿人口占总人口的比例则在 2018 年达到 17.18% 之后持续下降，到 2065 年仅占总人口的 11.89%。

① 之所以选用中方案，是因为中方案中的假设条件一般是最符合未来变动事实的。

表5　政策不变方案和中方案下人口年龄结构变动趋势

单位：万人，%

年份	政策不变（人数）			中方案（人数）			政策不变（比例）			中方案（比例）		
	0～14岁组	15～59岁组	60岁及以上组	0～14岁组	15～59岁组	60岁及以上组	0～14岁组	15～59岁组	60岁及以上组	0～14岁组	15～59岁组	60岁及以上组
2016	23673	92101	23085	24061	92101	23085	17.06	66.87	16.07	17.09	66.84	16.07
2020	23882	90991	25586	26071	90991	25586	17.00	64.78	18.22	18.28	63.79	17.94
2025	22669	88177	30683	26462	88177	30683	16.02	62.30	21.68	18.21	60.68	21.11
2030	20368	83785	36654	25947	83845	36654	14.47	59.50	26.03	17.72	57.25	25.03
2035	18035	79760	40967	23272	81934	40967	13.00	57.48	29.52	15.92	56.05	28.03
2040	16573	76822	42347	21970	80597	42347	12.21	56.59	31.20	15.16	55.62	29.22
2045	16108	72511	43239	21610	78124	43239	12.22	54.99	32.79	15.12	54.64	30.24
2050	15862	65397	45860	21842	72769	45860	12.48	51.45	36.08	15.55	51.80	32.65
2055	15233	60913	45410	22016	70035	45410	12.53	50.11	37.36	16.02	50.95	33.03
2060	14172	58810	42517	21783	69859	42517	12.27	50.92	36.81	16.24	52.07	31.69
2065	13007	56637	39756	21205	69900	39756	11.89	51.77	36.34	16.20	53.42	30.38

15~59岁劳动年龄人口数量及其在总人口中所占的比重在整个预测期内呈现下降趋势（上文已对劳动力人口变动做出专门介绍，故在此不做过多分析）。

在“全面二孩”政策实施的背景下，未来随着生育水平的提高，出生人口相应增加，整个人口系统的年龄结构因新生人口的加入而发生变化。图7为未来我国老年人口（60岁及以上人口）在总人口中所占比重变动趋势，不同方案下未来人口老龄化水平呈现明显的差异。

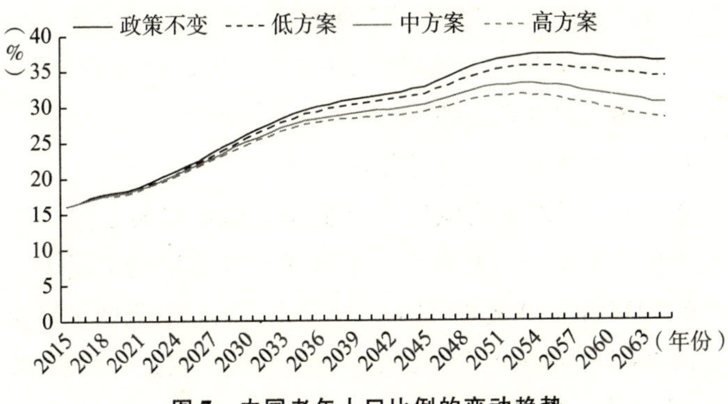

图7　中国老年人口比例的变动趋势

第一，基准方案下，预测期内未来人口老龄化水平不断提高，人口快速老龄化的势头不减。2015年我国人口老龄化水平为16.1%，[①] 到2055年，人口老龄化水平将达到37.36%的峰值，40年间提高了约21.26个百分点，年均增长率为7.9%。虽然2056年人口老龄化水平开始下降，但是下降速度非常缓慢，到2065年时老龄化水平将仍为36.34%，年均下降率约为0.19%。可见，如果维持现行生育政策不变，未来人口老龄化快速发展将是常态，人口年龄结构将极度老化。

第二，“全面二孩”政策调整后，不同方案下人口老龄化水平相比基准方案均有一定程度的下降，中国的人口老龄化进程得到缓解，政策调整对人口老龄化水平具有显著的“稀释效应”。首先，低方案

① 国家统计局数据显示，2015年我国60岁及以上人口占总人口的比重为16.1%。

下，人口老龄化水平将在2055年达到高峰，峰值水平为35.65%，相比基准方案减少了1.71个百分点。到预测期末，人口老龄化水平相比基准方案低2.2个百分点。其次，中方案下，2053年人口老龄化水平将达到33.11%的峰值，相比基准方案减少了约4.25个百分点。2065年的老龄化水平为30.38%，同期相比基准方案减少了约5.96个百分点，政策调整的正效应明显展现，人口老龄化进程明显放缓。最后，高方案下，未来人口老龄化水平更是得到显著“稀释”，2052年将达到31.58%的峰值，相比基准方案的峰值减少了5.78个百分点。2052年之后，人口老龄化水平将显著下降，到2065年下降到28.22%，同期相比基准方案减少了约8.12个百分点。

（5）城镇人口变动趋势

一方面，是城镇人口规模变动。

结果显示，预测期内城镇人口呈现先稳步增长态势，增长到高峰时开始逐渐减少（见图8）。在政策不变方案的前提下，城镇人口将在2035年达到9.88亿人，之后由于人口总数的下降而不断减少，到2065年约为8.75亿人。低方案下，城镇人口将在2030年超过10亿人，2065年为9.3亿人。中方案下，城镇人口将在2047年达到10.54亿人，之后缓慢减少，到2065年为10.47亿人。高方案下，城镇人口实现了稳步增长，这一方面是由于城镇化水平的提高，另一方面是由于人口总量在预测期内基本没有减少。2028年，城镇人口数量将超过10亿人，之后稳步增加，2065年增加到11.27亿人。

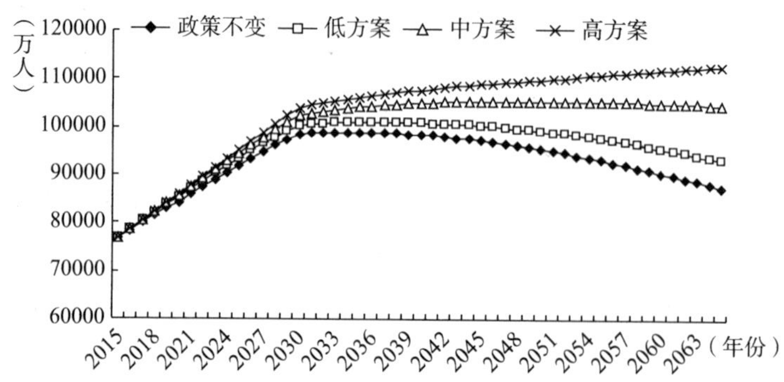

图8　中国城镇人口发展趋势

另一方面，是城镇人口年龄结构变动。

预测期内城镇人口年龄结构将不断老化，0～14岁少儿人口比重呈现不断下降趋势，15～59岁劳动年龄人口占比也不断下降，但是劳动人口占总人口的比重仍然在一半以上，60岁及以上老年人口占比持续提高。具体来看，政策不变方案下，0～14岁少儿人口比重将持续减少，到2065年，少儿人口将仅占城市人口的11.37%，处于严重少子化状态。生育政策放开后的三种方案下，少儿人口比重除高方案外基本都不断下降，但是相比政策不变方案，这一比重相对有所提高；就15～59岁劳动年龄人口而言，生育政策放宽后，其数量都不断增加，同时由于人口总数的增加，其在总人口中的比重变化不大；60岁及以上的老年人比重，在各种方案下均不断提高。同时由于城乡之间庞大的人口流动，且以劳动年龄人口为主，城镇人口的老龄化程度将低于总人口的老龄化程度。此外，生育政策调整后，城镇人口的老龄化水平相比基准方案均有一定程度的下降（见附表2）。

三　中国城镇企业职工基本养老保险基金现状分析

（一）企业职工基本养老保险基金运行状况

1. 企业职工基本养老保险制度参保人数状况

纵观我国城镇企业职工基本养老保险制度的发展历程，社会统筹和个人账户相结合的制度模式逐步走向成熟。尤其是近年来，城镇企业职工养老保险的制度覆盖面不断扩大，参保人数逐步增加（见图9）。截至2016年，我国城镇企业职工基本养老保险制度的覆盖人群包括：城镇各类企业职工、企业化管理的各类事业单位职工、城镇个体工商户、灵活就业人员以及农民工群体。表6显示的是我国2005～2014年城镇企业职工基本养老保险参保人数及制度赡养率的基本状况。

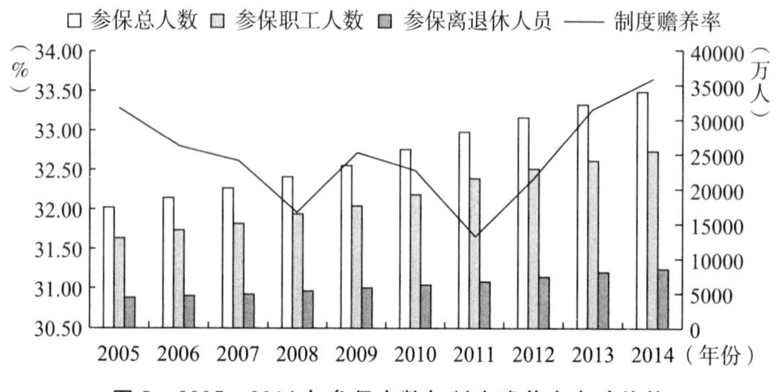

图 9　2005～2014 年参保人数与制度赡养率变动趋势

表 6　2005～2014 年参加城镇职工基本养老保险人数及制度赡养率

单位：万人，%

年份	参保总人数	参保职工人数	参保离退休人员	制度赡养率
2005	17488	13120	4368	33.29
2006	18766	14131	4635	32.80
2007	20137	15183	4954	32.63
2008	21891	16588	5304	31.97
2009	23550	17743	5807	32.73
2010	25707	19402	6305	32.50
2011	28391	21565	6826	31.65
2012	30427	22981	7446	32.40
2013	32218	24177	8041	33.26
2014	34124	25531	8593	33.66

数据来源：历年人力资源和社会保障事业发展统计公报。

具体来看，目前我国城镇企业职工养老保险参保状况呈现以下特点。首先从数量上来看，参保职工人数逐年增长，平均每年增加 2000 万人左右，这反映了基本养老保险缴费人数不断增加，同时参保离退休人员也快速增长。2005～2014 年，虽然养老保险不断扩面，但是由于人口老龄化的迅速发展，人口老龄化效应逐步显现，参保职工人数的增长速度跟不上离退休人员的增长速度。

这10年间，参保职工人数年均增长率为7.6%，而离退休人员的年均增量率为7.8%。其次从制度赡养率来看，2005~2011年劳动年龄人口占总人口的比重不断增加（如前文所述），使得制度赡养率整体呈现不断下降。但是自从2012年我国劳动力人口出现“拐点”，劳动力数量开始下降以来，制度赡养率开始逐年升高。所以单纯从基金的缴费人数和领取人数变动来看，由于人口年龄结构的不断老化，养老保险基金领取人数的增长速度快于缴费人数的增长幅度。

2. 企业职工基本养老保险基金财务状况

（1）基本养老保险基金的收支状况

2014年，我国城镇职工基本养老保险基金总收入25310亿元，比上年增长11.6%；全年基金总支出21755亿元，比上年增长17.8%；各级财政补贴基本养老保险基金3548亿元。2014年年末，城镇职工基本养老保险基金累计结存31800亿元。单纯从基金收支以及累计结余角度来看，近年来各项指标均处于不断增长的状态，如表7所示，2005年的基金收入是5093亿元，2014年达到25310亿元，是其4.96倍。与此同时，基金支出同样保持快速增长，2014年的基金支出规模达到2005年的5.38倍，尤其是基本养老保险基金累计结余更是从2005年的4041亿元增长到2014年的31800亿元，增长了7.86倍。就全国而言，2014年以前，扣除财政补贴之后，当期征缴收入在满足当期基金支出之后还略有结余，2014年当年开始出现收支缺口，达到1321亿元。

表7　2005~2014年我国基本养老保险收支变动

单位：亿元

年份	基金收入	征缴收入	财政补贴收入	基金支出	当期结余	累计结余	当期扣除财政补贴结余
2005	5093	4312	651	4040	1053	4041	272
2006	6310	5212	971	4897	1413	5489	315
2007	7834	6494	1157	5965	1869	7391	529
2008	9740	8016	1437	7390	2350	9931	626

续表

年份	基金收入	征缴收入	财政补贴收入	基金支出	当期结余	累计结余	当期扣除财政补贴结余
2009	11491	9534	1646	8894	2597	12526	640
2010	13420	11110	1954	10555	2865	15365	555
2011	16895	13956	2272	12765	4130	19497	1191
2012	20001	16467	2648	15562	4439	23941	905
2013	22680	18634	3019	18470	4210	28269	164
2014	25310	20434	3548	21755	3555	31800	-1321

数据来源：历年人力资源和社会保障事业发展统计公报。

此外，从基本养老保险基金年收入增长率和年支出增长率来看，二者的差距有逐渐拉大的趋势。2008 年之前，基金年收入增长率大于基金年支出增长率，但是差距不断缩小；2009 年、2010 年基金年收入增长率持续低于支出增长率；2011 年出现反转，当年基金收入增长幅度远高于基金支付增长幅度，但是之后基金年收入增长率开始持续下降，到 2014 年基金收入增长率比基金支出增长率少了 6.1 个百分点（见图 10）。

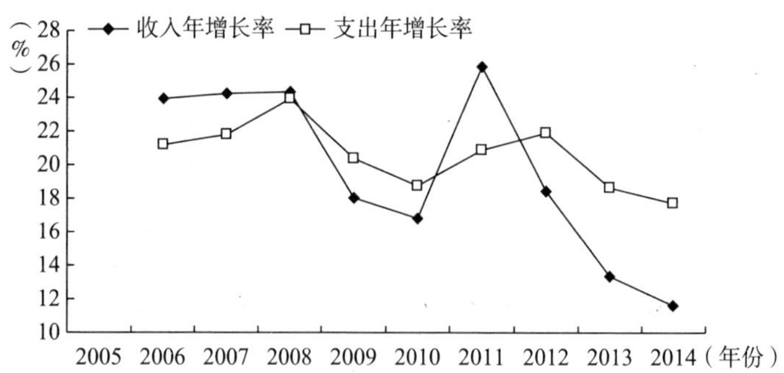

图 10　2005～2014 年城镇职工养老保险收支增长率变动趋势

总体来看，随着我国人口年龄结构的转变，人口老龄化程度的深度发展，劳动年龄人口不断下降，以及少子化导致劳动力潜在供给能力减弱，今后一段时期内我国基金养老保险基金的收入的年均增长率还有逐渐下降的趋势，而养老保险基金的年均支出增长率必会持续增长。

（2）关于基本养老保险基金缺口的阐释

从上文统计数据来看，我国的基本养老保险基金存在3万多亿元的结余，但是关于我国基本养老金存在巨额缺口的消息常见诸报端。那么我国城镇基本养老保险资金收支状态是否存在缺口呢？这个在很大程度上由人们对“缺口”的存在形态理解不同所决定。本文的测算主要集中在年度收支差额，如果收支差额为负，则认为存在缺口，反之，则不存在缺口。

为什么在基本养老保险金存在结余的情况下，学界普遍认为其仍然存在缺口呢？

我国城镇企业职工基本养老保险制度从现收现付制转向部分积累制，产生了大量的转轨成本。关于转轨成本，邓大松、刘昌平认为转轨成本从老制度转轨到新制度后，养老金由基础养老金和个人账户养老金组成，基础养老金由在职职工缴费提供，不形成转制成本；个人账户养老金是在职职工的个人所有，不用于供养他人，形成转制成本。故而超出老人基础养老金部分的权益现值就构成转轨成本（邓大松、刘昌平，2009：9～12）。

其实，在我国目前“统账结合”的部分积累制度下，仍保留了相当大的社会统筹部分，这一部分仍采用现收现付制的筹资模式，所以，“老人”和“中人”的部分养老金权益可以通过现收现付制自然延续，并不存在转轨。真正的转轨只是由于“老人”没有个人账户，“中人”部分年份没有个人账户，所以“老人”和“中人”的转轨成本是其养老金替代率高于新制度目标替代率的部分。因此，从实际来看，将转轨成本理解为按照新制度的标准“老人”和“中人”所没有进行个人账户积累的金额更为准确。因此，转轨成本实际上是指“老人”和“中人”从新制度得到养老金权益超过目标替代率计算的养老金权益的部分，也就是说转轨成本只是转轨时养老金隐性债务的一部分，等于转轨时的养老金债务减去未来社会统筹部分按照新制度目标替代率可以提供的部分的现值。

转轨成本是制度转轨不可避免的代价，因此转轨成本需要消化。过去对转轨成本的认识存在争议，本文认为由于当前的制度仍然保留了较大部分的现收现付制，因此涉及的转轨成本仅仅是“老人”和“中人”由于改革前没有个人账户积累，需要新制度额外解决的部分。如何消化转轨成本存在不同的选择，主要思路有两条：一是提高新制度的缴费水平，利用新制度逐渐消化转轨成本；二是安排新的资金来源，利用制度外资金来消化转轨成本。从目前我国政府的策略来看，主要还是通过新制度自身来消化转轨成本。正如宋晓悟所言：中国的养老保险改革从现收现付制转向社会统筹与个人账户相结合的体制时，一开始就没有采取专门方式处理转轨成本，而是期冀通过加大企业统筹费率的方式逐步将其消化（宋晓悟，2000）。王燕等认为，国发〔1997〕26号文件的制度设计中，缴费的4个百分点用于偿还转轨成本的目的，而2005年的改革中提高了社会统筹部分的缴费率，实际上也是为了加大社会统筹的力度，增加消化转轨成本的能力（王燕等，2001：3～14）。

那么既然政府寄希望于不断提高社会统筹账户的缴费率，进而通过制度内消化转轨成本，为什么还会有巨额缺口呢？这是因为我国将基本养老保险制度由现收现付制转变为社会统筹与个人账户相结合的部分积累制之后对于参保人员要建立基础养老金账户和个人账户，其中个人账户是要个人为自己的将来养老做积累，这部分资金原则上不需要做代际的转移支付。但是，对于改革前已经退休或者在改革前已经参加旧的养老保险制度的职工，他们没有或很少有个人账户资金的积累，而国家需要按照当下的标准通过社会统筹账户为其发放养老金。随着“老人”“中人”退休人数的增加，社会统筹账户入不敷出，缴费收入远低于基金支出，为了确保养老金的按时足额支付，不得不大量占用个人账户的资金积累，使得个人账户空账运行。虽然，自2000年以来，国家通过财政补贴、划拨国资等方式，在一些省份试点做实个人账户，但由于当期支付压力较大，个人账户空账规模越来越大，即使一些试点省份为保障养老金的当期支付，仍不得不大量使用个人账户资金。所以近年来一些学者提出将个人账户制转为名义账户制，进而将个人账户空账合法化。

就正常而言，当年的基金收入应该仅包括当期参保职工的缴费收入和当期产生的投资收益。如果这些收入不足以维系当年支出，就可以认为这个系统出现了年度性缺口。2014 年度基本养老保险基金总收入 25310 亿元，其中财政补贴达到 3548 亿元，如果不含财政补贴，那么当年支付已经出现了缺口。我国统账结合的基本养老保险基金收入分为社会统筹账户收入和个人账户收入。其中个人账户为完全积累制，其资金完全归个人所有，不具有代际转移和互济性。由于本文测算的基金收入仅包括现收现付制下的社会统筹账户的征缴收入，所以本文的年度性缺口指基本养老保险当年征缴收入不足以支付当期的“老人”的基本养老保险金、“中人”的基础养老金和过渡性养老金以及“新人”的基础养老金支出而出现的缺口。

（二）对城镇企业职工基本养老保险制度的理论考察

中国城镇企业职工基本养老保险制度包括社会统筹和个人账户两个部分，其中社会统筹部分采用现收现付的筹资模式，个人账户部分采用基金积累制。“统账结合”的筹资模式决定了社会统筹和个人账户是独立运行的状态。因此这两个部分分别采用不同的资金平衡模式。

1. 社会统筹部分资金平衡公式

在现收现付制下，养老保险金的平衡是一种即期平衡模式，也就是说一定时期的缴费与同一时期的养老金总支出是相等的。在纯粹的现收现付制系统中，理论上的平衡是年度平衡。当前制度在社会统筹部分，采用的是现收现付制，所以适用传统现收现付制的资金平衡公式，年度平衡采用以下平衡公式：

$$I_t = O_t$$

其中，I_t 为 t 年的养老金缴费总额，O_t 为 t 年的养老金总支出。养老金缴费总额与缴费工资总额和缴费率有关，而缴费工资则与养老保险参保职工人数和缴费工资水平有关，养老金支出则与养老金领取人数及养老金水平有关：

$$I_t = s_t \cdot L_t \cdot \overline{W}_t \tag{1}$$

$$O_t = E_t \cdot \overline{V}_t \tag{2}$$

则公式可变为：

$$s_t \cdot L_t \cdot \overline{W}_t = E_t \cdot \overline{V}_t \tag{3}$$

其中，s_t 为养老保险缴费率，L_t 为养老保险参保人数，$\overline{W}_t$ 为缴费职工平均工资，E_t 为养老金领取者人数，$\overline{V}_t$ 为平均养老金水平。

2. 人口年龄结构因素的“导出”

为了明确人口年龄结构这一中介变量在社会统筹基金平衡中的影响，这里对公式（3）进一步变形（林宝，2010：84～94）：

$$St = \frac{Et}{Lt} \cdot \frac{\overline{Vt}}{\overline{Wt}} \tag{4}$$

其中，$\frac{Et}{Lt}$是制度内缴费人数和养老金领取人数的比，一般称为制度赡养率，$\frac{\overline{Vt}}{\overline{Wt}}$是平均养老金水平和缴费职工平均工资之比，一般称为平均养老金替代率。

进一步设定总人口为 P_t，劳动年龄人口为 $P_{L,t}$，老年人口为 $P_{0,t}$。劳动年龄人口中养老保险参保的比例为 $A_{L,t}$，老年人口中领养老金的比例为 $A_{0,t}$，那么公式（4）可以进一步分解为：

$$St = \frac{Et}{Lt} \cdot \frac{\overline{Vt}}{\overline{Wt}} = \frac{P_{0,t}}{P_{L,t}} \cdot \frac{A_{0,t}}{A_{L,t}} \cdot \frac{\overline{Vt}}{\overline{Wt}} \tag{5}$$

从公式（5）可见，缴费率可以表示为老年人口抚养比、养老金制度综合覆盖率和养老金平均替代率的函数。而养老金制度综合覆盖率则与总人口中的城镇人口就业率、就业人口养老保险参保率等因素有关。因此本文设定劳动年龄人口中就业人口比例为 $\mu_{1,t}$，劳动年龄就业人口中养老保险参保率为 $\beta_{1,t}$，老年人口中曾就业的比例 $\mu_{0,t}$，老年人口中曾就业人口养老金领取者比例为 $\beta_{0,t}$。继续对公式（5）进行进一步分解，从而通过以缴费率为媒介得出人口结构与企业职工之间的直接联系：

$$S_t = \frac{P_{0,t}}{P_{1,t}} \cdot \frac{\mu_{0,t}}{\beta_{1,t}} \cdot \frac{\beta_{0,t}}{\beta_{1,t}} \cdot \frac{\overline{V_t}}{\overline{W_t}} \tag{6}$$

人口年龄结构通过影响制度赡养率进而会影响到养老金制度的可持续性，如果人口年龄结构不断老化，并且要维持养老金平均替代率的稳定，那么就需要提高缴费率。但由于缴费率也要求一定的稳定性和调整限度，故如果保持缴费率不变，那么支付危机必然会产生。当然，反过来如果人口年龄结构老化进程得到缓解，从理论上来看，养老金的支付压力也会得到缓解。所以当缴费率、平均替代率以及养老保险覆盖面一定的条件下，人口年龄结构对养老保险的收支平衡具有重要影响。

四　不同预测方案下人口变动与城镇企业职工养老保险基金收支平衡

（一）城镇企业职工基本养老保险基金收入与支出模型构建

1. 基本假设条件

本研究以国发〔2005〕38号文件规定的计发办法为依据，测算时点是2016年1月1日，由于人口政策具有“时滞效应”，一批新生人口平均要20年才能进入养老金系统，同时考虑到养老保险制度需要较长时间才能充分体现运行效果，同时在借鉴国内外相关研究的基础上，本文将测算期限确定为未来50年，即2016～2065年。

我国法律规定最低就业年龄为16岁，但是在20岁以前，考虑到受教育年限的延长，劳动参与率较低，实际平均参加工作的年龄要高于16岁。2010年第六次全国人口普查数据显示，15～19岁人口中劳动参与率仅为33%左右。为此，假定男性、女性参加工作的年龄为20岁。退休年龄方面，尽管我国法定退休年龄规定十分复杂，为保守估算养老金缺口，这里设定男性60岁退休，女性55岁退休。

城镇职工基本养老保险基金分为社会统筹基金和个人账户基

金。由于个人账户部分不受人口年龄结构的影响，故本文主要研究以现收现付制为筹资模式的社会统筹部分。

前文在分析年度性缺口时，本文已经界定测算部分不考虑国家财政补贴。

本文对“老人”“中人”“新人”的界定以国务院相关文件为参照。1997年《国务院关于建立统一的企业职工基本养老保险制度的决定》的实施，标志着我国统一的城镇企业职工基本养老保险制度的建立。根据该文件的规定，参保人员被细分为“老人”“中人”“新人”。2005年《国务院关于完善企业职工基本养老保险制度的决定》对前述文件进行了部分修改，根据该文件的规定，参保人员再次被细分为“老人”“中人”“新人”。但是两个文件中界定的“老人”“中人”“新人”并不完全一致。因此为便于区分，本文根据两个文件的规定，进一步将参保人员细分为“老人1”“老人2”“中人”和“新人”四类：“老人1”为国发〔1997〕26号文件实施前退休的人员；“老人2”为国发〔1997〕26号文件实施前参加工作、国发〔1997〕26号文件实施后至国发〔2005〕38号文件实施前退休的人员；“中人”为国发〔1997〕26号文件实施前参加工作、国发〔2005〕38号文件实施后退休的人员；“新人”为国发〔1997〕26号文件实施后工作的人员。因此以1998年、2005年为时间节点，可以计算出测算基年各类参保人群对应的年龄区间（见表8）。需要说明的是，一旦时间节点确定，“老人”和“中人”的数量就会确定，之后随着时间的推移和死亡人数的增加而不断减少，直到最后一个“中人”退出基本养老保险制度，而“新人”的数量则每年都在增加。

表8　1998年、2005年节点下各类参保人群对应的年龄区间

单位：岁

1998年		2005年		1998年	
“老人1”		“老人2”		“中人”	
男	女	男	女	男	女
60～100	55～100	60～68	55～63	20～51	20～46

为了简化分析，本文不考虑未来的通货膨胀因素，所有数值计算均以 2016 年 1 月 1 日的不变价格为基础，采用实际工资增长率和资金收益率。

2. 资金平衡测算的模型构建

林宝认为对养老金制度财务可持续性的直观测算一般有两个角度：一是直接模拟养老金制度的资金流量，测算养老金的资金缺口或盈余情况；二是从缴费率的角度，测算要实现资金平衡所必需的养老金缴费率水平（林宝，2014：45 ~ 50）。当然这两个角度具有相互关联性，因为只有在计算出缺口或盈余的前提下，才能考虑对缴费率进行调整。本文考虑到在“全面二孩”政策调整之后，测算期内势必会导致缴费人口的增加，同时领取养老金的人口基数不变，因此，首先从资金流量的角度测算基本养老保险基金的收支状况，其次考虑在维持基本养老保险基金阶段平衡的情况下，探究当前养老保险缴费率的调整空间。

前文在分析转轨成本时提到目前的制度设计是期望依靠制度自身来消化转轨成本。在依靠制度自身消化转轨成本时的基本养老保险资金平衡测算的基本思路是根据一定假设推算出当下参保职工中“老人”“中人”“新人”的数量，以及通过预测生育政策调整背景下未来参保人数和人口年龄结构的变化的同时结合基本养老保险制度参数和一定的假设条件分别计算出 2016 ~ 2065 年每年的养老金收入和养老金支出，从而得出每年的资金缺口，进而对整个测算期的资金平衡状况进行判断。

（1）城镇企业职工基本养老金收入精算模型

t 年度社会统筹基金收入等于 t 年度参保在职职工人数乘以 t - 1 年城镇在职职工社会平均工资（基年的基础上乘以工资增长率）乘以 t 年社会统筹账户的缴费率。由于“老人”已经退休，不再向统筹账户缴费，故而每年只有“中人”和“新人”向统筹账户缴费，用公式可以表达为：

$$I_t = s_t \cdot \overline{W}_k \cdot (1 + \theta)^{t-k-1} \cdot \left(\sum_{x}^{a-1} L_{x,t} + \sum_{x}^{a-1} z_{x,t} \right)$$

（t = 2016，2017，……2065）

I_t表示第 t 年时的城镇企业职工养老基金社会统筹账户收入。s_t表示社会统筹账户的缴费比例，目前法律规定为定数 20%。$\overline{W}_k$表示第 k 年也就是基期城镇企业职工的年平均工资，本文基年为 2015 年。θ 表示年平均工资增长率。$L_{x,t}$表示第 t 年时 x 岁的城镇企业“新人”参保职工数；$\sum_{x}^{a-1} L_{X,t}$ 表示第 t 年城镇“新人”企业职工参保总人数。$z_{x,t}$表示第 t 年时 x 岁的城镇企业“中人”参保职工数；$\sum_{x}^{a-1} z_{x,t}$ 表示第 t 年城镇“中人”企业职工参保总人数，a 表示城镇企业职工的退休年龄。

（2）城镇企业职工基本养老金支出精算模型

t 年度社会统筹账户基金支出等于 t 年度老人基本养老金支出加上 t 年度退休中人基础养老金支出加上过渡性养老金支出再加上新人基础养老金支出。

第一，所有“老人”在 t 年度的基本养老金支出公式为：

$$P_{o,t} = \Phi_t \cdot \overline{W}_k \cdot (1+\lambda\theta)^{t-k-1} \cdot \sum_{x}^{m} T_{x,t}$$

（t＝2016，2017……，2050）①

$P_{o,t}$表示 t 年度“老人”的基本养老金支出总额。Φ_t 表示第 t 年企业参保退休职工的养老金平均替代率。$\overline{W}_k$ 表示第 k 年也就是基期城镇企业职工的年平均工资，本文基年为 2015 年。λ 表示退休人员的养老金水平根据城镇在岗职工年平均工资增长率的一定比例进行调整的系数。θ 表示年平均工资增长率。$T_{x,t}$表示第 t 年时 x 岁的城镇企业参保退休“老人”数。$\sum_{x}^{m} T_{x,t}$ 表示当年全部退休参保老人数，m 表示最高生存年龄。

第二，退休“中人”在 t 年度的基础养老金支出总额为：

$$P_{z,t} = \Phi_{t1} \cdot \overline{W}_k \cdot (1+\lambda\theta)^{t-k-1} \cdot \sum_{x}^{m} N_{x,t}$$

（t＝2016，2017……，2065）

① 根据年龄区间计算 2050 年后所有“老人”将退出基本养老保险制度。

$P_{z,t}$表示第 t 年的城镇企业参保退休“中人”基础养老金支出总额。Φ_{t1}表示第 t 年企业参保退休“中人”的基础养老金计发系数。$\overline{W}_k$ 表示第 k 年也就是基期城镇企业职工的年平均工资，本文基年为 2015 年。λ 表示退休人员的养老金水平根据城镇在岗职工年平均工资增长率的一定比例进行调整的系数。θ 表示年平均工资增长率。$N_{x,t}$表示第 t 年时 x 岁的城镇企业参保“中人”退休人口数，$\sum_{x}^{m} N_{x,t}$ 表示当年全部退休参保“中人”数，m 表示最高生存年龄。

第三，退休“中人”过渡性养老金支出。“中人”过渡性养老金采取年功法计算，过渡性养老金 = 指数化月平均缴费工资 × 系数 × 未建立个人账户的年限（等同于 1997 年政策实施前的工作年限）。对于“中人”的指数化平均缴费工资，本研究中在社会平均工资下定义，即以退休前一年在岗职工社会平均工资代替。同时政策规定“中人”过渡性养老金的计发系数取值范围为 1.0% ~ 1.4%，本文取平均值为 1.2%。那么 t 年度“中人”过渡性养老金支出为：

$$P_{zd,t} = \Phi_{t2} \cdot \overline{W}_k \cdot (1-\theta)^{t-k-1} \cdot \sum_{x}^{m} N_{x,t}$$

(t = 2016，2017……，2031)①

$P_{zd,t}$表示第 t 年的城镇企业参保退休“中人”过渡养老金支出总额。Φ_{t2}表示第 t 年企业参保退休“中人”的过渡养老金计发系数，本文设定为 1.2%。$\overline{W}_k$ 表示第 k 年也就是基期城镇企业职工的年平均工资，本文基年为 2015 年。θ 表示年平均工资增长率。$N_{x,t}$表示第 t 年时 x 岁的城镇企业参保“中人”退休人口数，$\sum_{x}^{m} N_{x,t}$ 表示当年全部退休参保“中人”数，m 表示最高生存年龄。

第四，退休“新人”基础养老金支出。根据制度规定，新参

---

① 2032 年及以后，所有“中人”均已退休，其后不再发放过渡性养老金，养老金发放按照正常调整机制调整，直到最后一批“中人”退出基本养老保险系统。

保人员累计最低缴费年限为15年，才能获得基础养老金，且缴费每满一年发给1%，制度的最高缴费年限为35年。根据国发〔1997〕26号文件和国发〔2005〕38号文件中对“新人”的界定，第一批退休“新人”统筹账户养老金支出开始于2013年，彼时工资替代率为15%，随后逐年增加，到2033年，新退休的“新人”基础养老金的工资替代率将达到35%，其后保持不变。那么在t年度所有退休“新人”基础养老金支出总额为：

$$P_{E,t} = \Phi_{t,3} \cdot \overline{W}_k \cdot (1+\lambda\theta)^{t-k-1} \cdot \sum_{x}^{m} M_{x,t}$$

$$(t = 2016, 2017\cdots\cdots, 2065)$$

$P_{E,t}$表示第t年的城镇企业参保退休“新人”基础养老金支出总额。$\Phi_{t,3}$表示第t年企业参保退休“新人”的基础养老金计发系数。$\overline{W}_k$表示第k年也就是基期城镇企业职工的年平均工资，本文基年为2015年。θ表示年平均工资增长率。$M_{x,t}$：表示第t年时x岁的城镇企业参保“新人”退休人口数，m表示最高生存年龄。

（3）社会统筹基金结余模型

第t年基础养老金收支差额为：

$$G_t = I_t - P_t = I_t - (P_{o,t} + P_{z,t} + P_{zd,t} + P_{E,t})$$

那么在测算期间T年内，各年资金缺口的终值和就是整个测算期内资金缺口（或盈余）的总量。那么测算期内养老金余额模型为：

$$G_T = \sum_{t=2016}^{2065} G_t (1 - r)^{2065 - t}$$

r表示年基金出现结余时的利息收益率。

现收现付制养老金计划的社会统筹账户基金收支平衡可以分为两种：一是年度平衡，二是阶段平衡。年度平衡是制度设计的理想状态，但是在实际操作中为了保持缴费率的稳定性，这又要求其在一定时期内保持总收入和总支出的相等或略有结余，为便于计算，一般假设期末基金累计结余为0。用公式表达如下：

年度平衡：$I_t = P_t$

阶段平衡：$G_T = 0$（T为目标测算期n年）

现行制度设计中，缴费率是其中重要的因素，它可以是调节阶段养老金收支平衡的抓手。测算缴费率的基本思路是寻找使得养老金阶段平衡的缴费率水平。鉴于基金和缴费率之间的相关关系，因此在测算基金缺口模型的基础上可推导出缴费率的计算模型：

$$Gt = st \cdot Lt \cdot \overline{W}t - Et \cdot \overline{V}t$$

$$G_T = \sum_{t=2016}^{2065} G_t (1 + r)^{2065-t}$$

那么在计算缴费率时，则需要寻找一个 st 的变换 Δst，使得期末养老金余额等于0。那么：

$$G_T = \sum_{t=2016}^{2065} [(s_t + \Delta st) \cdot L_t \overline{W_t} - E_t \overline{V_t}] (1 + r)^{2065-t} = 0$$

以此求出 Δst，也就是寻找一个能使整个测算期内资金平衡的缴费率水平（林宝，2010：84～94）。如果 Δst 为正，说明目前的缴费率不足以维持阶段平衡，需要提高缴费率；如果 Δst 为负，表示当前的缴费率足以应对测算期内的养老金支出，并且可以适度降低养老金缴费率。

（二）生育政策调整背景下未来基本养老保险参保人数与退休人数的估计

前文对“全面二孩”政策调整落地之后未来人口发展进行了预测，在假设的高、中、低三个方案下分别得出未来不同的人口变动状况，那么不同方案下的人口变动势必也会对基本养老保险参保人数与退休人数产生不同的影响。通过人口预测，本文得出了未来50年城镇人口不同年龄、性别的人口数，基于此，本文将估算未来基本养老保险的参保人数和退休人数。

1. 生育政策调整后基本养老保险参保职工人数的推算

从上文的理论分析可以知道，基本养老保险参保人数和城镇工作年龄人口数、城镇人口就业率有关。因此每年的基本养老保险职工参保人数可以通过人口预测得到的城镇工作年龄人口数以及推算的劳动就业率、养老保险覆盖率计算得到。也就是说，基本养老保险参保职工人数 = 城镇工作年龄人口总数 × 劳动就业率 × 养老保险覆盖率。

根据历年《中国统计年鉴》数据和《中国人口与就业统计年鉴》数据，通过计算发现，近年来，我国20岁以上城镇人口就业人员数与工作年龄人口数的比值一直比较稳定，约为90%，这里假定2016~2065年城镇就业人口维持在工作年龄人口的90%。

随着国家的大力推动，城镇基本养老保险制度的参与对象愈发广泛，城镇就业人口中参加基本养老保险制度的比例逐渐上升，中国城镇职工基本养老保险制度的覆盖面在不断扩大，而且扩大基本养老保险覆盖面也是今后中国城镇基本养老保险制度的一个重要任务。2014年度《人力资源和社会保障事业发展统计公报》数据显示，我国基本养老保险制度覆盖率为65%，假设2014年后养老保险覆盖面不断扩大，到2050年最终达到覆盖80%的城镇就业人员。中间年份的覆盖率采用插值法计算得出，之后年份维持80%不变。

基于以上分析，根据人口预测结果，可以估算出未来50年基本养老保险参保职工的数量变动，以及不同人口预测方案下的人口数量变动与基准方案的差异（见表9）

表9　2016~2065年不同方案下我国企业职工参加基本养老保险人数预测

单位：万人

年份	政策不变	政策调整		
		低方案	中方案	高方案
2016	26833	26833	26833	26833
2020	28338	28338	28338	28338
2025	29962	29962	29962	29962
2030	31459	31459	31459	31459
2035	31751	31751	31751	31751
2040	32153	33026	33222	33418
2045	31310	32456	33254	33915

续表

年份	政策不变	政策调整		
		低方案	中方案	高方案
2050	29933	31338	32957	34081
2055	28851	30480	32912	34479
2060	28345	30239	33478	35547
2065	27641	29983	33988	36671

2. 基本养老保险参保退休职工人数的推算

上文分析中提到，由于制度转轨，参保群体中出现“老人”“中人”“新人”三类群体。就本文而言，本文测算的一部分是退休人员的基础养老金，这一部分不论是“老人”“中人”还是“新人”，都是由社会统筹账户支付的，因此在测算未来参保退休职工时可以先对总人数进行测算，然后再根据上文对四类参保职工数量的估算对未来参保职工进行分类。

我国自 1998 年开始正式实施社会统筹与个人账户相结合的基本养老保险制度，规定缴费 15 年以上才能从社会统筹部分领取基础养老金。因此，从理论上讲，最早应该从 2013 年才有人有资格从社会统筹部分领取养老金，但是由于存在制度转轨，国家对在 2013 年以前的退休人员有养老金的制度承诺，这些退休人员拥有从现行养老金制度中索取养老金的权利。因此对于 2013 年以后的养老金领取者人数，可以通过上年度养老金领取者存活人数外加上本年度新增养老金领取者人数估计得到。至于上年度养老金领取者存活人数可以利用上年度的养老金领取者人数和生命表中的存活概率计算得到。

为了勾勒出当年参保总人数、上年参保离退休人数、当年参保离退休人数等多个变动之间的关系，本文通过构建回归模型的方法进行模拟，以期发现这几个变量之间的潜在关系，从而估算每年基本养老保险参保退休职工人数。① 具体操作是以 1998 ~ 2014

① 计算方法参考林宝，2014，《人口老龄化与城镇基本养老保险制度的可持续性》，中国社会科学出版社，第 90 ~ 105 页。

年、2000～2014 年、2003～2014 年三个时段的参保退休职工人数为因变量，以当年退休人口数、当年参保职工数、上年参保的退休人数以及当年新增退休人数等多个变量为自变量，利用统计软件建立回归模型，进行多次模拟，最终发现以当年参保职工总数、上年度退休参保职工总数为自变量对当年退休参保总数进行拟合效果较好，且时间段以 2000～2014 年的拟合效果最好，调整的 R^2 达到了 0.998。最终计算出相关系数，得到回归模型：

$$T_t = 0.041 \times L_t + 0.972 \times T_{t-1} - 165$$

其中 T_t 和 T_{t-1} 分别为当年和上年养老金领取者总数，L_t 为当年养老保险参保职工人数。从模型的系数可以看出，当年养老金领取者人数与上年养老金领取者人数有非常显著的关系，这是因为当年养老金领取者很大一部分是从上年存活下来的。利用该模型拟合的 2003～2014 年的模拟养老金领取者人数和实际人数相差的绝对值基本维持在 1% 以内（见表 10）。

表 10　利用回归模型模拟的 2003～2014 年养老金领取者人数与实际值的差别

单位：万人，%

年份	模拟值（A）	实际值（B）	A－B	A－B/B
2003	3818	3860	－42	－1
2004	4088	4102	－14	－0.34
2005	4359	4367	－8	－0.18
2006	4658	4635	23	0.49
2007	4962	4953	9	0.18
2008	5329	5303	26	0.49
2009	5717	5806	－89	－1.01
2010	6273	6305	－32	－0.5
2011	6847	6826	21	0.3
2012	7411	7445	－34	－0.45
2013	8063	8041	22	0.27
2014	8695	8593	102	1.1

从表10可以看出，通过模型预测的养老金领取者人数与国家公布的实际统计值相对误差较小，基于此可以预测2016～2065年城镇企业职工参保退休人员情况（见表11）。

表11　2016～2065城镇企业职工参保离退休人数预测

单位：万人

年份	参保离退休人数
2016	9625
2020	12286
2025	15358
2030	18127
2035	20490
2040	22455
2045	23950
2050	24897
2055	25444
2060	25814
2065	26040

在生育政策调整背景下，不论何种方案下城镇职工基本养老保险参保离退休人数都是一致的，这是因为本文的预测期是50年，2016年政策调整后多出生的一批人最早要到55年之后方能享受养老金权益，故而不论人口如何变动，在预测期内参保离退休人数不会因生育政策调整而发生变化。

3. 基本养老保险参保职工中四类人群的数量估算

前文的基本假定中已经对当下参保职工中“老人1”“老人2”“中人”“新人”进行了界定。由于我国统计部门和社会保障主管部门并没有公布历年“老人1”“老人2”“中人”“新人”的年龄结构和总量，因此关于离退休人员的估计是养老金测算中的一个难题，大多数关于养老金制度的测算对如何处理这一问题都没有进行详细说明，而这部分人的数量和年龄结构构成对测算基本养老保险制度基金收支问题又至关重要。

那么如何估算这四类参保人口的数量呢？“老人”“中人”的划分是以1997年和2005年的两个文件为依托的，为此本文取2000年第五次全国人口普查数据和2010年第六次全国人口普查数据①中城镇人口的年龄性别构成作为测算“老人”“中人”的分年龄、性别构成基础。由于1998年公布的退休参保职工全部划分为“老人”，参保在职职工数因为还没有“新人”的加入，全部都是“中人”，因此这里首先假设1998年参保退休职工（“老人1”）年龄分布与2000年55岁以上城镇人口（其中男性为60岁及以上的人口，女性为55岁及以上的人口）的年龄分布一致。其次，同样假设1998年参保在职职工的年龄分布与2000年20～59岁城镇人口（其中男性为20～59岁、女性为20～55岁的人口）的年龄分布一致（见图11）。同时结合三类参保人口的年龄区间即可以得到各类参保人口分年龄、性别的数量。“老人2”的数量估算则以2010年年龄结构为基础。最后，通过年龄移算法，利用模型生命表可以计算出下一年度“老人1”“老人2”“中人”以及“新人”的数量，此外，每年还会有新增退休人口以及20岁的人口加入“新人”类别。

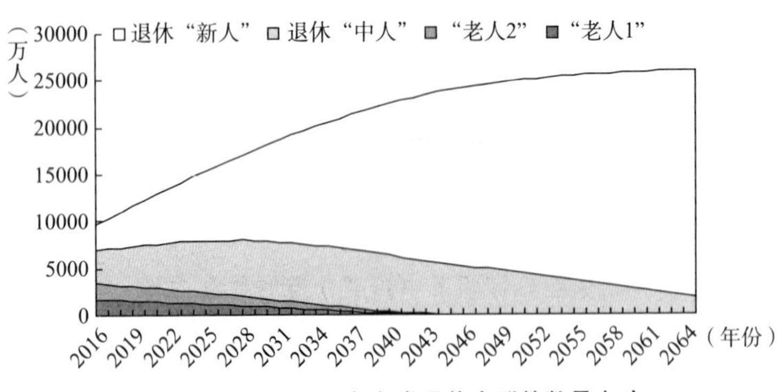

图11　2016～2065年各类退休人群的数量变动

① 之所以分别取2000年第五次人口普查数据和2010年第六次人口普查数据，是因为2000年和2010年距离1998年和2005年比较近，一般认为在较短的时间内，人口年龄结构不会发生较大的变化。

从图 11 我们可以看出未来 50 年四类参保退休人员的数量变动趋势，其中“老人 1”“老人 2”的数量随着时间的推移而不断减少。“老人 1”的数量从 2016 年的 1692 万人逐步减少到 2040 年的 13.1 万人，到 2043 年年底“老人 1”完全消失；“老人 2”的数量从 2016 年的 1700 万人逐步减少到 2045 年的 60 万人，到 2050 年年底“老人 2”完全消失；退休“中人”的数量在 2016 年时为 2684 万人，此后逐年增长，到 2035 年时达到最高峰，为 6323 万人，此后逐年减少，到 2065 年时退休“中人”的数量为 1845 万人；退休“新人”的数量逐年递增，在 2016 年时为 2684 万人，到 2065 年时增加到 24195 万人。参保退休人口总量随着老龄化程度的不断加深也呈现持续增长的态势。

4. 相关参数估计

（1）缴费率

国发〔2005〕38 号文件规定，城镇企业职工基本养老保险制度社会统筹账户的缴费率为 20%。

（2）缴费基数

政策规定基本养老保险的缴费基数应为上年度在岗职工的平均工资，但是实际缴费基数和规定的缴费基数往往存在较大的差距。2013 年，扣除财政补贴后城镇职工基本养老保险基金征缴收入为 19661 亿元，缴费人数为 24117 万人，那么人均缴费为 8132 元，实际缴费基数为 29043 元（8132/28%），而 2012 年在岗职工平均工资为 46769 元，只占上年度缴费工资的 62%。同样，2014 年实际缴费基数占上年度缴费工资的 55%，可见实际缴费基数与政策规定缴费基数相差甚远。刘昌平、徐婷婷的研究也表明我国基本养老保险缴费工资比政府口径公布的社会平均工资低 30% 左右（刘昌平、殷宝明，2011：19 ~ 24）。基于现实分析，本文设定缴费基数为年度社会职工平均工资的 70%。由于 2015 年为本文选定的测算基年，基年的城镇企业在职职工平均工资为 60305 元。（由于 2015 年城镇企业在职职工平均工资在成文时尚未公布，2014 年城镇企业在职职工平均工资为 56360 元，结合 2015 年国内生产总值为 6.9% 的增速，假设 2015 年城镇企业在职职工平均工

资增长率为7%，估算出2015年城镇企业在职职工的平均工资为60305元），那么2015年基年的缴费基数为42213元。

（3）基础养老金目标替代率

国发〔2005〕38号文件规定："职工退休时的基础养老金月标准以当地上年度在岗职工月平均工资和本人指数化月平均缴费工资的平均值为基数，缴费每满1年发给1%。"也就是说退休职工的养老金收益与其在职时缴纳的养老保险年数挂钩。因此结合目前退休年龄，如果男性从20岁开始工作到60岁退休一直缴费，其基础养老金的目标替代率为40%，女性从20岁开始工作到55岁退休一直缴费，则其基础养老金的目标替代率为35%。鉴于一些群体参与工作的年龄可能高于20岁，工作后中途加入制度以及因为失业等原因缴费中断等因素的存在，本文将基础养老金的目标替代率设定为35%，这一标准也是国家主管部门测算新旧制度差异时所采用的。

（4）计发比例

根据政策规定，退休"老人"的基本养老金按国家原来的规定（现收现付制下）发给基本养老金，同时执行基本养老金调整办法，设定"老人"的基础养老金的计发比例为60%（于洪、钟和卿，2009：3~7）；"中人"的基础养老金计发比例由缴费年限确定，过渡性养老金的计发比例取值范围为1.0%~1.4%，本文取平均值为1.2%；"新人"最低缴费年限为15年才能获得基础养老金，且每缴费满一年发给1%，制定规定的最高缴费年限为35年。根据上文对"新人"的界定，第一批退休"新人"统筹账户养老金支出始于2013年，其计发比例为15%，随后逐年增加，到2033年，新退休"新人"的养老金的计发比例达到35%，其后保持不变。

（5）养老金指数化水平

国发〔2005〕38号文件规定："根据职工工资和物价变动等情况，国务院适时调整企业退休人员基本养老金水平，调整幅度为省、自治区、直辖市当地企业在岗职工平均工资年增长率的一定比例。"这说明国家要求养老金的水平随社会平均工资增长率的

一定比例保持动态增长。目前全国大多数地区设定这一比例区间为60%～80%（邓大松、刘昌平，2009：126～130），考虑到未来建立长期稳定调整机制的可能性，本文将这一比例设定为60%。

（6）平均工资增长率

平均工资增长率和国民经济增长速度密切相关，2000年以来，我国职工平均工资的变动趋势基本与国民经济增长趋势保持一致，可见经济增长是人均工资增长的基础（见表12）。

表12　2004～2014年国内生产总值和城镇企业职工平均工资增长率情况

单位：%

年份	2004	2005	2006	2007	2008	2009	2010	2011	2012	2013	2014
GDP增长率	10.1	11.3	12.7	14.2	9.6	9.2	10.6	9.5	7.7	7.7	7.3
平均工资增长率	14	14.3	14.6	18.5	16.9	11.6	13.3	14.4	12.1	10.1	9.5

数据来源：2015年《中国统计年鉴》。

当然，随着我国经济发展进入“新常态”，未来经济发展虽然基本面向好，但是经济增长基本上会呈现减速的特征。中国经济增长前沿课题组通过分析中国的结构调整、城市化进程、人口红利等要素后认为2016～2020年中国经济潜在增长率为5.7%～6.6%，2021～2030年的潜在增长率为5.4%～6.3%（中国经济增长前沿课题组，2012：4～19）。随着经济增长的减速，那么人均工资增长水平也势必会随之下降。故本文假设2035年以前平均工资水平以6%的速度增长，2035～2050年以5%的速度增长。2050年以后，按照国民经济和社会发展规划，到21世纪中叶，我国经济将达到中等发达国家水平，工资增长率按照中等国家人均收入增长水平设定为2.5%（邓大松、刘昌平，2009：130～135）。

（7）利息率

当前养老保险基金结余以银行存款为主，综合历年存款利率水平，假设银行1年定期存款利率为3%。

（三）实证结果与分析

1. 生育政策不变方案（基准方案）下基金收支状况

根据生育政策维持不变方案下的人口预测结果和建立的收支平衡模型测算得出未来50年社会统筹基金的收支变动状况。

从表13可以看出，在基准方案下，2016年到2065年基金养老保险社会统筹基金的收入和支出均呈现上升趋势。就基金收入而言，2016年基金收入为22654亿元，到2065年基金收入将达到212591亿元。从基金总支出来看，支出规模从2016年的25202亿元增加到2065年的216326亿元。具体来看，2016年“老人1”的支出规模为6604亿元，之后逐年减少，2043年以后随着最后一批“老人1”的消失，不再产生该项支出；“老人2”的支出规模从2016年的6635亿元增加到2020年的6843亿元，之后逐年减少，2050年以后也将不再产生该项支出；“中人”的养老金支出包括基础养老金和过渡性养老金，2016年“中人”的养老金支出为8819亿元，之后不断增加，到2047年达到支出高峰，为31689亿元，之后呈现下降趋势，到2065年“中人”的养老金支出规模为15327亿元；2016年“新人”的养老金支出规模为3143亿元，之后呈上升趋势，一直扩大到2065年的200999亿元。

表13 基准方案：社会统筹基金财务运行状况

单位：亿元，%

年份	基金收入	基金支出					年度性缺口	累计缺口	基金率
		“老人1”	“老人2”	“中人”	“新人”	总计			
2016	22654	6604	6635	8819	3143	25202	-2549	-2549	-0.10
2020	30205	6524	6843	12933	8018	34318	-4115	-16462	-0.48
2025	42737	6182	6573	18961	17988	49704	-6969	-45136	-0.91
2030	60049	5328	5469	23852	35134	69783	-9737	-88613	-1.27
2035	81104	3630	3699	28192	58889	94410	-13308	-151163	-1.60
2040	104823	1151	1843	30878	83440	117312	-12490	-215915	-1.84
2045	130277	—	616	31674	111476	143766	-13489	-280456	-1.95

续表

年份	基金收入	基金支出					年度性缺口	累计缺口	基金率
		“老人1”	“老人2”	“中人”	“新人”	总计			
2050	158958	—	11	31342	141596	172949	-13992	-351244	-2.03
2055	173348	—	—	26728	160879	187607	-14259	-425866	-2.27
2060	192686	—	—	23082	180698	203780	-9347	-483660	-2.39
2065	212591	—	—	15327	200999	216326	-3736	-513596	-2.37

在只有征缴收入的情况下（即不考虑财政补贴），2016 年基金收支已经出现缺口，本文称之为“年度性缺口”，随着时间的推移，收支逆差不断扩大，“年度性缺口”的规模也越来越大。缺口规模将从 2016 年的 2549 亿元，扩大到 2051 年的 15967 亿元；就累计缺口而言，随着出现缺口年限的增加，累计缺口的规模也不断扩大。在依靠制度自身消化转轨成本，没有任何财政补贴的情况下，累计缺口将从 2016 年的 2549 亿元，增加到 2065 年的 513596 亿元。此外，如果从“基金率”① 这一指标来衡量统筹基金的支付能力的话，可以看出 2016 年以后，统筹基金的“基金率”持续走低，2016 年“基金率”为 -0.1，到 2065 年将下降到 -2.37。可见统筹基金支付能力不断下降，制度负债不断加重，面临巨大的支付压力。

2. 生育政策调整后生育率“低方案”下基金收支状况

“全面二孩”政策调整对城镇企业职工基本养老保险社会统筹基金财务状况的影响主要从以下几个指标体现：缴费人数、基金收入、基金支出、收支差额、累计收支差额、年度性缺口、累计缺口和基金率的变化幅度等。

低方案下社会统筹基金的收入水平从 2035 年开始增加，到 2065 年“年度性缺口”和累计缺口均有一定程度的减少。从人口变动角度进行分析，是因为生育政策调整的“滞后效应”使得

① 基金率是指年初基金累计余额与当年支出额度之比，基金率越高，表明年初基金的支付能力越强。

2016年出生的第一批“全面二孩”要等到20年之后才能进入养老保险系统。故而到2035年，基本养老保险缴费人口才开始在原有的基础上有一定的增加。这一时期相对于基准方案，年轻人口数量得到一定程度的增长，人口结构得到了初步优化，从而使得社会统筹基金收入自2035年后较基准方案将增加0.37%~8.47%。同时由于基金收入的单向增加（预测期内退休人口数量并没有发生变化，因此统筹基金的支出金额不变），从而使得统筹基金的“年度性缺口”和累计缺口都发生了变化。2016~2065年统筹基金的“年度性缺口”较基准方案将下降2.35%~482.12%，累计缺口较基准方案也将下降0.19%~46.51%。此外，随着“全面二孩”不断进入劳动力市场，从2059年开始社会统筹基金当期收入大于当期支出，之后每年都略有结余。

从“基金率”角度来看，低方案相对于基准方案，从2036年起基金率将开始提高0.03个百分点，之后持续提高，到2065年基金率将提高1.104个百分点，这表明社会统筹基金的财务支付能力得到了提高，支付危机得到了部分缓解（见表14）。

表14 低方案：社会统筹基金财务运行状况及相比基准方案变化幅度

单位：亿元，%

年份	财务状况					影响幅度			
	基金收入	基金支出	年度收支差额	累计收支差额	基金率	收入	“年度性缺口”	累计缺口	基金率
2016	22654	25203	-2549	-2549	-0.10	0.00	0.00	0.00	0.00
2020	30205	34320	-4115	-16462	-0.48	0.00	0.00	0.00	0.00
2025	42737	49706	-6969	-45136	-0.91	0.00	0.00	0.00	0.00
2030	60049	69786	-9737	-88613	-1.27	0.00	0.00	0.00	0.00
2035	81104	94412	-13308	-151163	-1.60	0.00	0.00	0.00	0.00
2040	107671	117313	-9642	-208862	-1.78	2.72	-22.80	-3.27	0.060
2045	135047	143766	-8719	-253651	-1.76	3.66	-35.36	-9.56	0.186
2050	166418	172950	-6532	-292891	-1.69	4.69	-53.32	-16.61	0.337

续表

年份	财务状况					影响幅度			
	基金收入	基金支出	年度收支差额	累计收支差额	基金率	收入	“年度性缺口”	累计缺口	基金率
2055	183132	187607	-4475	-323418	-1.72	5.64	-68.62	-24.06	0.546
2060	205558	202033	3525	-323539	-1.60	6.68	-137.71	-33.11	0.793
2065	230603	216327	14276	-274705	-1.27	8.47	-482.12	-46.51	1.104

3. 生育政策调整后生育率“中方案”下基金收支状况

生育率中方案下，基本养老保险统筹基金财务收支状况有很大程度上的改善。

第一，从社会统筹基金收入方面来看，自 2035 年后生育政策调整“中方案”下基金收入较基准方案提高了 0.46% ~22.96%，这使得统筹基金收入的年均增长率达到 5.02%，同期基金支出的年均增长率是 4.3%。2065 年统筹基金收入将达到 261404 亿元，而同期生育政策不变方案下统筹基金收入为 212591 亿元。

第二，统筹基金“年度性缺口”和累积缺口相对减少。统筹基金收入的变化幅度大于支出的变化幅度，使得统筹基金的“年度性缺口”和累计缺口都显著减少。2036 ~2065 年统筹基金的“年度性缺口”较基准方案下降了 2.96% ~1306.56%，累计缺口也较基准方案下降了 0.24% ~111.62%。同时，从 2050 年开始，统筹基金收支相抵之后将开始出现结余，年度收不抵支的局面开始消解，2050 年以后年度结余规模将越来越大。从 2064 年开始社会统筹基金的累计缺口将得到完全“填补”，累计负债依靠制度自身得到消化，到 2065 年统筹基金累计余额将达到 59682 亿元。

第三，从“基金率”角度来看，相对于基准方案，从 2036 年起基金率将提高 0.004 个百分点，之后持续提高，到 2065 年基金率将提高 2.650 个百分点，到 2065 年基金率仅为 -0.62%，这表明社会统筹基金的财务支付能力得到了明显提高，财务状况得到明显改善，支付危机得到了有效缓解（见表 15）。

表15　中方案：社会统筹基金财务运行状况及相比基准方案变化幅度

单位：亿元，%

年份	财务状况					影响幅度			
	基金收入	基金支出	年度收支差额	累计收支差额	基金率	收入	“年度性缺口”	累计缺口	基金率
2016	22654	25203	-2549	-2549	-0.10	0.00	0.00	0.00	0.00
2020	30205	34320	-4115	-16462	-0.48	0.00	0.00	0.00	0.00
2025	42737	49706	-6969	-45136	-0.91	0.00	0.00	0.00	0.00
2030	60049	69786	-9737	-88613	-1.27	0.00	0.00	0.00	0.00
2035	81104	94412	-13308	-151163	-1.60	0.00	0.00	0.00	0.00
2040	108310	117313	-9003	-207256	-1.77	3.33	-27.92	-4.01	0.074
2045	138367	143766	-5399	-241700	-1.68	6.21	-59.97	-13.82	0.270
2050	175019	172950	2069	-249620	-1.44	10.10	-114.79	-28.93	0.588
2055	197744	187607	10137	-219592	-1.17	14.07	-171.09	-48.44	1.100
2060	227580	202033	25547	-124989	-0.62	18.11	-373.32	-74.16	1.775
2065	261404	216327	45077	59682	0.28	22.96	-1306.56	-111.62	2.650

4. 生育政策调整后生育率“高方案”下基金收支状况

在预测期内，城镇职工基本养老保险社会统筹基金的基金收入显著大幅增长，基金年度收支差额由巨额赤字逐步到巨额结余，累计收支差额由巨额缺口逐步增加到较大的累计余额，基金率也有大幅度的提高，财务整体状况大为好转。相比生育政策不调整，“全面二孩”政策高方案下的基本养老保险社会统筹基金的财务各项指标均有很大程度的改善。

第一，社会统筹基金收入显著提高。由于生育水平显著提高，人口结构得到明显优化，自2035年后生育政策调整高方案下基金收入大幅提高，2036年统筹基金收入为85896亿元，到2065年统筹基金收入将达到282042亿元，而同期生育政策不变方案下统筹基金收入分别为98747亿元和216327亿元，同比提高了0.56%和32.67%。

第二，“年度性缺口”逐渐消解，累计缺口得到“填补”。2035

年以后，随着众多“全面二孩”进入养老保险系统，缴费人口大幅增加使得统筹基金的财务收支状况大为好转。2036～2065 年统筹基金的年度性缺口较基准方案缩小 3.56%～1858.97%，累计缺口较基准方案下也下降了 0.53%～155.11%。同时，从 2047 年开始，统筹基金收支相抵之后开始出现结余，年度收不抵支的局面开始消解，2047 年以后年度结余规模越来越大。从 2060 年开始社会统筹基金的累计缺口将得到完全“填补”，累计负债依靠制度自身得到消化，到 2065 年统筹基金累计余额将达到 283066 亿元。

第三，从“基金率”角度来看，相对于生育政策不变方案，从 2036 年起基金率将提高 0.009 个百分点，之后持续提高，到 2065 年基金率将提高 3.689 个百分点，并且从 2064 年开始基金率开始“转负为正”这表明社会统筹基金的财务支付能力得到了显著提高，财务状况得到显著改善，支付危机得到了显著缓解（见表 16）。

表 16　高方案：社会统筹基金财务运行状况及相比基准方案变化幅度

单位：亿元，%

年份	财务状况					影响幅度			
	基金收入	基金支出	年度收支差额	累计收支差额	基金率	收入	“年度性缺口”	累计缺口	基金率
2016	22654	25203	-2549	-2549	-0.09	0.00	0.00	0.00	0.00
2020	30205	34320	-4115	-16057	-0.47	0.00	0.00	0.00	0.00
2025	42737	49706	-6969	-44731	-0.90	0.00	0.00	0.00	0.00
2030	60049	69786	-9737	-88208	-1.26	0.00	0.00	0.00	0.00
2035	81104	94412	-13308	-150758	-1.60	0.00	0.00	0.00	0.00
2040	108949	117313	-8364	-205252	-1.75	3.94	-33.03	-4.94	0.091
2045	141117	143766	-2649	-230535	-1.60	8.32	-80.36	-17.80	0.347
2050	180983	172950	8033	-215591	-1.25	13.86	-157.41	-38.62	0.784
2055	207160	187607	19553	-145730	-0.78	19.51	-237.13	-65.78	1.493
2060	241642	202033	39609	9264	0.05	25.41	-523.76	-101.92	2.440
2065	282042	216327	65715	283066	1.31	32.67	-1858.97	-155.11	3.683

5. 生育政策调整不同方案对基本养老保险基金影响差异的分析

从图12可以看出生育政策调整低、中、高三个方案相对于政策未调整方案（基准方案）对社会统筹基金财务状况的影响幅度存在显著的差异。

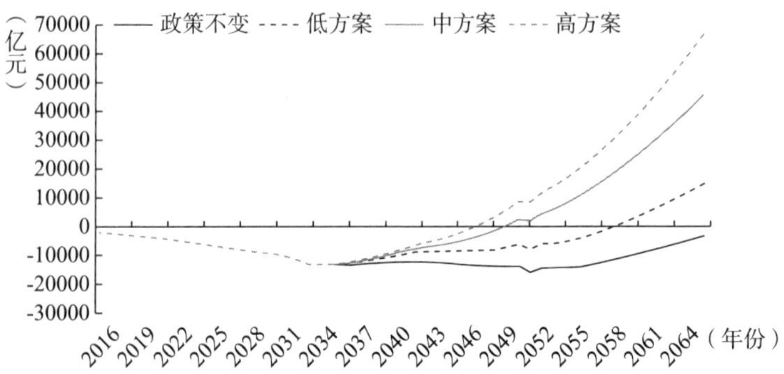

图12　基准方案与生育政策调整三种方案下基金年度收支差额变动趋势

第一，政策调整三个方案相对于基准方案下基金收入增长幅度显著不同。如图13所示，从2035年以后，生育政策调整低、中、高三个方案下的基金收入高于基准方案下的基金收入。从基金收入的变化幅度来看，低方案下基金收入比基准方案增加了0.37%～8.47%，中方案下基金收入比基准方案增加了0.46%～22.96%，高方案下基金收入比基准方案增加了0.56%～32.67%。

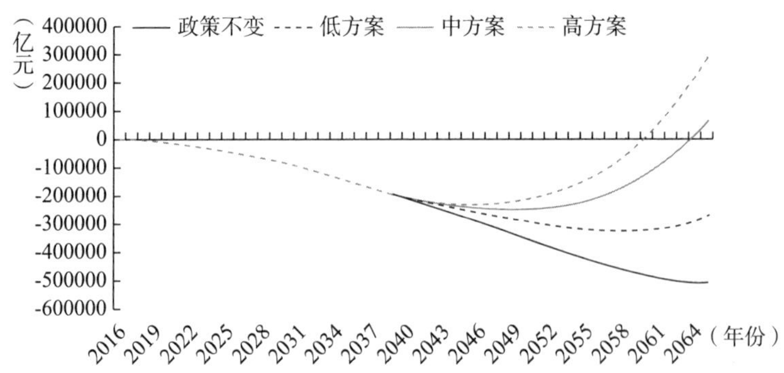

图13　基准方案与生育政策调整三种方案下基金累计收支差额变动趋势

第二，政策调整三个方案相对于基准方案下基金年度收支余额的影响显著不同。基准方案在预测期内收支一直存在缺口，低方案下从2059年开始出现年度收支结余，中方案下为2050年，高方案下为2047年；不同方案下年度收支余额相对于基准方案的变动幅度明显不同。此外，从“年度性缺口”方面来看，低方案下，年度收支赤字比基准方案减少了2.35% ~482.12%，中方案下年度收支赤字比基准方案减少了2.96% ~1306.5%，高方案下年度收支赤字比基准方案减少了3.56% ~1898.5%。

第三，政策调整三个方案相对于基准方案下基金累计收支余额的影响显著不同（见图14）。首先，不同方案下累计收支出现结余的时点显著不同。基准方案和低方案在预测期内未实现累计结余。中方案下在2064年还清制度负债，出现累计结余，高方案下为2060年。其次，不同方案下年度累计收支余额相对于基准方案的变动幅度明显不同。低方案下，累计收支赤字比基准方案减少了0.19% ~46.51%，中方案下，累计收支赤字比基准方案减少了0.24% ~111.6%，高方案下，累计收支赤字比基准方案减少了0.53% ~155.1%。

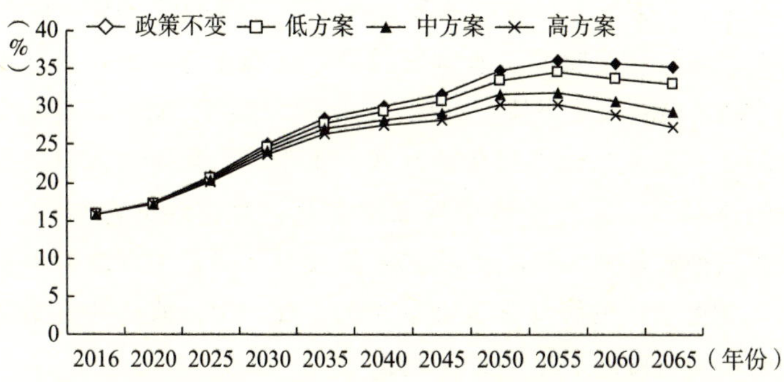

图14　基准方案与生育政策调整三种方案下未来老龄化水平

预测结果表明政策调整不同方案下对基本养老保险社会统筹基金财务状况的影响存在显著差异（见表17），那么造成这种差异的内在机理是什么呢？

表 17　生育政策调整个方案下基金财务状况相对基准方案变化幅度

单位：年，%

方案	年度收支结余时点	累计收支结余时点	变化幅度		
			基金收入	年度收支缺口	累计收支缺口
基准案	–	–	0	0	0
低方案	2059	–	[0.37,8.47]	[-2.35,-482.12]	[-0.19,-46.51]
中方案	2050	2064	[0.46,22.96]	[-2.96,-1306.5]	[-0.24,-111.6]
高方案	2047	2060	[0.56,32.67]	[-3.56,-1898.5]	[-0.53,-155.1]

注："–"表示此方案下没有出现结余时点。

在这个问题之前的理论分析中曾经推导出人口结构和缴费率的关系，得出公式：

$$S_t = \frac{P_{0,t}}{P_{1,t}} \cdot \frac{\mu_{0,t}}{\beta_{1,t}} \cdot \frac{\beta_{0,t}}{\beta_{1,t}} \cdot \frac{\overline{V_t}}{\overline{W_t}}$$

从公式中我们可以直观地看出人口年龄结构变化通过影响抚养比从而影响制度赡养率（抑或说退职比）[①] 进而会影响到养老金制度的可持续性。下面从未来老龄化水平、抚养比、制度赡养率等角度加以分析。

首先，从人口老龄化水平变动来看，生育政策调整后人口老龄化进程相较于生育政策未调整得到一定程度的缓解，人口老龄化率出现不同程度的下降。如图 14 所示，基准方案也就是生育政策未调整方案下人口老龄化速度快、水平高，高峰时人口老龄化水平超过 35%，人口年龄结构极度老化；生育政策调整后，低、中、高三种方案的人口老龄化水平都相对下降，生育政策调整对人口老龄化进程的缓解是显而易见的，高、中、低三种方案下人口年龄结构均得到不同程度的优化。

其次，从老年抚养比角度来看，生育政策调整后老年抚养比相较于基准方案出现一定程度的下降，劳动力供养负担相对减轻。如图 15 所示，基准方案下，老年抚养比持续走高，2055 年达到高

① 是指城镇职工基本养老保险制度内缴费人数和领取养老金的人数之比，一般称为制度赡养率。

峰，为 69.63%。相比之下，生育政策调整后随着第一批“全面二孩”进入劳动年龄，从 2030 年开始，低、中、高三种方案老年抚养比都不同程度地减少。同样是 2055 年高峰期时，低、中、高三种方案的老年抚养比分别为 65.99%、60.57%、57.53%，相比政策不调整方案分别下降了 3.64%、9.06%、12.1%。老年抚养比的下降也意味着制度赡养率的下降。

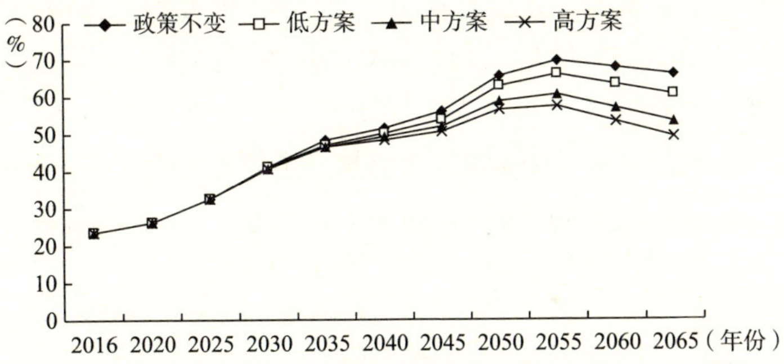

图 15　基准方案和生育政策调整三种方案下未来老年抚养比变动趋势

最后，从制度赡养率角度来看，生育政策调整后制度赡养率抑或说退职比相对于基准方案明显下降，在职职工供养退职职工的负担得到缓解。

第一，基准方案下参保在职职工人数呈现先上升后减少的趋势（见图 16），2016 年参保在职职工人数为 26833 万人，之后逐步上升到 2040 年的峰值，为 32153 万人，随后逐年减少，到 2065 年降至 27641 万人。与此同时，参保退休人口始终呈现快速增加的态势，从 2016 年的 9625 万人，逐年增加到 2065 年的 26040 万人。制度赡养率从 2016 年的 35.87% 上升到 2065 年的 94.2%（见图 17），可见在制度赡养率提高了近 3 倍的情况下，职工基本养老保险制度将面临巨大的支付压力。

第二，从图 16 和图 17 可以看出，生育政策调整后，以 2035 年为节点，参保在职职工人数开始不同程度地增加，制度赡养率开始不同程度地下降。低方案下，2016 年参保在职职工为 26833 万人，之后人数也是先增加后下降，但是相对于基准方案，在职参保职工从 2035 年以后开始增加，到 2065 年为 29983 万人，比同期基准方案多 2342 万人。制度赡养率从 2016 年的 35.87% 上升到 2065 年的 86.84%，比同期基准方案降低了 5.16 个百分点。中方案下，2016 年参保在职职工为 26833 万人，之后呈不断上升的趋势，到 2065 年增加到 33988 万人，制度赡养率从 2016 年的 35.87% 增加到 2065 年的 76.7%，比同期基准方案降低了 17.5 个百分点。高方案下，在职参保人口自 2035 年以后迅速增加，到 2065 年达到 36671 万人，制度赡养率从 2016 年的 35.87% 上升到 2054 年的高峰 73.82%，之后开始下降，到 2065 年为 71%，比同期基准方案低 23.2 个百分点，制度赡养率显著下降。

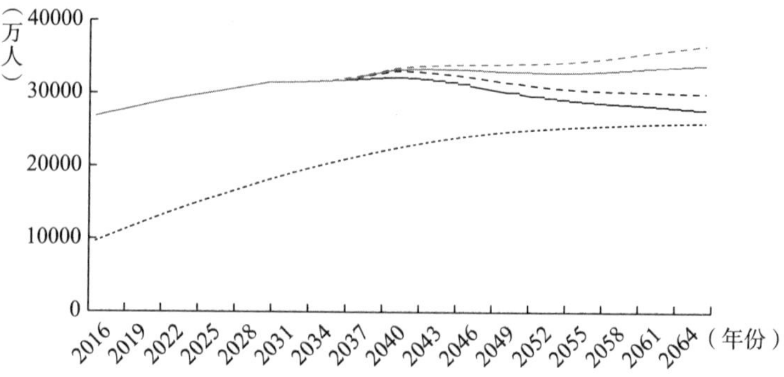

图 16　不同方案下参保在职职工数和参保离退休人数变动趋势

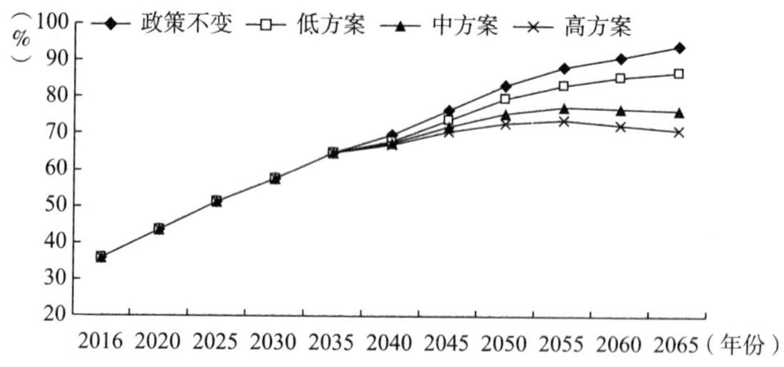

图 17　基准方案和生育政策调整三种方案下未来制度赡养率变动趋势

6. 生育政策调整带来的降低社会统筹账户缴费率可能性分析

1997 年后，城镇企业职工基本养老保险制度从现收现付制正式转向社会统筹与个人账户制，转轨中产生了大额转轨成本，理论上这部分成本应该由政府承担，但是在制度设计中并没有采取专门方式进行处理，而是希望通过制度自身消化，因此这部分成本无形中就传递给企业，通过加大企业统筹费率的方式加以解决，这也是我国企业高额缴费率的一个重要原因。相比 OECD 国家企业公共养老金缴费率，我国企业承担了偏高的缴费率（见表 18）。

表 18　部分 OECD 国家公共养老金企业缴费率

单位：%

美国	德国	法国	日本	瑞典	沙特阿拉伯	比利时
6.2	9.8	9.9	8.4	11.4	9	8.9

资料来源：根据 OECD 及各国官方网站整理。

2013 年党的十八届三中全会在《中共中央关于全面深化改革若干重大问题的决定》中指出要适时适当降低企业的社会保险费率。但是国家一方面意识到企业反映缴费水平太高，另一方面又担心降低缴费水平会影响当期的收入。那么在生育政策调整全面放开二孩生育之后，基本养老保险基金财务状况得到好转的情况下，在维持预测期间财务收支平衡的前提下，是否能够在合适的时间降低一定幅度的缴费率呢？这个需要推算出预测期内维持基金收支平衡的“最优缴费率”。

在本文的测算中，生育政策调整中方案和高方案下社会统筹基金收支实现了较大的累计结余资金，从而具有了降低缴费率的客观条件。

具体来看，中方案下从 2050 年开始实现了年度收支结余，但是前期巨量的“制度负债”导致的累计缺口需要偿付，直到 2064 年才能将“累计缺口”逐渐偿付，出现累计收支结余，这时才具备降低缴费率的条件。2064 年到 2065 年累计余额为 59682 亿元。假设从 2064 年开始降低缴费率，维持预测内的收支平衡，企业需要 18.58% 的缴费率就能维持基金收支平衡。高方案下，从 2047

年开始出现收支年度结余，到2060年还清累计负债后开始出现累计余额。同样如果假定从2060年开始降低缴费率，那么企业只需要17.45%的缴费率就可以维持剩余预测期间内的资金收支平衡。

五　结论与讨论

（一）研究结论

在“全面二孩”政策调整的背景下，本文通过运用人口年龄移算法和队列要素法，利用人口普查数据和历年统计公报数据，对我国未来人口变动趋势进行了预测，并在人口预测的基础上推算出未来城镇企业职工参保人数和退休人数。基于未来人口变动状况构建城镇职工基本养老保险基金社会统筹账户收支精算模型，综合考虑了制度转轨、劳动就业、工资增长、养老金待遇等社会经济因素，预测了未来50年不同人口状况下基本养老保险基金社会统筹账户的收支平衡状况，剥离出了“全面二孩”政策调整下人口变动对社会统筹账户财务状况的不同影响，得出的主要结论如下。

1．“全面二孩”政策可以有效缓解人口老龄化

“全面二孩”政策调整的重要目标之一是有效应对人口老龄化，预测结果表明相对于基准方案，生育政策调整低、中、高三个方案下人口老龄化水平均有一定程度的下降。2016～2065年低方案、中方案和高方案下人口老龄化水平相比基准方案的下降区间分别为0.04%～2.2%、0.05%～5.96%和0.06%～8.12%。生育水平回升的幅度越大，对人口老龄化进程的影响越大。同时随着大量新生人口进入人口系统，对整个人口年龄结构的影响是非常明显的，不同方案下少儿人口比重和劳动力人口比重均有一定程度的回升，人口年龄结构老化的态势得到一定程度的扭转，人口年龄结构得到优化。这也回应了既有研究认为在死亡率高度稳定在低水平以及预期寿命达到一定高度的基础上，提高生育率水平成为调节人口老龄化的决定性因素（原新，2015：18～20）。同时这也是人口抚养比和制度赡养率下降的人口基础，同样也为缓解城镇职工基本养老保险基金的支付压力奠定了人口基础。

2. 维持现行生育政策不变情况下，人口老龄化危机会对职工基本养老保险基金的可持续运行提出严重挑战

从资金运行模拟运算结果来看，如果维持现行生育政策不变，随着未来人口老龄化的深度发展，制度赡养率的不断提高，城镇职工基本养老保险社会统筹账户收支逆差日益凸显，“年度性缺口”逐年扩大，累计基金缺口迅猛增长，基金率水平逐年下降，基本养老保险体系偿付能力的可持续性面临巨大的压力。在老龄化水平高峰期的2050年前后，社会统筹基金的“年度性缺口”有近1.6万亿元。到预测期末，社会统筹基金的累计缺口有近51万亿元，基本养老保险制度面临巨大的“制度负债”，在没有任何外生财务“输血”的情况下，未来我国社会统筹基金支付将会出现巨大的危机，基本养老保险财务可持续性面临严重挑战。

3. “全面二孩”政策实施能够改善社会统筹基金财务收支状况

第一，生育政策调整低方案下社会统筹基金财务状况得到有效改善。社会统筹基金收入相对基准方案提高了0.37%～8.47%；社会统筹基金“年度性缺口”较相对基准方案减少了2.35%～482.12%，累计缺口相对基准方案也减少了0.19%～46.51%；基金率相对基准方案提高了0.004～1.104个百分点；同时从2059年开始社会统筹基金当期收入开始大于当期支出，社会统筹基金的财务支付能力得到了提高，支付危机得到了部分缓解。

第二，生育政策调整中方案下社会统筹基金财务状况得到明显改善。社会统筹基金收入相对基准方案提高了0.46%～22.96%；社会统筹基金“年度性缺口”相对基准方案减少了2.96%～1306.5%，基金累计缺口相对基准方案也减少了0.24%～111.6%，从2050年开始，统筹基金收支相抵之后开始出现结余，从2064年开始基金的累计缺口得到完全“填补”，累计负债依靠制度自身得到消化，到2065年统筹基金累计余额约6万亿元。基金率相对基准方案提高了0.004～2.650个百分点，2064年基金率开始“转负为正”，社会统筹基金的财务支付能力得到了明显提高，预测期内支付危机得到了有效缓解。

第三，生育政策调整高方案下社会统筹基金财务状况得到显著改善。社会统筹基金收入相对基准方案提高了 0.56% ~32.67%；“年度性缺口”相对于基准方案减少了 3.56% ~1898.5%，累计缺口较基准方案下也减少了 0.53% ~155.1%。同时，从 2047 年开始，统筹基金开始出现结余，从 2060 年开始累计缺口得到完全“填补”，到 2065 年统筹基金累计余额约 28 万亿元。基金率相对基准方案提高了 0.009 ~3.683 个百分点，从 2060 年基金率开始“转负为正”，社会统筹基金的财务支付能力得到了显著提高，财务状况得到明显改善。

4. 人口老龄化社会下提高生育水平是应对现收现付制养老金制度支付危机的有效手段

现收现付制养老金制度强调的是一定时期内的收支平衡，作为财富的代际转移，当生育率下降到较低水平时，现收现付制的养老金系统支付能力就会减弱，有效运转的前提是相对稳定、年轻的人口年龄结构。如果生育水平持续下降，引起老年抚养比上升、劳动人口年龄结构老化，在这种情况下必须通过相应地提高缴费率才能实现基础养老金在测算期内的收支平衡。如果缴费率不能相应提高，那么只能提高生育水平。正如本文的实证研究结果所表明的：养老金的收入与孩子数量有密切关系，孩子数量越多，将来从他们身上征收的税收越多，养老金就越充足，这就是所谓的“代际转移效应”。而生育率的回升将会增加缴费的基础人数，从而逐渐提高现收现付制养老金系统的财政偿付能力，这一点是根本性的举措，是单纯降低替代率抑或提高工资增长率所不能比拟的。

5. 生育政策调整一定程度上有助于降低缴费率水平

生育政策调整对缴费率水平产生一定的影响，在维持基金阶段平衡的基础上，前文的测算结果表明，在一定时点之后，我国城镇基本养老保险制度存在一定的降低缴费率的空间。生育政策调整后，如果总和生育率回升到 1.9% 的水平，到 2064 年可以降低企业社会统筹账户缴费率，届时保持 18.58% 缴费水平就也可以保持资金收支平衡；如果总和生育率回升到 2.1% 的水平，那么从 2060 年开始就可以降低社会统筹账户缴费率，届时只需保持 17.45% 的缴费水平就可以保持资金收支平衡。

6. 生育水平变动对养老金收支的影响具有滞后性

生育水平的提高，使得出生人口和缴费人口增加，进而使得人口年龄结构变得相对年轻和基本养老保险基金的收入增加，从而有助于改善养老保险基金的财务收支状况；反之亦然。因此，生育水平变动会对养老金收支产生一定的影响。然而，由于人口再生产规律的制约，生育政策调整对养老金的作用具有一定的“滞后效应”。这是因为生育水平变动首先影响新生人口的数量，而只有当生育政策调整后出生的人口到达劳动年龄、进入养老保险系统后，对养老保险基金的影响才能逐渐显现。也可以说人口生育节奏和人口结构变化具有长期性和周期性，生育政策调整的效果不可能“立竿见影”。这也启示我们对人口系统的调整要具有前瞻性，要为长远的人口结构优化留有余地。

（二）延伸性讨论

1. 生育政策调整对养老金影响的强度取决于育龄妇女对政策调整的响应程度

任何公共政策效用的发挥都是建立在目标群体互动基础之上的，生育政策调整的目标效用能否实现也同样如此。本文的“核心假设”是生育政策调整背景下，“全面二孩”政策实施对生育水平的变动具有积极的正向影响。因为生育政策调整的潜在含义就是希望群众能够进行“生育响应”，多生孩子，从而使生育水平有所回升。在我国，尽管生育政策对人们生育行为的约束是有力的，但长期的计划生育政策以及社会经济发展综合作用下人们的生育意愿也发生了明显变化。尤其是生育主体——受到生活与工作双重挤压的现代妇女，其生育意愿较低已经是一个基本国情（陈友华、苗国，2015：48～53）。正是随着城市化进程和工作生活节奏的加快，照料子女和家务负担对妇女就业和职业发展都产生了较大的负面影响下，育龄妇女在生育一孩之后，是否再生育二孩的家庭决策变得非常慎重。

本文的实证结果表明生育水平回升的程度越高，政策调整对基本养老保险基金的影响效应越强。然而生育水平的回升程度却取决于育龄妇女对生育政策调整的响应程度。也就是说未来人口老龄化进程究竟能否得到缓解，进而使得城镇职工基本养老保险财务的长期可持续偿付能力得到加强，主要取决于“全面二孩”政策的实施效果。

那么影响“全面二孩”政策政策效果抑或说影响育龄妇女生育响应程度的主要因素是什么呢？

首先，生育主体的生育意愿和生育行为。一般认为通过生育意愿可以窥见人们的生育数量，进而预见生育水平的变化，因为人们生育意愿转化为生育行为，又由一个个人的生育行为聚集成一个人口的生育水平（顾宝昌，2011：43～60）。既有研究表明，目前我国的意愿生育水平在1.82～1.88，平均意愿生育水平为1.86（王军、王广州，2016：5～17）。[①] 然而，由于实际的生育行为往往和生育意愿存在一定的偏差，人们的终身生育水平可能远远达不到意愿生育水平，出现所谓的“育龄妇女理想子女数＞意愿子女数＞实际生育数”的三重背离现象（马小红、顾宝昌，2015：20～27）。当然，中国的生育行为与生育政策存在密切的关联，生育政策的调整有可能改变育龄人群的生育意愿和终身生育行为。如果生育主体的生育意愿较高，实际生育行为比较贴合生育意愿，那么生育水平就有可能得到提高。

其次，政府实施“全面二孩”政策的执行力度。随着接连的生育政策调整，政府对人们生育控制逐渐放开，并且期待人们能够按照政策生育二孩，从而实现缓解人口老龄化，优化人口结构的政策目标。但是生育主体的生育行为除了受到主观生育意愿的约束之外，还受到客观社会经济环境的制约。当下育龄群体普遍面临生育孩子的成本太高、“想生而不敢生、生不

① 这也符合先前多次生育意愿调查的结果，详见前文。

起”的困境。这是因为目前随着城市化进程的快速发展，社会生活节奏和成本的提高，生养小孩的经济成本、时间成本和机会成本越来越高。

既然政府和社会对孩子的公共效用的期待也越来越高，那么政府应该出台、完善相关的公共配套措施，减少人们生育孩子的后顾之忧。在当下弱生育意愿、高生育成本、精抚养模式的背景下，政府要切实注重家庭发展能力的提升，着力使生育成本外部化，同时将社会的福利政策家庭化，真正减轻人们的生育成本，提高生育的积极性和整体生育水平，进而促进人口的长期均衡与可持续发展。

2. 统筹基金收支缺口峰值阶段的政策应对

研究结果表明，各预测方案下养老金收支都有一个“缺口期”，而且不同方案下基金缺口都在一定时点上达到峰值。基准方案下，在整个预测期内都存在累计缺口，而且随着时间的推移，累计缺口的规模逐渐扩大，并在 2065 年时达到约 51 万亿元的峰值。“全面二孩”政策调整后不同生育率方案下，一定程度上缩短了“缺口期”，并且缺口峰值的规模均出现不同程度的缩小。政策调整生育率低方案、中方案和高方案下分别在 2055 年、2049 年、和 2045 年出现峰值，峰值规模分别约为 32 万亿元、25 万亿元和 23 万亿元。可见，政策调整对养老金作用的滞后性以及庞大的缺口基数，使得“缺口期”长时间存在，即使是高方案下最早在 2060 年也才能完全“填补”累计缺口。基本养老保险制度的有效运行，是保障社会稳定的重要“安全阀”，而长期的、巨大的制度负债将对基本养老保险制度财务的长期可持续性造成严重的挑战，需要国家“未雨绸缪”，提前应对。

尽管“缺口期”的应对不是本文的研究关注点，但是本文的研究结果对未来不同的人口状况下应对养老金支付危机的政策干预具有一定的启示意义。“缺口期”的长时间存在以及庞大的缺口规模，迫切要求国家为此提前进行财政准备。所以，基于未来“缺口期”的变动以及基金缺口峰值年份和规模的变动，国家可以提前筹划财政干预措施，诸如通过加大财政支持力度和储备力度、划拨国有资产、做大全国社会保障基金、发放转轨成本认购债券、研究制定征收社会保障税等方式，科学制定2016～2050年的政府干预规划，从而妥善应对未来的基金支付危机。

3. 延迟退休政策实施与生育政策调整并行的影响探讨

本文的研究是在控制其他变量的基础之上，考察生育政策调整对基本养老保险基金的影响。但是在实践过程中，相关政策可能是“并行推进”的。2013年党的十八届三中全会通过的《中共中央关于全面深化改革若干重大问题的决定》中提出“研究制定渐进式延迟退休年龄政策”。其实，伴随着生育率水平长期持续下降和人口预期寿命的不断延长，在人口老龄化水平不断提高的情况下，推迟法定退休年龄成为中国社会经济发展的必然选择。在延迟退休年龄已经“既成事实”的情况下，本文却并没有考虑延迟退休年龄的政策影响。

之所以这样考虑，首先是基于当前我国对延迟退休年龄的政策设计并没有一个明确的方案。而这主要又是因为，延迟退休对政府而言是增收减支，但对个人而言则会减少养老金的获取量，同时延迟退休与年轻劳动力就业的矛盾也是十分突出的，所以社会各界在政策设计上难以形成有效的共识（姚远，2011：27～44）。此外，渐进式延迟退休在理论上主要以月为单位逐步推迟，这就使得方案设计本身具有一定的复杂性。

其次，虽然本文没有考虑延迟退休年龄对基本养老保险基金的政策效应，但是即使延迟退休政策真正推行，对本文的研究结论也没有影响。因为本文主要是基于比较的角度来考察“全面二孩”政策实施对基本养老保险基金的影响效应。文章在具体操作中通过设定两类政策方案进行考察：一类是生育政策未调整方案，一类是生育政策调整方案，进而从比较的角度考察政策调整对养老金收支的影响效应。即使延迟退休政策实施，其只是通过改变人口系统内部老、中、青的人群划分而降低老龄化水平，进而降低系统内抚养比。而生育政策调整则是通过提高生育水平，增加少儿人口供给，缓解人口老龄化进程，进而降低系统内抚养比。故而即使推行延迟退休政策也只是改变不同时期养老金收支水平，对生育政策调整在养老金收支的“净效应”不会造成干扰。

（三）本研究结论的政策含义

1. 完善“全面二孩”政策实施配套措施

为有效促进政策调整后生育水平的回升，政府应完善政策实施的配套措施。首先，生育审批方面，“全面二孩”政策实施后，计划生育管理部门应从“控制人口数量”向“倡导按政策生育”转变，为生育两个孩子的夫妇提供方便，生育一孩和二孩的情况应取消审批，要简化各种审批登记程序，实行申报登记制度；其次，生殖服务方面，整合出生、免疫、就医等方面医疗服务，切实保障孕产妇安全，提高出生人口素质；再次，切实从教育、医疗、工作等方面调整改善公共服务，降低群众生育成本。总之要从限制家庭到发展家庭，“国之本在家，家之本在人，人之本在育”，将家庭的生育成本外部化，进而将社会的福利政策家庭化。

2. 扩大城镇职工基本养老保险制度的覆盖范围

社会统筹账户现收现付的筹资模式最大的特点就是实现代际收入再分配，扩大制度覆盖面能够有效地增强制度的调剂互补和消解老龄化所带来的养老金支付压力。本研究的测算过程表明制度覆盖面的大小对基金缺口的影响很大。本文参数假定制度覆盖面持续扩展到城镇从业人口的80%，如果在预测期末制度覆盖面扩展到100%，那么基本养老保险基金的财务支付能力可以显著增强。

目前城镇职工基本养老保险制度的覆盖面仅为65%，尤其是在2035年“全面二孩”政策调整发挥作用之前，制度覆盖面还有很大的提升空间。中国城镇职工基本养老保险覆盖面扩大的重点在于提高非正式部门就业人员的参保率，特别是提高广大进城务工人员的参保率。[①] 如果政府多措并举加强对个体、私营企业的养

---

① 国家统计局2013年全国农民工监测调查报告显示，外出农民工参加养老保险的比例仅为15.7%。

老保险参保覆盖工作，在2016～2035年努力扩大职工基本养老保险制度覆盖范围，将非常有助于依靠制度自身消化转轨成本，缓解基金支付压力。

3. 妥善解决养老保险转轨成本问题

中国城镇职工基本养老保险由现收现付制转向“统账结合”的部分积累制，制度设计目的是通过建立个人账户基金积累更好地应对未来人口老龄化高峰，但是对转轨成本没有做出原则性规定，期冀依靠制度自身消化转轨成本，导致制度负债严重。前文的预测结果表明社会统筹基金之所以出现缺口主要是支付“老人1”“老人2”“中人”这三类人群超出养老金目标替代率的部分，这部分也就是全部依靠社会统筹账户承担所造成的巨额转轨成本，这部分资金的规模约为13.67万亿元，分布在2016～2050年的35年间，年均值为3500亿元。基于此，可以制定转轨成本偿付规划，通过加大财政支持、划拨国有资产、做大全国社会保障基金、发放认购债务等方式，科学制定2016～2050年清偿转轨成本的具体规划。

4. 适时适当降低社会统筹账户企业缴费率

我国偏高的社会保险缴费率已经对企业活力造成了一定的影响，党的十八届三中全会也提出了适时适当降低缴费率的要求。依据本文测算结果，城镇企业职工基本养老保险社会统筹账户企业缴费率存在一定的降低缴费率的区间。从养老保险制度本身而言，在不影响资金收支平衡的基础上，适当降低缴费率，可以增强制度的合理性，同时客观上有助于降低企业负担，促进企业发展，反过来有助于保障企业的正常缴费，增强制度可持续性。根据前文的测算结果，选择从2064年开始降低2个百分点的缴费率是有可能的，如果能够通过制度外资金解决转轨成本造成的制度负债，降低缴费率的时间可以更早，空间可以更大。

（四）本研究的创新与局限

本文将生育政策调整与城镇企业职工基本养老保险、社会统筹基金长期财务状况共同纳入分析框架，在已有的研究成果基础之上，考虑“全面二孩”政策实施的影响，就不同生育水平对基本养老保险财务状况的影响效应进行了定量研究。可能的创新之处是，先前国内虽然已有学者研究过调整生育政策对公共养老金的影响，但是研究大多发生在单独政策尚未显现、“全面二孩”政策“尚无时间表”的情境之下，所以在“全面二孩”政策落地之后，一些假设条件都已经不符合现实背景的变化。而在生育政策调整，“全面二孩”政策实施之后，势必会对我国的人口规模和结构产生重大影响，在有可能会出现生育水平回升、人口老龄化水平得到缓解的局面下，探讨生育水平变动与基本养老保险基金的关系将是一个新的课题。同时由于生育政策调整属于人口学研究范畴，而养老保险基金管理属于社会保障学科研究范畴，故本文将其与“全面二孩”政策实施对我国城镇职工基本养老保险基金可持续性的影响结合起来，构建生育政策调整和基本养老保险基金的联系，具有一定的创新性。

此外，本文在尽可能保证预测可靠性的同时，不可避免地会受到一些客观因素的制约，使得本研究存在一些不足。第一，预测参数假设上，主要是基于现行的政策规定和社会经济发展形势，相关的参数设定可能和未来实际状况存在差异，如“全面二孩”政策调整使得出生人口增加，从而带动适龄劳动力人口的增加，进而影响就业率，并进一步影响养老保险系统的制度赡养率，如果未来就业率进一步提高，那么对基本养老保险基金的财务支付能力会有更积极的影响。第二，预测时间安排上，本文的预测期是50年，虽然在前文已经说明了预测期设定50年的合理性，但是毕竟50年内，进入劳动力市场的“全面二孩”还没有进入退休阶段，不能考察他们退休后对养老金支出的影响，这一点尚显不足。

参考文献

柏杰，2000，《养老保险制度安排对经济增长和帕累托有效性的影响》，《经济科学》第1期。

陈沁、宋铮，2013，《城市化如何应对老龄化？——从中国城乡人口流动到养老金平衡的视角》，《金融研究》第6期。

陈友华、苗国，2015，《意料之外与情理之中：单独二孩政策为何遇冷》，《探索与争鸣》第2期。

邓大松、刘昌平，2009，《改革开放30年——中国社会保障制度改革回顾、评估与展望》，中国社会科学出版社。

杜鹏，1994，《中国人口老龄化过程研究》，中国人民大学出版社。

封进，2006，《中国人口年龄结构与养老保险制度的福利效应》，《南方经济》第11期。

顾宝昌，2011，《生育意愿、生育行为、生育水平》，《人口研究》第2期。

国务院发展研究中心课题组，2010，《中国城镇化：前景、战略与政策》，中国发展出版社。

何平，2001，《中国养老保险基金测算报告》，《社会保障制度》第3期。

贾康，张晓云、王敏、段学仲，2007，《关于中国养老金隐性债务的研究》，《财贸经济》第9期。

贾志科、吕红平，2012，《论出生性别比失衡背后的生育意愿变迁》，《人口学刊》第4期。

简新华、黄锟，2010，《中国城镇化水平和速度的实证分析与前景预测》，《经济问题》第3期。

姜向群，2006，《人口老龄化对退休金负担影响的量化研究》，《人口研究》第3期。

李芳，2014，《人口老龄化背景下我国城镇养老金收支缺口问题及对策研究》，上海师范大学硕士学位论文。

李建民，2015，《中国的人口新常态与经济新常态》，《人口研究》第1期。

李军，2005，《我国基本养老保险转制中的困境研究》，《西南民族大学学报》第12期。

李珍，2013，《基本养老保险制度分析与评估——基于养老金水平的视角》，人民出版社。

李珍、王海东，2010，《基本养老保险目标替代率研究》，《保险研究》第1期。

林宝，2003，《提高退休年龄对中国养老金债务的影响》，《中国人口科学》第6期。

林宝，2010，《人口老龄化对企业职工基本养老保险制度的影响》，《中国人口科学》第1期。

林宝，2014，《人口老龄化与城镇基本养老保险制度的可持续性》，中国社会科学出版社。

刘昌平、殷宝明，2011，《中国基本养老保险制度财务平衡与可持续性研究》，《财经理论与实践》第169期。

刘子兰、陈一格，2015，《养老保险与生育率：基于OLG模型的理论分析与实证检验》，《湖南师范大学学报》第4期。

骆正清，江道光、陈正光，2015，《生育政策调整对我国城镇企业职工基本养老保险代际平衡的影响》，《广西财经学院学报》第3期。

马小红、顾宝昌，2015，《单独二孩申请遇冷分析》，《华中师范大学学报》第2期。

孟令国，李超令、胡广，2014，《基于PDE模型的中国人口结构预测研究》，《中国人口资源与环境》第2期。

乔晓春，2014，《单独二孩政策新增人口测算方法及监测系统构建》，《人口与发展》第1期。

人民网，2014，《国家新型城镇化发展规划（2014－2020）》，http://politics.people.com.cn/n/2014/0317/c1001－24649809，最后访问时间：2017年6月30日。

石人炳，2014，《单独二孩政策实施初期的出生堆积及其特点》，《人口与经济》第5期。

宋晓悟，2000，《解决隐性债务问题，深化养老保险体制改革》，《中国经济时报》

孙博，董克用、唐志远，2011，《生育政策调整对基本养老金缺口的影响》，《人口与经济》第2期。

孙祁祥，2001，《“空账”与转轨成本——中国养老保险体制改革的效应分析》，《经济研究》第5期。

佟新，2000，《人口社会学》，北京大学出版社。

王广州、胡耀玲，2010，《中国生育政策调整》，社会科学文献出版社。

王金营、戈艳霞，2013，《2010年人口普查数据质量评估以及对以往人口变动分析校正》，《人口研究》第1期。

王军、王广州，2016，《中国低生育水平下的生育意愿与生育行为差异研究》，《人口学刊》第5期。

王晓军，2002a，《对我国养老保险财务制度可持续的分析》，《市场与人口分析》第2期。

王晓军，2002b，《对我国养老金债务水平的估计和预测》，《预测》第1期。

王燕，徐滇庆、王直、翟凡，2001，《中国养老金隐性债务、转轨成本、改革方式及其影响——可计算一般均衡分析》,《经济研究》第 5 期。

向霜，2015,《我国计划生育政策的社会效应研究》，山东师范大学硕士学位论文。

肖严华，2004,《人口老龄化冲击下最优社会保障基金的确定模型》,《数量经济技术研究》第 12 期。

杨再贵，2010,《公共养老金的 OLG 模型分析：原理和应用》，光明日报出版社。

姚从容，吴帆、李建民，2010,《我国呈现居民生育意愿调查研究综述：2000 - 2008》,《人口学刊》第 2 期。

姚远，2011,《退休年龄调整：为何如此纠结》,《人口研究》第 6 期。

殷俊、黄蓉，2012,《中国现收现付制基础养老金长期财务状况分析——基于人口年龄结构变动的研究》,《求索》第 10 期。

于洪、钟和卿，2009,《中国基本养老保险制度财务可持续运行能力分析——来自三种模拟条件的测算》,《财经研究》第 9 期。

余立人，2012，《延迟退休年龄能提高社会养老保险基金的支付能力吗?》,《南方经济》第 6 期。

原新，2015,《生育政策完善与人口老龄化的若干关系问题》,《人口与计划生育》第 5 期。

原新、刘士杰，2009,《1982 - 2007 年我国人口老龄化原因的人口学因素分解》,《学海》第 4 期。

翟振武，张现苓、靳永爱，2014,《立即全面放开二胎政策的人口学后果分析》,《人口研究》第 2 期。

翟振武、李龙，2014,《“单独二孩”与生育政策的继续调整完善》,《国家行政学院学报》第 5 期。

张纯元，2000,《中国人口生育政策演变历程》,《市场与人口分析》第 1 期。

张思锋，王立剑、张文学，2010,《人口年龄结构变动对基本养老保险基金缺口的影响研究——以陕西省为例》,《预测》第 2 期。

赵斌、原浩爽，2013,《我国基础养老金财务平衡与可持续性分析——基于财政合理支付视角》,《财经科学》第 7 期。

郑秉文，2012,《欧债危机对养老金改革的启示——中国应如何深化改革养老保险制度》,《中国社会保障》第 2 期。

中国经济增长前沿课题组，2012,《中国经济长期增长路径、效率与潜在增长水平》,《经济研究》第 11 期。

中国人口与发展研究中心课题组，2012，《中国人口城镇化战略研究》，《人口研究》第 3 期。

朱秋莲，2013，《建国以来党的人口生育政策变迁研究》，湖南师范大学硕士学位论文。

庄亚儿、姜玉，2014，《当前我国城乡居民的生育意愿——基于 2013 年城乡居民生育意愿调查》，《人口研究》第 3 期。

A. Razin, E. Sadka. 1999. Migration and Pension with International Capital Mobility. *Journal of Public Economics.* (1): 141 - 150.

Easterlin. 1985. The Fertility Revolution. *The University of Chicago.* (5): 105 - 123.

F. Breyer, S. Hupfeld. 2010. On the Fairness of Early-retirement Provisions. *German Economic Review.* (2): 60 - 77.

F. Gahvari. 2009. Pensions and Fertility: in Search of a Links. *International Tax and Public Finance.* (4): 418 - 442.

G. Rizzo. 2009. Fertility and Pension Systems. *Munich Personal RePEc Archive.* (12): 1 - 16.

H. Gremer, P. Pestieau. 2003. The Double Dividend of Postponing Retirement. *International Tax and Public Finance.* (4): 419 - 434.

J. A. Lacomba, F. Lagos. 2010. Postponing the Legal Retirement Age. *Journal of the Spanish Economic Association.* (3): 356 - 368.

L. Jukka, T. Valkonen. 2001. Pension Prefunding, Aging, and Demographic Uncertainty. *International Tax and Public Finance.* (4): 168 - 182.

L. Willmore. 2004. Population Ageing and Pay-as-you-go Pension. *Ageing Horizons. Oxford Institute of Aging.* (1): 1 - 11.

M. Werding. 2006. Implicit Pension Debt and the Role of Public Pensions for Public Pensions for Human Capital Accumulation: an Assessment for Germany. *Discussion Paper.* (3): 1342 - 1348.

R. M. Northam. 1979. *Urban Geography*. New York: John Wiley & Sons.

United Nations, 2012, World Population Prospects: The 2012 Revision, http://Esa un. org/unpd /wpp/unpp/panel/-Indicators. htm, 最后访问时间：2017 年 6 月 30 日。

附　表

附表1　不同预测方案下我国人口总量变动

单位：万人

年份	政策不变	政策调整		
		低方案	中方案	高方案
2016	138860	139170	139248	139328
2020	140460	142247	142648	143049
2025	141530	143765	145323	146612
2030	140807	143428	146447	148541
2035	138764	141738	146174	149034
2040	135742	139130	144915	148610
2045	131859	135968	142974	147671
2050	127120	132137	140471	146347
2055	121557	127383	137462	144649
2060	115500	121970	134160	142738
2065	109402	116452	130862	140892

附表 2　不同方案下主要年份各年龄组人口占城镇人口的比重

单位：%

年份	年龄组	政策不变	政策调整		
			低方案	中方案	高方案
2016	0～14 岁	15.99	16.17	16.21	16.25
2025		15.15	16.39	17.23	17.91
2035		12.36	12.90	15.14	16.42
2045		11.64	12.34	14.40	15.62
2055		11.96	13.25	15.28	16.84
2065		11.37	12.38	15.50	17.24
2016	15～59 岁	68.66	67.98	67.95	67.91
2025		64.00	63.09	62.47	61.97
2035		59.15	59.21	57.82	57.06
2045		56.68	56.94	56.39	56.09
2055		51.90	52.26	52.76	52.79
2065		53.43	54.54	55.07	55.43
2016	60 岁及以上	15.89	15.85	15.84	15.84
2025		20.85	20.52	20.30	20.12
2035		28.49	27.89	27.04	26.52
2045		31.68	30.72	29.22	28.29
2055		36.14	34.49	31.96	30.37
2065		35.20	33.07	29.43	27.34

附表3　基准方案：社会统筹基金财务运行状况

单位：亿元，%

年份	基金收入	基金支出					“年度性缺口”	累计缺口	基金率
		“老人1”	“老人2”	“中人”	“新人”	总计			
2016	22654	6604	6635	8819	3143	25203	-2549	-2549	-0.10
2017	24382	6607	6717	9753	4156	27235	-2853	-5402	-0.20
2018	26155	6569	6778	10817	5273	29439	-3284	-8686	-0.30
2019	28116	6541	6823	11831	6582	31777	-3661	-12347	-0.39
2020	30205	6524	6843	12933	8018	34320	-4115	-16462	-0.48
2021	32456	6484	6843	13968	9691	36989	-4533	-20995	-0.57
2022	34820	6443	6809	15136	11490	39879	-5059	-26054	-0.65
2023	37291	6350	6750	16615	13316	43032	-5741	-31795	-0.74
2024	39927	6288	6677	17835	15497	46299	-6372	-38167	-0.82
2025	42737	6182	6573	18961	17988	49706	-6969	-45136	-0.91
2026	45752	6076	6415	20073	20743	53309	-7557	-52693	-0.99
2027	48964	5978	6214	21058	23849	57102	-8138	-60831	-1.07
2028	52385	5823	5985	22223	27108	61141	-8756	-69587	-1.14
2029	56073	5650	5730	23078	30902	65362	-9289	-78876	-1.21
2030	60049	5328	5469	23852	35134	69786	-9737	-88613	-1.27

续表

年份	基金收入	基金支出					“年度性缺口”	累计缺口	基金率
		“老人1”	“老人2”	“中人”	“新人”	总计			
2031	63705	5042	5148	24592	39668	74453	-10748	-99361	-1.33
2032	67577	4729	4818	25077	44729	79354	-11777	-111138	-1.40
2033	71793	4386	4458	26075	50178	85098	-13305	-124443	-1.46
2034	76254	4013	4079	27134	54437	89666	-13412	-137855	-1.54
2035	81104	3630	3699	28192	58889	94412	-13308	-151163	-1.60
2036	85421	3196	3298	28693	63559	98747	-13326	-164489	-1.67
2037	89978	2716	2911	29199	68370	103197	-13219	-177708	-1.72
2038	94787	2196	2530	30265	72769	107762	-12975	-190683	-1.77
2039	99746	1711	2176	30606	77993	112488	-12742	-203425	-1.81
2040	104823	1151	1843	30878	83440	117313	-12490	-215915	-1.84
2041	109820	556	1560	31070	89068	122255	-12435	-228350	-1.87
2042	114840	169	1316	31245	94663	127393	-12553	-240903	-1.89
2043	119846	29	1055	31403	100231	132718	-12872	-253775	-1.91
2044	124995		817	31542	105826	138187	-13192	-266967	-1.93
2045	130277		616	31674	111476	143766	-13489	-280456	-1.95
2046	135633		476	31686	117289	149451	-13818	-294274	-1.97

续表

年份	基金收入	基金支出					“年度性缺口”	累计缺口	基金率
		“老人1”	“老人2”	“中人”	“新人”	总计			
2047	141083	—	381	31689	123153	155224	-14141	-308415	-1.99
2048	146614	—	224	31631	129179	161035	-14421	-322836	-2.00
2049	152533	—	127	31548	135273	166949	-14416	-337252	-2.02
2050	158958	—	11	31342	141596	172950	-13992	-351244	-2.03
2051	161358	—	—	30467	145467	177325	-15967	-367211	-2.07
2052	164027	—	—	29580	149304	178885	-14858	-382069	-2.14
2053	166937	—	—	28697	156772	181809	-14872	-396941	-2.18
2054	170046	—	—	27715	162020	184712	-14666	-411607	-2.23
2055	173348	—	—	26728	160879	187607	-14259	-425866	-2.27
2056	176894	—	—	25728	164757	190485	-13591	-439457	-2.31
2057	180650	—	—	26100	168667	193368	-12718	-452175	-2.34
2058	184622	—	—	23606	172647	196253	-11631	-463806	-2.36
2059	188635	—	—	22528	176614	199142	-10507	-474313	-2.38
2060	192686	—	—	23082	180698	202033	-9347	-483660	-2.39
2061	196661	—	—	20173	184735	204909	-8248	-491908	-2.40
2062	200657	—	—	18980	188804	207784	-7127	-499035	-2.40

续表

年份	基金收入	基金支出					“年度性缺口”	累计缺口	基金率
		“老人1”	“老人2”	“中人”	“新人”	总计			
2063	204663	—	—	17756	192886	210643	-5980	-505015	-2.40
2064	208646	—	—	16549	196941	213491	-4845	-509860	-2.39
2065	212591	—	—	15327	200999	216327	-3736	-513596	-2.37

附表 4　低方案：社会统筹基金财务运行状况及相比基准方案变化幅度

单位：亿元，%

年份	财务状况					影响幅度			
	基金收入	基金支出	年度收支差额	累计收支差额	基金率	收入	年度收支差额	累计收支差额	基金率
2016	22654	25203	-2549	-2549	-0.10	0.00	0.00	0.00	0.00
2017	24382	27235	-2853	-5402	-0.20	0.00	0.00	0.00	0.00
2018	26155	29439	-3284	-8686	-0.30	0.00	0.00	0.00	0.00
2019	28116	31777	-3661	-12347	-0.39	0.00	0.00	0.00	0.00
2020	30205	34320	-4115	-16462	-0.48	0.00	0.00	0.00	0.00
2021	32456	36989	-4533	-20995	-0.57	0.00	0.00	0.00	0.00
2022	34820	39879	-5059	-26054	-0.65	0.00	0.00	0.00	0.00

续表

年份	财务状况					影响幅度			
	基金收入	基金支出	年度收支差额	累计收支差额	基金率	收入	年度收支差额	累计收支差额	基金率
2023	37291	43032	-5741	-31795	-0.74	0.00	0.00	0.00	0.00
2024	39927	46299	-6372	-38167	-0.82	0.00	0.00	0.00	0.00
2025	42737	49706	-6969	-45136	-0.91	0.00	0.00	0.00	0.00
2026	45752	53309	-7557	-52693	-0.99	0.00	0.00	0.00	0.00
2027	48964	57102	-8138	-60831	-1.07	0.00	0.00	0.00	0.00
2028	52385	61141	-8756	-69587	-1.14	0.00	0.00	0.00	0.00
2029	56073	65362	-9289	-78876	-1.21	0.00	0.00	0.00	0.00
2030	60049	69786	-9737	-88613	-1.27	0.00	0.00	0.00	0.00
2031	63705	74453	-10748	-99361	-1.33	0.00	0.00	0.00	0.00
2032	67577	79354	-11777	-111138	-1.40	0.00	0.00	0.00	0.00
2033	71793	85098	-13305	-124443	-1.46	0.00	0.00	0.00	0.00
2034	76254	89666	-13412	-137855	-1.54	0.00	0.00	0.00	0.00
2035	81104	94412	-13308	-151163	-1.60	0.00	0.00	0.00	0.00
2036	85734	98747	-13013	-164176	-1.66	0.37	-2.35	-0.19	0.003
2037	90681	103197	-12516	-176692	-1.71	0.78	-5.32	-0.57	0.010

续表

年份	财务状况					影响幅度			
	基金收入	基金支出	年度收支差额	累计收支差额	基金率	收入	年度收支差额	累计收支差额	基金率
2038	96027	107762	-11735	-188427	-1.75	1.31	-9.56	-1.18	0.021
2039	101695	112488	-10793	-199220	-1.77	1.95	-15.30	-2.07	0.037
2040	107671	117313	-9642	-208862	-1.78	2.72	-22.80	-3.27	0.060
2041	113003	122255	-9252	-218114	-1.78	2.90	-25.60	-4.48	0.084
2042	118381	127393	-9012	-227126	-1.78	3.08	-28.21	-5.72	0.108
2043	123770	132718	-8948	-236074	-1.78	3.27	-30.48	-6.98	0.133
2044	129329	138187	-8858	-244932	-1.77	3.47	-32.85	-8.25	0.159
2045	135047	143766	-8719	-253651	-1.76	3.66	-35.36	-9.56	0.186
2046	140870	149451	-8581	-262232	-1.75	3.86	-37.90	-10.89	0.214
2047	146820	155224	-8404	-270636	-1.74	4.07	-40.57	-12.25	0.243
2048	152885	161035	-8150	-278786	-1.73	4.28	-43.49	-13.64	0.274
2049	159376	166949	-7573	-286359	-1.72	4.49	-47.47	-15.09	0.305
2050	166418	172950	-6532	-292891	-1.69	4.69	-53.32	-16.61	0.337
2051	169249	177325	-8076	-300967	-1.70	4.89	-49.42	-18.04	0.374
2052	172365	178885	-6520	-307487	-1.72	5.08	-56.12	-19.52	0.417

续表

年份	财务状况					影响幅度			
	基金收入	基金支出	年度收支差额	累计收支差额	基金率	收入	年度收支差额	累计收支差额	基金率
2053	175737	181809	-6072	-313559	-1.72	5.27	-59.17	-21.01	0.459
2054	179328	184712	-5384	-318943	-1.73	5.46	-63.29	-22.51	0.502
2055	183132	187607	-4475	-323418	-1.72	5.64	-68.62	-24.06	0.546
2056	187206	190485	-3279	-326697	-1.72	5.83	-75.87	-25.66	0.592
2057	191523	193368	-1845	-328542	-1.70	6.02	-85.49	-27.34	0.639
2058	196099	196253	-154	-328696	-1.67	6.22	-98.68	-29.13	0.688
2059	200774	199142	1632	-327064	-1.64	6.44	-115.53	-31.04	0.739
2060	205558	202033	3525	-323539	-1.60	6.68	-137.71	-33.11	0.793
2061	210360	204909	5451	-318088	-1.55	6.97	-166.09	-35.34	0.848
2062	215280	207784	7496	-310592	-1.49	7.29	-205.18	-37.76	0.907
2063	220315	210643	9672	-300920	-1.43	7.65	-261.74	-40.41	0.969
2064	225430	213491	11939	-288981	-1.35	8.04	-346.42	-43.32	1.035
2065	230603	216327	14276	-274705	-1.27	8.47	-482.12	-46.51	1.104

附表 5　中方案：社会统筹基金财务运行状况及相比基准方案变化幅度

单位：亿元，%

年份	财务状况					影响幅度			
	基金收入	基金支出	年度收支差额	累计收支差额	基金率	收入	年度收支差额	累计收支差额	基金率
2016	22654	25203	-2549	-2549	-0.10	0.00	0.00	0.00	0.00
2017	24382	27235	-2853	-5402	-0.20	0.00	0.00	0.00	0.00
2018	26155	29439	-3284	-8686	-0.30	0.00	0.00	0.00	0.00
2019	28116	31777	-3661	-12347	-0.39	0.00	0.00	0.00	0.00
2020	30205	34320	-4115	-16462	-0.48	0.00	0.00	0.00	0.00
2021	32456	36989	-4533	-20995	-0.57	0.00	0.00	0.00	0.00
2022	34820	39879	-5059	-26054	-0.65	0.00	0.00	0.00	0.00
2023	37291	43032	-5741	-31795	-0.74	0.00	0.00	0.00	0.00
2024	39927	46299	-6372	-38167	-0.82	0.00	0.00	0.00	0.00
2025	42737	49706	-6969	-45136	-0.91	0.00	0.00	0.00	0.00
2026	45752	53309	-7557	-52693	-0.99	0.00	0.00	0.00	0.00
2027	48964	57102	-8138	-60831	-1.07	0.00	0.00	0.00	0.00
2028	52385	61141	-8756	-69587	-1.14	0.00	0.00	0.00	0.00
2029	56073	65362	-9289	-78876	-1.21	0.00	0.00	0.00	0.00

续表

年份	财务状况					影响幅度			
	基金收入	基金支出	年度收支差额	累计收支差额	基金率	收入	年度收支差额	累计收支差额	基金率
2030	60049	69786	-9737	-88613	-1.27	0.00	0.00	0.00	0.00
2031	63705	74453	-10748	-99361	-1.33	0.00	0.00	0.00	0.00
2032	67577	79354	-11777	-111138	-1.40	0.00	0.00	0.00	0.00
2033	71793	85098	-13305	-124443	-1.46	0.00	0.00	0.00	0.00
2034	76254	89666	-13412	-137855	-1.54	0.00	0.00	0.00	0.00
2035	81104	94412	-13308	-151163	-1.60	0.00	0.00	0.00	0.00
2036	85815	98747	-12932	-164095	-1.66	0.46	-2.96	-0.24	0.004
2037	90847	103197	-12350	-176445	-1.71	0.97	-6.57	-0.71	0.012
2038	96309	107762	-11453	-187898	-1.74	1.61	-11.73	-1.46	0.026
2039	102133	112488	-10355	-198253	-1.76	2.39	-18.73	-2.54	0.046
2040	108310	117313	-9003	-207256	-1.77	3.33	-27.92	-4.01	0.074
2041	114010	122255	-8245	-215501	-1.76	3.82	-33.70	-5.63	0.105
2042	119829	127393	-7564	-223065	-1.75	4.34	-39.74	-7.40	0.140
2043	125745	132718	-6973	-230038	-1.73	4.92	-45.83	-9.35	0.179
2044	131924	138187	-6263	-236301	-1.71	5.54	-52.52	-11.49	0.222

续表

年份	财务状况					影响幅度			
	基金收入	基金支出	年度收支差额	累计收支差额	基金率	收入	年度收支差额	累计收支差额	基金率
2045	138367	143766	-5399	-241700	-1.68	6.21	-59.97	-13.82	0.270
2046	145023	149451	-4428	-246128	-1.65	6.92	-67.95	-16.36	0.322
2047	151916	155224	-3308	-249436	-1.61	7.68	-76.61	-19.12	0.380
2048	159037	161035	-1998	-251434	-1.56	8.47	-86.15	-22.12	0.443
2049	166694	166949	-255	-251689	-1.51	9.28	-98.23	-25.37	0.513
2050	175019	172950	2069	-249620	-1.44	10.10	-114.79	-28.93	0.588
2051	178959	177325	1634	-247986	-1.40	10.91	-110.23	-32.47	0.672
2052	183229	178885	4344	-243642	-1.36	11.71	-129.24	-36.23	0.774
2053	187798	181809	5989	-237653	-1.31	12.50	-140.27	-40.13	0.876
2054	192636	184712	7924	-229729	-1.24	13.28	-154.03	-44.19	0.985
2055	197744	187607	10137	-219592	-1.17	14.07	-171.09	-48.44	1.100
2056	203187	190485	12702	-206890	-1.09	14.86	-193.46	-52.92	1.221
2057	208929	193368	15561	-191329	-0.99	15.65	-222.35	-57.69	1.349
2058	214987	196253	18734	-172595	-0.88	16.45	-261.07	-62.79	1.484
2059	221201	199142	22059	-150536	-0.76	17.26	-309.95	-68.26	1.626

续表

年份	财务状况					影响幅度			
	基金收入	基金支出	年度收支差额	累计收支差额	基金率	收入	年度收支差额	累计收支差额	基金率
2060	227580	202033	25547	-124989	-0.62	18.11	-373.32	-74.16	1.775
2061	234025	204909	29116	-95873	-0.47	19.00	-453.01	-80.51	1.933
2062	240637	207784	32853	-63020	-0.30	19.92	-560.97	-87.37	2.098
2063	247418	210643	36775	-26245	-0.12	20.89	-714.97	-94.80	2.273
2064	254341	213491	40850	14605	0.07	21.90	-943.14	-102.86	2.457
2065	261404	216327	45077	59682	0.28	22.96	-1306.56	-111.62	2.650

附表6　高方案：社会统筹基金财务运行状况及相比基准方案变化幅度

单位：亿元，%

年份	财务状况					影响幅度			
	基金收入	基金支出	年度收支差额	累计收支差额	基金率	收入	年度收支差额	累计收支差额	基金率
2016	22654	25203	-2549	-2549	-0.09	0.00	0.00	0.00	0.00
2017	24382	27235	-2853	-4997	-0.18	0.00	0.00	0.00	0.00
2018	26155	29439	-3284	-8281	-0.28	0.00	0.00	0.00	0.00
2019	28116	31777	-3661	-11942	-0.38	0.00	0.00	0.00	0.00

续表

年份	财务状况					影响幅度			
	基金收入	基金支出	年度收支差额	累计收支差额	基金率	收入	年度收支差额	累计收支差额	基金率
2020	30205	34320	-4115	-16057	-0.47	0.00	0.00	0.00	0.00
2021	32456	36989	-4533	-20590	-0.56	0.00	0.00	0.00	0.00
2022	34820	39879	-5059	-25649	-0.64	0.00	0.00	0.00	0.00
2023	37291	43032	-5741	-31390	-0.73	0.00	0.00	0.00	0.00
2024	39927	46299	-6372	-37762	-0.82	0.00	0.00	0.00	0.00
2025	42737	49706	-6969	-44731	-0.90	0.00	0.00	0.00	0.00
2026	45752	53309	-7557	-52288	-0.98	0.00	0.00	0.00	0.00
2027	48964	57102	-8138	-60426	-1.06	0.00	0.00	0.00	0.00
2028	52385	61141	-8756	-69182	-1.13	0.00	0.00	0.00	0.00
2029	56073	65362	-9289	-78471	-1.20	0.00	0.00	0.00	0.00
2030	60049	69786	-9737	-88208	-1.26	0.00	0.00	0.00	0.00
2031	63705	74453	-10748	-98956	-1.33	0.00	0.00	0.00	0.00
2032	67577	79354	-11777	-110733	-1.40	0.00	0.00	0.00	0.00
2033	71793	85098	-13305	-124038	-1.46	0.00	0.00	0.00	0.00
2034	76254	89666	-13412	-137450	-1.53	0.00	0.00	0.00	0.00
2035	81104	94412	-13308	-150758	-1.60	0.00	0.00	0.00	0.00

续表

年份	财务状况					影响幅度			
	基金收入	基金支出	年度收支差额	累计收支差额	基金率	收入	年度收支差额	累计收支差额	基金率
2036	85896	98747	-12851	-163609	-1.66	0.56	-3.56	-0.53	0.009
2037	91010	103197	-12187	-175796	-1.70	1.15	-7.81	-1.08	0.019
2038	96589	107762	-11173	-186969	-1.74	1.90	-13.89	-1.95	0.034
2039	102569	112488	-9919	-196888	-1.75	2.83	-22.16	-3.21	0.058
2040	108949	117313	-8364	-205252	-1.75	3.94	-33.03	-4.94	0.091
2041	115001	122255	-7254	-212506	-1.74	4.72	-41.66	-6.94	0.130
2042	121203	127393	-6190	-218696	-1.72	5.54	-50.69	-9.22	0.174
2043	127539	132718	-5179	-223875	-1.69	6.42	-59.77	-11.78	0.225
2044	134176	138187	-4011	-227886	-1.65	7.35	-69.60	-14.64	0.283
2045	141117	143766	-2649	-230535	-1.60	8.32	-80.36	-17.80	0.347
2046	148315	149451	-1136	-231671	-1.55	9.35	-91.78	-21.27	0.419
2047	155796	155224	572	-231099	-1.49	10.43	-104.04	-25.07	0.498
2048	163555	161035	2520	-228579	-1.42	11.55	-117.47	-29.20	0.585
2049	171904	166949	4955	-223624	-1.34	12.70	-134.37	-33.69	0.681
2050	180983	172950	8033	-215591	-1.25	13.86	-157.41	-38.62	0.784
2051	185549	177325	8224	-207367	-1.17	14.99	-151.51	-43.53	0.901

续表

年份	财务状况					影响幅度			
	基金收入	基金支出	年度收支差额	累计收支差额	基金率	收入	年度收支差额	累计收支差额	基金率
2052	190473	178885	11588	-195779	-1.09	16.12	-177.99	-48.76	1.041
2053	195728	181809	13919	-181860	-1.00	17.25	-193.59	-54.18	1.183
2054	201289	184712	16577	-165283	-0.89	18.37	-213.03	-59.84	1.334
2055	207160	187607	19553	-145730	-0.78	19.51	-237.13	-65.78	1.493
2056	213412	190485	22927	-122803	-0.64	20.64	-268.69	-72.06	1.662
2057	220018	193368	26650	-96153	-0.50	21.79	-309.55	-78.74	1.841
2058	227000	196253	30747	-65406	-0.33	22.95	-364.35	-85.90	2.030
2059	234203	199142	35061	-30345	-0.15	24.16	-433.69	-93.60	2.229
2060	241642	202033	39609	9264	0.05	25.41	-523.76	-101.92	2.440
2061	249225	204909	44316	53580	0.26	26.73	-637.29	-110.89	2.662
2062	257059	207784	49275	102855	0.50	28.11	-791.38	-120.61	2.897
2063	265151	210643	54508	157363	0.75	29.55	-1011.51	-131.16	3.145
2064	273479	213491	59988	217351	1.02	31.07	-1338.14	-142.63	3.406
2065	282042	216327	65715	283066	1.31	32.67	-1858.97	-155.11	3.683

论政府参与模式对居家养老服务信息化建设的影响

——基于对湖北和上海的调查

杨　燕

一　绪论

（一）问题的提出

一个国家或者地区，如果65岁以上（含65岁）老年人口数量占总人口数量的7%～14%（不含14%）时，这个国家或者地区即被认为进入“老龄社会”（安德森，2006：48）。从我国情况来看，截至2014年年底，我国65岁以上（含65岁）老年人口数量已经上升至1.38亿人，总人口数占比已经高达10.1%。[①] 同时，我国家庭结构伴随计划生育政策的不断深入日益小型化（Cheung，2009：29），市场化改革驱使社会个体化、原子化倾向明显（邓高权，2014：109～112），父子普遍分居异爨（邓高权，2014：109～112），家庭养老功能逐渐弱化（王跃生，2010：87）。此外，受传统文化——“家”文化等因素影响，我国绝大部分老年人从心理需求层面上明显偏向于选择居家养老（葛林惠宇，2014：264）。并且，我国经济水平快速提升，社会发展迅速，社会需求日益从生存型转变为发展型（翁列恩、王振、楼佳宁，2013：84），传统的公共服务方式逐渐不能满足老年人日益个性化、层次化、多元

① 参照国家统计局2015年公布数据。

化的需求。因此，通过科学组织和管理，建立适应老龄化社会的老年社会化居家养老服务体系是应对老龄化的必然选择（刘益梅，2011：38）。为了实现“老有所养、老有所教、老有所医、老有所学、老有所为、老有所乐”的美好愿景，我国提出打造社会化养老体系战略部署。2011 年 8 月，国务院提出《中国老龄事业发展“十二五”规划》，明确了我国社会化居家养老服务工作开展的行动方向。2011 年 12 月，国务院印发《社会养老服务体系建设规划（2011－2015 年）》，进一步提出要加强养老服务信息化建设，进一步明确了我国居家养老服务信息化建设目标和要求。从具体实践层面上来讲，为缓解养老服务供需矛盾，克服现有养老方式的缺陷，全国各地展开了各具特色的实践活动，而信息化居家养老服务①形式凭借其理念新颖、简便化、廉价化、覆盖广等特点成为一种备受关注的新型养老服务方式。

近年来，在全国范围内，已有兰州城关区、苏州沧浪区等区域依托虚拟养老院，宁波海曙区依托 81890 公共服务平台和星光敬老院等在进行居家养老服务信息化建设的探索。诚然，各地服务兴起之初好评如潮，武汉市、黄冈市政府将“一键通”居家养老服务信息化建设②作为政府十大实事工程之一。按照当前政府理念，“一键通”工程能快速解决部分老年人居家养老的生活服务问题，打造“10 分钟养老圈”，应是当今选择居家养老方式的老年人的一大福祉。但是在服务开展后不久，“一键通”工程无用，“尴尬的惠民项目”屡见报端、网页，更有报道尖锐地评价“一键通”工程实为“一键痛”工程。不仅如此，在武汉市电视问政中，这项惠民项目被场外老年人打了零分。为何政府花费了大量的人力、物力以及财力，该工程却成为一个尴尬的惠民项目呢？

诚然，在政府政策支持下，我国信息化居家养老服务逐步兴起，满足了部分老年人的需求，然而该项目建设毕竟处于起步阶

---

① 本文将居家养老信息化项目建成提供的服务统一简称为信息化居家养老服务，后文将详细说明。

② 各地居家养老服务信息化项目建设称呼不同，武汉市将此称作“一键通”居家养老服务建设。

段，其专业化、制度化有待进一步提高，因此各地信息化居家养老服务的探索、实践成果和经验均值得借鉴。同时，人们往往认为财政资源的增加会自动增加公共服务的输送，但许多研究已经表明，分配更多的公共资源到公共服务并不意味着输出更好的结果（Saves，1978：800－808）。本文带着以上问题，立足当前研究，通过实地调研，了解各地建设情况，并着重关注各地各级政府在居家养老服务信息化建设中的职能表现和建设成效，探索投入大、输出小的“尴尬”的惠民项目成因所在。

（二）研究的目的与意义

1. 研究目的

当今社会信息化高速发展，将信息化手段运用到各个领域是潮流所在，而居家养老服务信息化建设亦是顺应时势发展、应对老龄化的一个颇为重要的手段。但如上文所述，该项目基本处于初期阶段，各地情况不一，问题百出，亟待解决。在此背景下，本文的研究目的主要如下：第一，通过实地调研，厘清当前各地信息化居家养老服务发展的现状、模式以及运营状况，以更好地把握居家养老服务信息化建设的脉络；第二，按照政府参与程度和政府参与形式划分各地政府参与居家养老服务信息化建设的模式，并分析各参与模式的成功经验，加深对此项目的认识；第三，通过评估不同参与模式下服务开展的效果，探析政府在该项目建设进程中应如何作为，以期提高政府人力、物力、财力的输出效率。

2. 研究意义

从实践层面来讲，其意义在于以下几点。第一，如上文所述，当前我国居家养老服务信息化建设处于初期，由于经验不足，存在较多问题。基于此，笔者前往宜昌、黄冈和上海等地区，通过座谈会、访谈等形式收集资料，概括性地描述了不同地区居家养老服务信息化建设的情况，并总结建设经验，为其他地区项目建设提供一定的借鉴。第二，面对当前部分地区居家养老服务信息化建设投入大、输出小的尴尬，本文在经验总结的基础上，进行绩效评估，分析该现象产生的可能原因，为其他地区项目建设提供有效参考。

从理论层面来讲，其意义在于以下几点。第一，基于实地调研以及相关文献规整，对信息化居家养老服务的内涵进行总结和概括，并对比信息化居家养老服务和传统居家养老服务的异同，完善当前学界信息化居家养老服务概念的研究。第二，按照政府参与程度和政府参与形式，划分各地政府参与模式，总结各模式的成功经验，丰富当前居家养老服务信息化建设内容。第三，结合实地调研资料、已有研究以及各地政府官员的建议，设计居家养老服务信息化建设绩效评估方案，并实施有效评估，拓展公共服务评估的研究内容。

（三）主要概念界定

政府参与模式：主要分为政府主导型、政府引导型和政府潜导型，其主要划分标准依据政府参与程度和政府参与形式的表现，具体划分标准详见后文。

信息化居家养老服务：是居家养老服务信息化建设的产物，具体而言是立足老年人服务需求，以社区为载体，采用现代通信和信息网络技术，搭建养老信息服务平台，利用信息网络，把老年人的服务需求与政府、社会、企业、社区、家庭等服务资源联系起来，方便快捷地满足老年人专业化、个性化、多元化的服务需求，实现提升老年人生活质量的居家养老服务新形式。在本文中，信息化居家养老服务项目建设主要是指各地“一键通”等养老服务信息平台的建立、运营。

影响指数：主要是指政府参与模式对信息化居家养老服务项目建设的影响强度，其计算方法为对项目建设形成、推广和运营期影响指数总和。

（四）相关研究回顾

信息化居家养老服务方式是近年来随着我国养老事业的发展和信息技术升级而逐渐发展起来的一种新型的社会化养老模式，

因其服务理念新、服务覆盖广等特征，国内外均进行了较多的尝试，并引起了学界的关注。基于此，本文文献综述将从国外、国内居家养老服务信息化建设以及居家养老服务绩效评估两方面进行。

1. 关于居家养老服务信息化建设的研究

（1）国外关于居家养老服务信息化建设的研究

在老龄化加剧、未富先老等背景下，信息化逐步渗透到老龄服务中（王颖，2012：142）。国外对居家养老服务信息化建设作了较多尝试。R. Muenz 认为，使用信息通信技术，可以为老年人维持独立生活提供享受更多民主和实现更多社会参与的机会，实现生活质量的提升（Muenz，2007）。与中国相比，部分发达国家进入老龄化社会时间较早，信息技术发展更前沿，而居家养老服务信息化建设亦日趋成熟。从服务手段来讲，已经不再是简单地利用网络平台收集老年人信息，提供服务，机器人被作为一种解决健康护理服务供给的辅助装置被广泛用于为老服务建设（Broadbent et al.，2009：319 - 330.）。机器人总类包含：服务型机器人（如 'Nurse bot' Pearl、Care bot）和陪伴型机器人（如 Aibo、Paro），通过机器人提供服务，满足老年人的健康照顾、陪伴等需求（Pollack et al.，2002）。从服务内容来讲，信息技术已经被广泛用于居家养老服务中，包括老年人健康领域（如日本远程护理系统）（Kviselius、S. Naito，2010）、特殊老年人安全领域（如 Hometown Cell Phone Project 定位服务）、老年人社会参与等领域，值得一提的是，因老年人有积极参与社会和在社会中寻求存在感的自然渴望（Toshio et al.，2013：47 - 62），国外信息化居家养老服务内容逐渐覆盖到此领域。从建设主体来看，政府、非政府组织、市场多元参与，如美国"时间银行"制度建立，充分发挥了社区、老年人、政府、市场的能动性，促进养老服务的高效供给。

总体而言，国外居家养老服务的开展自然而然地将信息技术手段融入其中，服务手段先进，服务内容涵盖面广，服务效率高，服务成本低，为国内居家养老服务信息化建设提供了较多的经验。

（2）国内关于居家养老服务信息化建设的研究

自2007年以来，国内逐渐展开对居家养老服务建设的研究。初期研究多集中在信息化居家养老服务的内涵、必要性和可行性、可能面临的困难等方面，而近几年来学界除了对以上几个方面进行一定补充研究外，还涌现了一些实践经验研究及在此基础上的政策、对策研究。下文将从概念、必要性、可行性、困难四个方面进行整理。

关于信息化居家养老服务的概念的相关研究。要界定此概念内涵，必须先明确居家养老服务的内涵。当然，对居家养老服务的内涵不同学者各抒己见，但是总体变迁方向比较稳定——概念演变主要出现两大变迁，一是关于服务对象的扩大，从单一老年人对象扩展到从整体家庭层面，考虑作为照顾者的老年人亲属的需求（刘满成、左美云，2011：65），将居家养老的对象逐步拓展到需要照顾的老年人及其照顾老年人的对象（赵立新，2004：35～39）；二是关于服务提供者的界定，由简单的“社会提供”发展至政府、社会力量、社区、家庭各尽其责的基本理念和服务提供机制（丁建定，2013：20～26），强调居家养老服务体系的建设，需要建立以协作为基础的居家养老服务弥补家庭养老功能的弱化和机构养老发展的不足（敬乂嘉、陈若静，2009：133～140）。同时，还有一些学者指出对居家养老与家庭养老、机构养老的认识误区，间接地对居家养老予以界定（翟德华、陶立群，2005：62～65；丁建定，2013：20～26）。基于学界对居家养老内涵认识逐渐一致，信息化居家养老服务内涵开始受到关注。因信息技术的多样性，各地居家养老服务信息化建设实现方式并不完全相同，称呼不尽相同。有研究结合杭州上城区居家无忧平台建设经验，认为信息化居家养老服务是在社区服务基础上的政府模式创新，该模式在资源整合上构建“大服务”体系，在流程设计上保障服务质量，在技术支持上实现信息互联共享，强调了居家养老服务信息化建设的顶层设计（翁列恩、王振、楼佳宁，2013：1～10）。也有研究结合北京市网络化居家养老服务建设经验，提出信息化居家养老是一种从服务供给主体到服务管理方式再到服务接受主体网络化的模式，强调服务开展流程的网络化（李倩，2013）。总体而言，学界目前对居家养老服务的概念日渐清晰，但对信息化居家养老服务的概念界定尚未明确。

关于居家养老服务信息化建设的必要性的相关研究。首先是从居家养老优势论证，罗楠、张永春通过对西安市九个区县居家养老工作的实地调研，指出居家养老是一种将家庭养老与机构和社区养老的优势相结合，逐步实现资源整合和共享的新型模式（罗楠、张永春，2012：178～182），当然，居家养老优势发挥需要很多相关条件的支撑，国外经验的借鉴更需要立足本土实践，不断验证其合理性方可利用。其次从各地实际论证，张建国通过整合上海市徐汇区天平街道实地情况，提出为满足老年人的需求，应利用现代科技手段，推进信息化、互动式、菜单式服务建设，在发挥政府职能的基础上，积极探索充分发挥社会职能，明确信息化居家养老服务开展的重点（张建国、张莉华、2012：235～237）。卜谦祥等通过梳理苏州虚拟养老院建设经验，提出居家养老服务信息化建设不仅是应对城市养老问题的积极探索（张艳，2011：30～35），而且对解决农村养老有所裨益（卜谦祥、巢飞，2011：20～23）。总体而言，居家养老服务信息化建设是应对我国老龄化严重、养老市场供需不平衡问题的积极探索，通过利用先进技术和信息化平台建立提升养老服务质量和服务提供速度和效率（张国平，2011：56～62），满足老年人多元化的需求，促进老年人群体的社会化，并且节约政府资金（潘兆恩，2014）。

关于居家养老服务信息化建设的可行性的相关研究。一是实行居家养老服务信息化建设有深厚的理论支撑。福利多元主义理论、基本公共服务均等化理论和适度普惠型福利理论等，为构建居家养老服务体系做了全面的铺垫和理论支撑（胡宏伟、时媛媛，2012：119～123；丁建定，2013：20～26；同春芬、汪连杰，2015：73～78）。二是实行信息化居家养老服务有较多社会政策的支撑（王璨，2010）。黄一坤、许鑫通过分析从机构照顾到社区居家养老转变过程中社会政策也在不断地适应居家养老模式的发展，为信息化居家养老服务发展提供了制度支持（黄一坤、许鑫，

2012：511～515）。三是实行居家养老服务信息化建设有先进技术支撑，利用网络技术整合多个部分资源，并把老年人纳入系统当中，按需供给服务（潘兆恩，2014）。四是实行居家养老服务信息化建设有广阔市场。根据老龄化健康与家庭研究中心测算，2020年我国老年人消费占GDP的比重可上升至14.64%。五是实行居家养老服务信息化建设有经验可循。当前我国上海徐汇区、宁波海曙区、苏州沧浪区、兰州城关区对此均有一定探索，对各地经验总结的研究逐步增多。总体而言，学界从理论和实践方面出发，论证了居家养老服务信息化建设的可行性。

关于居家养老服务信息化建设面临的现实困难研究。通过梳理文献，其现实困难主要包含以下几方面：从服务内容讲，服务供给与实际需求有差距（翁列恩、王振、楼佳宁，2013：1～10）；从服务供给对象讲，社会力量参与不足、服务标准差异化；从政府角度讲，顶层设计欠佳；从服务接受对象来讲，观念转换难，购买力不足，有效需求不足（陈伟，2010：45～51）。

总体而言，学界对居家养老服务信息化建设研究已经取得了较多成果，从理论建设到实际经验总结再到政策讨论，逐步加深了该领域的研究，拓展了信息化居家养老服务的边界和外延。

2. 关于居家养老服务的评估研究

当前信息化居家养老服务开展时间相对较短，学界对于政府在居家养老服务信息化建设中的角色扮演和评估研究较少，其研究主要是集中在对居家养老服务的评估。该项目评估研究是伴随居家养老服务的发展而逐步兴起的一项研究，是居家养老服务深入发展的表现，它包括理论层面和实践层面的探索。

（1）关于居家养老服务评估的理论探索

理论层面的探索集中于相关指标体系的构建，包括居家养老服务质量方面的评估体系，老年人生活质量方面的指标体系等。从评估的架构看，评估体系的建立包括服务质量标准的制定和评估程序的设立（吴玉霞，2006）。从评估主体来看，除政府之外，有一定资质的组织或个人也可纳入进来，并且学界对第三方评估可行性进行了大量的论证（李春、王千，2014：38～42；徐双敏，

2011：28～33；林鸿潮，2014：25～32）。从评估的标准和内容看，有研究认为居家养老服务评估应包含服务机构自评、评估主体评估（路依婷，2009），也有学者认为应从服务对象和服务机构两方面进行评估体系的建立（费逸，2009）。从研究层次和研究深度看，对居家养老服务评估的理论探索愈发深入，从评估主体、流程、指标以及评估标准等方面层层细化和深入，为本文的评估方法的选择提供了有力的依据。

（2）关于居家养老服务评估的实践经验

实践层面的探索集中于一整套评估体系的操作和运用。在我国香港以及东部发达省份的部分地区，在探索适合自身的居家养老服务模式的过程中，越来越重视居家养老服务的效果，并将评估环节作为提升服务效果和效率的一个极为重要的手段。

目前学界对评估实践层面研究较多地集中于香港、上海以及宁波等地。香港主要依靠居家养老"服务表现监察机制"实施评估。该机制在评估方法设计、评估主体选择、评估指标体系构建等方面都做出了详细的规定，并且在服务评估指标的鉴定标准上做了完整、细致的鉴定（陈锦堂等，2008：204～210）。宁波市居家养老服务评估内容主要包括工作体系建设、服务工作成效和群众满意度测评等，评估采取内部评估和外部评估结合的办法，其评估主体包括服务机构自我评估、政府评估、第三方独立评估，评估结果作为建立激励机制的参考（胡光景，2013）。上海市居家养老服务评估的探索，其评估方法包括征求意见（入户、电话、信函、网络）、实地察看、检查考核，其评估主体包括服务组织自我评价、服务对象评价、第三方评价，评估结果主要用于发现的问题与建议，及时改进，不断提高服务质量（章晓懿、梅强，2012：32～36）。从实践层面看，各地评估方案的实施均立足于本地实际，不断发展。评估主体的选择、评估标准的设计等逐步走向标准化，但其实践层面的探索均局限于某地项目建设经验，目前国内居家养老服务建设项目共性总结以及差异性研究相对较少。

3. 简要述评

通过梳理文献可知，我国居家养老服务信息化建设研究已经取得了很多成果，但是和国外相比还存在一定的差距。国内研究集中分布于：居家养老服务信息化建设具体模式探索、服务建设与理论的回应、服务供给机制、服务建设可行性和可复制性、服务建设局限性等。在一定程度上来讲，因其项目建设时间短，大多数项目建设的经验研究出自硕士论文，并且目前为止学界对信息化居家养老服务并无明确的定义，同时，因居家养老服务属于公共服务范畴，公共服务绩效评估有利于促进质量的提升以及问题的解决，但当前研究主要集中于居家养老服务评估层面，并没有结合信息化居家养老自身特性对该项目评估进行研究。

诚然，居家养老服务信息化建设属于公共服务建设范畴，明晰政府参与模式对厘清服务开展逻辑至关重要：一方面探析顶层设计的科学性，另一方面明了政府对项目推进的重要性，并且对政府责任和政府参与的清楚认识有利于更好地实施项目评估。基于此，本文旨在结合当前的文献资料以及实地调研：①整合当前信息化居家养老服务形式，厘清服务开展逻辑，明确信息化居家养老服务概念，拓展当前的研究；②按照政府参与程度、参与形式对政府参与居家养老服务信息化建设的模式进行分类；③探索各地地方政府参与居家养老服务的具体做法，分析政府对居家养老服务信息化建设的影响，并设计绩效评估方案，对各地居家养老服务信息化建设实施评估，细化当前研究。

（五）研究方法

笔者在湖北省采用了省、市、区、街道逐步深入的技术路线，在省外采用了区、街道、社区逐步深入的技术路线，于 2015 年 8 月 5 日至 9 月 2 日在湖北省宜昌市伍家岗区、黄冈市、上海徐汇区等①分别进行访谈调查。必须指出的是，本次调研属于湖北省重大课题“推进居家养老服务信息化建设研究”，而笔者作为课题组成员之一，参与了部分地区实地调查，本文所使用材料均来自该课

---

① 本次调研属于湖北省重大课题，调研地区的选择由湖北省民政厅提供，本研究仅选择典型地区进行分析。

题调研所得。本文关注的重点在于：各级地方政府在居家养老服务信息化建设中的不同表现、政府与其他相关主体之间的互动以及老年人、加盟商等其他相关主体对政府表现与项目的评价。本文的资料收集方法主要包括访谈法、文本分析法和现场考察。

1. 访谈法

本文按照研究计划，前往本次调研地区，对各市区进行实地访谈调查。其主要形式包括座谈会，以及一对一、一对多访谈。各地开展座谈会场次如表 1 所示。

表 1　各市、区座谈会场次统计

单位：次

地区	座谈会场次
宜昌伍家岗区	2
黄冈市	1
上海徐汇区	2
合计	5

而本研究访谈对象包括民政厅干部、其他各市区的街道民政干部、社区养老专干、信息服务平台工作人员、养老服务加盟商、老年人等，具体访谈人数汇总如表 2 所示。

表 2　各市、区访谈对象人数统计

单位：人

地区	民政部门	街道和社区干部	信息服务平台	中国电信公司	群众	加盟商
宜昌伍家岗区	3	4	2	-	5	2
黄冈市	4	2	4	1	6	-
上海徐汇区	1	3	1	-	1	2
合计	8	9	7	11	12	4

访谈内容围绕居家养老服务信息化建设展开，并针对不同群体特性分别进行了问题设计。

2. 文本分析法

本研究所涉及的文献资料主要涉及湖北省武汉市、宜昌市，上海市徐汇区的有关居家养老服务信息化建设方面的政策文件、座谈会记录、政府要员讲话、媒体相关报道、已有文献研究，同时居家养老服务信息化建设部门的进度报告、考核文件、总结文件也包含其中，并且民政局项目负责人对该项目建设过程中的回忆录等亦涵盖其中。这些资料为理解信息化背景下居家养老服务现状、各主体对信息化背景下居家养老服务的理解以及政府在居家养老建设进程中职能、表现等提供了必要的参考资料。

3. 现场考察

实地考察居家养老照料和服务中心、信息平台呼叫中心、部分加盟机构，了解各主体在居家养老服务信息化建设过程中的角色扮演。

（六）研究思路

本研究从政府参与出发，分析政府参与对居家养老服务信息化建设的影响，其研究的主要内容包括以下几点。

第一，对信息化居家养老服务的内涵进行界定、说明，归纳信息化居家养老服务与传统居家养老服务的异同。

第二，详细介绍调研地区居家养老服务信息化建设状况：按照政府参与程度和参与形式分类，将政府参与模式分成政府主导式、政府引导式和政府潜导式，并选择典型地区进行居家养老服务信息化建设情况梳理。

第三，各模式下政府参与对居家养老服务信息化建设影响分析：结合各地开展模式，全面分析政府参与模式对该项目建设各个阶段的影响，并通过整理各地调研资料和专家方案，计算政府对项目建设的影响指数。

第四，各地居家养老服务信息化建设绩效评估：借鉴政策评估方法以及相关公共管理学理论，从效率评估和效果评估两方面着手，对该项目实施绩效评估。

第五，梳理结论：通过对比政府参与影响指数与绩效评估，得出结论，并结合相关结论提出相关建设建议和思考，探讨居家养老服务信息化建设中政府应如何作为。

基于以上研究内容和思路，本研究技术路线如图1所示。

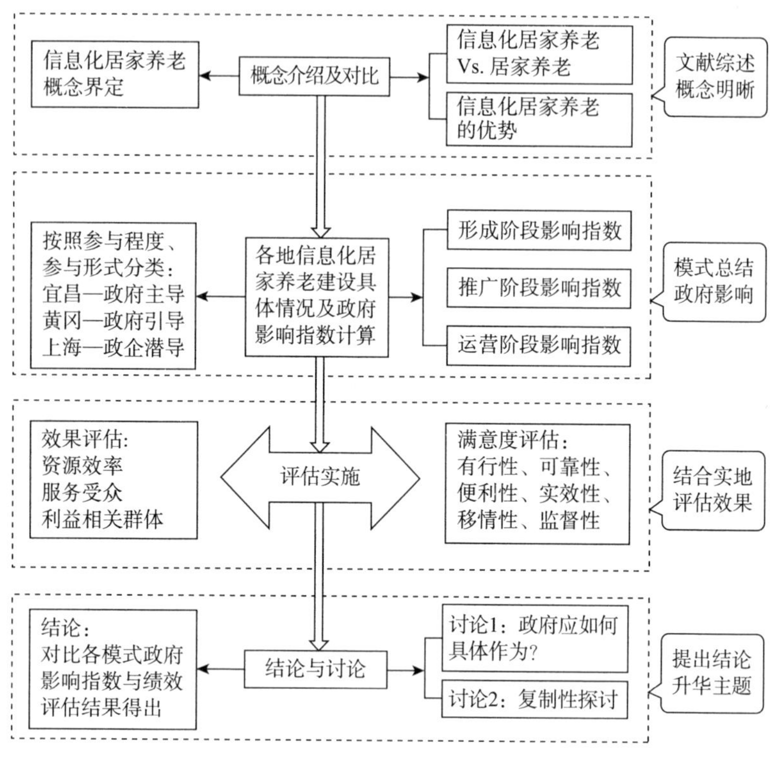

图1 研究技术路线

（七）研究的重点和难点

本文以实地调研为基础，其研究重点落脚于各地各级政府在居家养老服务信息化建设中的具体表现，包括开展前期需求调研、政策和资金准备，开展过程中信息化居家养老服务的管理参与程度、政策颁布考核管理，以及建设成熟时期对该项目的管理、评估、实时更新等表现，并且结合现代公共管理理论和评估方法，对其进行有效评估。

而本文的难点在于：其一，各地调研时间限制，恐难以还原各地信息化居家养老服务开展过程全貌，导致因理解偏颇、评估有失准确；其二，被调研地区信息化居家养老服务开展已有一段时间，不能完全收集开展初期政府铺展工作的动机和具体表现，恐因材料收集缺失导致分析有失全面。

二 信息化居家养老服务简介

随着社会老年人口增长速度加快、老年人高龄化趋势加强和家庭空巢化问题凸显，怎样“养老”已成为每个家庭都要考虑的事情。同时，伴随生活水平提升，越来越多的老年人渴求天伦之乐，希望强化社会化养老服务的功能，同时对服务的多元化、层次化提出了更高的要求。在这样的背景下，各地居家养老服务信息化建设逐步兴起。

（一）信息化居家养老服务的基本内涵

随着“互联网 +”的渗透，传统养老方式不断被冲击，顺应时代发展，以互联网和信息技术为载体的信息化居家养老服务应运而生。而该项目建设逐步将老年人卷入其中，让老年人享受日益先进的信息技术带来的便利。从具体实践来看，各地居家养老服务信息化项目建设使用名称不一而足，如：“数字家庭居家养老服务”“虚拟养老院信息化平台”“一键通居家养老服务平台”“为老服务信息化平台”等，但进一步分析此类项目的建设逻辑，其共性在于均利用互联网手段，加快老年人养老需求表达和养老服务供给的速度，更好地满足老年人个性化、层次化、多样化的需求。基于此，本文为研究需要，仅从养老服务层面出发，将各式各样名称不一的项目建设统称为“居家养老服务信息化建设”，并且本文将信息化建设主要定位在各地养老服务信息平台建设。

1. 信息化居家养老服务的内涵

什么是信息化居家养老服务？作为一个新兴事物，学界、政界等至今并没有给定一个确切的定义。

从字面上理解，信息化居家养老服务是“信息化”与“居家养老服务”的组合。所谓信息化，是由一位日本学者在20世纪第一次提出的“从物质生产占主导地位的社会逐步向信息产业占主导的社会发展与转变的过程”（伊藤阳一，1994）。而国内学者对信息化概念的定义可归结为：信息化是指社会依托现代通信、网络技术等手段，通过提升自身开发和利用信息资源的职能，推动经济发展、社会进步乃至人们自身生活方式厘革的过程（杨学珏，2000）。此概念界定明确指出信息化的发展有助于推动社会乃至经济的发展，同时强调了信息化发展过程也是人类开发和利用信息资源的技能不断提升的过程。基于此，“信息化居家养老服务”名为信息化，但实际其落脚点在于居家养老，只是借助信息化手段提升居家养老服务，实质上也是养老服务的一种社会化模式。

换言之，信息化居家养老服务关键在于通过现代通信、网络技术等手段，将政府、老年人、社会资源（企业、养老机构、民办非组织等）置于同一局域空间内，通过信息化平台的建立为居家养老服务需求提出与服务输送提供一条快捷便利的信息通道，规避传统居家养老服务模式的信息分散、效率低下的缺陷，提升养老服务的质量和效率。由此看来，加入居家养老服务是对信息化外延的进一步扩展，而居家养老服务引入信息化手段，是对居家养老服务的提升和不断深化。诚然，信息化以开放、连接的发展战略，构建了从线上到线下的居家养老服务传输生态。信息平台“把阳光雨露维护好，把地面的水浇好”，让政府（或者创业者）不管是参天大树还是一棵小草，都能够快速成长，方便快捷地为老年人提供服务。

综合来讲，本文认为“信息化居家养老服务”是立足老年人服务需求，以社区为载体，采用现代通信和信息网络技术，搭建养老信息服务平台，利用信息网络，把老年人的服务需求与政府、社会、企业、社区、家庭等服务资源联系起来，方便快捷地满足老年人专业化、个性化、多元化的服务需求，实现提升老年人生活质量的居家养老服务新形式。信息化居家养老服务逻辑如图2所示。

2. 信息化居家养老服务发展意义

信息化居家养老服务发挥其特有的优势，具有以下功能：第

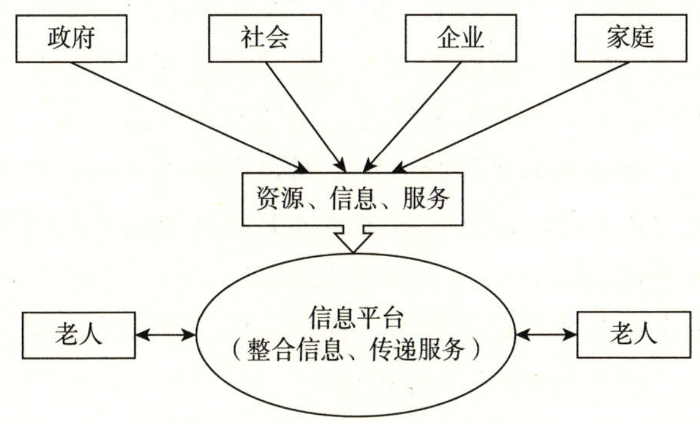

图2 信息化居家养老服务逻辑

一，利用信息技术为选择居家养老的老年人提供更专业、更细分的服务内容和项目，满足老年人不同层次的需求，特别是能够较好地解决高龄、空巢以及部分特困老年人日常生活帮助、紧急事件处理、精神慰藉缺乏等难题，改善老年人的生活质量；第二，利用信息化能够显著提高为老年人服务效率，让更多的老年人足不出户就可以享受到更加人性化的服务，有效缓解老年家庭照料人力资源不足的情况，并通过规模化运作降低运营成本和老年人服务价格；第三，借助信息技术创建养老服务信息平台，打通养老服务需求表达、传输和供给的渠道，整合各种养老服务信息与资源，实现线上和线下的联通和双向反馈，有助于实现居家养老老年人的分散养老和社会化养老之间的对接。

基于以上优势，信息化居家养老服务发展具有长足意义。

一方面，信息化居家养老服务的发展有利于缓解养老需求与养老供给之间的不平衡局面，有效满足老年人日益增长的多元化、个性化需求，提升老年人生活质量。事实上，我国养老服务行业属于典型的微利行业：一般需要上门服务但是利润极低，同时还得面对服务对象不信任的难题，属于典型的吃力不讨好行为——谁做？谁愿意做？这样一来，“马太效应”便在养老服务行业中产生并积聚，愿意经营的创业者越少，养老服务行业的竞争也就越小，从经济学视角看这样很难形成良性的循环；养老服务行业越是无法形成良性的竞争，那么整个养老服务行业的发展将越会受到非常明显的制约（张国平，2011：56）。而信息化居家养老服务平台的建立，有利于破除老年人、服务提供方的信息壁垒，利用信息技术将老年人与服务方连接，同时利用政府公信力打破老年人不信任、服务商不愿意的僵局，畅通服务需求提出和养老服务供给通道。基于此，信息化居家养老服务的发展也将降低老年人的选择成本以及服务供给方的宣传成本、时间成本，达到政府、社会、企业互惠互利的良好的合作生态圈，增强养老服务行业的市场活力，促进养老服务行业的转型。

另一方面，从社会意义和政策意义上来讲，信息化居家养老服务的诞生是一种“政府、社会”共同参与的社会化养老模式，其运作逻辑和服务供给的具体方式均与当前“小政府、大社会”的社会转型趋势高度契合，该服务的发展是建立服务型政府的一大标志，也是培育民间组织、缓和政企关系的重要路径。同时，该模式的发展将政府挖掘具体的公共需求和公共偏好并获得相关资源的优势与市场迅速生产、传递服务的优势巧妙衔接，不但有利于克服民办机构等在资源配置上的无效性，同时对克服政府在微观管理和激励机制的无效性亦有所裨益（敬乂嘉，2007：35～40）。进而言之，我国养老服务政策体系设计和当前养老行业的现实差距较大，其服务覆盖对象基本还停留在少数人身上，属于典型的补缺型政策。因此，信息化居家养老服务的诞生，为补缺型政策的转向提供了一定的经验和启示：服务方式上生产和供给分离、养老市场的培育、信息技术的积极运用等，信息化居家养老服务的良性发展并逐渐形成成熟的发展状态，有利于形成一种模式，从部分地区推广至全国，全面提升我国养老服务开展能力，缓解我国当前的老龄化问题，减轻政府、家庭的养老压力，促进养老服务从补缺型逐渐转向普惠型，同时有利于服务型政府的构建，实现社会政策中注重公平、正义的价值追求。

（二）信息化居家养老服务的运作机理

信息化居家养老服务的开展主要有两种形式：第一种形式以通信网络为主，该形式借助电话（包括手机和座机）拨打平台热线与信息平台连接，平台负责老年人需求的收集，而具体的服务提供者可能是平台直接运营的机构，可能是平台整合的加盟商，其具体形式因地而异。以苏州姑苏区“虚拟养老院”的建设为例，该地区主要依托“居家乐221服务系统”，对所有服务对象实行会员制，凭借会员身份实施准入管理。其虚拟养老院属于民办非营利组织，呼叫中心负责收集信息，鼎盛物业管理有限公司受虚拟养老院委托，作为主要的运营商：整合服务资源，为居家老年人直接提供标准化、多样化、层次化的养老服务，具体的运作流程参见图3。第二种形式以互联网为主，该模式利用搜索引擎等互联网虚拟平台，创建网站、APP，老年人可根据需求直接下单。两种形式的共性在于基于老年人的具体需求，利用信息技术手段为老年人服务。基于第二种形式当前实践较少，本文提及的信息化居家养老主要是指第一种形式。

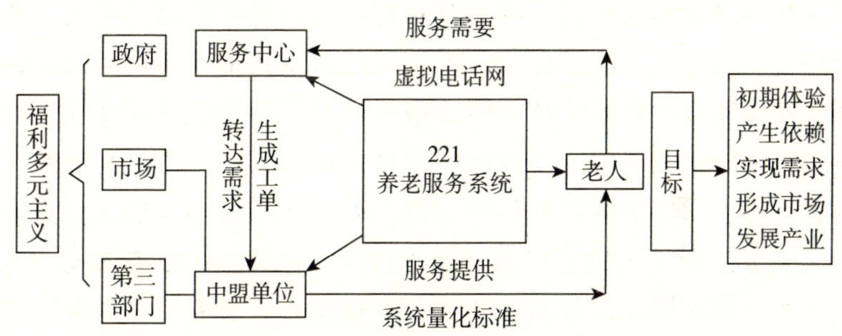

图3　虚拟养老院社区服务平台运作机理

资料来源：张国平，2011，《居家养老社会化服务的新模式——以苏州沧浪区“虚拟养老院”为例》，《宁夏社会科学》第5期。

此外，本文梳理各地信息化居家养老服务流程，总结基本脉络：信息化居家养老服务的运行系统主要以信息服务中心、服务系统、服务供给为一体，由政府或企业搭建具有承接者、中介者角色的信息服务中心平台，当老年人有养老服务需求时，通过一个公共的拨入号或者终端机将服务需求信息传递给信息服务中心，中心工作人员根据老年人具体的服务要求，并将服务系统中老年人基本信息数据库和服务机构信息数据库进行快速匹配，为老年人筛选合适的服务提供机构，生成服务订单，通过服务系统的传输终端将服务订单信息传达给服务提供机构，服务机构按照订单要求委派服务人员上门为老年人提供服务，服务结束后信息服务中心工作人员将完成的服务订单情况和老年人的服务反馈情况录入服务管理信息数据库中，以便储存、查看以及监督和管理服务提供机构的服务情况，老年人根据服务订单按服务次数或者按固定的服务周期进行付费，可直接支付给服务提供者也可利用信息网络支付系统通过服务信息平台统一结算、统一支付服务费用。

（三）信息化居家养老服务与现有养老服务的关系

无论是信息化居家养老，还是机构养老、家庭养老，不管什么形式，其最终目的都落脚于“养老”，均是为了满足老年人日益增长的多元化、亲情化的养老需求。

信息化居家养老服务模式作为一种新鲜的社会化养老新模式，和传统的居家养老相比，拥有其独特特征。其一，服务相关主体信息化、网络化。这一方面表现在利用信息化手段整合政府、市场、家庭等服务供给主体，便捷服务提供，另一方面体现在利用信息化手段实现老年人与老年人个体之间的互动，通过兴趣小组的建立将不同类型但拥有同样兴趣爱好的老年人会合起来，成就了一个个互惠互助的老年人互动支持网络。其二，服务方式现代化。这一方面体现在借助服务平台整合双方（服务需求者和服务生产者）的信息，并通过平台的管理和优化来开展服务的对接和调配，由此实现服务供给方式的创新以及沟通互动形式的改变；另一方面体现在居家养老服务模式强调审核和监督，力图通过供需信息的审核来确保服务的真实性，力图通过服务的反馈和评估机制来实现服务机构之间的有序竞争和优胜劣汰，从而保障服务水平的不断提升。从这一层面上讲，信息化居家养老服务实质是运用信息技术手段发展而成的“居家养老服务升级版”，也是居家养老服务形式的一种。

和机构养老、社区养老相比，信息化居家养老是对现行养老服务模式的补充和拓展，其主要表现在以下几点。其一，服务供给主体多元化。传统的机构养老、社区养老基本上是以场域作为划分标准，机构、社区作为养老服务的主要供给方，而信息化居家养老模式主要是政府间接委托市场提供服务。其二，服务供给内容多样化。传统的机构养老、社区养老仅能够满足老年人的吃、住等低层次的需求，而信息化居家养老服务拓展服务的外延，针对不同的老年人供给不同的服务项目，在一定程度上也拓展了服务对象的外延。其三，服务目标标准化。以杭州上城区为例，其目标在于实现“求助无忧、服务无忧、质量无忧、安全无忧、关怀无忧”（翁列恩、王振、楼佳宁，2013：1～10），服务目标高标准化。同时，信息平台依靠绩效考核、打分制等实现对服务供给对象的监督，提升服务质量，规范服务流程。

三　各地居家养老服务信息化建设中政府参与表现

（一）政府参与模式简介和划分标准

从经济学视角来看，经常将“无为之手”“扶持之手”和“掠夺之手”作为解释工具，用来分析国家和市场之间的关系，或者用来解释政府对民营经济和社会组织发展的影响。本文借鉴该分析视角，从政府与市场的关系角度出发，讨论政府参与模式对居家养老信息化项目建设的影响。从各地实践来看，在各地项目建设进程中，有的地方政府扮演“掠夺之手”，包揽项目的建立和运营；有的地方政府扮演“扶持之手”，扶持市场建立、运营养老服务信息平台；有的地方政扮演“无为之手”，放任市场操作，由市场自然发育带动信息化养老服务平台的建立。换言之，在该项目建设进程中，各地政府参与的程度和形式是不一致的，本文将从参与程度[①]和参与形式两个维度出发，划分和定位“政府参与模式”。

具体而言，从参与程度上来讲，一个项目的开展将经历“设

---

① 信息化居家养老服务提供者均为企业和市场组织，故本文讨论的政府参与主要是针对居家养老信息化项目建立、推广以及运营阶段的参与程度表现。

想—落地—推广—运营”四个生命周期，通常认为政府在某项目建设中参与阶段越多、时间越长则其参与程度越高。按此逻辑，本文按照政府参与时间的长短将参与程度分为强参与、一般参与、弱参与（见表3）。

表3 按照参与周期长短定位政府参与程度

形式	解释	设想	落地	推广	运营
强参与	具备4个环节	√	√	√	√
一般参与	具备2~3个环节	∀√	∀√	∀√	
弱参与	具备0~1个环节	∀√			

注：√表示一定参与环节的数量，∀√表示可能参与环节的数量。

从参与形式来讲，政府参与项目的建设主要有以下几种形式：出台政策，给予物力、人力、财力。通常认为政府参与形式越多、投入越大，其参与度越高，按此逻辑，本文按照政府参与形式的多寡将参与强度分为强参与、一般参与、弱参与（见表4）。

表4 按照参与形式数量定位政府参与强度

形式	解释	出台政策	财力	人力	物力
强参与	具备4个环节	√	√	√	√
一般参与	具备2~3个环节	∀√	∀√	∀√	
弱参与	具备0~1个环节	∀√			

注：√表示一定参与环节的数量，∀√表示可能参与环节的数量。

基于以上划分，本文将政府参与模式分为：政府主导型、政府引导性和政府潜导型。所谓政府主导型，是指政府从项目建设伊始到结束全程参与其中，并且投入了相当的人力、财力和物力，并颁布政策辅助项目开展。所谓政府引导型，是指政府在项目建设进程中，从大方向上引导并投入了一定时间和精力。所谓政府潜导型，是指政府在项目建设进程中，投入极少的时间和精力，鼓励非营利组织或企业担当领导角色，推动项目开展。具体分类情况见表5。

表 5　政府参与模式分类

序号	名称	具体表现
1	政府主导型	强参与 + 强参与
2	政府引导型	介于两者之间
3	政府潜导型	弱参与 + 弱参与

（二）各地居家养老服务信息化建设进程中政府参与具体表现

通过实地调研，笔者选择三个典型地区进行整体性的描述和概括。之所以选择上海徐汇区、黄冈市、宜昌伍家岗区进行分析，是基于以下几方面考量：第一，结合上文分类方法，并结合实地经验，着重参考课题小组的总结与建议，从中选择三个代表，进行各种模式的情况分析；第二，从居家养老服务信息化建设经济背景出发，本次调研分布在江苏、上海、浙江、湖北四个省份，从地区分布来看分布在中部、东部。为了探析经济发展水平对政府参与模式的影响，故地域也是本文考量标准之一；第三，从笔者自身情况出发，因项目经费、时间安排等原因，笔者只前往湖北宜昌和黄冈、上海进行实地调研，不管是建设背景还是具体情况，其把握程度较其他地区高。基于以上三方面考量，本文选择宜昌伍家岗区、黄冈市和上海徐汇区进行分析，各地具体情况详见下文。

1. 伍家岗区——政府主导型

（1）伍家岗区背景介绍

伍家岗区是湖北省宜昌市下辖区，辖区现有总人口 25 万人，其中 60 周岁及以上老年人合计 4.1 万人，约占全区总人口的 16.4%。受生育政策等因素的影响，伍家岗区老龄化进程逐渐加快，呈现如下特征：第一，速度快，从老年人口比重看，宜昌老龄化进程快于全国平均水平，其老龄化系数高于全国约 2.5 个百分点；第二，“少子老化”与“迁移老化”共同作用，宜昌市 30 年来一直是湖北省计划生育先进市，妇女生育水平长期保持很低水平，少子老化特征明显，同时，伍家岗区属于中青年大量外来的地区，外来人口的增多加剧了人口的老龄化的速度；第三，“未富先老”，宜昌当前国内生产总值未超过800美元，薄弱的经济基础难以应对日益加快的老龄化；第四，城乡不平衡，受地区差异、大规模人口流动等相关因素的影响，伍家岗区老龄化在城乡之间发展不平衡，总体而言，城市老龄化水平最低，镇次之，乡村最高。

（2）伍家岗区居家养老服务信息化项目建设的动机

访谈发现，为满足日益增长的养老服务需求，伍家岗区民政局曾经试图兴建大量的养老机构，但养老机构运营成本高，且受家庭观念、经济条件等因素影响，选择机构养老的老年人少，大部分建成的养老机构入住率低，老年人满意程度不高，因此民政部门养老服务供给方式亟待创新。伍家岗区民政部门开展居家养老服务信息化项目建设的另一大重要原因在于当前行政官员晋升机制升级和财政支出改革。我国处于服务型政府转型时期，各级政府对养老等民生事项非常重视，对民生项目的财政支出逐年增加。为此，大量的职能部门为获得国家财政投入，推陈出新（冯华艳，2015：180～185）。同时，政府考核体系中关于民众满意度等量化指标的改革刺激基层政府在民生工程上寻求创新。

（3）伍家岗区居家养老服务信息化项目建设的行动逻辑

伍家岗区对居家养老服务的探索自2007年开始，该区先后出台了《伍家岗区关于加快养老服务社会工作的实施意见》（2010年）、《伍家岗区居家养老服务实施细则》（2011年）等一系列规章制度和操作规程，鼓励社会力量参与，明晰开展居家养老服务的措施，创建了区到街再到社区养老服务网格。

2010年，宜昌市被湖北省设立为养老示范区，通过参观外地养老模式，并借鉴外地经验，该市率先于2011年逐渐搭建了居家养老信息平台，开通了12349社区公益热线（以下简称“12349信息平台”），当老年人遇到紧急情况或需要服务时，只需拨打手机上“一键通”，即可与12349信息平台实现对接，获取帮助。12349信息平台参与主体关系如图4所示。

具体说来，伍家岗区12349信息平台是由民政部门独立创办、运营的公益平台，其服务开展和“一键通”手机捆绑，其模式为

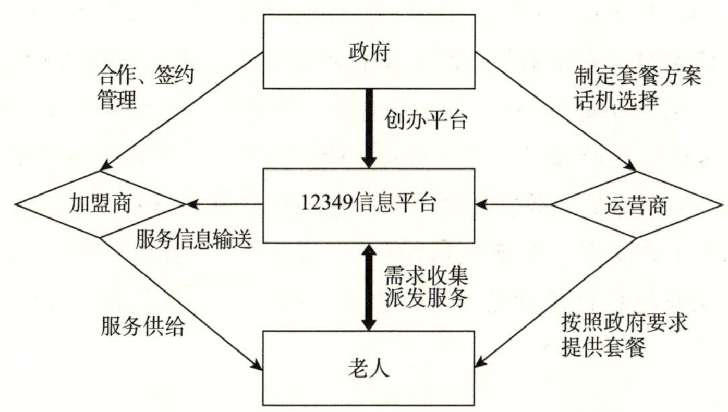

图 4　宜昌市伍家岗区养老服务信息平台参与主体关系

政府选定相应对象，为其发放“一键通”话机，并和运营商谈判，为话机配置“便宜”套餐，使辖区老年人能够便利享受12349“一键通”即时呼叫服务。

换言之，伍家岗区信息化居家养老服务平台建设由民政部门牵头、设计、实施、运营，其服务对象选择，审核流程设计，服务内容设置均由民政部门联合社区基层部门设计。其具体享受对象、服务内容覆盖如图5所示。

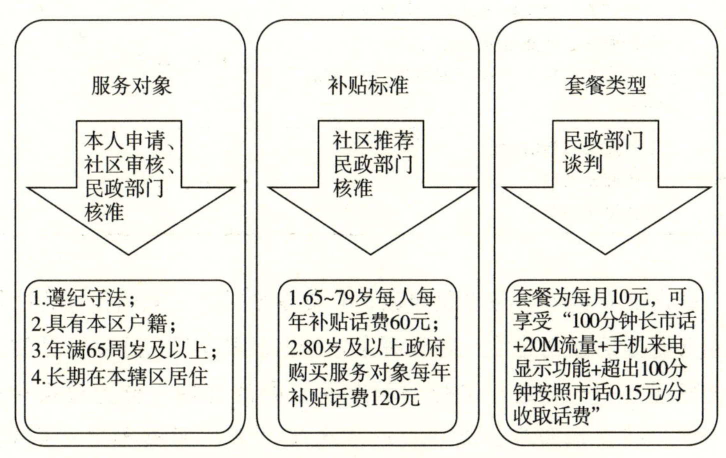

图 5　伍家岗区信息化居家养老服务对象基本情况

资料来源：根据宜昌市伍家岗区民政局提供的文件、材料整理。

（4）伍家岗区居家养老服务信息化建设政府参与模式探析

伍家岗居家养老信息服务平台覆盖快，被当地老年人称为贴心的“数字保姆”，并且三大运营商灵活选择，避免了资源浪费。而伍家岗区民政部门在“一键通”建设进程中，扮演了重要角色：从参与阶段来看，政府从设想到落地到推广再到运营，全程参与；从参与形式来看，政府在各阶段参与形式不一，具体见表 6（居家养老服务信息化建设是一个复杂的工程，本文仅梳理主要表现，下文同）。

表 6　宜昌伍家岗区居家养老信息化项目建设政府参与具体表现

阶段	参与具体表现	参与定位	模式定位
设想	参观外地经验，提出设想，并颁布政策、标准等	颁布政策	强参与 + 强参与 ↓ 政府主导型
落地	寻找企业设计呼叫中心方案、理念 联系运营商制定套餐方案、申请专线 鼓励加盟商加盟信息化平台，提供服务 招募呼叫中心客服人员 寻找呼叫中心工作场地 申请资金，划拨资金等	人力、物力、财力	
推广	设计广告，利用媒体寻找合作加盟商 利用社区、网格员推广建设 审核老人材料，集中领取发放“一键通”手机等	物力、人力	
运营	设计运营、管理方案 监督服务开展 管理加盟商等	人力、财力	

结合表 6 具体参与表现和表 5 分类划分标准，宜昌伍家岗区居家养老服务信息化建设应为政府主导型：政府不但是 12349 信息平台的发起人——制定相关的领取办法，申请经费，确定对象和补贴方案，联合加盟商，而且自己作为经办人一手操办“一键通”手机的领取发放和信息平台的运营、监控。该模式有两大特点：第一，政府包揽万事，“自办自营”。这一包揽万事的做法迅速促使平台建设和运营，从构思到落地不到 2 年时间；第二，政府不同

部门和层级分工明确，充分发挥基层力量。具体而言，12349 信息平台成立之初，委托社区进行需求摸排；成立期间，民政局主导和跟进软件开发，社区收集信息，提供加盟商名单；建立之后，社区负责服务对象的审核、上报，民政局负责材料的审核以及话机的发放。该平台的构建通过科层制度的各个层次和部门间的组织纽带而实现。

2. 黄冈市——政府引导式

（1）黄冈市背景介绍

黄冈市地处湖北省东部，总面积 1.74 万平方公里，其人口数量合计 750 万人。据第六次全国人口普查数据显示，黄冈市老年人合计 94.2 万人，占总人口数量的 12.8%。到 2015 年，黄冈市老年人口达 113 万人，占总人口 15.1%，老年人口总数排名湖北省第二位。70 岁及以上老年人 37.8 万人；全市空巢老年人 42.66 万人，占黄冈市老年人口总数的 45%。在空巢老年人中，生活困难老年人占 53.7%；生活单调空虚孤独的老年人占 67.1%；经济困难、失能半失能老年人占 34.95%。在“居家为基础，社区为支撑，机构为补充”的养老服务工作大背景下，黄冈市民政局与区民政局领导均指出，无论是“9073”或是“9055”的养老服务结构，黄冈养老服务工作任务重，特别是居家养老服务，“为老服务，老年人均在呼唤”。

（2）黄冈市居家养老服务信息化项目发展的动机

黄冈市属于中部城市，其经济发展程度不高，作为一个经济基础相对薄弱的发展中城市，为充分发挥其“后发效应”，黄冈市各级政府一方面在经济领域积极参考东部发达城市的成功经验，另一方面在社会建设领域充分汲取部分发达城市的建设经验，或者学习部分经济水平相当但某项目开展出色的城市的“秘籍”。为破解养老服务短缺的难题，黄冈市民政部门曾四处考察“游学”，积极探求养老服务机制的创新，民政部门在考察学习过程中，拓宽了视野，并逐渐明晰了政府的职责，产生了“在工作实践中借鉴所参观的部分城市的做法，有意识地做出培育社会养老组织和引入信息化手段升级居家养老的尝试”（张旭升，2011）的想法，确定了居家养老信息化项目建设的工作方向。黄冈市“一键通”项目建设动机，源于2013年4月黄冈市市政府副秘书长江炳清在保定进行的实地考察。在考察过程中，引发了建立“政府支持、企业支撑、市场运作”的为老服务12349信息平台的想法。当然，黄冈市“一键通”项目建设亦受中国行政官员的考核评估体系刺激和影响。

（3）黄冈市居家养老服务信息化项目建设的行动逻辑

近年来，黄冈市市、区两级政府重视养老服务体系建设，2013年5月，颁布《湖北省人民政府办公厅关于加快发展城乡社区服务的意见》（鄂政办发〔2012〕83号）文件，将社区居家养老和农村互助照料中心作为区政府的十件实事之一。2013年7月25日，黄冈市人民政府下达了《关于加快发展城乡社区居家养老服务的意见》（黄政办发〔2013〕40号）文件，提出了“加快居家养老服务信息系统建设”的任务要求，并提出引进“政府支持、企业支撑、市场运作”的保定模式，建设黄冈市为老服务12349呼叫信息系统，吸纳优秀企业和服务机构加盟进入为老服务。2014年，为推动居家养老工作，黄州区区政府出台《推进全区居家养老服务工作的意见》，明确了居家养老工作部门协作机制，支持养老服务信息平台运营补贴优惠政策和基层养老服务设施建设目标。

2013年4月，黄冈市通过对保定信息化养老服务建设的实地考察，引入“政府支持、企业支撑、市场运作”的保定模式，建设黄冈市12349居家养老信息服务平台。并以平台作为资源集散地，通过与民政局、电信公司签订合作协议、与企业服务机构签订加盟协议、与老年人签订入网协议，希望通过四个协议连接和处理四者之间的关系（见图6），使面向居家老年人的服务顺利供给。

黄冈市12349信息平台的建设和运营均由保定朗天科技发展有限公司（下文简称朗天公司）负责。朗天公司投资200万元成立黄冈朗天社区养老服务中心，独立运营信息服务平台，并自负盈亏。平台服务内容涉及紧急救助、定位服务、生活帮助服务、主动关怀服务等，为全市居家老年人提供便捷服务。平台服务对象、补贴标准以及套餐类型如图7所示。

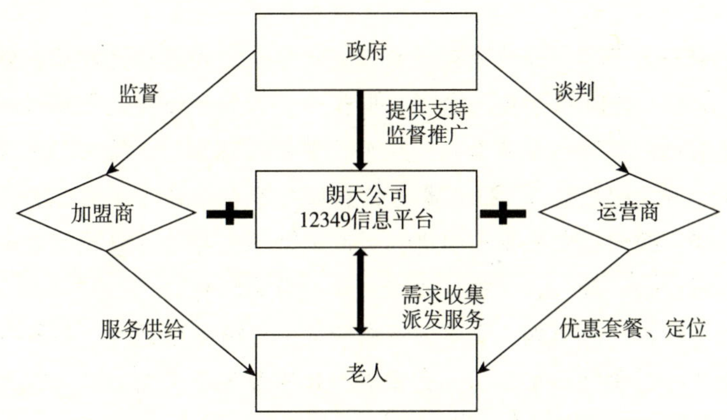

图 6　黄冈市养老服务信息平台参与主体关系

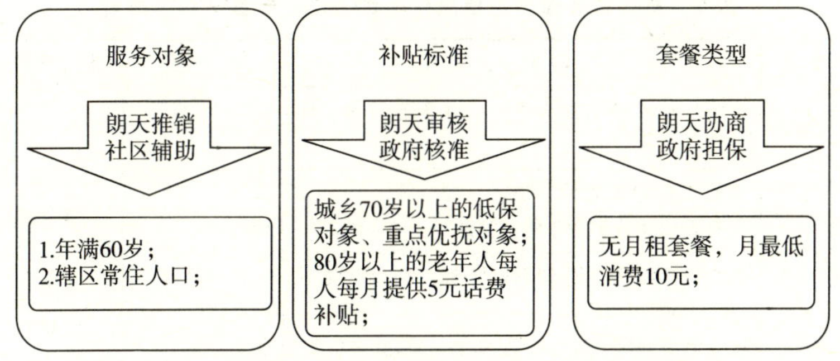

图 7　黄冈市养老服务信息平台服务对象基本情况

资料来源：根据黄冈市民政局政府文件整理。

（4）黄冈市居家养老服务信息化建设政府参与模式探析

黄冈市通过考察，引进保定模式，在政府的支持下，由保定朗天科技有限公司作为运营商，成立朗天社区养老服务中心，实行与中国电信公司合作，建立 12349 居家养老信息服务平台，吸纳优秀企业加盟服务，通过与中国电信和民政部门的合作协议、服务机构的加盟协议、老年人的入网协议搭建了广泛的外围关系网络，是信息平台稳定持续运作的保证，也是未来可持续发展的关键因素。这种“政府支持、企业支撑、市场运作”的居家养老服务运行方式，符合当前国家鼓励大力发展社会力量参与养老服务体系建设的政策主张以及社会需要更多力量投入养老服务事业的现实。

诚然，黄冈市民政局在居家养老服务信息化建设进程中，将建设、运营职能让渡给朗天公司，但是为平台的建设、运营积极提供了各方面的支持，具体而言：从平台建设周期来看，第一，在设想阶段，政府提出建设 12349 养老信息服务平台的决定；第二，在建设阶段，政府提供场地，引进朗天有限公司，辅助信息化居家养老平台的建设；第三，在推广阶段，政府分解任务，下达指标，全力配合平台推广；第四，在平台运营阶段，政府参与较少，其参与程度属于一般参与。从参与形式来看，政府投入了人力、财力以及政策鼓励辅助平台建设和推广。具体表现如表 7 所示。

表 7　黄冈市居家养老信息化项目建设政府参与具体表现

阶段	具体参与表现	参与定位	模式定位
设想	参观外地经验，提出设想，并颁布政策、标准等	颁布政策	一般参与 + 一般参与 ↓ 政府引导型
落地	为朗天公司提供办公场地 颁布政策对特定对象实施补贴	人力 物力	
推广	制定推广任务，分解下达指标，全力宣传和推广 设立社区专门性公益性岗位，辅助各社区"一键通"；手机发放，套餐办理等 给予朗天公司 15 万元推广宣传费用	人力	
运营	无	无	

结合表 7 具体表现和表 5 分类标准，黄冈市居家养老服务信息化建设应为政府引导型，即指政府虽不是主办方、经办人，但政府积极参与设想、建设、推广环节，利用政府公信力，协助项目建成。

该模式有以下经验：第一，引进其他地区成熟模式，运行理念较为先进，实现信息化居家养老服务的跳跃式发展；第二，政府大力支持，且政策体系较为完善，为企业的发展提供了良好的政策环境，同时利用政府公信力，迅速推广落地；第三，在居家养老服务事业上开展"政府搭台，企业唱戏，社会组织等运营"的形式，政企合作的同时支持和鼓励服务中心与其他企业合作，保证信息服务平台的健康持续运转；第四，多方参与主体因利益相关，有利于各参与主体及时发现问题，迅速解决。

3. 上海市徐汇区——政府潜导模式

（1）上海市徐汇区背景介绍

徐汇区位于上海市中心城区西南部，2014 年年初人口数量达 112.5 万人，其中 60 岁及以上老年人 33.07 万人，占总人口的 29.4%。2014 年国内生产总值 1187 亿元，完成区级财政收入 128.9 亿元。以信息产业和健康产业为主的服务业对经济增长贡献较大。徐汇区是我国东南沿海地区较为发达的地区，相比中部内陆地区，具有如下明显特征：经济增长快，人均可支配收入较高；市场经济水平高，老年服务产业起步早；人口老龄化程度较高，养老支出占财政支出比重较大；家庭小型化特征明显，独居老年人和空巢老年人比重较大。

（2）徐汇区居家养老服务信息化项目建设的动机

近年来徐汇区以建设上海市养老服务发展示范区为契机，通过体制机制改革和制度政策创新，充分调动市场主体、社会力量提供养老服务的积极性，加快养老服务业的发展，满足老年人日益增长的多层次、多样化养老服务需求。在此背景下，上海市徐汇区居家养老信息服务平台在政策的鼓励下逐步建立。其信息平台由上海友康信息科技公司创立，该公司整合各类服务供应商和社会公共资源，开创了“互联网 +”民生服务新模式，向广大社区居民及老年人带来便捷、优质而又可靠的服务。就市场方面而言，当前徐汇区处于深度老龄化阶段，老年人的各种客观需求不断增长，市场前景可观，促进了养老产业的发展。

（3）徐汇区居家养老服务信息化项目建设的行动逻辑

上海市徐汇区居家养老信息平台依托上海友康公司建立，该公司成立于 2010 年，注册资本 5000 万元人民币。友康科技公司采用 SaaS 云技术，融合 O2O 商业模式核心理念，挖掘居民多元化需求，创建了面向广大社区居民及老年人的 962889 民生服务平台。平台通过技术系统与政府综合信息数据平台的数据实时传输与备份机制，既保证政府部门可以随时监管平台各项运行情况，同时可以随时了解、掌握各类服务对象及服务机构动态信息数据及各类民生服务数据。上海徐汇区居家养老服务信息化建设各主体相关关系见图 8。

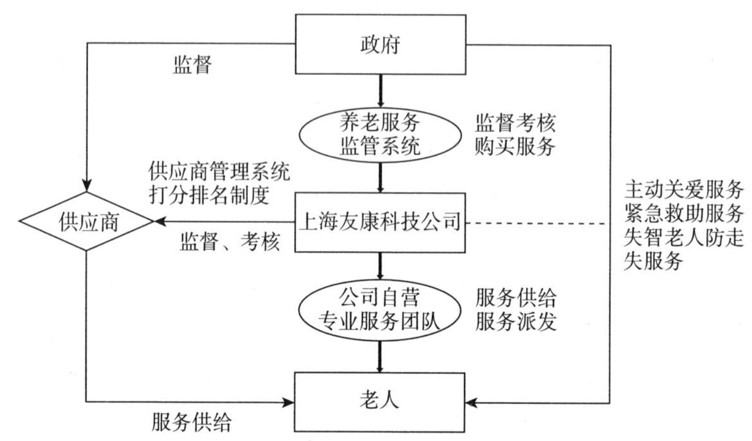

图 8　上海市徐汇养老服务信息平台参与主体关系

从图 8 可以看出，上海徐汇区政府对信息化平台建设的参与不多，信息平台的创办由企业创办，并且由企业整合资源、提供服务、监督服务。政府作用主要表现在：第一，购买友康科技公司的服务，为企业的经营提供一定的业务，购买的具体服务见图 9；

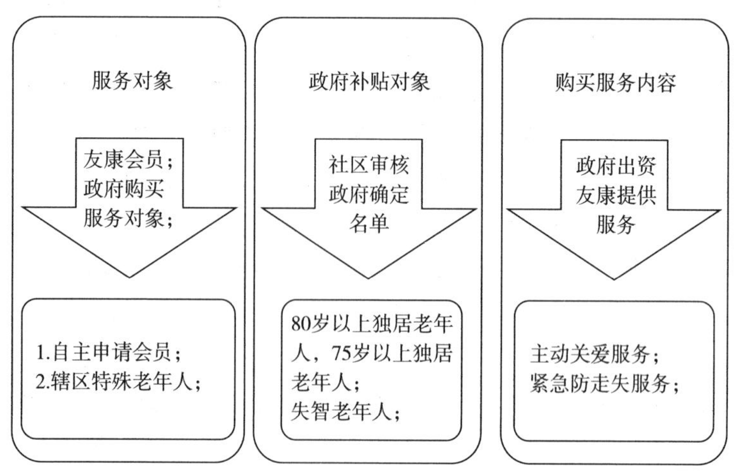

图 9　徐汇区信息化居家养老服务对象基本情况

资料来源：根据上海市徐汇区民政局政府文件整理。

第二，监督信息化居家养老服务的实施，一方面监督平台的运营，另一方面考核加盟企业的服务质量；第三，出台相关优惠政策，创造良好的政策环境，促进信息化养老服务的顺利供给。

（4）徐汇区居家养老服务信息化建设政府参与模式探析

徐汇区信息化服务建设，由企业创办，政府依托监督、考核，扶持企业的健康发展。从参与环节来看，徐汇区政府仅参与信息化建设推广和运营环节，从参与形式看，政府提供了相应的人力（见表8）。

结合表8具体表现和表5分类标准，上海市徐汇区居家养老服务信息化建设应为政府潜导型，政府对居家养老服务信息化建设影响较小，基本全程依托市场力量推进该项目建设、运营。

表8　上海徐汇区居家养老信息化项目建设政府参与具体表现

阶段	具体参与表现	参与定位	模式定位
设想	并无直接参与	—	一般参与 + 弱参与 ↓ 政府潜导型
落地	并无直接参与	—	
推广	通过街道、社区帮助友康宣传业务 鼓励养老院等公办组织购买友康服务 帮助企业整合各类为老服务信息及服务资源 建立后台服务组织的准入标准及考核机制	人力	
运营	购买友康服务，为企业增加业务量 定期评估友康服务开展情况，监督平台运营	人力	

该模式有以下经验：第一，政府潜导，企业主导，政府有效帮助企业的能效升级，拓展服务内容和项目，加快后台服务单位、组织、机构的培育、发展和连接，扶植平台“为老服务集团群”的建立；第二，市场占据主导角色，有利于规避“马太效应”，实现规模效应，进而提升服务质量，降低养老服务行业成本；第三，政府监督企业运营，及时调整服务内容，顺应养老需求变化。

（三）小结

上述各地均根据各地实际，开展居家养老服务信息化建设。由于传统的居家养老服务发展阶段不同，经济条件差异较大，以及各自使用的网络技术、服务供给方式、合作方式、运行模式等均存在不同，政府在居家养老服务信息化项目建设中扮演的角色亦不同：宜昌市伍家岗区居家养老服务信息化项目建设政府全程参与，并且投入了大量的人力、物力、财力，并颁布、制定相关的政策、服务标准推动项目开展，应从属于政府主导型；黄冈市居家养老服务信息化项目建设政府参与了设想、落地、推广环节，并且投入大量的人力、给予平台部分补贴，把握了项目建设的方向和进度，应从属于政府引导型；上海市徐汇区居家养老服务信息化项目建设由企业创办、企业经营，政府仅花费一定的人力帮助平台运营，并监督企业的服务开展，属于政府潜导型。

同时，本部分在细化政府参与表现的同时，梳理了三地不同的政府参与模式的经验和特点，详见表9。

表9　三地不同的政府参与模式的经验和特点

地区	政府参与模式	经验和特点
宜昌市伍家岗区	政府主导型	1. 政府全程参与，包揽万事，责任大 2. 利用科层制推行，建设速度快
黄冈市	政府引导型	1. 模式成熟、理念先进 2. 政府参与力度大，推广快
上海市徐汇区	政府潜导型	1. 市场主导，规模大，服务质量高 2. 政府参与力度小，企业发展空间大 3. 政府监督运营，企业良性发展

四　政府参与对各地居家养老服务信息化建设的影响评价

信息技术的产生和发展重塑了人类社会生活的大环境，高度的复杂性和不确定性成为当今社会的主要特征。而大部分官僚组织在不可预测性和偶然性问题面前通常表现得十分被动（张康之，2008：36～42）。为了适应信息时代的发展趋势，从控制走向服务是现代政府的必然选择（鲁敏，2013：189）。正因为如此，在居家养老服务信息化项目建设中，各地政府职能表现、参与模式受当地经济、社会等因素影响而各不相同。诚然，居家养老服务信息化建设是一个较为复杂的系统性的工程：从建设周期看，该项目建设从设想到成熟将经历 4 个阶段，即设想—落地—推广—运营，且在每一阶段，政府参与程度和参与形式可能会不同；从项目利益相关主体看，涉及服务接受者、供给者、传输者，接受者是老年人这一点可能是确定的，但是其他利益相关主体构成因各地建设模式不同而产生一定的差异性。因此，为了全面反映和诠释政府参与对项目建设的影响，本文将按照各地具体情况，逐一分析政府参与对项目建设各个环节的影响（设想和落地阶段可能有重合，本文将两者合并统一为服务形成阶段）。

本文影响评价是在借助专家法（胡光景，2013）和实务经验的基础上，设计政府参与影响指数评估指标，具体思路见图 10。

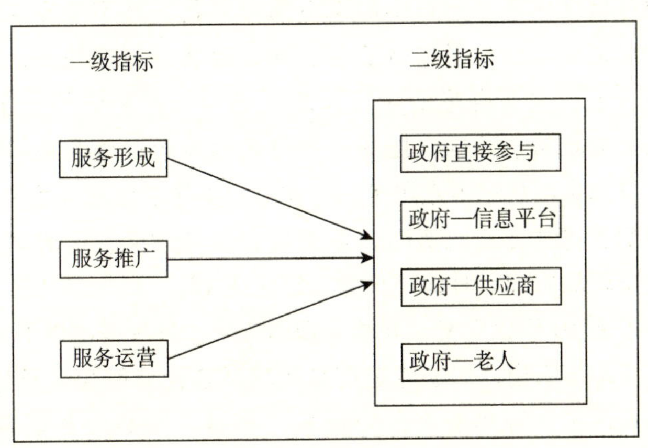

图 10　政府参与影响指数评价体系

一级指标包括服务形成阶段、服务推广阶段、服务运营阶段，二级指标设置着重考虑各阶段政府与其他相关利益主体之间的互动，但必须指出的是，因本文提及的三地居家养老服务信息化建设情况并不一致，政府职能表现和具体参与表现统一界定有一定的难度，但为了达到比较的目的，本研究从差异中寻找共性所在，将三地放置在同一评估框架中进行对比。

关于评估框架的来源。笔者在调研过程中，首先根据文献设计相关指标体系，在调研过程中着重关注各地政府参与的具体表现，逐步验证指标的完备性，并结合各地考核方案，同时与民政局干部讨论指标体系的合理性和全面性，最后结合政府官员的意见以及课题小组成员的建议，充分考虑三地共性、差异性调整影响评价指标体系。并且，本文在探索政府影响时在各阶段分值赋值有一定程度倾斜，具体指标分值[①]设置如下：服务形成阶段17项，共计40分；服务推广阶段指标14项，共计35分；服务运营阶段指标10项，共计25分；合计100分。

（一）政府参与对信息化居家养老服务形成阶段的影响

当前“互联网+民生”的大背景下，依托信息化手段，部分地方政府从居家养老服务的直接提供者转变为间接提供者，实现自身政府角色的转变。这种情况下，政府需要让渡的仅仅是居家养老服务信息化项目建设中的部分服务职能，并不能完完全全地让渡法定责任，比如说监督责任、制定政策规划责任等，特别是在各项居家养老服务形成阶段，政府必须承担相应的法定职能，制定相关的政策、标准，把握信息化居家养老服务开展的脉络和方向，以期推动居家养老服务信息化项目健康、快速地发展。

本部分将结合三地实际，探索政府参与对信息化居家养老服务形成阶段的影响，具体评价方案详见表10。

依据表10评价方案，并结合调研资料，整理得出以下结论。

宜昌市伍家岗区居家养老信息化项目建设是民政局通过调研，制定相关政策，筹集资金，确定服务标准，购买服务信息平台，招募呼叫中心客服人员，通过媒体、基层干部宣传，形成以政府为中心点，实现与媒体、企业和基层机关等合作的建设机制。根据细化指标，宜昌市伍家岗区居家养老信息化项目建设服务形成阶段政府影响指数可达35。

① 关于指标赋值：结合各地民政局干部、信息平台工作人员意见和各地实地考核方案分值权重的倾斜和比重而设置，并充分考虑课题组成员的意见和建议进行指标赋值。

表 10 服务形成阶段政府参与影响评价方案

一级指标	二级指标	三级指标	四级指标	分值	考评内容
服务形成阶段	政府参与	契约制定	制定政策颁布标准	5	是否出台相关政策文件规划、指导、扶持信息化居家养老服务发展（条件符合5分，否则0~4分）
			与服务机构签订合同	2	是否与服务提供机构签订具体合同（签订合同2分，否则0~1分）
			与媒介机构签订合同	2	是否与媒介机构签订具体合同（签订合约2分，否则0~1分）
		财政投入	财政投入	2	辖区内政府提供居家养老服务信息化建设专项资金（高于当地平均水平2分，否则0~1分）
			资金到账率和使用率	2	资金是否及时到账，项目顺利开展（及时到账2分，否则0~1分）
	政府-平台	硬件设施	场地面积	1	政府提供/帮助寻找场地（条件符合1分，否则0分）
			人员年龄结构和数量	1	政府辅助人员招聘、技能培训（条件符合1分，否则0分）
			服务种类和数量	3	与政府协商服务种类，实现多元化（条件符合3分，否则0~2分）
			档案的建立与管理	2	政府督促建立规范档案（条件符合2分，否则0~1分）
		软件措施	服务人员的技术、经验	2	政府协助培训、招聘（条件符合2分，否则0~1分）
			服务持续性	2	政府督促服务24小时开展（条件符合2分，否则0~1分）
	政府-供应商	硬件措施	服务种类和数量	3	政府根据老年人需求，招募送餐等服务供应商（条件符合3分，否则0~2分）
			资质和优惠	2	政府与服务供应商签订相关合同，提供优惠服务（条件符合2分，否则0~1分）
		软件措施	服务可近性	2	政府选择，核准服务供应商能快递上门提供服务（条件符合2分，否则0~1分）
			服务享受安全性	2	服务提供商通过基层单位核准，安全性高（条件符合2分，否则0~1分）

续表

一级指标	二级指标	三级指标	四级指标	分值	考评内容
服务形成阶段	政府－老年人	服务需求	服务需求表达畅通	3	政府相关部门通过问卷、访谈等收集老年人需求（条件符合3分，否则0～2分）
		信息传达	信息渠道表达畅通	3	政府相关部门设置渠道、途径，老年人能顺利表达（条件符合3分，否则0～2分）

黄冈市居家养老服务信息化建设初期，政府借鉴保定模式，引进朗天养老服务中心，并以强硬的行政手段加速推进建设进程，形成了以政府扶助，企业创办的合作机制。根据细化指标，黄冈市居家养老信息化项目建设服务形成阶段政府影响指数可达25。

上海市徐汇区居家养老服务信息化建设，是在市场发展较为成熟，政策支持的背景下，由友康公司创办，形成了政府购买、企业创办的建设机制。但在建设初期，政府并未明显参与。根据细化指标，上海市徐汇区居家养老信息化项目建设服务形成阶段政府影响指数可达8。

（二）政府参与对信息化居家养老服务推广阶段的影响

居家养老信息化项目硬件设施建成进入服务推广阶段，有的地方政府让渡管理责任，放任养老信息平台自由发展，有的政府亲力亲为，整合资源，大力辅助项目推广，各地表现不一。本部分将结合三地实际，探索政府参与对信息化居家养老服务推广阶段的影响，具体评价方案详见表11。

依据表11评价方案，并结合调研资料，整理得出以下结论。

宜昌市伍家岗区信息化平台的推广由民政局全面负责，民政局联合社区、街道以及网格员，按照从特殊补贴对象到一般符合条件对象分步骤有序推广，并由社区统计，民政局核准统一发放“一键通”手机，办理话费套餐。同时，政府利用媒体、社区等进一步挖掘有潜力的服务供应商，签订相应的合同，保证服务供给。

表 11　服务推广阶段政府参与影响评价方案

一级指标	二级指标	三级指标	四级指标	分值	考评内容
服务推广阶段	政府参与	项目公开	制作最新的服务宣传材料	3	政府通过媒体、基层单位举办宣传活动，让社会公众了解信息化居家养老（条件符合 3 分，否则 0 ~ 2 分）
			公开政府最新的决策	2	第一时间公开居家养老服务信息化建设新举措、新办法，让服务相关者知晓（条件符合 2 分，否则 0 ~ 1 分）
		资金注入	政府投入资金保证项目开展	2	政府出资，辅助信息化居家养老服务推广（条件符合 2 分，否则 0 ~ 1 分）
		服务保障	服务提供一致性	5	政府和相关部门在建设进程中不会因为应付考核而开展，保证服务前后一致性（条件符合 5 分，否则 0 ~ 4 分）
	政府 - 媒介	软件维护	政府帮助服务的开展	2	政府提供相关帮助服务的开展（条件符合 2 分，否则 0 ~ 1 分）
			政府定期检查	3	政府定期检查服务推广效果（条件符合 1 分，否则 0 分）
			档案监督档案的管理	1	政府督促建立规范档案（条件符合 1 分，否则 0 分）
		硬件维护	政府维护硬件设施	2	政府出资或其他帮助其硬件设施的升级（条件符合 2 分，否则 0 ~ 1 分）
			持续性	2	政府为服务开展创造有利条件（条件符合 2 分，否则 0 ~ 1 分）
	政府 - 供应商	政策扶助	政府帮助供应商稳定发展	3	政府出台相关税收或便利政策帮助发展（条件符合 3 分，否则 0 ~ 2 分）
		服务全面保障	可近性	2	政府提供相关培训，规范上门服务流程（条件符合 2 分，否则 0 ~ 1 分）
			多样性	2	全面招募供应商，保障服务多元化多样化（条件符合 2 分，否则 0 ~ 1 分）
	政府 - 老年人	服务监控	监督服务、保障质量	3	对服务效率、服务质量进行定期考核（条件符合 3 分，否则 0 ~ 2 分）
		选择多样性	保证老年人选择权	3	定期更新服务供应商名单并将信息传达，保证老年人知情权（条件符合 3 分，否则 0 ~ 2 分）

根据细化指标，宜昌市伍家岗区居家养老信息化项目建设服务形成阶段政府影响指数可达 25。

黄冈市信息化平台在政府的引导下建立，其推广、宣传基本由政府一力承担，朗天公司和运营商谈判其入网老年人利益，保障双方的利益，确定最低入网人数后，由政府分解任务，下达指标，由下级政府完成指标。并且动员社区提供加盟商名单，由朗天公司谈判合作。政府参与对平台推广的作用举足轻重。根据细化指标，黄冈市居家养老信息化项目建设服务推广阶段政府影响指数可达 22。

上海市信息化平台的推广主要由上海友康公司负责，但是友康倚靠政府公信力，帮其推广。政府鼓励社区、养老机构能使用友康服务，对平台推广有较大作用。根据细化指标，上海市徐汇区居家养老信息化项目建设服务推广阶段政府影响指数可达 16。

（三）政府参与对信息化居家养老服务运营阶段的影响

信息化居家养老服务运营阶段，政府是否有所作为，在一定程度上也影响着该项目服务质量。本部分将结合三地实际，探索政府参与对信息化居家养老服务运营阶段的影响，具体评价方案详见表 12。

依据表 12 评价方案，并结合调研资料，整理得出以下结论。

宜昌市伍家岗区居家养老服务运营阶段，政府与基层部门、加盟商长效合作，推动居家养老服务有序进行。并及时跟进各项服务进行前的记录、进行中的监督以及进行后的评估，全面把握着服务开展的范围以及节奏。虽然有关责任负责人曾表示：“我们也想过引进市场机制，让更多的企业参与进来，但为了保证服务质量，还是算了，我们现在能做多少就做多少。”根据细化指标，宜昌市伍家岗区居家养老信息化项目建设服务运营阶段政府影响指数可达 25。

黄冈市信息化养老服务运营阶段，由朗天公司联系派发服务并监督，对加盟商的管理亦由朗天公司承担。但由于朗天公司成立时间不长，目前处于亏损状态，其主要精力还集中在扩大用户群

表 12　服务运营阶段政府参与影响评价方案

一级指标	二级指标	三级指标	四级指标	分值	考评内容
服务运营阶段	政府参与	公平性	保障居家老人享受服务	5	政府与机构、基层部门合作，保证老人都能享受到服务（条件符合5分，否则0～4分）
		可持续性	制定政策颁布考核方案	2	制定评估方案、考核质量，保证可持续运营（条件符合2分，否则0～1分）
	政府－媒介	监督实施	评估服务、考核质量	2	按照周期进行考核（条件符合2分，否则0～1分）
			实时更新服务类目	3	按照评估结果，及时调整服务内容、方案（条件符合3分，否则0～2分）
			合作计划	1	制定合作机制（条件符合1分，否则0分）
		培训创新	实时培训	2	政府按照最新政策精神，及时更新理念，实施培训（条件符合2分，否则0～1分）
			了解问题	2	政府定期组织服务座谈会，发现问题，及时调整（条件符合2分，否则0～1分）
	政府－供应商	稳定性	监督、考核	3	政府是否实施打分考核、优胜劣汰（条件符合3分，否则0～2分）
	政府－老年人	满意度	及时处理投诉	3	民政部门接到相关投诉后，立即反应，如核准确有不当，及时处理（条件符合3分，否则0～2分）
			定期收集意见	2	每年1～2次定期组织问卷或访谈，了解服务对象要求，及时更新服务目录

上。根据细化指标，黄冈市居家养老信息化项目建设服务运营阶段政府影响指数可达6。

上海市徐汇区信息化居家养老服务平台的运营，主要业务包括政府为部分老年人购买的服务和老年人自主购买服务，政府与友康公司的互动较多，但与加盟商、老年人之间的互动较少。根据细化指标，上海市徐汇区居家养老信息化项目建设服务运营阶段政府影响指数可达16。

（四）小结

居家养老服务信息化建设参与主体多元化，政府与其他相关主体互动内容和形式不一。本章按照项目建设周期将其分为服务形成阶段—服务推广阶段—服务运营阶段，计算了政府参与对项目建设各阶段的影响指数，结果如表13。

表13　各地政府参与影响指数计算结果

地区	政府参与模式	形成阶段	推广阶段	运营阶段	综合影响指数
伍家岗区	政府主导型	35	25	18	78
黄冈市	政府引导型	25	22	6	53
徐汇区	政府潜导型	8	16	16	40

宜昌市伍家岗区是典型的以政府为主导，全程参与平台建设。黄冈市民政局“重平台建设，轻平台运营”，政府引导“弱中带强”。徐汇区看似并没有直接参与到平台的建设中，但是政府在该项目的建设过程中，利用政府公信力这种“无形”但有力的力量帮助其推广，同时实施完善的监督评估体系，保障项目的良性发展，政府潜导方向明确。

毫无疑问，在地方政府与市场的互动关系中，地方政府总是起着主导作用。但是，地方政府也是特定制度下的行动者，地方政府角色同周围环境因素之间存在复杂的共生关系，这种关系就如同“鸡生蛋蛋生鸡”那样循环往复，以至于无法清楚地判定最终是地方政府的行为决定了环境还是受制于环境。并且处于制度环境下约束下的地方政府都有实现短期内政绩显示最大化的冲动，但在同复杂的制度环境的互动中，他们可能受制于某种“路径依赖”，并产生“锁定效应”。在这种巨大的惯性力量作用下，地方政府与市场的关系要么进入良性循环，从而成为“扶助之手”，要么进入恶性循环，成为“掠夺之手”。在没有特殊的外在超强力量的作用下，这种非此即彼的关系可能会继续强化下去。以黄冈市为例，黄冈市民政局在引进保定信息化居家养老模式时，将该项工程作为政府十大实事之一，大力帮助企业推广平台建设，一方面利用科层制度以及强硬的行政手段，将老年人入网数量作为政府工作考核指标之一，将老年人入网数量进行分解，分发给各县、区基层单位，以指标下放形式帮助平台扩大用户量，其考核结果见表 14。

表 14　2014 年至 2015 年 3 月居家养老信息平台入网人数进度

单位：人，%

时间	当月入网数	累积入网数	计划数	完成进度
2014 年 7 月	2040	3922	15000	26.15
2014 年 8 月	731	5335	15000	35.57
2014 年 11 月	483	16039	15000	106.31
2015 年 3 月	6	16163	25000	64.65

数据来源：笔者对黄冈市民政局现有的《居家养老信息平台入网人数进度表》整理。

另一方面，政府利用自身公信度等优势，帮助朗天公司整合社会资源，为电信运营商与朗天的合作提供了可能性。但随着时间的推移，朗天因老年人购买力有限、市场打开慢，责难政府不提供政策支持和资金支持，而政府因为朗天建设 2 年，其服务量没有达到政府料想预期，并因为地方政府本身人手不足、事务繁忙等原因，对朗天公司的存在开始产生怀疑。政府、市场的关系在不断的互动中，发生了微妙关系，至于后期后如何演变，由多方面因素控制，并不是黄冈市民政局和朗天双方能完全决定的。

有学者曾指出，当前转型时期，部分地方政府在社会、经济发展过程中可能会存在着强烈的“机会主义”行为偏向（容志，2008：53～59）。进而言之，在任期制度、考核制度和监控制度等共同作用下，部分地方政府关键行动者确实具有短期内最大政绩显示的行为动力。换句话说，部分地方关键行动官员为了能够在“政治竞标赛”中占据优势地位，他们往往需要在很短的时间内迅速动员手中的资源，在某个领域内实现快速崛起，以获得“漂亮”的政绩，取得上级政府的认可。以宜昌伍家岗区信息平台建设为例，平台建设的缘由之一竟是“宜昌伍家岗区”被选作养老示范区，必须推行相关的政策或建设相关工程，全力配合检查审核。因此，伍家岗区12349信息平台由政府自办自营，从推行到投入使用竟不到两年时间。后因关键领导更换，后任者对该项目的热情度低，对平台的升级、扩大并无太大热情。

而反观上海市徐汇区信息化居家养老服务的开展，笔者注意到地方政府对工商业的尊重是绝大多数中西部地区难以企及的，这似乎是他们区域文化中特有的“基因”。在徐汇区居家养老服务信息化建设中，政府与市场能够较好地融合、沟通，两者相互依赖，并具有一定程度的正效应，政府通过友康，为特殊老年人群体提供居家养老服务，而友康依赖政府公信力为其宣传，更好地打开老年人市场，从“放任与扶持”到“引导与规范”，再到“服务与提升”，政府表现得更多的是顺应市场需要的“顺势而为”（鲁敏，2012），而不是主动创造某种模式的“强势强为”。如果一定再为这种“扶助之手”寻找一个解释原因的话，不妨归结为：在特定文化和历史背景下，地方政府与企业之间形成的良性循环和共生共荣。

五　各地居家养老服务信息化建设绩效评估

居家养老服务信息化项目建设的绩效评估是一个涉及多个相关参与主体的冗长的持续的过程。如果要有效评估该项目建设的绩效，不仅需要对信息化居家养老服务的建设初衷、建设进程、各阶段成果以及其最终结果有清晰的认识，而且需要构建完善的模型，能够展示在项目建设进程中各相关利益建设群体之间的相互作用（包国宪、刘红芹，2012：15～22）。本文绩效评估立足以上逻辑，分成以下三个步骤：第一，评估养老服务效率；第二，评估养老服务效果；第三，综合前两个步骤得出结果。毕竟，信息化居家养老服务并不仅仅是政府直接为老年人提供服务，它可能是通过信息平台、服务供应商等第三方间接为老年人提供服务。那何为养老服务效率评估？效率评估主要是测评政府等在花费了人力、物力、财力后是否提供了尽可能多的服务。何为养老服务效果评估？效果评估主要是通过顾客对服务质量的评价来测评服务消费对象对服务是否满意，简而言之就是学术上时常出现的消费者满意度评价。之所以按照以上步骤实施评估，还因为该项目建设参与主体较多，各利益相关主体对服务绩效都要承担一定的责任，对任何一方参与主体和任一建设环节评估的缺失都可能影响评估结果的公平性，影响服务开展的质量（包国宪、刘红芹，2012：15~22）。

（一）居家养老服务信息化建设效率评估

1. 居家养老服务信息化建设效率评估的必要性

居家养老服务信息化项目建设落脚点在于多元价值的平衡，其效率评估指服务的投入与产出之比，考量在既定的投入和相关技术条件支撑下，信息化居家养老服务投入的资源有没有被浪费，也可以说投入的资源能不能被更大程度地利用。该项目建设的投入主要包括政府和其他相关主体投入的人力、物力、财力的总和，而产出是服务供给方提供的具体的养老服务等。

将效率评估作为居家养老服务信息化项目建设绩效评估的测评维度之一是基于以下考虑：第一，从服务成本角度来讲，效率评估要求居家养老服务开展参与主体能够按照实际情况制定合理、合法的开支预算，并且按照既定的标准、程序执行服务的开展，有效约束服务的随意行为，降低其运行成本；第二，从社会效应来讲，服务开展的好坏影响参与主体在公众心目中的形象，政府在该项目建设中应该恪尽职守，扮演好自身角色，增强公众对政府的归属感，进而缓和社会矛盾，增强政府的号召力（蔡立辉，2002：95~100）；第三，开展效率评估，有助于及时发现项目建设进程中存在的问题和不足并快速解决处理，推进项目建设速度，同时有利于推动社会公众对服务提供者和政府的监督，赢得公众的理解支持（薛著，2010：5~6）。

2. 居家养老服务信息化建设效率评估方案设计

居家养老服务信息化建设的效率评估应该全面考量服务内容、目标以及影响服务顺利开展的各种因素（王晓红、张宝生、潘志刚，2010：75～77）。借鉴3E理论（3E理论认为对于一个政府部门的效率评估主要考虑经济、效率和效果三个方面），本文亦将从这三个方面着手进行分析。但必须指出的是，虽然在学术界3E理论被广泛用于各种政府项目效率评估，但因居家养老服务信息化建设包括政府、老年人、信息平台、服务供应商等，参与主体较多，不同的参与主体关注的焦点和价值判断标准不同，不能一概而论实施“一竿子”的“3E”评估。因此，本文效率评估一方面遵循3E理论的基本原则，另一方面结合各地项目不同的特点，分别从政府、服务供给机构、社会公众、信息平台四个方面进行分析评价，即对于信息化居家养老服务的效率评估，应当包括服务项目本身的效率、项目属性以及服务开展的利益相关者三大维度（卓萍，2010：56～62）进行，如图11所示。

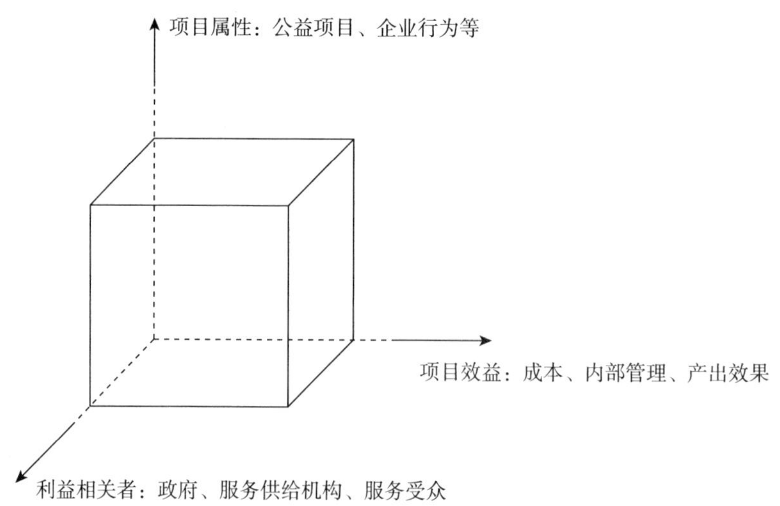

图11　居家养老服务信息化项目建设效率评估方案设计

其中，项目效率维度主要是考核项目的投入产出比——通常情况下，信息化居家养老服务项目效率可分为可量化和不可量化两种，可量化的比如服务的数量、覆盖范围等，不可量化的只能通过主观判断或者认知来测量，比如项目建设过程中各主体的合作。利益相关者维度——在项目建设中，多方利益相关主体参与其中，不同的参与主体因利益立足点不一致，其对服务建设的设想、操作和评价标准也是不一致的。因此，在评估过程中应该充分考虑多方参与主体的不同意见，以期全面反映该项目的实际开展情况。项目属性维度——作为一个服务性项目，不同的参与主体有不同的目标，在评估过程中，必须考虑到各种服务项目之间的属性差异，针对不同的服务类型，具体设计行之有效的效率评估指标体系。基于以上分析，并结合实地调研获取资料，本文信息化居家养老项目服务效率评估模型如表 15 所示。

表 15　居家养老服务信息化建设效率评估模型

一级指标	二级指标	三级级指标	指标解释
服务效率评估	资源效率	资金投入情况	各地对信息化居家养老服务投入资金
		信息平台建设效率	信息平台建设规模，日均、人均单量等
		实现社会效益	信息平台服务次数及服务提供者效率
	服务受众	服务覆盖内容	信息化平台所包括的服务内容
		服务覆盖面	享受服务老年人占比以及分类情况
	利益相关群体	服务供应方	服务实现的进度、及时性和必要性
		上级政府	上级政府考核评估

3. 信息化居家养老服务效率评估结果

通过整理调研收集资料以及老年人、服务供应商访谈材料，并结合以上信息化居家养老效率评价模型，本文分析结果如下。

（1）资源效率方面

从政府投入资金来看：宜昌市伍家岗区信息化居家养老平台的建立，包括软件购买资金以及政府每年为老年人提供的话费补贴，合计 110 余万元；黄冈市信息化居家养老服务平台的资金投入，包含朗天公司自身投入的 200 余万元以及政府补贴公司的 5 万元，合计 205 万元；上海市徐汇区信息化居家养老服务由友康公司投入，投资额度超过5000万元①，详见表16。

表16 各地政府居家养老服务信息化项目资金投入情况

单位：万元

地区	政府投入	企业投入	投入资金总和
宜昌市伍家岗区	110	0	110
黄冈市	5	>200	>205
上海市徐汇区	0	>5000	>5000

数据来源：根据实地调研资料整理所得。

从信息平台规模看：伍家岗区信息平台工作人员2名，且2名座席还承担伍家岗民政局其他行政工作；黄冈市信息平台员工合计15名，包括负责人1名，座席10名，以及市场推广人员4名；上海市友康公司现有员工300余名。

从平台运营看：伍家岗区成立至今提供服务合计1488单，黄冈市提供服务643单，上海市友康公司服务271008单。②

（2）服务受众方面

从服务的内容看：伍家岗区服务涵盖家政服务、医疗健康、水电维修、下水道疏通、送餐服务、代购服务六大类；黄冈市服务涵盖紧急救助、家政服务、医疗服务、水电维修、家电维修、服务咨询、管道疏通七大类；上海市徐汇区服务涵盖生活服务类、维修类、文化娱乐类、医疗类、法律服务类、机构养老类、教育类、就餐类、特需服务类等十大类53项服务。宜昌市伍家岗区、黄冈市近年来服务分类如图12和图13，上海徐汇区因涉及政府购买服务，其服务单量统计不完全，故本文中将不展现其服务覆盖。

① 由友康公司提供，因企业对当前投入未进行完全统计，仅说明投入已超过5000万元。

② 宜昌伍家岗区12349信息平台提供，2013年532单，2014年613单，2015年343单；黄冈市相关数据由朗天养老服务中心提供；上海徐汇区相关数据由友康科技公司提供。

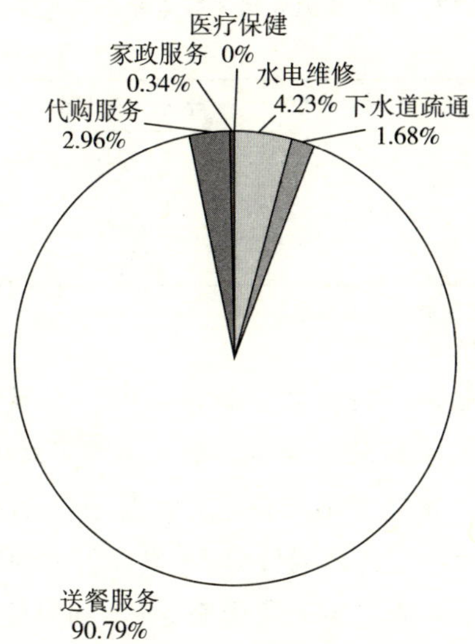

图 12　宜昌市伍家岗区服务分布比例

数据来源：根据实地调研资料整理所得。

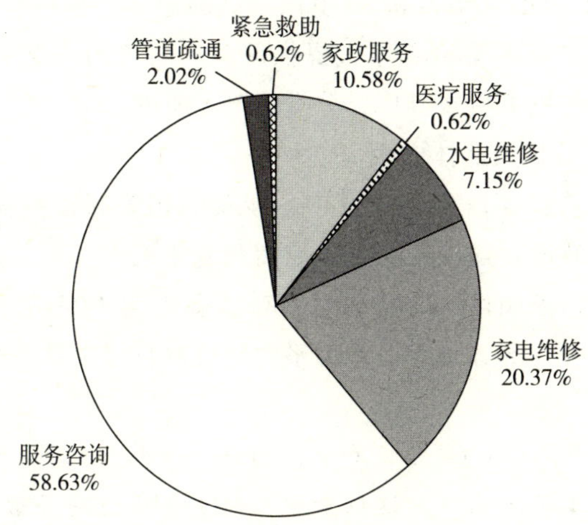

图 13　黄冈市服务分布比例

数据来源：黄冈市朗天养老服务中心整理。

从服务覆盖来看，三地老年人覆盖情况如表 17 所示。

从表 17 可知，黄冈市信息化居家养老服务覆盖率最低，上海市徐汇区最高，宜昌伍家岗区位于中间。

表17　各地信息化居家养老服务覆盖情况

单位：万人，%

地区	老年人覆盖人数	老年人总人数	覆盖占比
黄冈市	1.62	94.2	1.72%
宜昌伍家岗区	0.70	4.1	17.12%
上海市徐汇区	6.22	25.47	24.44%

数据来源：根据实地调研资料整理。

但值得一提的是，在养老服务评估中，不能仅仅关注老年人数量，同时应该关注高龄老年人、智障老年人等特殊群体，需明晰服务覆盖层次。故笔者结合信息平台服务内容以及实地调研所得，发现上海市徐汇区民政局针对80岁以上的独居老年人，75岁以上困难独居老年人购买主动关爱服务①，同时政府扶助宣传，鼓励各养老机构、社会公益组织等为在养老机构养老的老年人购买友康平台服务，覆盖面甚广。伍家岗区居家养老服务信息化建设，为75岁以上困难老年人和80岁以上高龄老年人提供每月10元话费补贴，但并未主动给老年人提供服务。而黄冈市服务群体覆盖因是各地基层机关负责推广，分类情况不明晰。

（3）利益相关群体方面

居家养老服务信息化建设中，涉及的相关利益群体除了信息平台本身、政府，还涉及服务供应商和老年人。

宜昌市伍家岗区12349信息平台覆盖率为17%左右，老年人对此评价不一。部分老年人认为平台建设对自己生活有很大帮助。

老年人A：68岁，和女儿同住，女儿已经30岁，经营网店，基本足不出户。这位老年人对12349信息平台的评价是："我很感谢12349，感谢民政局，我跟我女儿住，她干不了体力活，我老了，也不行，现在买米啊、买油啊，我就跟12349打电话，等哈儿米、油就送来了，而且不多收钱，很方便。"

---

① 主动关爱服务是指友康信息平台每隔72小时至少给老人打一次电话，该服务政府年均投入300余万元。

老年人B：生病打电话到平台说想理发，信息平台工作人员还未回访，就打电话过来说："谢谢你们！谢谢你们！"

但也有部分老年人对信息平台评价不高，其主要原因可能在于他们自身并未享受到平台提供的服务。

从加盟商的视角评价，宜昌市伍家岗区加盟商指出："加盟平台的原因多在于想为老年人贡献一点爱心，赚钱是其次，每年也就多30~40单，不可能说是为了占领老年人市场。"

（二）居家养老服务信息化建设效果评估

1. 居家养老服务信息化建设效果评估的必要性

萨瓦斯指出，衡量项目是否有效，其最基本的三项指标是效率、效果和公平（王春婷，2012）。与效率相比，效果和公平才是居家养老服务信息化建设进程中政府更值得关注的问题，基于消费者满意度的效果评估能够相对比较直观地反映项目建设的成效（包国宪、刘红芹，2012：15~22）。"如果行政官员能够像企业管理者那样始终关注满意度评价，那么内部行政运作无须改革和改善服务便不言自明了（于秀琴，2011）。"基于以上分析，效果评价的重要性显而易见。

将效果作为居家养老服务信息化建设绩效评价的测评维度之一主要基于以下考虑。第一，从参与主体责任来看，政府为提升服务质量，将养老服务的"生产过程"逐步让渡给企业和非营利组织，但这并不是政府责任的全盘让渡，在项目推行过程中，政府需承担生产、监督等职责。而开展效果评估一方面有利于政府把控服务供给质量，避免服务供给者利用提供上门服务的机会谋取不正当利益；另一方面有利于增加老年人对服务选择机会，并提升公众谋福利的责任意识。第二，从消费者享受服务视角来看，以"顾客导向"为理念的效果评价，可充分检测公共服务是否能够满足公众需求，服务评价结果是指示灯，为其质量的提升和项目的改进提供了依据和方向。第三，从养老服务绩效评价的全面性来看，居家养老服务效果评价能够有效弥补单纯效率视角评测的不足。第四，从评估的功能来看，信息化居家养老服务效果评价具有分析和调节功能，有利于了解服务现状，及时总结经验，发现潜在问题，制定行之有效的对策，不断提升信息化居家养老服务质量。第五，从信息化居家养老服务效果评价的发展现状看，目前各地尚未建立起完善的效果评价体系，提炼科学的测评方式，建立科学的服务质量评价体系，为应对中国老龄化问题以及不断深化与完善中国居家养老服务做出贡献（费逸，2009）。

2. 信息化居家养老服务效果评估方案设计

随着市场经济的发展和新公共管理运动的兴起，各地方政府转变职能，创新部分养老服务提供方式。但公共服务水平一直处于较低水平的一个重要原因就是缺少明确的服务要求及服务标准（刘红芹，2012）。因此，在信息化居家养老服务建设进程中，应该充分考虑老年人满意度，提升服务质量，树立行业服务标准。

基于信息化居家养老服务对象均为老年人，其理解能力和交流能力水平相对低一些，本文将服务质量划分为6个较容易理解的维度，并细化成26个比较容易理解的问题，每个问题对应一个指标。具体而言，本文评价模型共包括6个维度，26个三级指标。6个维度分别是：有形性、可靠性、便利性、实效性、移情性、监督性（罗艳、石人炳，2016：123～129）。其每个维度的内涵是：①有形性是指信息化居家养老服务开展拥有现代化的设备，能提供优惠的呼叫套餐，同时流程设计简明扼要，工作人员精神饱满；②可靠性是指在服务开展过程中，服务者信息高度保密，并且能公平、公正地提供服务，保证服务的及时性和有效落地；③便利性是指服务终端服务设备方便使用，能实现实时沟通及时反馈；④移情性是指服务提供方能充分了解老年人需求，提供特殊、个性化服务；⑤实效性是指服务回应及时，传递及时，派发及时，并且投诉能及时回应；⑥监督性是指能在充分了解老年人意愿基础上，进行服务质量、服务方案等全面有效评估。

其具体的评价模型如图14所示。

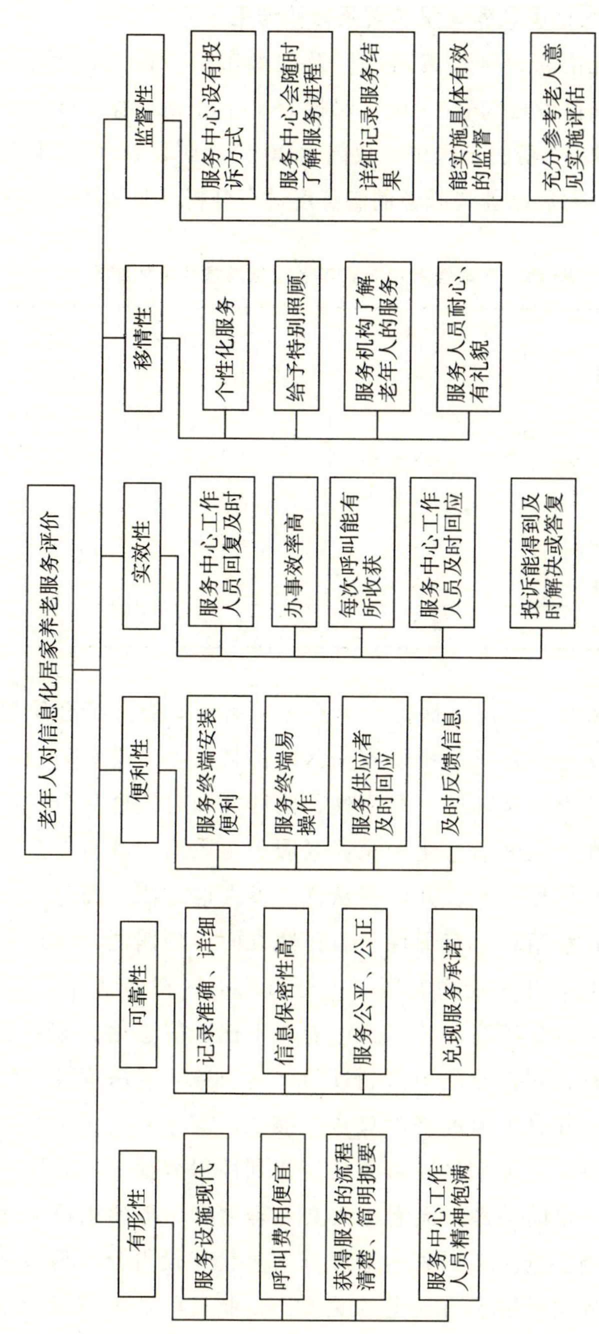

图 14　信息化居家养老服务效果评价模型

3. 信息化居家养老服务效果评估结果分析

笔者在伍家岗区、黄冈市以及上海市徐汇区进行问卷调查：宜昌伍家岗区发放问卷15份，回收15份；上海市徐汇区发放问卷12份，回收12份；黄冈市发放问卷20份，回收20份。本文根据问卷结果，对居家养老服务的满意度进行分析（见表18）。

表18　三地信息化居家养老服务满意度评估结果

维度	宜昌市伍家岗区	黄冈市	上海市徐汇区
有形性	3.5	3.3	4.1
可靠性	4.9	3.2	4.3
便利性	4.9	3.1	4.2
时效性	4.6	3.5	4.5
移情性	4.2	3.6	4.9
监督性	3.8	3.2	4.2
平均值	4.3	3.3	4.4

整体来看，上海市徐汇区信息化居家养老服务综合质量评估得分最高，其次是宜昌市伍家岗区，排名最后的是黄冈市。相较而言，宜昌市伍家岗区在可靠性、便利性和时效性得分最高，其原因可能在于该区信息化居家养老服务由政府自办自营，对于加盟商的选择严格把关，并价格从优，极大地方便了部分老年人的生活；但在移情性、有形性、监督性方面得分偏低，这从侧面反映出该区服务开展能力有限。上海市徐汇区在移情性、监督性、有形性方面得分较高，其原因可能在于该区信息化居家养老服务由企业运营，而企业出于营利性质，其服务开展深度及广度较其他两地高，并且上海经济发展水平靠前，老年人购买力强，其服务开展范围广；但该区在可靠性、便利性得分偏低些，这跟企业信赖力有一定的关系，而老年人文化程度和服务要求高也对此有一定的影响。黄冈市居家养老服务信息化建设得分普遍较低，这跟当地服务建设情况有一定的关系，企业目前处于拓展消费群体阶段，还未进入深化服务阶段，其服务水平、服务层次相对较

低些。

（三）小结

美国著名经济学家瓦西里·里昂惕夫认为："对某种现象所做的任何有目的的统计调查都需要一种专门的概念框架。"（李古卓，2015）同理，信息化居家养老服务调查、统计和评估，需要建构一种专门的概念框架，系统化的全面分析。同时，项目的开发与发展涉及的利益相关主体理应成为其成效、影响评估的主体，毕竟"任何一个业已确定的评估主体都有自身特定的评估角度，有不可替代的比较优势"（盛明科，2009：74）。本部分对各地居家养老服务信息化项目建设的绩效评估借鉴包国宪等学者评估方案，多方考虑各自不同的参与主体的感受、满意程度，以期对该项目形成客观、全面的认识。

就效率评价而言，上海市徐汇区从项目属性、服务受众等方面表现出色，该地充分发挥企业、社会公益组织等非政府组织参与项目建设，并取得了出色的成就。宜昌市伍家岗区在服务受众、服务理念方面表现出色，服务接受者满意度较高，较好地诠释了政府执行的效率、质量。黄冈市在服务理念和政企配合方面表现出色，但因处于开发阶段，各主体配合、耦合性低，需在提升配合的基础上，进一步提升服务质量和服务广度。

从效果评价来看，上海市徐汇区平均得分4.4分，综合评价最高。宜昌市伍家岗区虽规模较小，但综合评价得分4.3分，仅略低于上海市。黄冈市得分3.3分，得分最低。

综合效率评估和效果评估结果，可初步判断：三地居家养老服务信息化项目建设上海徐汇区绩效评估最好，宜昌伍家岗区次之，黄冈市落后。

六　结论与讨论

（一）结论

通过分析上海徐汇区、宜昌伍家岗区和黄冈市三地居家养老服务信息化建设政府参与的影响，并结合其绩效评估结果，笔者得出以下结论。

第一，政府参与模式影响着居家养老服务信息化项目建设，但并不是说政府参与影响越明显，项目建设效果越好，两者之间没有必然的正相关关系。例如宜昌市伍家岗区地方政府全程参与养老服务信息平台建设，但绩效评估结果并不理想。究其缘由，一方面，当前信息化时代和后工业时代，官僚制组织已然缺乏肥沃的生存土壤和适宜的生存条件。有研究指出，当前我国“官僚制就像一辆破破旧旧的小车，在漫长的20世纪经过不断的修理和不定期的保养，每次或许都可以基本证明自己功能还比较完好，不影响正常的运转，但这辆小车到了现代后工业社会这条‘康庄大道’上，便显得有点局促不安，毕竟‘车小路宽’，存在感和安全感低，时时都有翻车、摔车的可能性，哪怕是极其谨慎的驾驶，也无法在‘康庄大道’上奔驰，这就像把运用了所有新技术进行改造过的电气列车搬到悬磁浮的轨道上去一样”。官僚组织的等级制度和控制导向最终会影响项目建设和服务开展的效率（张康之，2008：5～11）。从这一层面上来讲，宜昌市伍家岗区信息化养老服务平台的建设以一种自上而下的模式推行，虽推行速度快，但其后期经营缺乏活力，效率低下；并且因为官僚制度的严格把控，不能大胆将部分责任让渡给市场，如同“井底之蛙”，看到的天空面积有多大，其服务覆盖面可能也就那么大。另一方面，伍家岗区“自办自营”的参与模式可能会受地方政府部分关键行动者的执政理念的影响。有时候，官场如同战场，“百舸争流”，竞争激烈，如果关键领导眼见晋升无望，可能更多考虑自己的“退路”——也许得过且过，不思进取，做一天和尚撞一天钟；也许上推下卸，不求有功但求无过（鲁敏，2012）。这些都会对正在发育中的信息化居家养老服务市场产生不利影响。

第二，居家养老服务信息化项目建设进程中，政府参与在服务推广阶段影响越明显，其有效推广越好。我国养老服务行业市场前景相当广阔，但由于该行业回报周期长、推广慢等特点，发展缓慢。因此，在该项目开展进程中，政府参与扶助推广，利用其公信力，可有效打开市场。以宜昌市伍家岗区为例，利用社区、网格员、电视媒体推广 12349 信息平台，老年人自主入网比例较高。而上海市徐汇区地方政府通过政府购买服务，鼓励养老机构等组织购买友康公司服务，有利于企业开拓市场。易言之，政府参与模式对该项目推广有极大影响。特别是在项目建设初期，为了服务快速落地，政府利用行政手段辅助项目推广是极其必要的，但是长此以往，政府强硬的行政手段和行政作风可能会产生反弹，阻碍信息化养老服务的开展。随着居家养老信息化项目建设的不断推进，政府扮演的角色应当顺应时势而不断转变，应逐渐从具体事务中抽身而出，淡化行政角色和包办思想，更加集中精力开展信息化居家养老服务的顶层设计和宏观管理工作，站在一个更高的视角给予项目发展一个更大的舞台，提升项目建设的效率和成功的概率。

第三，在居家养老服务信息化项目建设进程中，企业、政府与其他相关主体协调配合服务供给机制，配合紧密度越高，其市场规模和市场效应越好。以三地信息化居家养老服务覆盖规模看，宜昌市伍家岗区由政府主导创办，自办自营，其规模最小。而上海市徐汇区、黄冈市政府和企业通力合作，其市场推广规模大。从政府责任视角出发，信息化居家养老服务推广得越广，政府对其直接负责的对象也就越多，而政府所承担的责任也就越大，如果政府不和其他相关主体合作，寻找能分解政府责任的载体，那么政府将可能会在推广工作面前止步不前，“做一天和尚撞一天钟”。而如果市场参与信息化居家养老服务工作中，其利益追逐会驱使市场主动借助政府公信力推广，追求利益最大化，有利于居家养老信息化项目建设。

（二）讨论

第一，居家养老服务信息化项目建设进程中政府应如何置身其中？在我国，随着经济、社会的发展和社会治理参与主体的多元化，社会结构逐渐变得复杂化，如此一来，能够影响政策执行的因素越来越多，政府政策执行早已不再是“有确定输入就是有确定输出”的简单过程了（王健、李钰，2015）。由此，从某种程度上来讲，政府是居家养老服务信息化项目建设的主管部门，但在该项目建设过程中，不能仅仅依靠政府力量推行，应该立足当地经济发展的实时情况，形成政府牵头，社会共同参与的总体态势，并且遵从当地经济发展规律，政府或其他社会组织从实际情况出发，依据不同的经济背景、不同的需求表述开展各具特色但逻辑一致的信息化居家养老服务，确保服务的实在性。毕竟该项目建设从属于社会福利建设的范畴，政府应该适时转变角色，打造服务型政府，充分发挥协调、监督职能。具体而言：政府是项目建设的主管部门，一方面应该确立、颁布和推行信息化居家养老服务的政策方向和具体行动计划，另一方面应该协调各相关利益主体的工作，切实保障项目有序进行；养老信息平台是项目建设的载体，一方面应该创新服务方式和服务理念，满足老年人需求，另一方面应该对加盟企业实施有效评估和监督，按时完成政府交办的各阶段性工作；社会组织、民间组织等是项目实施的主体，应提升服务人员素质，保证信息化居家养老服务开展的及时性、持续性、便利性、可靠性、移情性等。总体而言，通过多个层面的全面管理，不断推动信息化居家养老服务的顺利铺展。

第二，居家养老服务信息化项目建设是否具有可复制性？较落后或者未采用信息手段发展居家养老服务的地区一定要等到经济发展成熟以后才能开展该项目建设吗？其实并非完全如此。以经济发展程度与信息社会的关系（在一定程度上讲，信息化居家养老服务属于信息社会的组成部分）为例，经济发展程度深深影响着各地信息社会的建设。一般而言，经济发展的快慢并不是决定信息社会发展好坏的唯一要素（中国信息社会测评研究课题组，2013：42）。以湖北省2012年的相关数据为例，2012年湖北省经济发展指数为0.282，在全国范围内位居第13位，信息社会指数为0.410，位居全国第12位（新华网，2013），通过湖北数据可直观看出该省信息社会发展程度是略高于经济发展程度的，这说明在我国经济发展和信息化社会发展可能是不同步的，从一定程度上来看某些省市具备信息社会跨越发展的机遇，推及信息化居家养老服务，不同条件的地区只要针对自身特点采取行之有效的措施，便可稳抓机遇，利用信息技术自身跳跃性和通用性两大特点，实现该项目跨越式发展。具体而言，第一，信息技术具有跳跃性，可在本地现有技术有限的情况下，直接引进并利用更为先进的信息技术。如何抓住信息技术跨越式的特性，值得参与信息化居家养老服务的各方主体思考和规划。第二，信息技术有通用性，可以充分覆盖当前社会的各个领域和当前社会各项目建设的每个环节。从各个城市实践来看，可充分利用本地前期智慧城市建设、社区信息化建设，或者是其他行业信息化的突破性发展，带动居家养老服务信息化建设，实现跨越式发展，或者在信息技术使用较为成熟的领域扩大服务对象、服务项目等带动居家养老服务信息化建设。总体而言，各城市可以充分利用后发优势，借鉴当前经验较成熟的部分城市的具体操作办法，充分总结各地经验分析共性和异性，寻找客观规律，逐步找出满足各地实际的跨越式发展路径，制订详细的行动计划，立足先进技术，达到事半功倍的效果。

参考文献

包国宪、刘红芹，2012，《政府购买居家养老服务的绩效评价研究》，《广东社会科学》第 2 期。

卜谦祥、巢飞，2011，《虚拟养老院——对解决农村社区养老问题的有益探索》，《社会保障研究》第 3 期。

蔡立辉，2002，《政府评估的理念与方法分析》，《中国人民大学学报》第 5 期。

陈锦棠等，2008，《香港社会服务评估与审核》，北京大学出版社。

陈伟，2010，《社区居家养老模式中日间照顾中心服务体系的构建》，《河海大学学报》（哲学社会科学版）第 1 期。

邓高权，2014，《中国家庭结构变迁与养老对策研究》，《湖南社会科学》，第 4 期。

丁建定，2013，《居家养老服务：认识误区、理性原则及完善对策》，《中国人民大学学报》。

费逸，2009，《居家养老服务满意度研究——以上海市为例》，上海交通大学硕士学位论文。

冯华艳，2015，《政府购买公共服务研究》，中国政法大学出版社。

葛林惠宇，赵艺、肖希、曾玉娟，2014，《论人口老龄化背景下虚拟养老院运营问题的研究》，《现代商业》第5期。

胡光景，2013，《地方政府购买社区居家养老服务管理监督与质量评估研究》，南京大学硕士学位论文。

胡宏伟、时媛媛，2012，《公共服务均等化视角下中国养老保障方式与路径选择——居家养老服务保障的优势与发展途径》，《华东经济管理》第1期。

黄一坤、许鑫，2012，《从机构照顾到社区居家养老看我国老年福利服务政策的转变》，《东北大学学报》（社会科学版）第6期。

敬乂嘉，2007，《中国公共服务外部购买的实证分析——一个治理转型的角度》，《管理世界》第2期。

敬乂嘉、陈若静，2009，《从协作角度看我国居家养老服务体系的发展与管理创新》，《复旦学报》（社会科学版）第5期。

李春、王千，2014，《政府购买养老服务过程中的第三方评估制度探讨》，《中国行政管理》第12期。

李古卓，2015，《完善地方政府民生绩效评估指标体系对策研究——以M市为例》，黑龙江大学硕士学位论文。

李乐，2013，《养老服务社会化中的地方政府职能优化研究——以上海市为例》，复旦大学。

李倩，2013，《我国城市老年人网络化居家养老服务模式探究》，中国社会科学院硕士学位论文。

林鸿潮，2014，《第三方评估政府法治绩效的优势、难点与实现途径——以对社会矛盾化解和行政纠纷解决的评估为例》，《中国政法大学学报》第4期。

刘红芹，2012，《政府购买居家养老服务的绩效研究》，兰州大学博士学位论文。

刘满成、左美云，2011，《基于需求层次理论的中美为老服务网站对比分析》，《现代图书情报技术》第10期。

刘益梅，2011，《人口老龄化背景下社会化养老服务体系探讨》，《广西社会科学》第7期。

鲁敏，2012，《转型期地方政府的角色定位和行为调适研究》，南开大学博士学位论文。

鲁敏，2013，《转型时期地方政府的角色定位和行为调适研究》，天津人民出版社。

路依婷，2009，《上海市居家养老服务评估体系的构建》，上海交通大学硕士学位论文。

罗楠、张永春，2012，《居家养老的优势和政府财政支持优化方案研究——以西安市为分析样本》，《福建论坛》（人文社会科学版）第5期。

罗艳、石人炳，2016，《虚拟养老院服务质量评价指标体系初探》，《华中科技大学学报》第2期。

潘兆恩，2014，《城市居家养老新模式：虚拟养老院的可复制性研究》，首都经济贸易大学硕士学位论文。

乔纳森·安德森，2006，《走出神话：中国不会改变世界的七个理由》，余江、黄志强译，中信出版社。

容志，2008，《激励与行为：地方机会主义及其制度分析——兼论地方政府建构的动力问题》，《上海行政学院学报》第6期。

盛明科，2009，《服务型政府绩效评估主体体系建构及其行为分析》，湘潭大学出版社。

同春芬、汪连杰，2015，《福利多元主义视角下我国居家养老服务的政府责任体系构建》，《西北人口》第1期。

王璨，2010，《城市居家养老模式发展的政府支持》，苏州大学硕士学位论文。

王春婷，2012，《政府购买公共服务绩效与其影响因素的实证研究——基于深圳市与南京市的调查分析》，华中师范大学博士学位论文。

王健、李钰，2015，《第三方评估的优点》，《中国工商管理研究》第9期。

王晓红，张宝生、潘志刚，2010，《我国政府购买服务项目评价指标体系的构建》，《中国政府采购》第3期。

王颖，2012，《信息化改变社区》，社会科学文献出版社。

王跃生，2010，《个体家庭、网络家庭和亲属圈家庭分析——历史与现实相结合的视角》，《开放时代》第4期。

翁列恩、王振、楼佳宁，2013，《集成化、信息化与标准化的居家养老服务创新研究》，《公共管理学报》第1期。

吴建南，2006，《谁是"最佳"的价值判断者：区县政府绩效评价机制的利益相关主体分析》，《管理评论》第5期。

吴玉霞，2006，《政府购买居家养老服务的政策研究》，浙江大学硕士学位论文。

新华网，2003，《中国信息社会建设的十大趋势》，http://news.xinhuanet.com/info/2013.htm。

徐双敏，2011，《政府绩效管理中的“第三方评估”模式及其完善》，《中国行政管理》第1期。

薛著，2010，《服务型政府采购支出评价初探》，《辽宁行政学院学报》第2期。

杨学钰，2000，《中国产业结构升级与信息化推动》，中国社会科学院博士学位论文。

伊藤阳一，1994，《日本信息化概念与研究的历史》，载李京文编《信息化与经济发展》，社会科学文献出版社。

于秀琴，2011，《县级服务型政府绩效评估及能力提升研究》，天津大学博士学位论文。

翟德华、陶立群，2005，《居家养老与机构养老选择决策模型理论研究》，《市场与人口分析》第S1期。

张国平，2011，《居家养老社会化服务的新模式——以苏州沧浪区“虚拟养老院”为例》，《宁夏社会科学》第5期。

张建国、张莉华，2012，上海社区居家养老服务机制创新研究——以徐汇区天平街道养老服务实践为例》，《求实》第2期。

张康之，2008，《论官僚组织的等级控制及其终结》，《四川大学学报》（哲学社会科学版）第3期。

张旭升，2011，《政府购买居家养老服务参与主体的行动逻辑研究——以M市Y区为例》，南京大学博士学位论文。

张艳，2011，《快速老龄化背景下苏州市社区养老服务体系建设研究——以沧浪区“邻里情”虚拟养老院为例》，《社会保障研究》第5期。

章晓懿、梅强，2012，《社区居家养老服务绩效评估指标体系研究》，《统计与决策》第24期。

赵立新，2004，《论社区建设与居家式社区养老》，《人口学刊》第3期。

中国信息社会测评研究课题组，2013，《冲出迷雾：中国信息社会测评报告》，经济管理出版社。

卓萍，2010，《公共项目三维立体评估指标体系的构建》，《天津行政学院学报》第5期。

Cheung C. Kwana. 2009. The Erosion of Filial Piety by Modernization in Chinese Cities. *Ageing and Society*. (2): 29.

E. Broadbent, R. Stafford, B. MacDonald. 2009. Acceptance of Healthcare Robots for the Older Population: Review and Future Directions. *Int J Soc Robot.* (1): 319 - 330.

E. S. Saves. 1978. On Equity in Providing Public Service. *Management. Science.* 24 (8): 800 - 808.

Graf B., Hans M., Schraft R. D. 2004. Care-O-bot II—Development of a Next Generation Robotic Home Assistant. *Autonomous Robots.* (2).

N. Kviselius, S. Naito. 2010. E-Health and Patient-Centered Care Processes in Japan: Pre-study. *Swedish Agency for Growth Policy Analysis.*

Pal via S. C. J., Sushi S. S. 2007. E-Government and e-Governance: Definitions/Domain Framework and Status around the World. *International Conference on E-governance.*

Pollack M. E., Engberg S., Matthews J. T., Thrun S.. 2002. Pearl: A Mobile Robotic Assistant for the elderly. *AAAI Workshop on Automation as Eldercare.*

R. Muenz. 2007. Aging and Demographic Change in European Societies: Main Trends and Alternative Policy Options. *SP Discussion Paper.*

Toshio Obi, Diana Ishmatova, Naoko Iwasaki. 2013. Promoting ICT innovations for the ageing population in Japan. *International Journal of Medical Informatics* . (8): 47 - 62.

UNDPEPA, ASPA. Benchmarking e-Government: A Global Perspective: Assessing the Progress of UN Member States. http://unpan3. un. org/egovkb/Portals/egovkb. Pdf.

推进社区居家养老服务中心社会化运营研究

——基于武汉市武昌区的调查分析

厉白璐

一　导论

（一）研究背景及意义

1. 研究背景

居家养老方式和居家养老服务获得关注。中国人口老龄化程度的加剧和家庭结构的变化，使空巢老人数量增加、比例提高，社会对养老服务的需求增加、质量要求提高。同时，基于我国“未富先老”“未备先老”的特殊国情，家庭养老功能弱化，实施机构养老的条件缺乏，居家养老成为中国人口老龄化背景下，解决普通老年人养老问题的一条现实可行之路。以社区为依托的居家养老不同于传统的家庭养老，它将居家养老和社区照顾相结合，它既依靠自力和家庭的力量赡养老人，同时又与政府、社会的资源相结合。居家养老服务即为住在家里的老年人供给各种支持性服务，它的责任主体为政府、社会、家庭等，目的是希望老年人继续生活在熟悉的社区和家庭环境中，改善生活质量，同时避免机构化的风险。

社区养老服务在养老服务体系中的依托作用。在中央高度重视和各方大力推动下，以居家为基础、社区为依托、机构为支撑的养老服务体系初步建立，其中社区养老服务是居家养老服务的依托，不但为居家养老提供服务支持，而且对居家养老服务提供短期的设施支持（丁建定，2013：20～26）。因此，合理规划社区养老服务设施的建设，是养老服务体系建设的重要内容，其中，社区居家养老服务中心作为提供社区养老服务的机构之一，是居家养老服务体系中连接社区和家庭的重要环节，是实施居家养老服务的落脚点（张晖，2014：93～94）。

居家养老服务的社会化改革方向。目前，社区居家养老服务工作主要是以政府为主导的，比如武汉市从2010年前后开始展开社区居家养老服务中心的建设，“力争到2015年全市各街道都建有一所示范性的居家养老服务中心，全市有需求和有条件的社区都建有居家养老服务站”[①]。但是社区居家养老服务中心在建设过程中，存在资源整合力度不足等问题，同时，虽然政府鼓励社会服务机构入驻居家养老服务中心，但是由于尚未形成成熟的居家养老服务市场，居家养老服务的对象数量少且涉及面窄，老年人多层次、多样化的服务需求得不到满足。针对这些问题，学者们普遍认为构建社会化的居家养老服务体系是有效的改革路径之一，全国老龄办、民政部、发展改革委、教育部等部门在2008年发布《关于全面推进居家养老服务工作的意见》，提出“坚持社会化方向，采取多种形式调动社会各方面力量参与和支持居家养老服务”[②]。《国务院关于加快发展养老服务业的若干意见》也在2013年再次强调，“使社会力量成为发展养老服务业的主体”（朱巍巍，2013：4～10）。“居家养老服务社会化”的内涵主要包括投资主体多元化、服务对象公众化、运营模式多样化、服务形式多样化、服务参与公众化等多个方面（周梁毅，2013）。

---

① 《关于深入推进居家养老服务工作的通知》，http://www.wh.gov.cn/hbgovinfo/szfxxgkml/fggw/bgtwj/201505/t2015 0515_30750.html，最后访问日期：2017年6月30日。

② 《关于全面推进居家养老服务工作的意见》，http://www.mca.gov.cn/article/zwgk/fvfg/shflhshsw/2008 02/20080200011957.shtml，最后访问日期：2017年6月30日。

“居家养老服务社会化”是一个很大的课题，现有研究对这一课题的关注大多是从宏观的、理论性的视角切入，本文将主要着眼于“社会化运营”① 模式的研究，研究对象是城市社区居家养老服务中心，它是社区养老服务的主要供给方之一。同时，主要的研究问题包括：城市社区居家养老服务中心如何进行社会化运营？社会化运营模式相较于社区自主运营模式的优势有哪些？社会化运营过程中会碰到什么问题？如何进一步优化运营模式？这些都是笔者所关注的问题，并且希望在本研究中进行探讨。

2. 研究意义

社区居家养老服务中心是社区养老服务主要供给方之一，是居家养老服务体系中连接社区和家庭的重要环节，是实施居家养老服务的落脚点。本研究的意义主要有以下两大方面。

（1）理论意义

本研究通过实地调研，对城市社区居家养老服务中心的建设与运营模式进行描述性和探索性的研究，以期丰富关于居家养老服务输送机制和服务供给方的研究，并为其他与“居家养老服务体系社会化”这一主题相关的研究提供一定的借鉴与参考。

（2）现实意义

第一，研究城市社区居家养老服务的社会化运营模式，为推动社会化养老服务产业的发展提供理论和经验上的支持。

第二，研究城市社区居家养老服务中心社会化运营过程中的实践经验和存在的具体问题，为城市社区居家养老服务中心长期有效的发展探讨合理的优化路径和对策。

第三，有利于推动社会化居家养老服务体系的建设，更好地满足城市社区老年人多层次、多元化的养老需求，改善其晚年生活，提高生活质量。

---

① 社会化运营一般指原先由政府进行管理和运营的机构，通过购买、项目委托、以奖代补等多种措施，引入企业、非营利组织进行运作的一种管理模式。主要有三种方式：一是购买服务方式，二是自助运营方式，三是协议托管方式。

（二）文献综述

1. 关于公共服务社会化及其在养老服务领域运用的研究

公共服务社会化是20世纪70年代以来，西方国家根据新公共管理理论推动的公共服务改革，主张将企业管理引入公共部门，以提高公共部门的效率；塑造有企业精神的政府，将服务对象视为顾客，奉行顾客至上原则；并推行社区和公民治理，发展非营利组织参与生产公共服务等方面（Osborne，1992：20）。对于“公共服务社会化”这个概念，国内外学者根据对“社会”的不同理解，主要有狭义和广义两种观点。狭义的观点认为公共服务社会化与公共服务市场化是有所区别的，“社会化”是指由非营利性的民间组织来承担部分由政府所垄断的公共服务职能的改革模式。如孙晓莉指出，公共服务社会化是形成以政府为主导，各种社会主体参与的公共服务供给格局，鼓励非营利组织和社会公众参与兴办公共事业和提供社会服务（孙晓莉，2007：50）。广义的观点认为公共服务社会化是指由政府所垄断的公共服务职能转移出来后，由营利性的企业和非营利性的民间组织来共同承担的公共服务改革模式，并未与公共服务市场化作区分（韩东，2009）。

政府对养老问题有兜底的责任，同时也应在政策导向和制度设计上做出合理的安排，因而养老服务也具有公共产品和公共服务的属性，公共服务社会化的改革模式在养老服务领域也得到应用。在我国政府的执政理念逐步向“小政府，大社会”转变的过程中，机构养老服务和社区养老服务从原来由政府提供福利、面向一部分老年人逐步过渡为由全社会提供福利、面向所有老年人。构建提供多种养老服务方式的社会化养老服务体系是养老服务改革的一大方向。学界对于养老服务社会化主要从内涵、必要性和发展思路等方面展开研究。

在养老服务社会化的内涵方面，刘晓梅在借鉴发达国家重视养老产业发展的经验基础上，提出养老服务社会化主要包含四个方面：一是社会化的服务主体，即社会化的服务机构和服务设施；二是社会化的服务客体，即养老服务的对象要覆盖全社会的老年人；三是社会化的资金来源，即养老服务的资金来源渠道多样化，包括政府拨款、社会集资、慈善募捐等；四是社会化的服务队伍，即养老服务的服务队伍应由专业人员和志愿者共同组成（刘晓梅，2012：104～112）。周梁毅认为养老服务社会化的内涵主要包括投资主体多元化、服务对象公众化、运营模式多样化、服务形式多样化、服务参与公众化等多个方面（周梁毅，2013）。

在养老服务社会化的必要性方面，学者们普遍从家庭养老功能的弱化、社会养老服务供需矛盾、国外养老服务体系建设的经验等方面强调社会化是未来养老服务的必由之路。比如梁新颖认为在我国目前家庭与社会都无法完全承担养老服务功能的状况下，应大力提倡社会化助老事业，建立和发展社区养老服务网络（梁新颖，2000：46～48）。穆光宗和姚远认为我国主要的养老方式在相当时期内依然是家庭养老，但是家庭养老的弱化又使其孤立难支，大力促进社会化养老是我国养老方式发展的必然趋势，尤其是经济的发展和社会的进步为社会化养老提供了可能性（穆光宗、姚远，1999：58～64）。同时，穆光宗在总结我国机构养老的六大问题的基础上，提出鼓励多元投资，扩大机构养老规模，发展旗舰企业，延长养老产业链和政府与机构要共同探索双红利导向型的社会企业发展模式等机构养老社会化的相关建议（穆光宗，2012：31～38）。刘晓梅梳理了英国社区照顾养老方式、美国CCRC模式和日本家庭－社会共同服务模式，总结了在发达国家，养老是从单一的政府责任逐步向政府、社会、社区的共同责任发展和完善的，认为未来养老服务必定是朝社会化方向发展的（刘晓梅，2012：104～112）。

对于养老服务社会化的发展思路，学界从理论和实务两方面展开了研究。在理论方面，张卫、张春龙等认为需要坚持“鼓励支持＋多元投入＋市场运作”的模式，才能进一步推进养老服务社会化，加强重视、创新机制并加强监管是各级政府需要注重的（张卫、张春龙，2010：39～42）。在实务方面，学者们对宁波海曙区、南京市鼓楼社区、苏州沧浪区等城市的居家养老服务模式进行了案例分析，总结了养老服务社会化中的具体实务模式和对策。对于实务模式的研究主要集中于政府购买服务这一形式上，比如吴玉霞对宁波海曙区政府购买养老服务的政策进行实证分析，在分析该地政府购买居家养老服务的经验，并总结其不足之处的基础上，提出了关于改进政府购买服务的政策建议（吴玉霞，2007：51～57）。白友涛调查了南京鼓楼社区老年群体的现状，分析城市社区老年人的相关养老问题，认为为了满足现实的养老服务需求，需要建立全面的社会化养老服务体系，该体系应包括这样几个方面：一是全社会广泛宣传和动员，二是国家强制执行全面养老保险，三是发扬社区养老模式的优势，四是建立和规范养老服务市场，五是完善居家养老服务模式，六是确立政府的责任范畴（白友涛，2007：91～94）。

2. 关于居家养老服务的研究

西方国家的养老服务从 19 世纪开始经历了一个从机构化到去机构化进而走向居家养老服务的过程，我国从“十二五”规划纲要、《社会养老服务体系建设规划（2011－2015 年）》到中共十八大报告等政策文件，为包括居家养老服务在内的社会养老服务体系建设提供了基本法律与政策依据（丁建定，2013：20～26），也在实践上逐步推动社会养老服务体系建设、落实居家养老服务工作。在国内外居家养老服务的实践发展过程中，学界对其含义、内容、供给等多个方面展开了研究。

在居家养老服务的含义方面，根据“在合适环境中养老（Aging in Place）”的理论，英国政府在 1989 年首先开始推行“老年人社区照顾服务（Community Care for the Elderly）”，主要指老年人居住在家中，接受社区和社区人员的照顾服务，相当于我国的居家养老服务。英国学者苏珊·特斯特认为老年人社区照顾服务包括三层含义，一是老年人居住在原社区，二是由社区进行照顾，三是由社区人员提供服务（特斯特，2002：10～12）。在国内，学者们目前对居家养老的内涵没有一致的解释，但从居住方式（杨宗传，2000：59～60）、资源提供者（穆光宗，2000：39～44）等角度展开研究后大多赞成居家养老是指老人居住在家中，享受家庭、社区和社会提供的养老资源、养老服务，以政府管理作为保证，家庭养老和社会养老相结合的一种社会化养老体系。《关于全面推进居家养老服务工作的意见》中将居家养老服务定义为：政府和社会力量依托社区，为居家养老的老年人提供生活照料、家政服务、康复护理和精神慰藉等方面服务的一种服务形式。①

对于居家养老服务的内容，国内外学者们普遍认同居家养老服务应该包括日常生活照料、医疗康复护理、精神慰藉三大方面。如国外学者 B. Meredith 认为，社区照顾最基本的是提供适用的安居房和特殊护理服务，其中主要应该包括日常的生活起居、行动照顾等方面。另外，对于部分患有生理或心理方面疾病的老人，还需要提供药物治疗、基础护理、物理疗法等，另外还需提供专业咨询和情感援助保证老年人的全面健康（Meredith，1993：125－126）；国内学者陈友华则认为我国居家养老服务的主要内容应该由老年人的需求决定，其中包括物质生活、医疗保健、精神文化三个方面的内容（陈友华，2012：51～59）。

关于居家养老服务供给主体的研究，学者普遍站在福利多元主义视角，董春晓总结了我国各地的居家养老发展实践（董春晓，2011：164～165），并基于福利多元主义理论，提出逐步实现供给主体多元化发展，并明确各方职责，通过多个主体的协调配合，形成一种多元互补的居家养老供给模式（董春晓，2011：81～83）。杨春蕾基于福利多元理论提出由家庭、社区、机构和政府各部门共同协作的居家养老服务模式最符合我国国情，并提出建立以政府为核心，以家庭为重点，以社区力量为扶助，以专业化养老服务机构为依靠的全方位、多层次的居家养老服务体系（杨春蕾，2012：18～20）。在实证研究方面，史薇和谢宇基于福利多元主义理论，研究了城市老年人对居家养老服务提供主体的选择情况，发现当前老年人对政府、社区的依赖较大，对市场化的服务主体认可度较低，并倡导要明确各参与主体的权责（史薇、谢宇，

---

① 《关于全面推进居家养老服务工作的意见》，http://www.mca.gov.cn/article/zwgk/fvfg/shflhshsw/2008 02/20080200011957.shtml，最后访问日期：2017年6月30日。

2015：48 ~54）。而关于居家养老的供给方式，大多数学者都主要关注研究政府购买服务这个主题，如徐月宾梳理了西方福利国家政府购买服务的目的和形式（徐月宾，1999：35 ~38），洪艳（2009：15 ~16）、包国宪、刘红芹（2012：15 ~22）等学者对我国政府购买居家养老服务进行了相关实证调查研究（李小梅，2013：72 ~75）。

3. 关于社区居家养老服务中心的研究

国内居家养老服务的开展，是通过社区居家养老服务中心（站）来实现的。社区居家养老服务中心是居家养老服务体系中连接社区和家庭的重要环节，是实施居家养老服务的落脚点。然而，这方面的研究数量较少而且比较零散。

一部分学者研究居家养老服务中心存在的问题是通过老年人的角度来实现的，比如耿永志以石家庄市老年人抽样调查为基础，总结了居家养老服务中心存在的问题，其中包括老年人对服务中心的知晓率低、使用率低，以及老年人对不同的服务项目存在偏好等，并且关注收费和服务质量问题（耿永志，2013：79 ~82）。也有学者以某个社区居家养老服务中心作为案例，探讨各个责任主体在居家养老服务专业化建设的动力系统中应该发挥的重要作用（唐东霞，2012：64 ~66）。另外，香港学者陈伟在研究英国、美国、新加坡、中国香港等发达国家和地区的养老照顾模式的基础上，探讨分析了构建日间照顾中心服务体系的必要性，并为中心的构建工作提出了投入政府资金、明确照顾中心的服务特色、照顾中心之间形成互补网络、建立外展资源的网络、个案管理、服务人员的吸纳与培训、建立照顾者网络和志愿者网络等建议（陈伟，2010：45 ~51）。

4. 文献评述

国内外主要基于新公共管理理论和福利多元主义理论，从理论层面探讨了养老服务社会化改革模式的内涵、必要性和发展方向；实务方面集中讨论了机构养老的社会化改革和政府购买服务的模式。在实践上，居家养老服务也逐步得到了发展。但是国内关于居家养老服务的研究起步较晚，上述既有的诸多研究成果为本研究的开展提供了一定的理论支持和实践指导，本研究将在以下几个方面进行更深入的探讨。

在研究主题方面，多数研究关注养老服务社会化这个宏大的主题，提出的改革发展方向涉及面广泛，但未对服务供给方的社会化运营模式这个较小范围的主题进行特别深入的研究和分析。

在研究视角和研究对象方面，对于居家养老服务社会化发展的方向和居家养老服务中心的运营模式，既有研究大都从宏观政策制定以及微观的老年人的需求视角进行切入，较少有研究把社区居家养老服务中心作为研究对象，从其本身的运营机制、现状、优势与困境等角度展开研究。

在研究方法方面，既有研究大多从理论层面探讨养老模式、养老服务社会化改革等养老问题，对于居家养老服务也多从理论层面讨论理念、原则、对策建议等，而实证研究主要集中在政府购买服务这一模式上，对于社区居家养老服务中心的实证的、定性的研究较少。

在回顾既有研究的基础上，本研究将关注城市社区居家养老服务中心的社会化运营模式，基于福利多元主义理论和新公共管理理论，运用半结构访谈和典型个案研究相结合的方法，对采用社会化运营模式的城市社区居家养老服务中心的成立背景、运行机制和现状、社会化运营模式的优势、发展困境和优化对策等方面展开实证研究，为相关研究提供新的视角和参考。

（三）理论基础与概念界定

1. 理论基础

福利多元主义指出国家是福利的重要来源但不是唯一来源，国家提供的福利、市场提供的福利和社会提供的福利共同形成社会总福利。如果由政府、市场或家庭作为单一的福利供给者，将会不可避免地存在缺陷，因此，社会福利的提供应包括政府、市场、社会、非营利组织、社区、家庭等多个责任主体。福利多元主义理论和养老服务实践的发展也表明，养老服务的健康发展需要政府、市场、家庭、社区的共同合作，而不应该仅仅由政府来承担（丁建定，2013：20～26）。居家养老服务社会化是以福利多元主义为理论基础的，社会化运营是政府将部分管理和运营责任转移给企业、非营利组织等社会组织的过程，体现出居家养老服务的供给主体是多元化的。

2. 概念界定

（1）老年人。按照国际规定，65周岁以上的人确定为老年人；在中国，60周岁以上的公民为老年人。本研究中所指的老年人主要是武汉市城市社区居家养老服务中心的服务对象和潜在服务对象。武汉市城市社区居家养老服务中心在规章制度上一般将65周岁以上的本社区居民作为服务对象，但在实际运作过程中并没有严格的年龄界限和居住范围界限。

（2）居家养老服务。目前，学者们对居家养老服务的概念没有一致的解释。《关于全面推进居家养老服务工作的意见》中将居家养老服务定义为：政府和社会力量依托社区，为居家养老的老年人提供生活照料、家政服务、康复护理和精神慰藉等方面服务的一种服务形式。[①] 本研究认为居家养老是指老年人居住在家中，享受家庭、社区和社会提供的养老资源和养老服务，是在政府管理的基础上，家庭养老和社会养老相互结合，其中居家养老服务的提供者是包括家庭、社会、政府多方责任主体的。

（3）社区养老服务和社区居家养老服务中心。本研究认为居家养老服务与社区养老服务的内涵是有所区别的：居家养老服务的提供者是包括家庭、社会和政府多方责任主体的，其中就包含了社区这个责任主体，当居住在家的老年人无法自理或部分失能、家庭照护成员不能全天候照顾时，社区养老服务就发挥居家养老服务的功能。因此，本研究将社区养老服务界定为：在社区内由政府、企业或非营利组织为采取社区养老或居家养老的老年人提供生活照顾、医疗康复、精神慰藉服务的一种养老服务类型。其

---

① 《关于全面推进居家养老服务工作的意见》，http://www.mca.gov.cn/article/zwgk/fvfg/shflhshsw/2008 02/20080200011957.shtml，最后访问日期：2017年6月30日。

具体表现形式是多样化的，包括社区居家养老服务中心（站）、党群服务中心、老年日间照料中心、老年活动室、老年之家等多种形式。其中社区居家养老服务中心（站）是武汉市大力推广建立的一种居家养老服务机构，是链接家庭和社区资源进行养老服务输送的一个桥梁。

（4）社会化运营。社会化运营一般指原先由政府进行管理和运营的机构，通过购买、项目委托、以奖代补等多种措施，引入企业、非营利组织等社会组织进行运作的一种管理模式。根据对“社会”的不同理解，社会化运营的主体主要有狭义和广义两种理解方式。狭义的观点将社会化与市场化区别开来，认为社会化运营的主体是非营利性的民间组织；广义的观点并未将社会化与市场化作区分，认为社会化的运营主体既包括非营利的民间组织也包括营利性的企业。本研究基于广义的观点展开研究。在湖北省民政厅、省财政厅联合出台的《关于开展城乡社区居家养老服务社会化运营的指导意见（试运行）》中，重点明确了社区居家养老服务社会化运营的三种方式：一是购买服务方式，二是自主运营方式，三是协议托管方式。在城市社区，由街道或者居委会作为委托主体，专业养老服务机构、家政服务企业、服务型实体、老年协会组织等作为承接主体，委托第三方提供养老服务（刘辉、周斌，2015：14～15）。本研究中的案例是政府采用公开招投标的形式确定服务中心的承接主体，政府提供运营补贴、给予指导和监督，由承接主体负责中心的日常运营工作和费用。

（四）研究思路与方法

1. 研究思路

本研究关注城市社区居家养老服务中心的社会化运营模式，基于福利多元主义理论和新公共管理理论，在梳理武汉市居家养老服务的政策背景、社会化运营的实践进程的基础上，通过半结构访谈法和典型个案研究相结合的方法搜集资料，对居家养老服务中心的社会化运营机制和现状进行描述性的研究；比较分析社会化运营与社区自主运营模式，探索社会化运营的优势，并总结其现有问题，探索相应的优化对策；最后进行城市社区居家养老服务中心社会化运营的经验总结和讨论。

研究框架如图 1 所示：

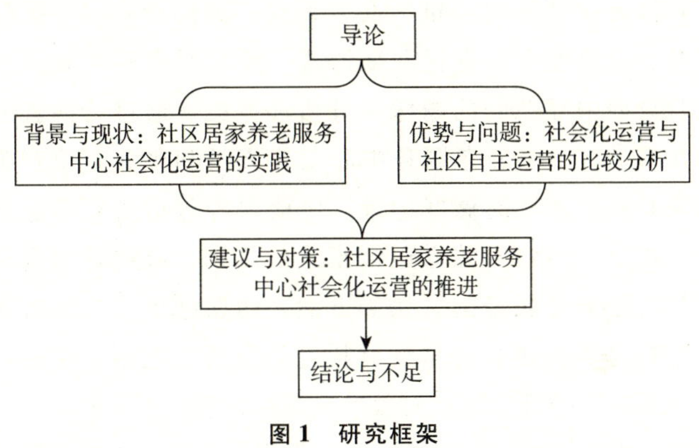

图 1　研究框架

2. 研究方法

（1）研究对象和调查对象

本研究的研究对象是城市社区居家养老服务中心，在梳理武汉市居家养老服务的政策背景、社会化运营的实践进程的基础上，发现武汉市武昌区的居家养老服务中心社会化运营取得一定成效，因而笔者选取武昌区中南路街的侨亚莲溪寺社区居家养老服务中心（以下简称“L 中心”）作为典型的个案研究对象。

本研究的调查对象是街道、社区办事人员，L 中心工作人员，社区老年人等。

（2）抽样方法

本研究采用立意抽样法和滚雪球抽样法相结合的方法。在选择访谈对象上，一方面，笔者访问了街道和社区与社区养老服务工作相关的办事人员，同时尽可能多地访问到 L 中心的工作人员；另一方面，按照立意抽样的原则，兼顾性别、年龄、使用居家养老服务中心提供服务的频率等因素选取访谈对象，并采用访谈员寻找和访谈对象介绍的滚雪球抽样法扩大访问范围，尽可能全面地了解居家养老服务中心的服务对象和潜在服务对象对该中心运作的看法。

（3）资料搜集和处理方法

半结构访谈与典型个案研究法相结合。根据事先拟定的访谈提纲，与访谈对象进行有意识的互动交流，并且允许访谈员根据访谈实际情况灵活适时地进行必要调整，如问题顺序、提问方式等。同时，对典型个案进行深度访谈，并对居家养老服务中心社会化运营过程中存在的问题深入分析和挖掘。通过访谈获取政府部门工作人员、居家养老服务中心工作人员和服务对象对服务中心的相关看法，并及时做好记录。访谈内容包括居家养老服务中心的运营机制、与政府独立运营模式的区别、成效与问题、对养老问题与居家养老服务的看法等方面。访谈结束后，将访谈资料编码并进行分类整理，对重点材料进行分析、挖掘、探讨，并在文章分析部分穿插部分访谈对象的典型性回答。

比较分析法。根据半结构访谈收集到的资料，访谈对象对居家养老服务中心不同运营模式表达了不同的态度和看法，进而与社区独立运营模式进行比较分析，探索社会化运营模式的优势。

（4）访谈对象基本情况

本研究在武汉市武昌区开展实地调研，在中南路街选取了街道和社区各1名办事人员、L中心5名工作人员和10名社区老年人进行访谈，访谈对象基本情况如表1所示：

表1　访谈对象基本情况

序号	性别	年龄	职务（身份）	从事该工作的时间（年）	使用社区居家养老服务频率	编号
1	男	38	街道民政干部	6	—	G01Y01
2	女	40	社区书记	10	—	G02Y01
3	女	42	L中心店面经理	5	—	G03Y01
4	女	38	L中心服务专员	3	—	G03Y02
5	女	45	L中心信息采集员	3	—	G03Y03
6	女	48	L中心助餐员	15	—	G03Y04
7	女	37	L中心健康管理师	5	—	G03Y05
8	女	68	社区居民	—	经常	G04Y01

续表

序号	性别	年龄	职务（身份）	从事该工作的时间（年）	使用社区居家养老服务频率	编号
9	男	65	社区居民	—	偶尔	G04Y02
10	男	61	社区居民	—	几乎没有	G04Y03
11	女	70	社区居民	—	偶尔	G04Y04
12	女	62	社区居民	—	经常	G04Y05
13	女	58	社区居民	—	几乎没有	G04Y06
14	男	66	社区居民	—	经常	G04Y07
15	女	69	社区居民	—	经常	G04Y08
16	男	68	社区居民	—	偶尔	G04Y09
17	男	74	社区居民	—	经常	G04Y10

资料来源：笔者根据访谈资料整理。

（五）研究重难点与创新点

1. 研究重点

通过半结构访谈与典型个案研究相结合的方法获取一手资料，研究城市社区居家养老服务中心社会化运营的现状、优势与问题，进而总结经验并探讨优化路径。

2. 研究难点

本研究的难点主要在于通过半结构访谈搜集资料的这个阶段。首先访谈对象的选择可能受到笔者的主观性影响，其次定性研究需要深入挖掘信息，这对笔者的访谈能力和问题分析能力是一个很大的挑战。

3. 研究创新点

在研究主题方面，着眼于社区居家养老服务供给方的社会化运营模式这个小范围的主题，对社会化运营的实践情况进行深入分析。

在研究视角和研究对象方面，把社区居家养老服务中心作为研究对象，从其本身的运营机制、现状、优势与困境等角度展开研究。

在研究方法方面，通过定性的和实证的研究方法，研究居家养老服务中心的社会化运营模式，同时比较分析区别于社区自主运营模式的优势。

二 背景与现状：社区居家养老服务中心社会化运营的实践
——以L中心为例

（一）L中心建设成立的政策背景与实践基础

1. L中心建设成立的政策背景

武汉市的居家养老服务是在全国及湖北省的文件下发后正式启动的。全国老龄办等的文件在2008年首次明确了要在全国范围内实施居家养老服务，湖北省和武汉市陆续从2010年至2011年发文提出了全省和全市的实施办法。全国的文件比较笼统，基本上是纲领性、指示性的内容，全文没有涉及资金，特别是没有说明各级财政如何分担或明确中央财政的投入；武汉市在2011年的发文可操作性较强，有具体的实施目标以及资金补助的内容和数量，文件中明确对居家养老服务中心的一次性建设补贴和运营补贴。具体的实施由武汉市民政局发文明确，包括居家养老服务中心的建设标准、服务内容、实施以及政府购买服务的实施方案等环节。

从2010年至2015年，武汉市居家养老服务的运营机制一直以社会化运营为改革方向。2011年，武汉市人民政府在《关于深入推进居家养老服务工作的通知》中强调要通过社会参与，强化武汉市居家养老服务队伍建设，通过合作、择优、招标等方式，选择服务质量高、信誉好、实力强的各类社会服务机构入驻居家养老服务中心，作为承担本区域居家养老服务和政府为困难老人购买居家养老护理服务的定点或合作单位。[①] 2014年，武汉市民政局在《关于深入推进社区居家养老信息系统建设的通知》中强调要

① 《武汉市人民政府关于深入推进居家养老服务工作的通知》，http://www.wh.gov.cn/hbgovinfo/szfxxgkml/fggw/bgtwj/201505/t20150515_30750.html，最后访问日期：2017年6月30日。

进一步完善居家养老服务的运营模式，包括降低运营成本、探索社会化运营两个方面。① 为进一步建立健全城乡社区居家养老服务中心运营管理机制，针对运营管理困难、体制机制不灵活、运营资金不足等问题，推动社区居家养老服务中心的社会化运营，湖北省民政厅、省财政厅在2015年出台了《关于开展城乡社区居家养老服务社会化运营的指导意见（试行）》（刘辉、周斌，2015：14～15）。各级政府居家养老服务的部分相关文件见表2。

表2　各级政府居家养老服务的部分相关文件

序号	发文时间	发文单位	文号	名称	主要内容
1	2008年	全国老龄办等	全国老龄办发〔2008〕4号	关于全面推行居家养老服务工作的意见	在全国范围内，全面推进居家养老服务工作
2	2010年	武汉市民政局	武民政〔2010〕147号	武汉市居家养老服务中心（站）标准（试行）的通知	确定居家养老服务中心的建设标准、服务内容和具体实施与管理
3	2011年	武汉市人民政府办公厅	武政办〔2011〕93号	关于深入推进居家养老服务工作的通知	明确武汉市到2015年的工作目标，强调整合资源、社会参与、政策支持等措施
4	2012年	湖北省人民政府办公厅	鄂政办发〔2012〕83号	关于加快发展城乡社区居家养老服务的意见	明确到2015年的工作目标，明确主要任务包括：提升服务功能、信息化建设（一键通）、发展社会组织和市场主体、加强服务队伍建设等方面
5	2014年	武汉市民政局　武汉市财政局	武民政〔2014〕36号	关于深入推进社区居家养老信息系统建设的通知	推进居家养老信息系统建设，探索社会化运营

① 《关于深入推进社区居家养老信息系统建设的通知》，http://www.whmzj.gov.cn/News_View.aspx?id=18366，最后访问日期：2017年6月30日。

续表

序号	发文时间	发文单位	文号	名称	主要内容
6	2014年	武汉市民政局 武汉市财政局	武民政〔2014〕39号	关于印发《政府为特殊困难老人购买社区居家养老服务项目实施方案》的通知	政府购买社区居家养老服务的实施方案
7	2015年	武汉市人民政府办公厅	武政办〔2015〕86号	关于做好全市养老服务业综合改革试点工作的通知	包括健全养老服务体系、引导社会力量参与养老服务、创新养老服务供给方式等方面在内的养老服务业改革
8	2015年	湖北省民政厅 湖北省财政厅	鄂民政发〔2015〕10号	关于开展城乡社区居家养老服务社会化运营的指导意见（试行）	推动社区居家养老服务中心社会化运营，健全运营管理机制

资料来源：笔者根据相关文件整理。

2. L中心建设成立的实践基础

居家养老的难题是如何实现养老服务保障的社会化、专业化、市场化、体系化，满足老人生活护理、助餐、助洁、助医、精神慰藉、文化娱乐等需要，但社区本身并无此力量，也缺乏专业人才。根据相关政策文件，武汉市武昌区民政局于2014年9月率先开展社区居家养老服务中心社会化运营试点工作，探索以社区为中心，依托社区资源，引入专业养老服务运营机构，在社区建立一个支持家庭养老的社会化服务体系，进而提供公共服务，来满足老人的生活照料、家政服务、精神慰藉等居家养老服务需求，推进社区养老服务的专业化、规范化和可持续发展。

通过招标或委托等方式，武昌区在2014年引入了温馨家园、侨亚集团、紫阳康乐居等6家民间养老服务组织，负责运营杨园街柴东社区、黄鹤楼大成社区、紫阳街水陆社区、户部巷社区等11家社区居家养老服务中心，为老人提供家政、供餐、健康保健、日间照料等服务项目。比如温馨家园运营的柴东社区老年人服务中心针对行动不便老人实行“菜单式服务，项目化管理”，把服务项目交由老年人选定，服务成效由中心落实。侨亚集团运营的秦园路社区居家养老服务中心可为辖区老人每月提供20顿免费两荤两素的午餐。紫阳街联合侨亚集团免费为困难老人理发，每周播放怀旧电影，开展各类义诊，拆洗、烘干被褥衣物。徐家棚街水岸星城社区引进物业企业试水养老，采取“开发商出资改造养老阵地、政府给予运营补贴、物业公司负责日常维护”模式，开展多元化养老服务。

截至2015年12月，武汉市武昌区已成立了60个社区居家养老服务中心（站），其中已经有22个社区实现了居家养老服务中心的社会化运营，参与运营的服务商涉足养老、医疗、家政、餐饮等多个为老服务领域①。

其中侨亚集团通过招投标成为第一批试点合作单位，承接武昌黄鹤楼街彭刘杨路社区、中南路街莲溪寺社区、中南路街梅苑社区、首义路街老车站社区、长湖社区及徐家棚三角路社区6家服务中心开展社会化养老服务运营。

> 在我们中南路街目前只有两个居家养老服务中心，都是在侨亚2014年下半年过来后才开始正式运作的，一家在梅苑社区，一家在莲溪寺社区。其他社区的干部去年也经常走访这两个社区，学习他们的经验。(G01Y01)

（二）L中心社会化运营实践

1. L中心的基本情况

L中心与政府的合作模式是通过武昌区民政局联合辖区街道公开招投标的形式确定的。社区无偿提供已经建成的居家养老服务

---

① 武昌区民政委《关于印发〈武昌区民政委2015年工作总结〉的通知》，http://mzw.wuchang.gov.cn/wcqmzj/zwgk43/gwfb/wcmzz/1617912/index.html，最后访问日期：2017年6月30日。

中心硬件设施给侨亚集团，区民政局每年给予运营补贴6万元，日常运营费用（人工费、水电费）由服务运营企业承担，街道对日常服务和专项活动给予指导、监督。

> 民政局每年给6万元的运营补贴，一个季度给2万元，分3个季度给。集团也会给一部分经费。我们中心的硬件设施都是社区提供的，这个建筑原来是他们的老年活动室。我们侨亚带来了服务，所以社区免费提供场地给我们。(G03Y01)

2. L中心的组织架构

武汉侨亚集团有限公司（以下简称“侨亚集团”）成立于2001年，下设6家控股子公司，其中1家公司下设“侨亚爱爸妈(iParent)”项目，即通过与政府合作形式在社区设立并运营居家养老服务中心，为社区老年人提供专业的养老服务。

在每个社区居家养老服务中心，按标准配置5名日常工作人员，其中1名店面经理、1名助餐员、1名健康管理师、1名服务专员和1名信息采集员。成立以社区老年志愿者为核心的服务监督和组织体系，形成由荣誉副会长1名、文娱顾问组、健康顾问组、安全顾问组、生活顾问组各2名组成的侨亚老年顾问委员会。L中心也按照这个标准，目前配有5名日常工作人员和9名社区老年志愿者。另外，按照实际需求，侨亚集团提供其他需要的工作人员，如侨亚集团的医务工作者会定期走访每个社区。

> 我们每个中心都有5个工作人员，负责中心的方方面面，比如说信息采集员每天都要去上门走访几户，看看社区里面老人的情况，看看哪些老人是需要我们上门去服务的。服务专员相当于我们的助手，我们管得就比较杂一点。(G03Y01)

3. L中心的服务对象

按照规定，L中心的服务对象是本社区65岁以上有居家养老服务需求的老年人，但是日常的实际运作中并没有特别明确的年龄和社区界限。

> 我们首先肯定是要满足我们自己社区65岁以上老人的需求，但是中南路街这边只有两个居家养老服务中心，所以即使是中年人或者周边其他社区的居民过来，只要拿着身份证做个登记，也可以免费测血压、做简单的体检。(G03Y02)

4. L中心的服务内容①

侨亚集团依托其机构养老、信息化居家养老、专业康复养老、旅游养生养老等综合业务，基于企业品牌及用户渠道拓展的战略规划，秉承“普惠、公益、品牌投入”的经营原则开展常态社区养老服务。其遵循“居家养老三位一体化服务”的指导思想，以“创新养老模式，集约各类资源、多种服务形式，满足刚性需求”为指导思想，以“求创新、全覆盖”为目标，建立一个服务资源组织、调度、管理中心，对资源数据和需求数据进行智能配比，合理提供分层分类的规范化、特色化、人性化的站点集中服务和上门服务，首先满足刚性需求，进而提升部分老年人的养老生活品质。

运营初期，L中心在区民政局、街道与社区工作人员的指导与支持下，对社区内筛选的近500户家庭进行了上门入户服务需求摸底和调研。L中心积极打造以社区居家养老服务中心为平台，开展针对健康群体的集中式服务；开展针对失能、半失能、失独等群体的“家庭床位”上门式服务；通过在居家养老服务中心建设养老床位开展日间照料、全托养老、临时托老等机构养老服务。L中心将上述三项服务职能所需服务资源、场地资源、设备资源集中使用，有效解决了社区养老群体刚性养老服务需求，形成集“社区居家养老服务中心集中服务、家庭床位上门服务、社区养老院养老服务”于一体的新型社区“居家养老三位一体化服务”的新模式。

L中心根据实际情况，将社区服务进程分为三个阶段。第一步落实“场地化集中服务”，以社区居家养老服务中心为服务场所，

---

① 该小节主要根据笔者通过实地调研收集到的文字资料整理而成。

为健康群体提供共性养老服务；第二步打造“一站式上门服务”，为特定群体提供“家庭床位”全托服务；第三步打造“平台化服务”，通过建立社区养老院整合各类资源数据和需求数据，并综合运营，最终形成“居家养老三位一体化服务”模式。该模式的具体服务内容包括以下方面。

（1）社区居家养老集中服务。以社区居家服务中心为服务场地开展针对社区健康老年用户的各项集中式惠民服务（以无偿、低偿为主）。打造“社区互助养老与创业平台”“高校志愿者服务基地”等社区精神文明平台。以老年食堂、老年康复中心、老年娱乐中心三个集中服务主题为切入点。主要提供下列服务项目（见图2）。

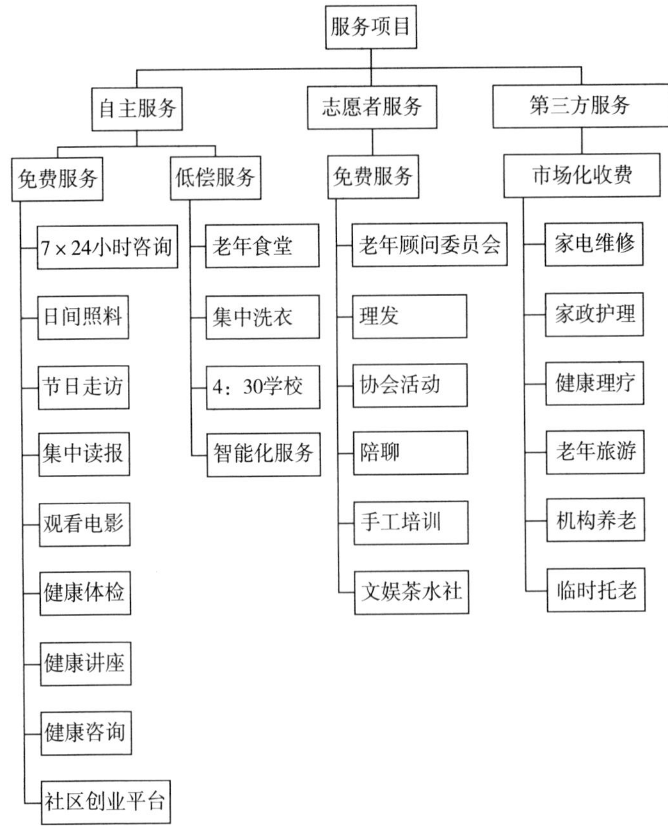

图2　L中心提供的集中服务项目

资料来源：L中心提供的图片资料。

老年食堂服务。每周一至周五提供集中就餐和送餐到家的服务。据统计，L 中心日平均提供 15～20 份服务中心集中就餐，送餐入户 10 户。

免费理发服务。每周一组织老人免费理发 1 次，为有需要的老人提前预约理发师提供免费理发服务，这已成了服务中心的常态服务。

免费健康体检。L 中心平均每日由驻点健康管理师接待免费体检居民 30 人次，体检内容包括人体的十二项健康体检指标，如血压、血糖、心电、体脂等。另外，配合社区组织户外大型活动中每次都为百余名居民提供服务。

免费健康讲座。针对老年人多发疾病的特点，结合社区老年群体的体检结果，L 中心通过侨亚集团安排医疗团队针对该社区老人的身体特征每月开展健康讲座服务，引导老年人对老年慢性疾病形成正确认识和预防；为居民解答各类健康方面的问题，对特殊的慢性疾病进行康复保健指导。

文娱活动。为社区老年人继续提供棋牌活动的场所，另外为社区老人积极组织各类文娱活动，如老电影回放，举办手工兴趣班、戏迷会、每月生日宴等活动。

为老咨询。L 中心每日通过上门、打电话等形式，提供接待社区居民日常咨询服务。

志愿者服务，包括社区老年顾问委员会和社区高校志愿者服务。社区服务中心老年顾问委员会，在社区提供的积极群众分子基础上结合社区招募形式，发展社区生活委员、安全委员、文娱委员、健康委员等志愿者。形成服务工作建议、活动组织、服务监督等职能，建立社区服务中心与群众的协调机制。同时，L 中心为高校志愿者搭建社会实践、志愿者服务、就业等服务保障平台，坚持有对口、有组织、有规划、有管理的组建原则，开展专业、公益性上门服务。这部分服务由于资源整合和对接不足，目前开展情况较差。

（2）社区“家庭床位”上门服务。在前期通过站点提供集中服务的基础上，L 中心发现社区存在一批特定群体，需要提供“上门全托全护理服务”。侨亚集团依托专业护理团队，积极引入社会力量（志愿者服务及社会企业服务资源），开展针对失能、半失能、孤寡等特殊群体的“家庭床位”上门服务（见表3），使“集中式服务”向“一站式上门服务”转变。据了解，L中心目前尚未提供该服务。

表3　侨亚“家庭床位”服务范围

服务项目	服务内容	参考服务频次
助餐服务	食物代购	4~5次/月
	食物烹调	30次/月
	喂饭	24~30次/月
	健康菜单制定	2~4次/月
助浴服务	洗澡	2~4次/月
	擦浴	2~4/月
助洁服务	理发	1次/月
	手部护理（剪指甲）	3~4次/月
	脚部护理（剪指甲、防干裂）	2~3次/月
助行服务	陪医	4小时/月
	外出探访	4小时/月
助医服务	一日（晨间、午间、晚间）护理	30次/月
	夜间陪护	30次/月
家政	衣物清洁	—
	家居卫生打扫	—
	琐事代办	—
心理康复	读报	—
	聊天	—
	问题咨询	—

注：以上服务均以一个月为时间周期，市场指导价格为：3980元/（月·人）。
资料来源：L中心提供的图片资料。

（3）社区养老院。侨亚集团按计划将在有条件的社区建设社区养老院，为社区老年人就近提供类似于机构养老的服务，并优先接收失能、失智、低收入困难老人。此外，由武昌区民政局为社区养老院提供专项装修补贴、建设补贴、运营补贴支持。据了解，L 中心目前尚未提供该服务。

三　优势与问题：社会化运营与自主运营的比较分析
——以 L 中心为例

（一）居家养老服务中心社会化运营的优势

养老服务无论是通过家庭、政府，还是社会等责任主体进行供给，均有各自的优势和不足。通常来讲，社区居家养老服务的责任主体包括政府部门、服务机构、社区、家庭成员或志愿者，而社区居家养老服务中心一般采取由社区自主运营或者由第三方服务机构运营的模式。我国的养老服务的推动者主要是政府，即由政府主导、政府搭台、政府出资，这与西方发达国家较为健全的居家养老服务体系有较大区别。学者们普遍认为，居家养老服务社会化运营为实现养老服务社会化与社会福利公益性等诸多目标之间的协调提供了一条新的路径。笔者结合在 L 中心的实地调研，比较分析社会化运营与社区自主运营模式，认为居家养老服务中心社会化运营有利于落实居家养老服务，并且大大提高了居家养老服务的实际利用率，其优势主要体现在以下三个方面。

1. 多元化的资金和资源投入

首先，居家养老服务中心的社会化运营模式有利于吸收民间资本，实现资金来源的多元化，缓解政府在养老服务方面的财政压力。目前，由于人口老龄化加快，全国养老服务体系普遍存在养老服务资金投入不足的问题。尽管各级政府不断加大在养老方面的财政预算，但是社会养老沉重的负担不是政府财政可以完全承担的。社区居家养老服务由社区独立运营的资金一般为单一化的政府投入，财政投入少使养老服务无法真正落实，而真正落实养老服务又会增加财政压力。因此，除了政府对养老社会组织的直接财政资助，供给养老服务还必须更多地依靠社会资源和市场机制。民办养老机构的资金筹措方式通常有三种：一是日常经营性服务，通过服务获得的利润来支持自身的运转；二是接受企业、基金会的资金支持和帮助；三是以项目承包的形式运营，从而参与政府公共服务采购获得资金。目前L中心的资金投入主要由两大部分组成。

一是地方政府财政补贴和政府购买服务方式。近年来，通过政府购买服务、培育服务机构等方式，武汉市民政部引导家政、物业等各类实体进入居家养老服务领域。一方面，L中心通过武昌区民政局联合辖区街道公开招投标的形式确定与政府的合作模式，区民政局以一个季度发放2万元，发放3个季度的形式每年给予6万元运营补贴：

> 民政局每年给6万元的运营补贴，一个季度给2万元，分3个季度给。集团也会给一部分经费。(G03Y01)

另一方面，武昌区实施政府购买居家养老服务办法之后，政府年度财政预算每年投入一定的经费购买L中心针对高龄、困难老人的养老服务。2014年武汉市通过《政府为特殊困难老人购买社区居家养老服务项目实施方案》，提出为具有本市户籍的65周岁以上“三无”、城镇低保及民政部门认定的特殊困难老人购买居家养老服务的项目，原则上每位特困对象享受政府购买服务的费用每年不超过200元，各区要严格按照市级下拨购买服务项目资金，依照不低于市、区1∶1的比例落实配套资金。

> 区里每年会拨运营经费给服务中心，另外，我们会发放“爱心券”给社区的困难老人，老人们拿着“爱心券”去服务中心买服务，服务中心定期到街道来领钱。(G01Y01)

二是侨亚集团的资金投入以及部分经营性收入。一方面，侨亚集团作为集团性公司，经营范围涉及地产类和医疗类等业务，其他效益较高的业务部门为居家养老服务项目开展提供一定的资金支持。另一方面，L 中心在优先保证政府购买服务对象的服务品质和无偿的服务项目的同时，也提供有偿服务项目，从而保障 L 中心的可持续发展。如每日的配餐服务，主要提供 8 元两菜一汤和 10 元三菜一汤的两种选择。

L 中心的人力、设备等来源也是多元化的。侨亚集团提供了主要的人力和医疗设备等资源。

> 我们中心有 5 个工作人员，每人每月的工资是 3000 元，是侨亚集团发给我们的。另外，侨亚集团有自己的医院，给每个中心配备了一些医疗设施和定点的医生，提供定期体检和健康讲座、健康咨询等服务。（G03Y05L）

同时，中南路街道和莲溪寺社区也提供了一定的场地支持，其中包括无偿提供由社区老年人活动中心改建而成的居家养老服务中心硬件设施给 L 中心。

> 我们中心的硬件设施都是社区提供的，这里原来是他们的老年活动室。我们侨亚带来了服务，所以社区免费提供场地给我们。（G03Y01）

另外，在员工培训方面，侨亚集团和政府部门均会不定期地组织养老服务方面的相关讲座和培训。

总之，仅仅依靠区政府的财政拨款，社区要自主建成并运营一个功能齐全的居家养老服务中心是一件很难完成的事情，需要街道财政的大力支持，而这对于街道来说也是一个很大的负担。

> 其他街道有些居家养老服务中心主要是依靠政府在运作，大概在 2011 年建起来的时候，政府给了 4 万～6 万元的一次性建设补贴。另外，对于运营合格的，补贴每年 2 万元的运营经费……在我们中南路街目前只有两个居家养老服务中心，都是侨亚 2014 年下半年过来后才开始正式运作的……但是其

他社区要再办居家养老服务中心在财力上还是比较困难的。(G01Y01)

因此，相较于资金和资源投入仅仅依靠政府财政的社区自主运营的居家养老服务中心，L中心作为社会化运营模式的代表，其资金、资源投入更加多元化，在缓解养老服务财政压力的同时，切实落实解决了服务的供给问题。

它们（其他街道的服务中心）大都是社区干部兼任管理的，所以服务工作很难真正开展起来。(G02Y01)

2. 相对独立的组织管理模式

企业、社会组织负责运作居家养老服务中心有利于组织管理模式的改善，提高居家养老服务的效率和效能。主要体现在以下两个方面。

从居家养老服务中心的选址和建设方面来看，它在建设初期的运营模式为社区自主运营，这样的运营模式沿袭了“自上而下”的决策过程，主要是为了完成上级的考核任务。

我觉得一开始政府做居家养老这一块，还是属于形象工程和面子工程的，但这是大势所趋，一定是要的。(G01Y01)

武汉市在2011年要求“力争到2015年每个街道建有一所示范性的居家养老服务中心，全市有需求和有条件的社区都建有居家养老服务站”。虽然政府对居家养老服务中心的建筑提出了规范标准，但是，在实际建设时很难严格按照规范标准来选址新建，而且上级财政的拨款远远不够新建，大多数连装修的费用都不够，只能由街道按照自己现有的来确定，大多是利用原有的资源改建或者重新装修、翻修，所以，在许多老旧社区里普遍存在居家养老服务中心的建设没有达标的情况。这也是社区自主运营的居家养老服务中心使用率低的原因之一。

正是由于社会化运营的推动，资金投入的多元性给居家养老服务中心的建设提供了更大的操作空间，而不是仅仅完成上级的考核任务。L 中心的建筑设施是由社区老年人活动中心改建而成的，2011 年社区对其进行了简单的装修成立了 L 中心的前身，2014 年侨亚集团进驻后与街道共同出资将两层楼的平房改建、扩建成了三层楼房。

> 原来这里就是供老年人活动的小平房，没有这么大的空间；现在活动场所变大了，一楼有棋牌室，二楼有阅览室，晚上供戏迷会使用，三楼还有跳舞的。（G04Y07）

从日常的管理运作来看，居家养老服务中心以往在社区自主运营的模式下，从建设到管理运作都是政府的事情，人、财、物全靠政府，不仅没有专业管理服务人员，而且大部分都是社区工作人员监管，带来了“社区对上负责有余，对下服务不足”的弊端。

> 社区很难抽出社工或者助老员来专门负责，得在本职工作之外加上管理服务中心的事情。（G02Y01）

而通过社会化运营，聘用专业化程度高于社区工作人员的员工负责日常管理工作和服务的提供，并制定相应的规章制度，能够提高日常管理运作的专业性和有效性。

调查过程中，笔者发现，L 中心除了配置专门的工作人员，形成了相应的分工以外，还制定有各项工作的管理制度。如月度服务汇总制度，每个工作人员需对每日服务工作进行记录，其中包括体检、理发、读报、生活健康咨询、上门慰问、公益讲座、其他文娱活动等免费服务项目，也包括就餐、家政等低偿服务项目。在每日工作记录的基础上，由服务专员统计每月的各项服务数据进行汇报总结。

> 这个月度服务汇总不仅是要提交给公司那边检查，也是

我们服务开展过程中应该进行记录的，以便更加全面地了解老人们的情况，尤其是体检项目的记录，可以了解老人以往的身体状况。(G03Y02)

3. 较高品质的服务

多元化的资金、资源投入和相对独立的组织管理模式，为社区居家养老服务中心提供较高品质的服务提供了基础和保证，而这往往是社区自主运营的居家养老服务中心难以实现的。L中心较高品质的服务主要表现为社区老年人对L中心的满意度和评价普遍较高，具体体现在服务内容和服务态度两个方面。

在服务内容方面，L中心主要的服务内容从生活照料、医疗护理、精神慰藉三个方面开展。首先，每周一免费理发、每日有偿配餐、帮忙提重物、卫生清洁等方面的生活照料为老年人尤其是部分缺乏自理能力的老年人提供了便利，直接帮助老年人解决了日常生活中的一些困难，提升了他们的独立生活能力，从而缓解儿女的压力。

我们周一至周五提供集中就餐和送餐到家的服务，平均每天提供15~20份集中就餐，送餐入户10户。(G03Y01)

我身体不好啊，5年前做了癌症手术，买菜回来服务中心的小何经常会帮我提上楼去，因为这里的老房子没有电梯不方便。(G04Y01)

能够免费理发确实很方便的，每周一这里门口都会有人排队。(G04Y02)

其次，L中心提供健康体检（包括上门体检）、健康讲座和健康咨询指导服务，也是出于老年群体比较关心这方面的知识和自身的身体健康状况。

中心平均每日要接待体检20~30人次，体检内容包括一体机的十二项指标，比如说血压、血糖等项目，每周还安排

上门服务。我们也有驻点医生，为居民进行咨询解答和健康指导。(G03Y05)

除了平时可以做些血压、血糖的体检，还经常有专家给我们做讲座，上礼拜给我们讲了老人怎样防诈骗，现在外面有很多骗子，告诉我们要提高警惕。也讲过一些养生方面的知识。(G04Y02)

再次，在精神慰藉方面，L 中心为老人们提供了娱乐活动场地，让老人们保持在老年人活动中心打牌、下棋的习惯，也在每月组织生日会和老电影回放等活动，而服务中心的信息采集员每日必须进行上门慰问，其他工作人员也会抽空进行上门慰问。

我一个人住在六楼，他们喊我下来活动活动，可是腿脚又不好，一个人在空调房里看看电视，心情也不好，所以小黄经常上门来陪我讲讲话，开心多了，女儿也放心。(G04Y04)

在服务态度方面，受访的老年人也对 L 中心的工作人员普遍有比较正向的评价，对服务提供者的正向评价有利于老年人之间口口相传，树立服务中心在社区老年人中的形象，提高对居家养老服务的使用率。

她们服务态度都很好的，各个热情亲切、讲礼貌，特别是医疗保健员小何，做体检的时候特别有耐心，我们都很满意的。(G04Y05)

(二) 居家养老服务中心社会化运营现存的问题

以上分析表明，居家养老服务中心社会化运营模式相对于社区自主运营具有多元化的资金、资源投入，相对独立的组织管理模式和较高品质的服务等优势。但是，在我国，居家养老服务中心实施社会化运营模式仍处于起步和探索阶段。笔者在调查过程中发现有以下问题和现实困境值得进一步探讨和研究。

1. 各方责任与定位不明确

在福利多元主义理论的指导下，居家养老服务应该由政府、市场、社会、非营利组织、社区、家庭等共同承担。居家养老服务中心社会化运营是指由市场化的企业或非营利组织来实际运作该服务中心，但并不意味着政府和社区的责任退出或是仍占有极大的主导权。而在目前L中心的运作过程中，政府和社区往往存在定位不明确的现象，主要表现出以下几种情况。

首先，在政府和侨亚集团的合作过程中，政府的强势色彩比较浓厚。虽然政府的大力支持使侨亚集团的L中心及在其他社区的服务中心的创立和运营获得了坚强的后盾，但行政色彩还是影响了其运作过程。

其次，政府部门对服务中心的监督和评估制度需要进一步完善，目前主要通过服务中心定期提交服务工作汇报和不定期的政府部门实地考察等手段进行监管，但这样只能简单了解服务中心的日常工作内容，而无法对服务中心的资质、服务的质量和效果进行评估。如果缺乏有效的管理和自律，以L中心为代表的居家养老服务中心在社会化运营的模式下，可能会背离服务理念而无法发挥其区别于社区独立运营模式的优势。

> 这个月度服务汇总不仅要提交给公司那边检查，也是我们服务开展过程中应该进行记录的……是的，也是要提交给街道那边去检查的。(G03Y02)

最后，社区作为居民生活共同体，在提供互惠性服务、加强居民社区认同上发挥着积极而重要的作用。在跟店面经理的访谈过程中，笔者发现L中心本身对于外界资源获取的途径比较匮乏，因而目前比较缺乏志愿者这一服务力量，社区层面没有起到帮助居家养老服务中心整合社会资源的有效作用。

> 很希望有你们这样的高校志愿者过来参与到我们的居家

> 养老服务项目中，能够在周末陪社区里的老人聊聊天也是好的。但是，我们没有这个渠道，所以还是希望社区那边能帮点忙，除了高校志愿者，社区也可以多组织居民参加志愿活动。（G03Y01）

2. 政府资助模式缺乏激励作用

对社区居家养老服务中心的财政支持一般有固定的建设经费补贴、运行经费补贴等。但是在居家养老服务中心的运行过程中往往因为下拨的经费有限而且固定，限制了居家养老服务内容的丰富和质量的提升，缺乏有效的激励。L 中心每年收到政府下拨的运营补贴固定为6 万元。实际上，政府下拨的每年固定的运营经费补贴和其他来源的经费加在一起仅够 L 中心正常运作，而无法进一步丰富服务内容，创新服务形式。

> 说不上经费不够，但是我们中心只能有多少钱就办多少事，把现有的资源尽量发挥出最大的作用。（G03Y01）

所以，财政下拨的运行经费不仅在总量上要有所增加，而且经费拨款的形式也有待改变。

3. 专业化程度有待提高

社区居家养老服务中心通过社会化运营一定程度上提升了工作人员在组织管理和服务提供等方面的专业性，弥补了原有社区工作人员兼职管理的不足。但笔者在实际调查过程中，发现 L 中心的专业化程度有待进一步提高，主要表现在 L 中心工作人员的专业服务水平不足。目前，L 中心仅有 5 名全职工作人员，其中 1 名店面经理、1 名助餐员、1 名健康管理师、1 名服务专员和 1 名信息采集员。据了解，店面经理是大专学历，其他 4 名均为中专或以下学历。员工平均年龄在 40 岁左右，除了助餐员以往从事餐饮工作和健康管理师有从事康复理疗、护理的相关工作经历，其他 3 名员工均没有从事过养老服务相关工作，比如店面经理在被侨亚集团聘用之前从事的是销售类工作。尽管侨亚集团、区民政局和街道会不定期组织养老服务相关方面的培训工作，但工作人员在老年人心理干预、精神慰藉方面的知识水平依旧非常欠缺。

4. 居家养老服务行业发展缓慢

目前，武汉市的居家养老服务中心的社会化运营处于起步阶段，截至2015年12月，武汉市武昌区已成立了60个社区居家养老服务中心（站），其中22个社区实现了居家养老服务中心的社会化运营。在居家养老服务行业发展的初期，因为行业内部组织之间缺少竞争，会影响服务质量的提高；如果进行服务收费，由于缺少竞争，且社会组织没有达到规模化运作，也会导致服务价格虚高。

四　建议与对策：社区居家养老服务中心社会化运营的推进

（一）明确各方的责任与定位

首先，政府是居家养老服务输送体系的主导者和监管者。现代国家的基本职责，决定了政府部门在居家养老服务体系中承担着服务内容规划、体系构建和资金资助等职责。但是，政府虽然承担着主导责任，却不应该成为服务主要的直接提供者。这就需要有独立的部门，特别是非政府部门作为社区居家养老服务的主要提供者，与政府之间形成购买者和提供者的契约型关系。在目前的社会背景下，社会组织的数量较少，规模不大，多数还在成长阶段，所以，政府的主导作用一方面体现在确立相关法律法规，鼓励和扶植供给者发展，对已经注册的老年服务组织提供优惠政策促进其发展壮大，并适当降低注册登记的门槛，这样才能形成良性竞争。政府主导作用的另一个方面体现在需求者购买服务的能力不足时给予支持。老年人已经退出劳动岗位，普遍收入不高，因此，其有限的支付能力需要从政府、社会以及家庭等多方面获得支持。

加强对社会组织的准入和监管以及对服务的评价和跟踪管

理，确保老年人的合法权益不受侵害也是政府的重要责任之一。居家养老服务中心的服务对象多为半失能的老年人，他们由于身体机能的衰退，已经不能像其他的成年人一样在市场上去比较选择，这样服务的提供者就有可能做出一些不利于服务对象的行为，政府必须加强监管，规范供给者的服务，替老年人去比较竞价，维护他们的权益，避免出现损害老年人权益的事件。因此，从服务供给者的资质、人员到服务合同的拟定、服务项目的实施过程以及风险的防范等各个环节都要审核监督，避免意外的发生。

其次，合理定位社区与居家养老服务中心的关系。居家养老服务中心作为公共资本在社区出现，在体制上就形成了对社区居委会原有功能的挑战。社区作为居民生活共同体，在提供互惠性服务、加强居民社区认同上发挥着积极而重要的作用。因此，需要引导社区工作与居家养老服务中心运行更好地整合起来。一方面，社区可以发挥居家养老服务中心的服务平台作用，整合资源，积极引入各种社会志愿服务，尤其是为老年人服务的各种教育培训活动，更好地利用居家养老服务中心的服务设施，并提高居民对服务中心的认知度和认同感。另一方面，居家养老服务中心的日常运行及管理需要更加开放的制度设计和条件保障，比如可以充分动员社区内的一些人加入服务中心的服务队伍中来。

（二）改变管理运行经费的政府资助模式

目前的政府资助模式缺乏对居家养老服务中心的激励作用，笔者认为以人员经费、服务经费及项目经费三种形式由居家养老服务中心提出申请，区民政局审核批准后下拨，街道按照比例配套是一种更为可行的模式。

第一，人员经费是指为保障居家养老服务中心专职人员的生活所给予的经费。居家养老服务中心所需的专业化、高品质的服务需要由专业化、高素质的人员来提供，包括管理人员、专业医疗护理人员以及一线护工，而他们需要相应较高的工资回报是目前营利性企业或是非营利的社会组织难以独自承担的。

第二，以服务经费形式的拨款是指为有特殊需求的老人提供经常性服务所需的资金，按照老人多样性的需求来开展服务可以提高老人的满意度，同样应该按照服务实际所需的经费来获得相应比例的资助。

第三，以项目经费的形式为不定期开展的非经常性的养老服务项目和活动提供资金补贴。这些活动可能具有临时性等特点，临时超出居家养老服务中心的承担能力，可以申请拨款资助，这样的拨款有针对性，避免了挪用、挤占等问题，也起到了鼓励创新的作用。

（三）建立服务收费的分担机制

服务收费对改善养老服务的供给、提高服务品质、增强服务的针对性和弹性都有重要的意义。居家养老服务是以适度普惠型福利理论为基础的。但是在实现完善的社会化运营之前，在资源有限的情况下，往往只能做到残余型福利服务。服务对象的年龄、失能程度以及个人或家庭经济条件等都是其能否获取服务的考虑标准，也就是说几个条件同时具备才能获得服务，如果经济收入超过标准，自己付费可能也不能得到服务。从残余型福利转变为适度普惠型福利的关键在于服务对象的选择不能以是否独居、空巢作为标准，应把老人的需求作为考核的标准，如果经济收入超过标准，则个人和家庭需要支付部分或者全部费用来购买服务。这样政府在确保兜底作用的同时也为有需要的群体起到了一定的支撑作用，有子女照顾的老人能得到更好的照顾，同时政府分担了家庭照顾老人的责任，也将促使更多的家庭承担起责任。

首先，通过服务费用的分担能够体现个人、家庭、政府、社会各方责任共担的机制，政府在改善居家养老服务中心的服务过程中的作用是促进多样化的供给来满足个性化的需求，并对服务实施有效监管。个人及家庭通过付费购买服务来承担相应的责任，这样也为推出长期照料保险提供了一定的基础。其次，个人及家庭承担部分费用可以增加服务的针对性，减少服务和资源的浪费。居家养老服务实施社会化运营后，服务品质有所提高但继续沿用无偿或者低偿的模式，带来使用者增多、运行负担重的情况。而通过收取服务费用可以将一部分并不是特别有需求的群体甄别出去，也可以让使用者表达出真正的需求，让供给者提供他们真正需要的服务。在一般的市场中，价格可以自动调节供给与需求使之达到均衡，在这个养老服务较为特殊的市场中，使用者支付的不一定是全部费用，一部分可能是以政府补贴的形式支付。最后，通过服务费用分担机制，在增加服务针对性的基础上进而促进服务品质的提高。接受免费服务的群体往往不能表达对服务质量的不满，而通过支付服务费用，在供需双方之间形成了相对公平的关系。需求方能够对供给方的服务做出选择和评价，供给方必然要注意改善服务质量，那些服务得不到认可的供给者就有可能退出市场，这也促进了养老服务行业供给者之间的竞争。

（四）适当降低社会化运营的准入门槛

在社会组织数量较少难以形成竞争，同时建立服务收费机制的背景下，引入社会组织不一定带来服务费用的降低，反而可能带来服务支出的大量增加以及服务需求的持续上涨。一方面，从事老年服务的社会组织数量少，高品质、专业化的服务对于人力和素质的要求较高，这导致了社会组织的运行成本高；另一方面，在社会组织没有达到规模化运作、缺少竞争的时候，对处于卖方市场的社会组织而言，过于强调运行成本，其提供的服务并不便宜。只有数量较多，形成竞争之后，社会组织的服务价格才可能降低到合适的范围。

因而，政府加强对社会组织的监管，重要的是对提供服务的人员、资质和服务质量进行监管，而不应该限制社会组织的规模与数量。适当降低社会化运营的准入门槛，才能培育更多的社会组织，促使一批本土化的社会组织发展壮大，从而促进养老服务行业的良性竞争，在确保服务品质的同时形成合理的服务价格。

五　本研究的主要结论和不足

（一）本研究的主要结论

从2010年前后，武汉市居家养老服务在一系列的政策指导下开始逐步发展起来，由区政府牵头，通过改建、新建、资源整合等方式，各个街道积极在条件相对充足的社区建立起了居家养老服务中心，起初均由社区负责实际运营工作。在武汉市居家养老服务的发展过程中，社会化运营模式的实施是一大改革方向。社会组织通过公开招投标的形式确定了与政府的合作关系，进驻社区居家养老服务中心负责日常运营工作，L中心就是其中一家运营情况较为良好的服务中心。

家庭、政府、社会各个责任主体供给养老服务的路径都有各自的缺陷。居家养老服务社会化运营为实现养老服务社会化与社会福利公益性等诸多目标之间的协调提供了一条新的路径。笔者结合在L中心的实地调研，总结了居家养老服务中心社会化运营相对于社区自主运营具有以下优势。

第一，多元化的资金和资源投入。相较于资金和资源投入仅仅依靠于政府的社区独立运营的居家养老服务中心，社会化运营的居家养老服务中心的资金、资源投入更加多元化，在缓解养老服务财政压力的同时，切实落实了社区居家养老服务的供给。第二，相对独立的组织管理模式。企业、社会组织负责运作居家养老服务中心，有利于改善组织管理模式，提高居家养老服务的效率和效能。资金投入的多元性给居家养老服务中心的建设提供了更大的操作空间，而不是仅仅完成上级的考核任务；通过社会化运营，聘用专业化程度高于社区工作人员的员工进行日常管理工作和服务的提供，并制定相应规章制度，能够提高日常管理运作的专业性和有效性。第三，较高品质的服务。多元化的资金、资源投入和相对独立、专业的组织管理模式，为社区居家养老服务中心提供较高品质的服务提供了基础和保证，而这往往是社区独立运营的居家养老服务中心难以实现的。

但是，在我国居家养老服务的发展进程中，居家养老服务中心实施社会化运营模式仍处于起步和探索阶段。笔者在调查过程中发现有以下问题和现实困境值得进一步探讨和研究。

第一，各方责任与定位不明确。在福利多元主义理论的指导下，居家养老服务应该由政府、市场、社会、非营利组织、社区、家庭等共同承担，但在目前的社会化运营过程中政府的强势色彩比较浓厚。同时，政府部门对服务中心的监督和评估制度需要进一步完善。另外，社区层面没有起到帮助居家养老服务中心整合社会资源的有效作用。第二，政府资助模式缺乏激励作用。下拨的经费有限而且固定，限制了居家养老服务内容的丰富和质量的提升，缺乏对居家养老服务中心的激励作用。第三，专业化程度有待提高。社区居家养老服务中心通过社会化运营一定程度上提升了工作人员、组织管理和服务提供等方面的专业性，弥补原有社区工作人员兼职管理的不足，但其专业化程度仍然有待进一步提高。第四，居家养老服务行业发展缓慢。在居家养老服务行业发展的初期，行业内部组织之间缺少竞争，不利于服务质量的提高和服务价格的下降。

综上所述，笔者在研究国内外居家养老服务社会化的成功经验和问题的基础上，提出了以下推进城市社区居家养老服务中心社会化运营的对策。

第一，明确各方的责任与定位。其中应主要包括：政府是居家养老服务输送体系的主导者和监管者，以及合理定位社区与居家养老服务中心的关系。第二，改变管理运行经费的政府资助模式。笔者认为以人员经费、服务经费及项目经费三种形式由居家养老服务中心提出申请，区民政局审核批准后下拨，街道按照比例配套是一种更为可行的模式。第三，建立服务收费的分担机制。通过服务费用的分担能够体现个人、家庭、政府、社会各方责任共担的机制；个人及家庭承担部分费用可以增加服务的针对性，减少服务和资源的浪费；通过服务费用分担机制，在增加服务针对性的基础上进而促进服务品质的提高。第四，适当降低社会化运营的准入门槛。这样才能培育更多的社会组织，促使一批本土化的社会组织发展壮大，从而促进养老服务行业的良性竞争，在确保服务品质的同时形成合理的服务价格。

（二）本研究的不足及展望

由于笔者学术水平有限及其他主客观方面的限制，本研究还存在一定的不足之处，有待在后续的研究中进一步挖掘与探讨。

第一，在研究对象选取和调查对象的抽样方法上，本研究根据前期资料搜集选取了一个服务中心作为个案研究对象，且运用两种非概率抽样方法选择调查对象，均使本研究的样本代表性具有一定的局限。但笔者在广泛阅读相关文献的基础上认为，目前各个城市的居家养老服务社会化进程基本处于相似的进程，且本研究所关注的这个服务中心在武汉市居家养老服务社会化运营进程中确实具有一定的代表性。

第二，本研究在梳理武汉市居家养老服务的政策背景、社会化运营的实践进程的基础上，对居家养老服务中心的社会化运营机制和现状进行描述性的研究，并对社会化运营与社区自主运营模式进行比较分析，探索社会化运营的优势，同时发现现存的问题并提出相应的对策。但是由于学术水平和时间、精力有限，本研究各章节的篇幅较短，研究层次和比较分析的程度较为浅显，不够深入和面面俱到；对于国内外居家养老服务社会化改革的成功经验的研究也没有在文中进行详细的介绍。

第三，对于居家养老服务社会化这个课题有待进一步深入研究，因为本研究仅从社会化运营模式这个视角进行切入，对于其他层面的问题涉及较少。除了运营模式这个层面，其他层面仍有许多问题值得进一步探讨，比如在居家养老服务社会化的过程中，如何调解居家养老服务的福利性与建立服务收费机制的矛盾之处，如何解决社会企业立法进程滞后于发展养老服务行业的问题，如何建立护理保险制度或养老服务补贴制度等居家养老服务社会化的政策支持体系等问题还有待学界进行更为深入的研究。

虽然本研究对居家养老服务社会化运营的研究较为浅显，且视角较为狭窄，但仍希望能够通过此次实证研究为其他学者的研究提供一定的借鉴和参考。相信经过其他学者的继续努力和探索，居家养老服务社会化的探索和改革将会得到更加全面深入的分析和研究，同时，也相信社会化居家养老服务体系的建设能够不断推进，进而满足老年人多层次、多元化的养老需求，改善其晚年生活，提高生活质量。

参考文献

白友涛，2007，《城市老年问题和社会化养老服务体系研究》，《中共福建省委党校学报》第 3 期。

包国宪、刘红芹，2012，《政府购买居家养老服务的绩效评价研究》，《广东社会科学》第 2 期。

陈伟，2010，《社区居家养老模式中日间照顾中心服务体系的构建》，《河海大学学报》（哲学社会科学版）第 1 期。

陈友华，2012，《居家养老及其相关的几个问题》，《人口学刊》第 4 期。

丁建定，2013，《居家养老服务：认识误区、理性原则及完善对策》，《中国人民大学学报》第 2 期。

董春晓，2011，《福利多元视角下的中国居家养老服务》，《中共中央党校学报》第 4 期。

董春晓，2011，《福利多元视角下的中国居家养老经验探析》，《改革与开放》第 14 期。

高亚芹，2015，《社会企业参与居家养老服务问题研究》，陕西师范大学硕士学位论文。

耿永志，2013，《社区居家养老服务中心建设存在的问题——以石家庄市老年人抽样调查为基础》，《现代经济探讨》第 5 期。

《关于全面推进居家养老服务工作的意见》，http://www.mca.gov.cn/article/zwgk/fvfg/shflhshsw/200802/20080200011957.shtml，2008 - 02 - 22。

韩东，2009，《当代中国公共服务的社会化改革研究》，华中师范大学硕士学位论文。

洪艳，2009，《“政府购买服务”的探索与实践——基于宁波市海曙区政府购买居家养老服务的思考》，《湘潮》（下半月·理论）第 4 期。

李小梅，2013，《国内外居家养老服务研究综述》，《重庆电子工程职业学院学报》第4期。

梁新颖，2000，《家庭养老社会化问题探路》，《社会科学辑刊》第4期。

刘辉、周斌，2015，《湖北：力推养老服务社会化运营——解读〈湖北省民政厅湖北省财政厅关于开展城乡社区居家养老服务社会化运营的指导意见（试行）〉》，《社会福利》第6期。

刘晓梅，2012，《我国社会养老服务面临的形势及路径选择》，《人口研究》第5期。

穆光宗，2000，《中国传统养老方式的变革和展望》，《中国人民大学学报》第5期。

穆光宗，2012，《我国机构养老发展的困境与对策》，《华中师范大学学报》（人文社会科学版）第2期。

穆光宗、姚远，1999，《探索中国特色的综合解决老龄问题的未来之路——"全国家庭养老与社会化养老服务研讨会"纪要》，《人口与经济》第2期。

史薇、谢宇，2015，《城市老年人对居家养老服务提供主体的选择及影响因素——基于福利多元主义视角的研究》，《西北人口》第1期。

苏珊·特斯特，2002，《老年人社区照顾的跨国比较》，中国社会出版社。

孙晓莉，2007，《中外公共服务体制比较》，国家行政学院出版社。

唐东霞，2012，《创新居家养老服务实践载体——以南京市鼓楼区大方巷居家养老服务中心为例》，《社会工作》第1期。

吴玉霞，2007，《政府购买居家养老服务的政策研究——以宁波市海曙区为例》，《中共浙江省委党校学报》第2期。

《关于印发〈武昌区民政委2015年工作总结〉的通知》，http://mzw.wuchang.gov.cn/wcqmzj/zwgk43/gwfb/wcmzz/1617912/index.html，2016-01-14。

《关于深入推进社区居家养老信息系统建设的通知》，http://www.whmzj.gov.cn/News_View.aspx?id=18366，2014-06-06。

《关于深入推进居家养老服务工作的通知》，武汉市人民政府网站，http://www.wh.gov.cn/hbgovinfo/szfxxgkml/fggw/bgtwj/201505/t20150515_30750.html，2011-05-22。

徐月宾，1999，《西方福利国家社会服务发展趋势政府购买服务》，《民政论坛》第6期。

许旻蜜，2013，《居家养老服务市场化研究》，华中科技大学硕士学位论文。

杨春蕾，2012，《浅谈福利多元理论在构建我国居家养老服务体系中的应用》，《今日中国论坛》第10期。

杨宗传，2000，《居家养老与中国养老模式》，《经济评论》第3期。

张晖，2014，《居家养老服务输送机制研究——基于杭州的经验》，浙江大学出版社。

张卫、张春龙，2010，《当前我国养老服务社会化面临的问题及对策——基于地方养老服务工作的思考》，《现代经济探讨》第5期。

周梁毅，2013，《我国城市居家养老服务社会化问题研究》，华侨大学硕士学位论文。

朱巍巍，2013，《我国养老服务业发展史上的重要里程碑——国务院出台〈关于加快发展养老服务业的若干意见〉》，《中国民政》第10期。

B. Meredith，1993. *The Community Care Handbook*：*the New System Explained*. Age Concern England.

David Osborne，1992. *Reinventing Government*：*How the Entrepreneurial Spirit is Transforming the Public Sector*，Addison Wesley.

Griffiths R，1988. *Community Care-Agenda for Action*，HMSO.

Mandelstam M，2005. *Community Care Practice and the Law*（3rd）. Jessica Kingsley Publishers.

R. Rose，1986. *Common Goals but Different Roles*：*The State's Contribution to the Welfare Mix*，Oxford University Press.

第三部分　社会工作

中年家庭妇女消极自我意识叙事治疗介入的研究

蔡思敏

一 绪论

（一）问题提出

20世纪80年代以来，随着利益格局的重新调整，社会分化加剧，社会流动加快，我国进入社会急剧转型时期，社会环境和社会价值体系正在发生着剧烈的、深刻的变动，给原本处于相对弱势地位的妇女群体带来更大的挑战与冲击。对大多数女性来说，45～50岁是其生命周期中的重要阶段，这个年龄阶段的妇女承担着抚养子女、赡养老人、照顾家庭的多重重任，面临着经济和情感等多重压力。更年期的到来使这一年龄阶段的女性生理和心理状况发生不同程度的变化，一些妇女会产生失落、烦躁情绪；同时，随着子女的“离巢”，中年妇女正迈入家庭空巢期。家庭空巢期与更年期同时到来无疑会加重女性的心理负担（谭琳，2002：38～39）。

吴愈晓等认为在“男主外，女主内”的传统性别规范回潮、日益严峻的就业形势以及社会保障体系不够完善的大背景下，女性回归家庭已成为许多女性抵御社会风险和解决性别身份认同危机的出路（吴愈晓等，2015：127）。“主妇化”应作为一种社会现象得到足够的重视（吴小英，2014：65～68）。中年家庭妇女，即没有正式工作，以相夫教子、家务劳作为重要角色内容的中年女性，中年家庭妇女的社会角色相对缺失，孩子的离家又使她们失去了往日繁忙的照料者角色，家庭角色和社会角色的叠加性缺失会加重其孤独、寂寞心理，而家庭生活中的不如意或创伤，甚至会对她们造成毁灭性的打击。韩春雨等人通过对2014年江浙沪女性幸福指数调查数据分析，发现家庭主妇与学生等社会其他群体相比幸福指数最低（韩春雨等，2016：58）。高颖怡等人通过对照1987年全国正常成年人SCL-90常模结果发现，城市中年空巢女性群体心理健康状况普遍处于较低水平（高颖怡等，2015：133~134）。郭锡永等人通过对长春市939例45~55周岁妇女的调查显示，中年女性特别是中年家庭妇女患抑郁症的风险要比男性大，其中更年期女性的抑郁症发生率高达32.06%，形势严峻（郭锡永等，2013：848~849）。杨功焕等人的研究显示，1991~2000年，我国女性自杀死亡率是男性的1.14倍，明显高于男性，其中认知偏差被认为是导致自杀行为的重要心理机制（杨功焕等，2004：281~284）。国外研究显示，已婚妇女比未婚妇女受到抑郁症侵害的危险性更大，因为她们通常扮演抚养者、照料者和家庭主妇的角色，因而社会地位很低，容易被社会孤立（Galinsky and Bond，1996：79-103）。从高抑郁率到高自杀率，均表明中年女性，特别是中年家庭妇女心理健康状况急需得到关注。

目前，学术界对女性心理健康的关注点多集中在女性自杀问题、妇女家暴问题、职业女性角色冲突等方面，对中年家庭妇女这一群体关注较少。同时，大多研究采取调查报告和对策研究的形式，从宏观和中观的视角对该群体所处社会环境进行研究，然而常常忽略微观的实践干预研究，对导致心理健康问题的心理机制缺乏足够的研究与干预，不足以从根源上解决问题。而目前的少数微观干预又集中于病理学的角度。这就需要我们从中年家庭妇女主体视角出发，深入她们内心，了解其自我意识的影响因素，探索解决之道。

（二）研究目的及意义

1. 研究目的

叙事治疗模式作为个案工作的一种重要的方法，是基于社会建构理论发展完善起来的社会工作实践模式（何雪松，2006：7），与传统的个案工作模式相比，叙事治疗强调案主的反思、问题的外化、生命故事的重写，对于影响案主的心理及积极自我构建有重要作用。

本研究将叙事疗法作为干预手段，以中年家庭妇女作为干预对象，采用个案工作的方式，通过发现问题、描述问题、问题外化以及重建叙事等一系列步骤，探索叙事治疗对中年家庭妇女消极自我意识的影响及其介入效果，分析产生效果的机制和不足，为妇女心理问题的干预以及叙事治疗的本土化提出理论建议和实践参考。

2. 研究意义

研究的理论意义。首先，本研究旨在通过自身实践以及反思，让更多学者关注中年家庭妇女这一群体，关注其生存状态与心理困境。其次，将中年家庭妇女纳入叙事治疗的实践范围，丰富叙事治疗应用领域。最后，在使用叙事治疗的技术与方法提升案主自我意识的过程中，结合案主的自我意识提升状况，检验其效果，分析其适用性，为叙事治疗模式的本土化贡献绵薄之力。

研究的实践意义。对于本研究的干预对象而言，叙事治疗外化问题、寻找积极生命故事的技术不仅有助于其增强信心、转变消极观念，从而提升其自我意识水平，更有助于家庭的和谐与幸福。

（三）文献综述

1. 叙事治疗研究综述

一般认为，叙事治疗起源于从事家庭治疗工作的怀特（Michael White）和艾普斯顿（David Epston），他们将叙事的观点与家庭治疗结合起来，通过《故事、知识、权力——叙事治疗的力量》一书，向读者介绍了叙述、外化问题以及重构故事等技术和方法（怀特、艾普斯顿，2012：31～60）。在他们的影响下，叙事治疗逐渐向世界各地推广开来。1990 年，Michael 和 David 两人合著出版了 *Narrative Means to Therapeutic Ends*，此书的出现标志着叙事治疗理论走向成熟。随着各国社会工作者在社会工作实务中运用这一疗法，推动了叙事治疗在心理治疗和社会工作领域的应用与兴起（White and Epston，1990：21－23）。叙事治疗从诞生到兴起，经历了一个相对较快的发展阶段，这不仅得益于其博采众长的理论基础、别具创造性的治疗技术，也得益于其广泛的适用性。

（1）叙事治疗的理论基础

综观国内外对叙事治疗的理论基础构成的研究，可以分为两类，一类将目光集中于社会建构理论对叙事治疗的影响。何雪松将叙事治疗的主要理论基础归结为一般意义上的社会建构主义（何雪松，2006：7）；杨莉萍在《社会建构论心理学》一书中，基于社会建构论的视角探讨了叙事疗法的问题观与治疗观，认为叙事治疗方法应被纳入社会建构论的心理治疗理论体系（杨莉萍，2006：54～88）。

另一类在社会建构理论的基础上囊括进福柯、戈夫曼等人的学术观点，从更为广阔的角度对叙事治疗的理论基础进行归纳。White将贝特森、布鲁纳、戈夫曼和福柯等人的理论观点融入叙事治疗的理论脉络中，并以此出发，形成了叙事治疗特有的治疗方法，其中外化对话的方法，直接受到福柯权力观点的影响（White and Epston，1990：34－60）。Walsh则认为叙事治疗的理论基础来源包括符号互动、社会构成、多元文化、存在主义和后现代主义（Walsh and Joseph，2006：23－45）。我国学者赵兆通过对叙事治疗的理论来源进行梳理，认为叙事治疗法中问题外化、问题故事的解构等方法深受后结构主义的启迪（赵兆，2013）。

综观上述观点，可以认为，叙事治疗深受后现代主义影响，其理论基础可以归结为一般意义上的社会建构主义。社会建构主义认为社会现实实际上是通过生活在这个社会中的人们不断建构起来的，在建构过程中，定义了何为正常、何为不正常，社会问题即是对社会正常状态的偏离。叙事治疗的主要治疗方法，如解构问题、建构积极叙事等，体现了社会建构主义有关解构与建构的思想。同时，在叙事治疗的方法与技术中，也体现了福柯的语言与权力观点、Foucault的哲学思想，认为个体的问题来源于主流文化的压制，问题外化过程也是解除压制的过程。

（2）叙事治疗的概念内涵

从叙事治疗的理论基础出发，学界对于叙事治疗的概念内涵的解读是围绕“建构”与“解构”展开的。把叙事治疗作为一种治疗过程来看，叙事治疗是一个先“解构”再“建构”的过程。社工通过引导案主说出自己的故事，使他们逐渐澄清一直困扰他们的问题是在主流叙事影响与压迫下，被个体赋予消极意义的结果，进而与他们一起重拾那些过往的被遗漏和被忽视的积极故事，重新开启新故事，建构积极的生命故事。何芸、卫小将认为叙事治疗是通过解构消极叙事进而激发其改变生命的动力和潜能的过程（何芸、卫小将，2008：100～102）。Lieblich 和 Mashiach 认为叙事治疗是一种治疗手段，是围绕解构和重构叙事来展开治疗的过程（Lieblich and Mashiach，1998：6－7）。吴熙琄将叙事治疗方法归结为，治疗师带着不同问话，从来访者众多的叙事和描述中，发现和建构更有力量的自己（吴熙琄，2013：136）。作为一种治疗方法，叙事治疗概念内涵强调对具体技术的运用，何雪松认为叙事治疗的内涵可以概括为重新书写生活，即通过问题外化、重新赋予意义等专业方法，引导案主重新书写生命故事（何雪松，2006：8～9）。叙事治疗强调“对话”过程，认为问题是来源于生活的，用对话的方式回归到生活进行治疗，既让案主易于接受，又促进其对生活的反思。

本文认为，叙事治疗既是一种治疗方法也是一个治疗过程，在这个过程中叙事治疗师和案主一起解构控制其生活的消极叙事，挖掘案主的积极叙事，并以此为出发点，重新唤起案主的内在力量，建构一个更加积极、有意义的人生。

（3）叙事疗法在社会工作中的应用

叙事治疗源自早期的家庭治疗领域，在西方社会工作中实践较早，被广泛应用到儿童、青少年、老人等社会工作实践中，如亲子冲突（Seymour and Epston，1989：137－143）、青少年盗窃（Desocio，2005：53－61）、儿童和青少年的自我发展（Desocio，2005：53－61）等，治疗效果在实践中得到了肯定。

在妇女方面开展的叙事治疗实践相对较少，但为数不多的相关研究成果显示叙事治疗介入女性治疗的适用性与效果的显著性。美国学者基林和尼尔森将叙事治疗运用于美国印度籍女性，并对治疗过程进行观察研究，是为数不多的叙事治疗介入女性治疗的实践之一。研究结果显示，在传统文化的影响下，她们将自我与问题视为一个整体，更加注重问题与自我其他部分的调适。具体体现在问题外化过程中，这些女性不仅外化问题的负面因素，也外化正面因素。研究结果指出，将叙事治疗运用到不同文化群体中时应注重其文化背景与价值观念（赵兆，2013）。他们的研究结果与反思对叙事治疗的推广起到了极大的促进作用，对我国社会工作实践中叙事治疗与传统文化价值观念的融合有一定借鉴意义。Weber 等人采用小组工作的方式，以 7 名患有不同程度的抑郁症或厌食症的澳大利亚农村妇女作为研究对象，讨论叙事治疗介入效果。经过小组治疗过程，所有参加小组的妇女自我批评减少，抑郁程度减轻，厌食症的症状减轻（Weber eds，2007：391 - 405）。Weber 的实践进一步揭示了叙事治疗能够深入案主自我意识，改变自我评价状况。Vromans 等人针对 47 名抑郁症患者（其中包括 27 名女性），通过 8 次治疗观察叙事治疗方法对抑郁症状的治疗效果，结果表明 74% 的患者抑郁症状都得到了显著改善（Vromans and Schweitzer，2010：4 - 15）。Claire 运用叙事疗法对遭受家庭暴力的女性进行治疗，结果显示，叙事疗法对其心理和身体健康的恢复都起到了积极作用（Draucker，1998：162 - 168）。大量基于国外社会的经验研究证实，叙事治疗方法介入女性心理问题，可以深入女性的自我观念层面，改变女性主观体验，以达到良好的治疗效果，结果体现在观念和行为的转变上。

国内有关叙事治疗的研究，主要集中在叙事治疗理论介绍和理论评述、叙事治疗的后现代视角研究、叙事治疗的方法和本土化研究以及叙事心理治疗的评述性介绍等方面。实践层面的研究相对较少，且多集中于儿童、青少年方面。

丁慧芳教授对青少年领域的叙事治疗方法进行了有效探索，在解决青少年问题的过程中，应全面了解青少年成长过程中的故事架构，通过叙事阐述青少年成长过程中的生命故事，对前述的故事架构进行不断的充实（何芸、卫小将，2008：101）。何芸、卫小将阐述了叙事治疗的概念内涵，并将之运用于青少年社会工作（何芸、卫小将，2008：100～104）。刘宁将叙事治疗引入离异家庭子女心理辅导，通过建构温和的离婚叙事取代消极的离婚叙事，缓解案主心理压力（刘宁，2009：26～28）。赵兆将叙事治疗应用于治疗儿童情绪障碍，以30例儿童情绪障碍患者及其父母为研究对象，使用叙事疗法作为主要干预方法，通过质与量的研究表明，患儿情绪、家庭环境、家庭教养方式等均有所改善（赵兆，2013）。也有学者尝试使用叙事治疗介入老年社会工作和创伤治疗。耿玉多对养老院老人采用叙事治疗，研究显示，叙事治疗的问题外化、生命故事回顾等技术对老年人有很强的适用性，有利于改善和提升老年人的晚年生活质量和幸福指数（耿玉多，2014）。王燮辞通过对汶川地震灾区460名大学生创伤后应激障碍症状叙事的研究，了解汶川地震2年后灾区籍大学生的心理状况，观察结果表明，叙事疗法对创伤后应激障碍的治疗有良好的效果（王燮辞，2010：558～560）。上述学者的实践将叙事治疗介入对象锁定为一类群体，针对该群体的特点有针对性地运用相关技术，所得的实务经验对于其他治疗实践有相当的借鉴意义。

相较而言，国内从女性视角出发运用叙事治疗或是开展妇女社会工作的实践研究非常少，尤卓慧等将个体与团体叙事治疗相结合，为受性虐待的女性提供帮助（Ma E Y，2004：21－39）。王再萍关于失恋女大学生的叙事治疗（王再萍，2009：1529～1531），李莹莹对于留守中学女生的叙事治疗介入（李莹莹，2014），是为数不多以女性为案主的叙事治疗实践研究。因此，在中年家庭妇女作为心理健康问题的高发人群急需得到关注、国外叙事治疗实践经验丰富而国内叙事治疗实践经验有待拓展的背景下，采用叙事治疗方法介入中年家庭妇女自我意识建构，能够回应当前的群体性需求。同时，本土经验的取得对于社会工作专业治疗方法的本土化具有重要的理论意义和现实意义。

2. 自我意识的研究综述

（1）自我意识的概念内涵

自1890年James在《心理学原理》一书中第一次提出相对系统的自我意识概念以来，目前学界对自我意识一直没有形成统一界定。不同的学者由于其研究取向及研究侧重点的不同，对自我概念的界定也有所不同。Rogers认为自我概念是个体对自身的综合看法，包括能力、性格、人际关系、人与社会的关系等多方面的认识（Rogers，1959：65－68）。Rogers对自我概念的界定是从个人取向出发，强调个体对自我的认知。George H. Mead对自我概念的产生和发展做了进一步的描述：自我，从本质上来看是从社会经验中发展而来的一种社会结构，包括客体我和主体我。自我是在从角色扮演到社会互动的经验中，通过观察内化他人对自我的态度发展起来的（Betz，1994：32－42）。Turner认为自我意识包含个人同一性与社会同一性（何洁云、阮曾媛琪，1999：217～218）。虽然各学者对自我意识的界定有所差异，但基于一个基本认同，即自我意识是一个人对自我各个方面的认识，是个体内心深处的心理结构，是个体人格与行为的内部调控系统。积极的自我意识有利于个体发展，反之，消极的自我意识会阻碍个体发展。

女性自我意识是指女性作为认识的主体，将自身作为认识对象，从性别视角出发，对自身价值、地位、能力等因素进行综合判断。女性消极自我意识是指女性在自我认知过程中呈现的自我评价的偏低倾向、自卑等消极态度倾向以及在行为层面的体现（郭喜青，2001：57～60）。石红梅认为，女性自我意识发展主要受三个因素影响：第一是个人因素，包括个体的年龄、受教育程度、职业、职业满意度、政治面貌等；第二是家庭因素，家庭是个体成长、生活的首要场所，对个体的重要性是不言而喻的，父母的受教育程度、教育方式、亲子关系、子女个数都会对家庭中的个人自我意识产生影响；第三是社会因素，女性所处的社会文化、价值观念、制度安排都会在不同程度上对女性自我意识产生影响。同时，她对福建省女性自我意识的调查研究结果显示，工作满意度、职业、受教育程度在影响女性自我意识的诸多因素中位列前三。进一步来说，女性自我意识受经济因素影响最大，其次便是文化因素（石红梅，2007：67～71）。在女性自我意识的干预实践中，考察女性自我意识发展的影响因素，能起到至关重要的作用，促进案主更加清晰地认识自己，帮助社工明晰案主自我意识的发展过程，排除干扰因素，从源头上进行干预。

（2）女性自我意识的研究

早在19世纪末，西方学者就开始将目光投向个体自我意识，自我意识的研究成果也十分丰富。早期，心理学家对自我意识的研究多倾向于分析个体的生理因素，如个体的性别、外貌、性格等。在众多学者的努力耕耘下，自我意识的研究范围也逐渐扩展、深入，除了心理学之外，社会学、人类学等学科陆续将自我意识纳入研究范围，并且开始将自我意识与社会因素相联系，将自我意识放入群体和社会文化背景中进行分析。我国学术界也在这一时期将自我意识研究领域进行扩展，但研究内容主要集中于文学领域，包括考察中外文学作品中女性形象的塑造。到了20世纪90年代，社会学开始采用性别视角对女性自我意识进行研究，有学者运用1990年第一期妇女地位抽样数据作为研究数据，分析女性自我意识的影响因素，研究结果显示，受教育程度、年龄、职业等因素在不同程度上影响着女性的自我认知。

早期，王小波的《再论女性意识与妇女解放》一文，就开始关注女性自我意识，并将其解读为女性主体意识、地位意识、价值意识、解放意识四个方面。通过对自我意识四个方面的讨论，他关注到女性自我意识的萌发，即女性开始试图从以往的男权视角以及传统观念中挣脱，对自我的关注增强（王小波，2000：57～62）。马祥林等人从女性自我意识的视角出发，对女性自我意识障碍及其产生原因进行了研究。其中特别关注了女性自我评价偏低、自卑的状况，并对这一状况进行了分析（马祥林、王天桥，1999：51～55）。朱燕群认为女性消极自我意识主要体现为女性自我评价偏低、自我激励不足以及缺乏内省，消极自我意识限制了女性的发展（朱燕群，1993：59～61）。刘志玲基于社会性别理论，讨论了社会性别视角下的女性消极自我意识，主要表现在主体意识、自我意识、成就动机不强等方面（刘志玲，2001：19～21）。大多数学者在对女性自我意识的研究中肯定了女性自我意识的发展，但同时也都对当代女性自我意识发展中的消极部分给予了关注，分析成因并从专业角度对提高女性自我意识提出了一些对策。

关于女性消极自我意识形成的原因，学者们从各学科、各专业角度进行了探索。大多数学者都认为，女性消极自我意识是男权社会下的产物。社会主流话语权掌握在男性手中，在这种语境下，女性的话语权、自主性受到压迫，并最终形成一种消极的自我意识。波伏娃曾将社会当中不同职业、不同民族、不同年龄阶段的各类女性作为研究对象，讨论女性群体的权力与地位变化，生理与心理变化以及处境的变化（波伏娃，2004：25～89）。她的探讨给予了后来的女性自我意识研究一定的启发。郭喜青认为女性消极自我意识是在社会化过程中形成的。在女性消极自我意识形成的过程中，在众多影响因素当中，社会文化制度背景是主要影响因素，但女性自我意识的发展特点更为重要。因此，她提出应促进性别平等、消除社会性别歧视，关爱女性，特别是在女性成长过程中及时矫正女性自我认识偏差，正确引导，以逐步提升女性自我意识水平（郭喜青，2001：57～60）。

将女性作为一个群体去研究其自我意识的发展状况，厘清了社会性别建构中对女性角色期待以及女性自我认同的建构过程，揭示了在强调男权与男性话语中心的社会中女性的自我是怎么被塑造的。相关研究中，对女性消极意识的介入策略体现了建构与解构的思想，强调女性在自我意识发展中的主体性，从女性消极自我意识的成因和影响因素出发，解构社会主流话语对其产生的影响，建构积极的自我意识。

3. 叙事治疗对自我意识的介入研究

（1）叙事疗法介入自我意识的优势

在心理学领域，叙事治疗已经较多地应用于对治疗对象及其自我意识的干预。叙事心理治疗是以自我在话语中形成的社会建构论为理论基础的（施铁如，2005：189～191），认为同其他社会现实一样，自我并非一种实体，而是一种叙事建构的过程。当事人正是通过这种叙事的过程发掘过去的经验，重新赋予意义，并将过去的经验组成有意义的整体。治疗师的工作是倾听当事人的故事，从故事中了解当事人解读生活意义的方式，并帮助其建构一个更为积极的人生叙事，形成一个更为健康的自我（秦晓景，2009）。

叙事治疗正是由于这种深入个体的意义世界，促进当事人与自我对话的特性，使采用叙事治疗的方式介入案主的自我意识层面成为可能。同时，叙事治疗外化问题、寻求积极意义、解构问题、建构具有价值的生命故事的特性，使它能够在解决当事人心理问题、促进当事人观念与态度转变、改善当事人心理健康状况方面发挥出独特的作用。在这一过程中，叙事治疗师的引导与支持是促进案主改变的重要催化剂。

（2）叙事疗法介入自我意识实践

早在弗洛伊德时期，他就创造性地使用“谈话疗法”对患者进行治疗。在治疗过程中，与患者面对面交谈，让患者回顾其生活史以及疾病史，以达到宣泄的效果。谈话即叙事治疗中故事叙说的前身。Huber J. M. Hermans 把患者的叙事作为治疗的核心。他认为，当患者说了一个个人故事，那么这个故事对他来说是值得特别关注的，这件事反映了个人人生的意义。当治疗师与患者一起分析这些故事的内容，把故事一再重复时，在这样的重复述说过程中，患者所关注的东西、问题和目标就发生了变化，这构成了治疗过程的基础（Hermans，2014：134 - 159）。心理学主要关注的是人们在叙说自己个人故事的过程中，自我意义、观念得到重组。在社会工作学科领域，作为一种介入方法，在自我意识层面，叙事治疗较多地介入自我意识的外在情绪及行为表现层面，比如赵兆采用叙事疗法介入儿童情绪障碍的研究（赵兆，2013），冷静将叙事心理治疗应用于缓解服刑人员的焦虑情绪（冷静，2011），袁莉敏等则探讨了叙事治疗在青少年网络依赖心理辅导中的应用及效果（袁莉敏，2015：7 ~ 80）；同时，社会工作还对叙事治疗进行了创新性运用，将叙事治疗运用于小组及团体工作中，比如赵君等人采用叙事取向团体辅导对大学生自我认同进行干预（赵君等，2012：730～734）。这些干预取得的成果以及对干预过程的反思，肯定了采用叙事疗法介入自我意识的可行性及有效性，并且针对某一群体采用叙事治疗介入取得的经验性成果具有可迁移性，叙事治疗的介入对象还有较大的拓展空间。

已有的研究从叙事治疗的理论背景与概念内涵、叙事疗法在社会工作中的应用、女性自我意识的发展特点等角度探讨了叙事治疗介入女性自我意识的适用性与可行性，对叙事治疗在我国本土化实践中的运用有重要的借鉴意义。然而，叙事疗法是不是女性社会工作专业领域中的一种切实有效的方法，以及作为舶来品的叙事疗法其理念与方法是否适用于我国女性社会工作实践，笔者认为，需要通过一定数量的本土实践经验进行检验。正因为如此，本研究将叙事疗法作为介入方法来引导一例中年家庭妇女消极自我意识的介入实践，关注叙事治疗对案主自我意识的介入实效，关注叙事治疗产生效果的机制，关注叙事治疗理念及方法技术与我国传统价值观念的融合，以及如何影响或引导案主的行为发生改变。

4. 研究述评

通过对相关文献和研究成果的阅读分析和整理归纳，笔者发现：①女性自我意识是女性心理素质的重要组成部分，自我意识积极与否将直接影响其对自身价值的看法，影响其健康人格的形成，一个正向、稳定、健康的自我意识有助于身心健康；②年龄影响或制约女性的自我认知，较年轻女性和职业女性而言，中年家庭妇女存在自我意识中自我评价的偏低倾向，更需要获得关注；③叙事治疗的理论基础、实务理念以及其在不同群体与问题中的广泛适用性显示，叙事治疗是可以尝试运用到女性社会工作中的，并且其治疗方法契合女性的特点与需求。目前的干预研究及实践有限，急需拓展。

同时已有研究也存在一些不足，一是国内现有的关于叙事治疗的理论研究多于实证研究，相关学者和专家在理论层面上的研究数量大大超过了实证方面的研究，两者没有很好地相辅相成。

但相对丰富的理论研究成果也为本文研究奠定了扎实的理论基础。二是我国社会工作实务发展起步较晚，国内叙事治疗的理论研究和实践相对落后于国外及港台地区，理论知识缺乏实务检验，本土化经验不足。三是叙事治疗应用领域较窄。叙事治疗可以被应用于不同年龄、种族及文化下的个体，但国内实践研究多集中于儿童、青少年，其他领域较少涉及，特别是女性群体。四是现有的从社会工作角度出发的以女性为对象的干预多是把外部环境作为主要切入点，缺乏从内部切入的干预，同时介入深度不足，亟待完善。

本文将从社会工作角度出发，运用个案工作方法，以一名自我认知低下、自我意识消极的中年家庭妇女为对象，以叙事疗法为介入方法，参考以往文献对女性自我意识研究中自我意识的三个层面，即自我评价、自我体验、自我控制进行干预。本研究拟以实习为契机，运用观察、半结构式访谈、量表测评三种方法对案主进行需求评估，结合专业价值理念，应用叙事治疗相关技术进行干预。

二 研究思路

（一）服务对象与目标

1. 服务对象

（1）服务对象的由来

笔者在妇联实习以来，密切关注妇女的生存状况。在实习期间参与并协助开展多项社区活动，这些活动让笔者有机会与社区各类妇女群体进行直接接触，其中家庭妇女是笔者接触较多的一个群体，在初步交谈了解她们的基本生活状况之后，笔者有选择性地做了有关家庭妇女身心健康的问卷调查和访谈，调查内容涉及自我评价与认知、焦虑程度、抑郁程度等方面。调查期间，社区妇联主席给予了很大帮助，并介绍了一些她在工作中了解到的心理健康状况不佳的案主给笔者，参考问卷调查及访谈结果，笔者最终选取了一名自我评价偏低，有中度焦虑情绪和轻微抑郁倾向的中年家庭妇女作为服务对象，在对案主的情况做了评估之后，笔者开始对她进行个案辅导。

（2）服务对象的基本信息

案主 X，女，49 岁，生于四川西部某农村，初中学历。案主家有 3 个弟弟，因为家庭经济状况不佳，从小案主就要负担起照顾幼弟及家务的责任，以致案主没有足够的时间及精力完成学业而回家务农。20 岁那年经人介绍认识了现在的丈夫，婚后案主便随丈夫去新疆从军，丈夫转业后又随丈夫来到武汉定居。由于身体的原因，案主结婚早期一直未能怀上小孩，直到 28 岁才怀上一男孩，案主怀孕以后便没有再工作，直到孩子上小学才重新开始在一家工厂上班。孩子上初中以后出于对孩子教育的考虑以及工厂效益不佳，案主索性又辞职在家专心带孩子。去年 9 月案主儿子顺利考入东北一所大学，孩子离家后，案主有很长一段时间不能适应，觉得生活非常空虚，像是突然没有了重心。在好友的介绍下，案主找到了一个超市理货员的职位，由于多年不工作，加上年纪日益增长，案主接受新知识较慢，虽然手脚麻利，但还是因为常常不能正确理解领导的意思而受到责备，经常被安排去搬一些重物，每次下班都觉得身体疼痛难忍。因为上班初期的不适应，案主也疏于打理家务，老公有诸多抱怨，但从不帮忙，两人经常为这吵架。危机出现在案主和领导争执被辞退后，自此案主开始长时间的失眠与焦虑，严重怀疑自己的价值，觉得自己没用，工作做不好，连以前一直引以为傲的幸福家庭都面临不保。于是，案主开始用饮食来缓解焦虑，体重已经超过 150 斤，这也导致案主极度沮丧。

案主的丈夫是一名转业军人，目前在一国企做货车司机，有稳定工资，前段时间有一段短暂的出轨经历，出轨对象为同一公司的同事，被案主发现后考虑到儿子和与案主多年的感情最终结束了这段恋情，并多次向案主认错，但案主焦虑的情绪和对其的排斥态度让丈夫很有意见。案主儿子现为东北某大学大二学生，离家很远，一年回家两次，以前和母亲关系较为密切，上学后独立性增强，平均两周打一次电话，在父亲外遇这件事上儿子没有责备父亲，这让案主很伤心。此外，案主的父母远在老家，平时无法为案主提供情感支持。

（3）服务对象的自我意识概况

在学术界，因对自我意识概念的定义不同，其测量工具也比较多。其中田纳西自我概念量表（Tennessee Self-Concept Scale，TSCS）对自我认同（ID）、自我满意（SA）和行为（B）有相对应的测量题目和评分标准，从本研究主要介入的案主自我意识的三个层面——自我评价、自我体验、自我控制考虑，故选取 TSCS 对案主的自我意识状况进行测量（见表 1）。

表 1　案主在 TSCS 中的评价情况

	TSCS 中显示的评价情况
自我评价	行为无法满足家人的期望、对自己不满意、很难交到朋友、脾气暴躁、没出息的人
自我体验	对外貌感到自卑、身材不好、笨拙、社交不够理想
自我控制	经常胃疼、睡不好、不敢面对难题、行为不合乎自己的心意

案主 TSCS 测量总分为 186 分，显示出较低的自我意识水平。

2. 服务对象需求评估

在与案主初步建立关系之后，通过访谈、观察以及量表测量，社工对案主需求进行评估，结果显示案主当前的首要需求是改变消极情绪，长期需求是提升自我意识水平。具体需求有以下六个方面。

第一，缓解焦虑的需求。失业以及婚姻危机让案主出现心理危机，再加上过往不愉快的经历带来压力的叠加影响，使案主处于强烈的焦虑情绪当中。案主 SAS 测试总粗分为 52 分，标准总分为 65 分，标准分介于中等焦虑水平 60 ~ 69 分，显示出了较高的焦虑水平，焦虑情绪需要缓解。

第二，社会交往的需求。案主因为自卑和身体肥胖，社交网络单一，朋友很少，希望多认识一些朋友，丰富日常生活。

第三，增强自我控制能力的需求。在思想和行为方面提高自控能力，包括控制自己的焦虑、愤怒等消极情绪，改善整体外在形象，重点是控制体重水平。

第四，增强自我价值感的需求。在各项生活事件的冲击下，案主认为自己被忽视，自己没有价值，自我价值感低，需要重获自信心与自我价值感。

第五，参与社会的需求。案主渴望拥有一份工作，在社会上“不掉队”。

第六，协调人际关系的需求。改善夫妻关系，希望与丈夫的沟通更顺畅，渴望被丈夫关注；增进亲子关系，能与孩子多多沟通。

3. 服务目标

社会工作者在通过访谈及量表等方法了解案主的基本情况与需求后，与案主共同制定了服务目标。从案主自我意识中的自我评价、自我体验和自我控制三个层面进行介入。

前期目标：引导案主述说自己的故事，宣泄负面情绪，缓解案主的焦虑状况。

中期目标：促进案主转换消极视角，发掘自己的优势，增强自我价值感。同时，培养案主观察自己、反思自己的习惯，引导案主客观地看待自己，对自己进行客观评价。

长期目标：培养积极心态，提高理性看待问题的能力，巩固积极叙事，整体提高自我意识水平。

服务总目标在于提升案主的自我意识水平，克服消极自我意识，建构积极的心理状态。在自我认知层面，主要对案主的自我评价进行干预，通过重构积极生命故事，促进案主发现自身闪光点，形成积极理性的自我评价，达到理想自我与现实自我的统一；在自我体验层面，促进案主自我悦纳，克服自卑情绪，提高其自我欣赏能力、自我价值感、自尊感；在自我控制层面，增强案主对自身消极情绪、体重的控制。

同时，本研究理论目标在于，笔者希望能够通过个案回顾与反思，探讨叙事治疗模式介入女性自我意识提升的优势与局限，以及对叙事治疗模式技巧、方法本土化提出自己的一点思考。

（二）概念界定

1. 中年家庭妇女

本文将中年家庭妇女概念界定为：生活在城市中，45～55岁年龄阶段的，没有全职或兼职社会职业的已婚女性。她们没有正式的职业身份，不负担家庭经济责任生活的重心，以处理家庭事务、照顾配偶与子女生活、自我休闲为主。

2. 叙事疗法

本文将叙事疗法界定为：以社会建构理论为理论基础，围绕“建构”“解构”“自我”“社会”等关键词，认为和其他社会现实相似，案主的自我意识也是在社会生活中被建构的。叙事治疗首先是对个体过去经验的一个解构过程，通过外化问题、寻找积极人生故事，使案主理解他们当前的问题是在社会主流叙事压迫下，被个体赋予消极意义而形成的，进而解构过去叙事中的消极意义。在解构过程中，社工引导案主发现并找回那些被忽视的积极故事因素，通过意义蓝图和行动蓝图的穿插进行，唤起案主改写生命故事的力量与效能，建构新的积极叙事，并将过去与未来联系起来，形成一个完整的有意义的生命故事，开启人生新篇章。

3. 自我意识

本文主要采用时蓉华教授的观点。自我意识是个体对自己内部心理状态及对自己同外部客观世界的关系的意识，包括对自己的生理状况的认识，如性别、身高、体重、外貌等；对心理特征的认识，如性格、气质、能力等；对自己与他人的关系的认识，如自己与群体的关系、自己在群体中的位置与作用等。内容主要包括生理自我、心理自我和社会自我，是主观我对客观我即自身的意识（时蓉华，2005：164～165）。

自我意识包含自我评价、自我体验和自我控制。自我评价是主观我对客观我的认知和评价，是对客观我做出的或好或坏，或正向或负向的判断，主要涉及“我是一个什么样的人?”。自我体验指的是主观我对客观我的一种态度体验，是在自我认知和评价的基础上产生的内心体验，主要涉及“我是否认可自己是这样的人?"。根据评价结果与自身需要的契合度，个体会产生不同的情感体验，如自卑、自信、自我欣赏、自我责备等或积极或消极的自我体验。自我体验不仅与自我认知、自我评价有关，也和个体对所处社会的文化、规范以及价值标准的认识有关。自我控制，是指个体对自己的一种调节过程，包括对思想和行为的调节，具体体现在对自我情绪、情感、行为等活动进行自我调节，使其符合社会规范与价值标准，是自我意识在行为上的表现，主要涉及"我怎样能成为那样的人?"，即怎么做的问题。

（三）理论基础

1. 理论观点

叙事疗法深受后现代论的影响，受到建构主义的启发。社会建构主义认为社会现实是由生活在特定文化中的成员世代互动所构成的，人们共同建构了现实，并在其中生活。相应地，个体的自我经验和自我叙事也是建构所得，问题则是受主流叙事压制而产生的（Hacking and Ian，1999：58－78）。在《叙事治疗》一书中，Freedman 和 Combs 阐述了社会建构主义对叙事治疗的借鉴意义。首先，他们认为现实是通过语言建构而成的，语言作为储存和传递意义的载体，直接影响社会成员的信念、感受或关系。其次，现实通过故事得以延续和维持，叙事是组织、维持和延续知识的核心方法。对于个体而言，除了已经被书写的故事，还有很多的事件没有进入其故事体系，而这些事件对于个体来讲是相当重要的。因此，在叙事治疗中，应着力于寻找那些被忽视的事件，让其重归故事体系，形成积极的人生故事（佛瑞德门、康姆斯，2008：202～210）。对于社会工作实践而言，要帮助案主厘清现有的叙事和建构，寻求被遗落的故事以及问题故事的替代性方式，建构积极的人生故事。

福柯则认为话语是在人与人的互动过程中呈现出来的，话语通过不同的形式形塑个人，并且人的一生都是处在这样不断重复的建构之中。而话语与权力有密不可分的联系，语言是权力的一种工具，主流话语体系通过话语来定义何为正常，何为反常。但同时他也指出主体并不是存在于话语之外的实体，相反个人可以成为话语的主体。主流话语体系在论述主体和驯服主体的同时，也给主体提供了反转主流话语的机会，话语权力也就提供了主导叙事和反叙事以及另类叙事的可能性（福柯，2004：193～218）。在这一语境下，叙事提供了主体建构不同人生故事的可能性。在White的叙事治疗理论体系中，外化、解构问题故事等重要理论得益于福柯话语与权力思想（赵兆，2013）。Besley进一步将福柯的权力理论对叙事治疗的影响进行总结，即通过挑战权力的技术，外化问题对主流一元论述去中心化，以及通过对过去被忽视的重要事件进行整合，发展出积极的替代故事来对抗主流价值压迫下的故事（Besley，2001：72－93）。叙事治疗的整个理论基础主要由社会建构理论、福柯话语与权力思想两部分构成。

2. 治疗技术

（1）提问和倾听

叙事治疗的倾听技术并非仅仅在于搜集信息，而在于了解他们的语言与叙述方式，了解他们的人生故事。倾听则在于赋予了治疗对话以合作性和创造性，其作用在于形成经历从而发展出新的主题和叙事。

（2）外化对话

外化对话是指，将以往被看作与个人是一体的问题客观化，将问题与个人分离，使其认识到问题是位于外部的，而不是在其内部。Freedman和Combs认为外化对话能使案主体验到自己选择的责任，摒弃“自身是问题根源”的观念，将问题与人分开，负起如何与问题互动的责任，并以此为重写对话的入口，发展出替代的人生故事（Freedman and Combs，2000：110）。问题外化之后，案主可以脱离问题的压制，尤其是可以减少自我污名和责难，并反思自己的生活，从而寻找到新的选择，这无疑为自我成长提供了动力。

（3）独特结果

独特结果是指问题叙事中的例外情况。它与问题叙事不相符，被看作促使改变的机遇。White建议通过询问一些能够使谈话更为清晰的直接或间接问题来寻找独特结果（White and Epston，1990：66－73）。在问题外化之后，社工在与案主谈话时应注意案主故事中的独特结果，谈论问题出现或问题成功解决的时刻，促使案主看到改变是可能的。案主的人生轨迹向更为积极的方向延展（何雪松，2006：7～9）。

（4）重写对话

重写对话发生在独特结果之后，通过重写对话可以发展出新故事以代替问题故事。White 认为重写对话包括两个层面：行动蓝图（landscape of action）和意义蓝图（landscape of meaning or identity）。行动蓝图是指深入探讨独特结果的故事细节，包括涉及的时间、地点、人物以及行为等。意义蓝图是指探讨事件的意义，即来访者对独特结果赋予的意义。来访者对事件赋予的意义反映了他的价值取向、性格偏好、人生理想等内在观念。重写对话的过程是行动蓝图和意义蓝图不断交替穿插进行的过程，通过这一过程，独特结果由一个个散落的故事被连接成一个新的、更加积极的替代故事（赵兆，2013）。

（5）治疗文件

叙事治疗重视对信件、证书、日记等治疗文件的运用。叙事治疗认为通过治疗文件能够强化语言叙述的故事，让案主有机会思考自己的语言和叙事，也可以对治疗过程中触发的想法或故事进行拓展、丰富，同时书面文件也是一种很好的奖励机制。Nylund 和 Tomas 的研究结果表明，一封治疗信件的平均价值近似于3.2次治疗会谈，在治疗过程中合理使用治疗文件所带来的积极效果的平均百分比为52.8%（Nylund，1994：38－39）。同时治疗文件还有帮助案主记忆的效果。

3. 叙事治疗的具体步骤

出于对本研究中案主情况、服务环境、可利用资源等综合考量，本文采用 Carr 的叙事治疗架构。Carr 的叙事治疗框架是在 White 等叙事治疗奠基者的基础上发展起来的，内容更加细化，可操作性强，同时该理论关注案主的自我叙事、自我发展。他认为叙事治疗的过程为：采取合作的、一起书写故事的立场；故事外化，将个人与问题分离；发现独特结果，帮助案主发现生活中没有遭受问题叙事压迫的时期；经由行动图景和意识图景拓展独特结果的叙事；将独特结果与其他事件联系在一起，形成一个关于自我的新的叙事；重要他人见证新的自我叙事；运用治疗文件记录下那些能够巩固新叙事的知识和实践；与他人分享，促使他人摆脱同样的压制性叙事。

（四）研究方法

1. 资料搜集的方法

资料搜集方法包括访谈法、观察法。首先，在对案主实施干预之前，笔者进入案主家庭进行观察，以此来考察案主的生活状态和家人互动模式，积累资料为个案介入做准备。同时，在个案进行过程中，也会运用观察法对案主的行为表现进行观察记录。其次，笔者对案主的丈夫、儿子、母亲及朋友进行非结构式的访谈（见表2），访谈内容包括案主的成长故事、案主外在情绪表现等，尽可能多地了解案主信息；量表主要采用了焦虑自评量表（Self-Rating Anxiety Scale，SAS）、TSCS，对案主的焦虑水平和自我意识水平进行测量。

表 2　访谈对象列表

访谈对象	与案主关系	基本情况	访谈次数
陈先生	丈夫	对案主的现状，以及与案主的关系不满，但不知道怎么改善	2
陈同学	儿子	对母亲与父亲的关系很担心，但相信他们能处理好自己的事	2
李奶奶	母亲	关心女儿，但身在异地，心有余而力不足	1
杨阿姨	朋友	了解案主的人生经历，愿意帮助案主改变现状，并提供一些方法建议	2

2. 介入方法

本研究介入方法为个案工作法。个案工作是社会工作的三大方法之一，根据王思斌的定义，个案工作指专业工作者遵循社会工作的基本价值理念，运用专业知识和技巧，以个别化的方式为困境中的个人或家庭提供物质和心理的支持和服务，帮助个人或家庭减轻压力、解决问题、挖掘生命潜能，提高个人和社会的福利水平。在本研究中，社工采取一对一的形式为案主提供服务，在服务过程中，在叙事治疗理论模式的指导下，运用社会工作的专业方法与技术协助个人解决问题，调适自我功能，挖掘潜能，提升自我信心和生活质量（王思斌，2006：40～62）。

3. 评估方法

本研究采用定量与定性相结合的方法对介入效果进行评估。其中定性方法包括访谈案主及其家庭成员与社工观察。在定量方法方面，本研究采用SAS与TSCS对介入效果进行评估，前后测数据对比分析评估介入效果。

SAS由William W. K. Zung于1971年编制。编制者将SAS用于对36例神经官能症患者介入效果的评估，结果表明SAS的效度相当高，能较准确地反映有焦虑倾向的病患者的主观感受。作为较早引入我国的焦虑自评量表，我国对该量表进行了一系列修订，吴文源等人对1158人的常模测评结果进行分析，结果显示量表20个题目的总分均值为29.78+0.46，显示了较高的效度。SAS量表共20个题目，包括15道正向计分题和5道反向计分题，分为四级评分，测量焦虑主观感受。最新中国常模结果显示，量表标准分上限为50分，总粗分上限为40分。标准分低于50分，表示处于正常焦虑范围；超过50分则表示有明显焦虑症状。分值越高焦虑症状越严重。其中，得分范围在50～59分为轻度焦虑，在60～69分为中度焦虑，在69分以上为重度焦虑。

TSCS由H. Fitts于1965年编制，1978年由台湾学者林邦杰进行修订，并对中学生做了测量，结果显示自我总分的分半信度为0.925～0.945（$p<0.001$），与郭氏、杨氏自我概念量表的相关系数为0.523～0.723，表面测量具有较好的信度和效度。量表共有70个题目，采用5点计分法，包含自我概念的内容维度和结构维度及综合状况共10个因子。其中，结构维度有3个因子：自我认同，即个体对自己的看法和认识；自我满意，即个体对自我现状

的满意程度；自我行动，即个体对自己行为的知觉。内容维度包括生理自我、道德自我、心理自我等5个因子。综合状况包括自我总分和自我批评2个因子。前9个因子得分越高，自我概念越积极，而自我批评得分越高，自我概念越消极。自我总分被划分为5个层次：280~350分，自我概念最为积极；210~280分，自我概念比较积极；140~210分，自我概念一般；70~140分，自我概念比较消极；0~70分，自我概念最消极。自我概念总分越高，越倾向于认为自己有能力、喜欢自己，感觉自己有价值、对自己有信心；自我总分越低，越倾向于较低的自我意识水平。

（五）介入流程

1. 建立关系，采取一个合作性的、共同书写故事的立场

在建立关系之初，因为有社区妇联主席的介绍与支持，案主X对社工表现出信任和接纳的态度，社工的介入比较顺利。社工与案主的首次接触是以社区一次两癌知识普查活动为契机进行的，社工在通过妇联主席了解案主情况的前提下，先给案主打电话邀请她参加两癌筛查，被案主婉言拒绝后，有了后面的第一次登门拜访。在去案主X家前，社工整理了前期通过妇联主席所掌握的案主X的信息，从而制定了初次访谈框架，主要包括案主的自我介绍、案主的身心健康状况、案主目前面临哪些困难、目前最困扰案主的事件、案主初步希望达成的愿望等，并运用基本情况调查问卷与焦虑量表、田纳西自我概念量表对案主的心理状况进行了一次测评，作为服务的基础数据。

在与社工的交谈中，案主常出现强烈的情感流露，谈到自身境况时，多次提到“又老又丑”“他们（指丈夫和儿子）现在都觉得我是负担”“什么都做不好”等体现强烈消极心态的表述，同时伴随着压抑的哭泣。案主还提到自己已经失眠很长一段时间，晚上睡不着，白天头晕无力，体重不停增长，对未来的健康状况深感忧虑。案主的这种焦虑情绪和强烈的消极心态，需要社工及时介入。

社工向案主澄清了服务内容，说明在今后的服务过程中，案

主需要进一步打开心扉，和社工一起努力改变现状，重建生活信心。主要服务内容是打开案主的心结，进行情绪疏导与积极自我意识的建立。同时，在这一阶段社工对案主问题的本质、问题对其生活产生的影响、问题的产生原因与背景、案主解决问题所付出的努力、社工能为案主提供哪些服务、可以争取到哪些资源服务于案主等具体内容有个初步的了解。

2. 倾听案主旧有叙事，揭露影响案主的主流叙事

在这一阶段，鼓励案主深入地诉说自己的人生故事。社工用心倾听案主的人生故事，发现案主问题所在，把案主的问题置于社会文化背景下进行考量，找出影响并控制案主的主流叙事，揭示主流叙事对案主造成的影响，使案主逐渐客观看待自己的问题。在这一阶段，社工运用的主要技巧是倾听、总结归纳；社工扮演的主要是教育者的角色，帮助案主了解除自身以外，与其问题有关的社会文化知识。

3. 问题外化，开启独特结果

在本个案中，社工首先通过解构式问话，引导案主发现问题；再进一步采取叙事治疗外化问题的技术，通过探讨这种问题是如何影响案主对自我的看法、对身边人的看法、对事件的看法，以及是怎么影响案主的心情，最终影响整个生活的。引导案主从一个客观的角度看待自己的问题，实现问题与自我进行分离。

其次，社工发掘案主叙事中那些被忽视了的积极故事，通过对故事意义的解释与延伸，激发案主的潜能，建构积极叙事。独特结果的发现就是挖掘案主生活中没有被自卑感、孤独感控制的经历，回顾其生活中的闪光时刻来对抗其消极自我意识，提升案主的自信心和成就感。

4. 拓展独特结果，巩固积极叙事

在找到案主问题故事之外的独特结果后，需要以行动图景和意识图景技术强化案主对独特结果的叙事，再通过重写对话将其发展为丰富的替代人生故事。并在后期的叙事和生活中加以实践，将这种积极的态度和力量运用到现实生活当中去。

5. 重启积极叙事

在这一阶段，社工通过主观态度讨论、推动行动发展与书面见证，帮助案主巩固积极叙事，将案主在治疗过程中拾回的积极自我意识延伸到日常生活中去，在新的故事叙说和行动层面展开积极叙事。

三 案主的旧有叙事

埃米尔·利比里奇（Amia Lieblich）认为，人们天生是故事的叙说者（杨菲，2007）。“我们每个人都有一部个人的历史，我们自己生活的叙事。这些故事使我们能够解释我们是什么，以及我们被引向何方。”通过故事的述说，人们的经验得到延续，自我意识得以巩固，同时故事叙说的过程也是与人沟通交往的过程，我们通过我们所说的故事了解和发现自己，并把自己展示给他人。从这种意义上来看，叙事给我们指明了通向个体内部世界和人格的入口。

美国学者 Bruner 从各类文献里总结出了 12 条有关自我的描述，这 12 条特征也恰好是讲故事所必需的，这些关于自我的描述与故事之间的交叉重叠，从某种程度上肯定了通过故事叙说的方法来理解自我的真实性和有效性。正因为叙事治疗以故事叙说为媒介，关注个人在自我故事中的意义赋予，重视个人故事中所体现的自我形象、社会互动等态度及行为，强调我们的生活是由一个个故事组成的，故事本身就是自我的体现。所以，整个叙事治疗的起点也就是故事的叙说。

叙事治疗认为个人之所以深陷问题当中，是因为他们把自己和问题看作一个整体，他们的人生故事充满了消极意义，或者是他们无法把自我经验组成一个有意义的整体，个体急于解决问题，但依赖现有的经验事实自我不能解决问题，甚至难以发现问题的症结所在。此时社工扮演的不是专家的角色，而是一个对案主的故事满怀兴趣并且对案主潜能充满信心的合作者，从案主叙事的故事中，找出其中的知识和经验，帮助案主发现问题症结。案主生命故事中的自我叙事体现了案主自我意识的不同侧面。

（一）消极自我叙事

1. 成长自我叙事——被忽视的女孩

自我意识是人在成长中，通过与周围人和环境互动形成的，有一个形成和发展过程，在这个过程中个人产生了对客观世界的认识，也产生了对自我的认识，所以，成长环境对自我意识的产生是至关重要的。案主成长于一个传统大家庭，家中孩子较多，作为家中唯一的女孩，案主很小就开始帮助父母承担起照顾弟弟的责任。同时，因为案主小时候家庭条件十分艰苦，家人不得不把有限的资源优先分配给家里的男孩，所以案主觉得自己被家人忽视。而且年轻时案主没有积累文化资本，导致现在自己在生活中很被动。

> 案主：以前我和我妈关系不好，小时候老让我干活，8岁就要搭着板凳爬上灶台给家里人做饭，我下面有两个弟弟，最小的那个是我看大的，白天在学校上课，回家还没来得及放下书包，我妈就在叫我干活啦，哪里有什么时间读书，做作业的时间都没有。其实我心里就这一点对我爸妈有点怨言，要是我那个时候多读书就不一样咯。我哥哥和弟弟爸妈都送他们去学了门技术，就我什么都没学，他们还不是想着女娃读那么多书干什么，所以我就在家里当牛做马，最后书也没有读，技术也没有一门。
>
> 案主：我们同一个房子（院子）里的一个男人，比我大几岁，平时就用那种很恶心的眼神看我。有一回我爸妈出门了，他和他妹妹来我们家做伴。哪晓得他晚上竟然跑到我房间来摸我，我好害怕，就假装说梦话，把他吓跑了。我怕得很，第二天给我爸妈说他们都不信，还说我乱说，我又怕又生气。这也是后来我一结婚就跟着老公去部队的原因，我实在是怕，家里人又不相信我，我在家里一向都是被忽视的。到现在我也不知道去部队是不是错的，在那边什么都没做，

就当家庭主妇了。要是在家里，学门手艺或者做生意可能会好过些。

2. **情感自我叙事——不被爱护的妻子**

自我意识是在个体所属初级群体和次级群体成员的期待中，以及周围人们的评价过程中，通过自己的主观体验而逐渐发展起来的。当个体觉察到对方的态度和言语中所包含的内容时，自我意识的内容也就得到了丰富。因此，个体的自我意识从本质上说，就是从他人对自己的情感和评价中发展出的自我态度。作为案主的亲密伴侣，案主丈夫的评价与表现对案主自我叙事产生了很大的影响。

案主：我和我老公是别人介绍的，他就是隔壁村里的，我们谈了三年，感情一直不深。他一开始是没有看上我的，因为我长得不好看，脸上很多土痣（雀斑），走路都是一前一后隔得很远，可能是害怕别人笑话他吧。后来，他们家里人觉得我勤快，会持家，最后才在一起的。我对他是没有什么爱情的，他可能也不爱我。

案主：我心里一直耿耿于怀的是，他有一次喝醉了，跟他那些狐朋狗友说我是二手货，我听到难受得不行。我没有啊，跟他理论他差点打了我，后来就没再说过了，但是我知道他心里一直不相信我，或许从结婚之后他就看不起我了。

案主：后来生了孩子，他说我心思都放在孩子身上了，对他漠不关心，我也不知道是身材走样了，还是生了孩子自己身体有变化，反正我可能不能满足他了吧，说我不关心他也是个借口，他就在外面乱来，和那些乱七八糟的人出去找那个（性工作者）。我们打了一架，我威胁他说再这样等孩子长大就给孩子说，这是他对我的第一次背叛，以前虽然他不爱我，但是我从来没有想过他会背叛我。真是感觉天都塌了（轻声哭泣）。

案主：最难过的是我儿子读高中那三年，他应该是在外面有人了，我在他眼里彻底成多余的了，天天回来找我麻烦、挑刺，就是想我和他吵架，经常不回家，回家就吵架。他和我提了好多次离婚，为了给孩子一个完整的家，我就求他，求他等孩子考上大学再和我离婚，现在离婚对孩子打击太大了，他不爱我但还是爱孩子的，就答应了。那三年我都不知道我是怎么过来的，根本没有自尊。一次一次地被背叛，心都千疮百孔了，那会儿就觉得活着没意思，很多时候想着一死了之，但想着我要是走了孩子好可怜，就咬着牙挺过来了。后来我和父母说我想离婚，他们都反对，说家里没有一个离婚的，太丢人。

案主：现在他还是嫌弃我，老说我笨，我不会上网他说我笨；搞不懂的问他，他也是一句话就把我堵回来了，说我那么笨。我儿子也说我笨，他也不教我。现在我玩微信都是自己乱搞，在他们眼里我就那么没用吗？我是好没用，连老公和儿子都依靠不上。

案主：我内心不是真想离婚，不知道离了婚怎么办，离婚了也只能找个离了婚的，能比他好到哪儿去？说不定还更坏。讲究个门当户对，我有时候看着那些离过婚的男人我都看不上，我看得上的人家肯定看不上我。不离过不下去，离了好像还是过不下去。

性作为伴侣亲密关系的重要组成部分，夫妻双方对性生活的满意程度对夫妻关系有直接的影响。夫妻双方对性生活的态度不仅反映出生理上的感受，还反映出心理上对对方性行为的接受和认可程度以及在夫妻关系中对自我的认同（杨青，2004：54～55）。作为夫妻感情的重要影响因素，在夫妻性生活中，案主的支配程度不及丈夫，在夫妻间性生活中得到的负面反馈影响了案主对自我的认同。案主认为丈夫的出轨既是对身体的背叛也是对感情的背叛，是自己妻子和母亲的角色不被重视的表现，并且将丈夫出轨的原因归结为自身缺乏吸引力。

人本心理学的奠基人马斯洛认为女性的性需求是否得到满足，

以及在性生活中是否得到足够的尊重会影响其自尊程度。在性方面缺乏支配感，即被动承受的妇女缺乏自信和自尊，表现为自我意识消极并伴随强烈的自卑感、羞怯、恐惧不安（杨青，2004：54～55）。案主在两性关系中体验到的低支配感与接收到的丈夫态度和言语中的消极反馈对案主的自我评价、自我形象造成的伤害，体现为案主对自身以及对感情的退缩、怀疑与自卑，这种消极的自我体验让案主内心冲突不断。

3. 身体自我叙事——麻子脸、死胖子

心理学家库利认为人与人之间可以相互作为镜子观察自己的形象。在社会交往中，个人关注他人对自己的外貌、姿态、着装的看法，并将其作为评价自身形象的标准，评价的积极与否关乎个人喜悦或悲哀情绪的产生（杨菲，2007）。个体正是在不断地与他人的互动中，观察他人的反应，想象他人对自己的看法，并将他人对自己的评价进行加工，作为客观标准内化到自己的心理结构当中，形成自我形象。自我形象是自我意识的重要组成部分。

> 案主：我读书的时候脸上有很多斑，比现在还多，村里有调皮的男娃说我是麻子脸，嘲笑我。我自卑得很，走路都是低着头的。
>
> 案主：我结婚那会儿我表哥也娶媳妇了，表嫂很漂亮，又有文化。有一回我听别人背着我说他们是男才女貌，说我长得那么丑，我老公怎么看上我的。我心里别提多难受了。
>
> 案主：老公出轨后我就越来越胖，主要是因为那段时间每天都在生气，一生气就胃疼，又要做生意，吃了好多激素药，身材就慢慢走形了。我也不喜欢我现在这个样子，你看我脸上本来斑就多，现在又长了好多皱纹，难看死了。胖了以后就不喜欢出门，懒得收拾，经常是随便摸件衣服穿，根本不讲究什么好看不好看，对自己像是绝望了。
>
> 案主：我试过减肥，就是坚持不下去，什么吃药啊，裹保鲜膜呀，节食啊，都试过了，没用。再说我减肥减给谁看啊。经常在心里叫自己死胖子，真是没救了。

4. 社会自我叙事——被社会抛弃的人

女性自我认同与家庭、孩子以及工作三个方面息息相关，家庭和睦、孩子健康成长和从事自己喜欢的事业是女性生命幸福的三大来源，其中事业即社会参与是女性自我认同的重要源泉。回归家庭的女性能够享受到其家庭提供的庇护，包括经济、情感上的庇护，这样一种庇护能帮助她们规避劳动力市场的风险。而当家庭关系出现冲突，家庭的庇护功能受损，案主渴望向外界获取支持的时候，却发现因为自己退出劳动力市场太久已不能适应社会需求。而常年局限于家庭生活，导致案主的社会网络萎缩，难以寻找突破口参与社会生活。

> 案主：成了家庭主妇，就等于说你把全部都奉献给这个家了，除了老公和孩子，你就什么都没有了。有些时候我在家里忙一整天，累得很。结果人家回来根本看不到我做了什么，还说我闲，他根本不尊重我的劳动，让我觉得自己在家里没地位。
>
> 案主：感觉每天都是一个样，心理空落落的，每天忙前忙后有什么价值呢？
>
> 案主：孩子上大学了，我成天围着这房子转也没意思，挣不到钱在他面前也不硬气，想出去挣钱来的，好像只能去做做保洁，这些我都不想干，蛮烦。
>
> 案主：这么多年不上班，早就落后了，说真的，要我现在去学什么新东西我也学不进去，脑子笨，又一根筋。连超市里的活都干不好，我还能干吗？其实我好想出去上班，就是怕人家嫌弃我，太伤自尊了。
>
> 案主：我没有几个要好的朋友，有个表妹算是很好的，在老家，难得见一面。我们这边的（邻居）好多我不喜欢，太势利了，天天在一起都是穿的什么牌子，大部分我没听过，也买不起。

在案主的自我叙事中，案主认为是自己没文化、长相不好、不会甜言蜜语、无能等造成了自我的不幸，这样的归因方式，让她认为“我就是问题，问题就是我”。White 则认为，主流叙事的压制是个人问题形成的重要影响因素。案主自身存在的问题与其自身叙述的生命故事有很大关系。案主周围环境及其周围的人对案主自我意识的影响，也会对案主问题的产生形成重要影响。因此，案主叙述故事的时候会根据周围人和环境的期望，自动忽略和潜意识地排斥一些不符合主流的故事。

（二）控制着案主自我叙事的主流叙事

社会建构理论认为，人的问题是被社会建构的，同时个人的叙事是被社会主流叙事控制的，主流叙事影响甚至决定了个人自我叙事。价值观、分工、制度等这一类组成我们社会现实的事物，都是由一个文化中成员间一代又一代、日复一日的互动所建构的（叶沿生，2009：557～564）。每一个人理所当然认为的现实，其实是我们出生以来环绕四周的社会现实。在很多时候，这种主流叙事对个人的主宰是潜移默化的，不为案主所觉知，个人的问题往往发生在主流叙事与个人叙事不一致的时候。一旦个体按照社会判断标准来评价身体、人格和成就，将个人生活故事排斥在主流叙述之外，便会出现问题。控制案主个人叙事的主流叙事主要有三个，它们不断冲击案主的自我叙事，让案主内心冲突不断。

1. 女孩读书无用论

案主母亲：以前家里穷，我们也是做不完的活，哪里顾得了那么多（指案主学习）。女娃儿嘛，读那么多书干啥子，只要嫁个好人，一辈子也不愁。她个性强，我们嘛，就巴不得她早点嫁出去，还不是为她好？

案主：我小学的时候成绩还可以，后来初中下降了，我们班主任那会儿和我爸认识，就跟我爸说女娃读书不行，读不出个什么样子来，让他把我接回家去算了。我爸就信了他的话，后来也没有让我读高中。有时候想起来都不知道该怪哪个，是怪我们老师看不起我，怪我爸爸不让我读书，还是怪我自己笨。

案主：我还在当姑娘的时候，我们村里有个女的出去打工就嫁了个老板，回来好风光，我妈就见不得，说你没有人家的相貌好看，读书又不行，就只有勤快点，说实话我听了很不舒服。

“男主外，女主内”这样一种两性分工模式，表现之一为男女受教育机会不平等，在案主所处的农村社会以及原生家庭内部，都认同女孩不用读书，只需要会收拾家务，照顾家庭就足够了，在案主成长过程中繁忙的家务事占用了其学习时间，教育资源的匮乏导致父母有偏向地把资源分配给家里的男孩，对女孩自我实现需求是漠视的。此外，受教育程度也通过影响案主在家庭中的话语权和劳动力市场中的竞争力，间接影响案主的自我意识水平。

2. “男主外，女主内”的家庭观念

我国固有的性别文化对男女两性有不同的角色期待，“男主外，女主内”的公共领域与私人领域的划分得到广泛认同，男性活动的空间主要在公共领域，而女性活动的空间则基本在私人领域。这种“男主外，女主内”的性别角色分工模式通过主外和主内的区分，把女性的活动空间限制在家庭内部，相较于男性，女性的活动空间要小得多。男人赚钱女人管家，这种性别叙事框架建构了两性不同的婚姻感受与期待，那么在没有事业的情况下，家庭是否幸福就成了女人是否成功的衡量标准。家庭妇女需要努力经营这种生活，学习处理各种家务，努力使自己成为一个贤妻良母，达到社会期望的角色要求。

案主丈夫：凭良心说，她还是很勤快的，顾家。就是脾气太怪了，什么都想管，我工作上的事她也想管，成天问这问那，家庭妇女嘛，管好家里就行了。我也不指望她出去挣几个钱，你说她什么都不用干，每天就是在家里做做饭、带带孩子，还有什么不满意的。

案主丈夫：（关于出轨的事，陈先生不愿谈起）她这几年确实是变化很大，原来很麻利的一个人。但是现在成天关在家里，也不收拾。你看她胖成什么样了，我这样说也不是嫌弃她，就是觉得她现在好像家里也管不好了，家里乱七八糟，她精神状态也不好，我看着也心烦。

案主母亲：我知道（案主丈夫搞外遇），她说她想离婚，我是反对的。就劝她嘛，男人本来就花心，有什么办法呢？嫁给他了，只要他能每个月把钱拿回来，日子还是能过下去的。以前那些三妻四妾难道不过了，她要是真和他离了婚，都这把年纪了，上哪儿去找个肯对她好的，对她孩子好的。

案主：女人最后幸不幸福还是要看家庭，女人一结了婚基本上就看自己的家庭。你事业再成功没有家庭，也没有意义，挣那么多的钱，家庭过不好又有什么用呢？

在“男主外，女主内”的性别角色分工模式影响下，丈夫的收入、对家庭经济的贡献度和社会地位均高于妻子，因而丈夫在家庭重大事情的决定中处于主动地位，妻子处于从属地位。丈夫在某种程度上成了家庭的话语权威，可以对妻子的行为是否满足其传统角色观念进行评判，并为其角色内容做出限定。案主已经内化了“女人幸福与否在于家庭”这样的角色观念，并以这样的观念来评价自己的生活；同时，面对丈夫和母亲对其角色的规范化要求，案主选择顺从。当案主行为偏离了这一规范（如不能营造一个舒适的家庭环境），案主难以进行自我认同，进而产生消极的自我体验。

3. 家庭经济的依赖者

家庭是否能够提供足够的保障是女性能否参与劳动力市场的决定性因素。退出劳动力市场的家庭妇女，一方面可以依靠丈夫和家庭获得足够的经济资源；另一方面意味着需要承担更多的家务劳动，从而为其退出劳动提供替代的心理满足功能和身份认同基础（吴愈晓等，2015：127～129）。由于我国社会制度与传统文化的影响，妇女在家庭中的劳动收入没有界定标准，女性在家庭劳动中创造的价值长期被忽视。全职主妇们的唯一经济来源是丈夫供给，丈夫在给或不给、给多少等问题上起决定性作用。夫妻间关系的协调程度也会影响女性的经济来源，造成了全职主妇的经济依赖现实。这样的现实让女性在婚姻家庭中处于被动无权地位，影响其自我意识的发展。

> 案主：想想还是离不开他，主要还是因为我没有工作，一点收入都没有，得靠他拿钱回来过日子，依赖他，很多时候都要顺着他的意思来。
>
> 案主：以前我还管钱，现在是真的不知道他每个月工资多少，拿给我多少我就用多少，有时候还得稍微顾及下娘家，日子过得紧巴巴的，没钱心里没底。我很在乎这个（钱的问题），所以总想掌握更多，想他把身上的钱都拿出来，他对我这点很反感。
>
> 案主丈夫：她有时候真是做得太过分了。怕我藏私房钱，半夜三更都要把我叫起来去查银行卡上有多少钱，你说烦不烦。我烦了就更不想搭理她了。

4. 社会中的失语者

家庭是全职家庭妇女生活的最主要的空间，为了孩子的教育及成长、丈夫的事业发展、老人的健康，家庭妇女们不惜牺牲自己的时间、工作、理想，竭尽所能地付出，而这种付出被认为是理所当然的，主妇们的主体性在家庭中遭到了漠视。主妇的生存价值就是为了孩子、丈夫和家庭，她们自己的价值也只在这个服务的过程中体现出来。她们是“妻子”、是“母亲”、是“儿媳”，却唯独不是“自己”。从访谈资料中我们可以看到，案主几乎整日都在管理家庭事务，尽管看上去时间可以自由安排，但事实上一切要以孩子和丈夫优先，留给自己的空间是很小的，这在贫乏的业余爱好和鲜少的社会参与上体现得尤为明显。

> 案主：平时就是一切围着老公、孩子转，中午按时给孩子送饭到学校，因为我老公说学校的饭菜不健康，所以高中三年基本上每天都要去送饭。晚上要准备饭菜，做做家务，

只有把他们都照顾好了才能做点自己的事。平时就是打打麻将，也少得很。

Sieber 在其“角色增强假说”中提到，个体集多种社会角色于一身会带来积极效应，促进个体的发展，并且参与其他的社会角色带来的角色权威、自我满足感、人格的完整会缓解某个角色的资源耗尽带来的压力（陈亚勤、张博，2012：371～373）。当回归家庭的女性远离社会公共生活只扮演家庭内部妻子与母亲的角色，而这样单一的角色随着孩子的离巢、与丈夫的摩擦逐渐耗损时，中年家庭妇女没有其他的社会角色资源去缓解压力，将面临角色内部的紧张状态。

案主：在家里受了委屈真的没别的地方去说，人家面上同情你，可能心里看不起你，会觉得你没用。

案主：他上班回来闷头闷脑的，我多问两句他说我是闲的每天疑神疑鬼，说工作上的事我不懂，两个人经常说不到一起，有时还吼我。我想起这些就想哭，我在想我要是有工作他肯定不会这样对我。

女性消极自我意识是在性别角色社会化过程中，逐渐将对社会性别角色的期待内化到自我意识中的结果（郭喜青，2001：57～60）。女性在从女孩到成熟的过程中，会不断地受到性别角色期待的影响，在潜移默化中使自己满足社会性别角色的要求，最终实现性别角色认同。社会往往对男女两性有不同的角色期待，女性在性别角色认同过程中，当自己不能达到社会对女性的角色期待或偏离社会对女性的角色期待时，就难以获得自我认同，进而产生消极的自我意识。

（三）主流叙事对自我叙事的冲击

福柯认为话语与权力有密不可分的联系，语言是权力的一种工具，主流话语体系通过话语来定义何为正常，何为反常（何雪松，2006：7～9）。主流叙事无处不在，引导并主宰了个体行动的方向和认知评价的取向。但是主流叙事必然会为个体的思维以及行为划定范围，当个体无法将自身的行为与主流文化的评价取向保持协调或是面临社会现实的急剧变迁时，心理问题就出现了。这时需要拓展个体的叙事空间，发展现实可能性。

在案主的生活中，父权制社会为其规定了有限的角色，其角色内涵就是所谓的家庭主妇。她在长期的社会化过程中习得并认可了这种为社会所限定的狭隘的性别角色和社会角色，当不能满足角色需求或遭遇角色紧张时，案主便产生自卑、退缩等消极体验。并且社会主流叙事推崇女人的成功就是家庭美满，包括家庭完整，女性为了维持家庭运转应当牺牲个人的自主性。案主在成长过程中一直按照主流叙事的期待生活，但是，当案主的婚姻出现危机，也就是家庭完整得不到保障时，案主自我意识的三个层面在不同程度上遭到贬抑。在自我评价层面，案主的自我评价偏低，在自我叙事中多次用“笨”“被社会抛弃了”“又老又丑”等负面词语对自己进行评价。在自我体验层面，案主自卑感较强，认为自己没有价值，特别是在自己为家庭所提供的服务得不到认可时，表现出强烈的无价值感，同时伴随一定程度的自我贬抑。在自我控制层面，案主对于情绪的调控能力较弱，在叙述过程中，容易沉浸于悲伤的往事中不能自拔，同时由回忆往事带来的消极情感会持续影响案主很长时间。案主自我控制能力较弱也体现在其形象管理、体重与日常穿着疏于管理方面。

四　问题外化，开启独特结果

问题外化是叙事治疗的核心方法，《故事、知识、权力——叙事治疗的力量》一书对外化是这么描述的：“‘外化’是一种治疗方法，这种治疗方法鼓励治疗对象通过将压迫他们的问题客观化、拟人化，实现问题与人的分离。问题一旦与个人分离，个人就能客观地看待问题，进而改变问题叙事。”（怀特、艾普斯顿，2013：28～50）所谓问题外化，就是指在治疗过程中，让案主意识到问题就是问题，问题的出现不只是由个人引起的。通过问题外化，案主能够减轻自身的问题责任感，使案主提升解决问题的信心以及建构积极叙事的动力。

与问题浑然一体的案主，所讲述的生命故事总是或多或少带着问题的阴影。他们也许难以觉察自己叙事中的倾向性以及对消极故事的偏好，而这种倾向性与偏好往往指明了案主认为的自己的问题所在。在叙事治疗中，问题阴影下的消极故事被案主当作自己主要的生命故事。案主沉浸于其中难以挣脱，而问题外化则是帮助案主走出问题的泥淖的重要突破口。在个案过程中笔者发现，案主目前所面对的抛弃感、无意义无价值感，多来自案主对自己错误的认知，来自案主内心的自卑以及过去的消极体验，所以可以从这个角度着手进行问题外化。

在本个案中，外化问题的过程实际上就是将案主无价值感与自身分离的过程。通过探讨这种无时无刻存在的无价值感是如何影响了案主对自我的看法、对身边人的看法、对事件的看法，以及是怎么影响她的心情，最终影响她整个生活的；进一步将这种无价值感拟人化，揭示这个拟人化的问题无时无刻不在束缚她，引导案主从一个客观的角度看待自己的问题。

（一）发现问题

在社工与案主的接触中，发现案主非常偏爱讲述家庭的故事，特别是与丈夫之间的矛盾与争执，且最近非常喜欢一档叫《爱情保卫战》的电视节目，参与感很强，在观看节目过程中有时情绪会比较激动，社工决定以此为切入点，从探讨一期与案主情况非常类似的案例入手，通过解构式问话，引导案主发现问题。

社工：阿姨，刚才您看电视的时候为什么那么生气呢？

案主：我太气愤了，你看那个男人，简直把他老婆当成什么了，是他们家的用人吗？没良心的东西。

社工：那个男人对他老婆不好，你为什么那么生气呢？

案主：我感觉他对他老婆就像我老公对我一样，根本不把我当回事。我就像这个家的用人一样，掏心掏肺地为了他们两爷子（父子），到头来我还成了多余的了。我在这个家就好像是个备胎，你们年轻人是这样说的吧，只有干活的时候才想到我，平时也没有人关心我。

社工：这种不被关心的感觉一定让您很难受吧？

案主：真的很难受，但是我都快麻木了，已经不是一天两天的事了。

社工：您什么时候会有这种不被关心的感觉呢？

案主：平时和我老公说话说不了两句就会被顶回来，喊我不要和他说话，说我只要做好家务、管好孩子就行了。孩子也不让我管，平时也不主动打个电话，多说两句就嫌我烦。经常会觉得被整个世界忽视了，好像一直都是自己守着这个冷冷清清的小房子。

社工：您从什么时候开始有这种被忽视的感受呢？

案主：经常啊，我父母重男轻女，从小就是这样的。我说的话引不起重视，在家里从来也做不了主。有句话怎么说来着？"人微言轻"，就是说我这个人在家里的地位太低了，经常被忽视。

社工：您可以给这个被忽视的自己取个名字吗？

当对话进行到这个阶段时，遇到了一个问题，案主似乎很难理解给自己的经历命名，考虑到案主的实际情况以及特点，社工将"给问题命名"操作化为"客观地看待自己的问题"。

社工：换句话说，这种被忽视的感觉在您的成长过程中一直都存在吗？

案主：是的，好像确实一直都有这样一种感觉。

社工：客观来看，这种被忽视感对您造成了什么影响呢？

案主：小时候就是让我很自卑。结婚后，每当被忽视就让我很生气、很伤心，情绪变得很差，开始胡思乱想，又想到自己长得不好看，身材不好，又没有啥能力，只能依赖他，就更难受了。

（二）问题外化

通过“客观地看待自己的问题”，案主开始认识到被忽视感对其造成的影响，为“被忽视的自己”与真实的自己剥离奠定了基础。社工进一步追问被忽视感是怎样影响案主的生活的，启发案主思考，进一步将对案主造成很大困扰的失败归因从案主自身问题转变为外部较易改变的问题，指引案主意识到自身的能力。

社工：这种被忽视感是怎么影响您的呢？

案主：让我变得越来越没有自信，本来可以做好的事好像可做可不做了。有时候会胡思乱想，觉得别人看不起我，嫌弃我……

社工：其实您很多时候不是被忽视了，是害怕被忽视，是这样的吗？

案主：对对对，我也发现了，好像习惯了，人家一说点什么我就觉得是看不起我，其实有时候可能他们也不是这个意思。

社工：有没有想过您为什么害怕被忽视呢，尤其是害怕被老公和孩子忽视？

案主：可能是因为我太在乎他们，太害怕失去他们了。我想他们多关心关心我，多看到我的努力和价值。

社工：那么说来其实您并不是觉得自己没价值，是渴望别人认同您的价值吧？

案主：一方面我觉得自己好像确实没什么能力，没为这个家做什么大的贡献。但另一方面我觉得自己好像已经为这个家奉献了一切，又希望他们看到我的付出，关心我，爱我。

社工通过不断地开启故事的新意义，对案主的自我叙事进行解构，帮助案主从不同的角度来看待自己的叙事，引导案主发现问题背后自己的需求，从而为案主发展出一个替代的人生故事作铺垫。

（三）解构旧有叙事，寻找独特结果

叙事是建构，同时也是一个解构过程（尤娜、叶浩生，2005：6～10）。解构主义思潮创始人德里达认为，语言这个符号系统是中性的，没有天生的积极或者消极的价值，我们赋予了其意义，它才会有价值（尤娜、叶浩生，2005：6～10）。于是，我们可以通过赋予语言乃至故事不同的意义来使其产生价值。在叙事过程中，我们不断寻找例外事件、改变案主看待问题的视角时，原先我们看不到的事物的某些方面就会逐渐显露出来。叙事治疗认为，个人在对自己的故事进行描述的时候，会遗漏很多细节和片段，而这些细节和片段蕴含丰富的带有积极意义的独特结果，将这些独特结果稍加拓展，便能发展出对抗案主消极自我认同的替代性故事，进而解构案主的旧有问题叙事。问题外化，就是将案主从四面楚歌的堡垒中解放出来，并建立新的、有希望的人生叙事。

在与案主对话过程中，社工专注于倾听案主已经说出的故事，引导案主讲出还未讲述的片断的或者完整的故事，站在案主的角度去理解故事蕴含的意义。这些未被讲述出来的，或者被案主忽视的故事往往拥有巨大的能量，可以通过对故事意义的解释来发掘案主的潜能，建构积极叙事。案主的自我叙事受到主流叙事的极大影响，自我评价较低、没有自信心等感觉不断影响着她。独特结果的发现就是挖掘案主生活中没有被自卑感、孤独感控制的经历，回顾生活中的闪光时刻来对抗其消极自我意识，提升案主的自信心和成就感。

1. 优秀的母亲

在案主自我叙事中，案主更关注的是自己的问题，讲述的是与问题有关的故事，问题的阴影笼罩了案主的生活。在阴影下，一些被案主忽略或是暂时搁置起来的积极片段零星地散落在案主

的整个故事中，好比点点星光。社工要做的就是将这些四散的星光集中起来，由薄到厚，积少成多，照亮案主的生命之路。作为一个全职家庭妇女，案主儿子在其生活中扮演了重要的角色，与案主感情很深，用案主的话说，儿子是她的心理依靠，要不是为了儿子早就离婚了。儿子在成长过程中取得的每一点进步都让案主欣喜不已，说到儿子案主会忍不住称赞他懂事与争气。在案主自我叙事当中，儿子作为积极叙事中的一部分不断出现，在与儿子有关的叙事中，案主的自我形象是积极主动的，“优秀的母亲”是案主问题阴影下的闪光点。

社工：上次您提到您儿子上的大学，是个很不错的学校呢！

案主：对呀，好不容易考上了，花了好多心思哦，我们一心为了他的学习，读书的时候几乎什么都不让他做，他也争气。

社工：您儿子真棒！肯定很多人羡慕您吧？有这么优秀的孩子。

案主：是啊，我们家亲戚还有些朋友都以他为榜样呢，教育孩子都说你要照着你峰峰哥哥学习。

社工：您儿子这么优秀肯定离不开您的教育和照料。

案主：这个还是有一部分原因的，我和我老公的想法就是让孩子专心读书，我这么多年不上班都是为了他的学习，平时洗衣、做饭就不说了，经常跟他老师聊，稍微有点偏科就得督促他赶上来，帮他报补习班。我老公对孩子学习上管得很少，主要还是我在操心，孩子也听我的话。

社工：您真不容易，也很厉害呀，很少有家长能像您做得这样周到吧？

案主：你不要说，好多朋友都问我怎么教育孩子的，来我这儿取经，哈哈（溢于言表的喜悦）。

社工：那在这方面您有没有觉得自己没用呢？就是您之前说的觉得自己没有价值。

案主：肯定没有呀，我觉得我做的还是有成绩的。

社工：我们可不可以把这个理解成是没有被那种无价值控制的时刻呢？您看，其实您的生活中是有很多成功的地方的，您是个十分出色的母亲呢，您为家庭的付出大家都看得到，也得到了大家的肯定哦。

案主：是的呢（会心地微笑，眉目非常舒展）。

2. 被珍惜的妻子

案主与丈夫结婚已经近25年，他们的结合被案主看作生命故事中新阶段的开启，虽然案主向社工叙述的多是与丈夫不愉快的回忆，但通过与案主的对话，社工发现案主夫妻并没有因为争执产生分居与离婚等严重后果，并且案主与丈夫结婚的初期充满幸福的回忆，案主认为丈夫是“带她走出农村的人”，曾经很疼爱她，很听自己的话，案主非常渴望重获丈夫的关怀。挖掘夫妻积极的回忆可以为案主输入希望，使其直面自己内心的渴望，主动做出改变。

社工：阿姨，我看照片您好像去过很多地方呢？

案主：这些都是老照片了，你看那时候我多年轻，这两年没怎么出去过了。

社工：您看您笑得多开心、多幸福，叔叔去哪儿都带着您。

案主：你怎么知道是他带着我？不过还真是，他当兵那会儿我就跟着他走了，这么多年还是去了不少地方的。你看这张……（面带微笑向社工解说照片，陷入了对过去幸福瞬间的回忆）我老公去哪儿我都陪着，他从来都没有把我丢下过，去当兵那会儿就坚持要把我带过去，害怕我留在家里吃苦，那个时候农村干活好累。

社工：叔叔很爱您呀，爱您才会一直想您陪在身边。

案主：爱不爱不知道，不过有一点，不管他对我态度怎么样，他倒是从来没有把我丢下过，就连闹离婚都说的是把房子留给我们，他净身出户。

社工：都说陪伴是最长情的告白，尽管发生了那么多不愉快的事，您看叔叔现在还是在您身边呢。

案主：这也是一种爱吗？可能是年纪大了吧，习惯了就分不开了，这两年我再怎么闹他也没说过离婚了。

社工：叔叔离不开您，您在他心里是很重要的哦！您不是爱看《爱情保卫战》吗，里面的专家怎么说您还记得吗？不爱的遇到问题就都分开了，经历了不愉快的事还在一起的就是相亲相爱的。

案主：一辈子太长了，两个人在一起要经历好多事啊，我们都成亲人了。

案主叙事中的独特结果蕴含案主自我意识转变的契机，通过独特叙事的开启，案主得以全面客观地观察自己，看到自己的闪光点，逐渐驱赶问题的阴影。在成功的经验中，案主自我效能感得到增强，其克服困难的主动性已经开始提升。

五　拓展独特结果，巩固积极叙事

通过叙事，案主不仅可以认识自己，还可以改变自己。在这样的语境下，叙事治疗介入的目标就变成了把案主从对过去的某种叙事中解放出来，动摇当事人被主流叙事控制的那个理所当然的意义世界，为他们敞开各种新的意义空间。

在找到案主问题故事之外的独特结果后，需要以行动蓝图和意义蓝图技术强化案主对独特结果的叙事，再通过重写对话将其发展为丰富的替代人生故事。重写对话的任务是在支线故事当中深挖案主的潜力，激发案主改变的动力，跟过往的自己重新对话，串联出新的积极叙事，建构新的自我认同，并在后期的叙事和生活中加以实践，将这种积极的态度和力量运用到现实生活当中去。前几次的谈话中，在案主独特事件——“优秀的母亲”和“被珍惜的妻子”的基础上，社工帮其扩展独特事件的意义范围，通过行动蓝图和意义蓝图，书写积极的人生故事。

（一）行动蓝图

行动蓝图是对独特结果细节的探讨，包括独特结果发生的时间、地点、事件、涉及人物，是探索特殊意义事件细节的过程。

社工：在对待孩子教育问题上，您还会被这种被忽视感影响吗？

案主：一般来说不会，因为平时孩子读书主要是我在操心，想得更多的是要怎么做，会主动一些。

社工：能否举个例子告诉我这种主动的态度是如何影响您的呢？

案主：就比如说，孩子这段时间上学不积极了，回来也不说话了，我就会找原因啊，我读书少，也不能给孩子辅导学习，我就去问老师、问同学：孩子最近怎么样？孩子心里怎么想的？怎么做能提高成绩？不是说我不懂就不管了。

社工：这样的态度对您生活中的其他事情产生了什么样的影响呢？

（二）意义蓝图

意义蓝图是对行动蓝图的升华，是对案主生命故事细节的意义探寻，社工和案主一起讨论事件背后蕴含的意义、表达的想法以及反映的事实等内容，可以反映出案主有怎样的人生目标和梦想。意义蓝图是问话的过程，也是不断寻求意义的过程（佛瑞德门、康姆斯，2008：202～210）。

社工：能教育好孩子给您带来了什么样的感受？

案主：我感觉很高兴、很值得。

社工：为什么会感觉到高兴呢？！

案主：因为我可以看到自己的价值，儿子考上大学老公也说我有功。亲戚、朋友都羡慕我，也都说我不容易。他们的肯定让我觉得自己为家庭的付出不是没有回报的，我也不是没有用的人。

社工：您认为在教育孩子这件事上您表现出来什么优点呢？！

案主：应该是自信吧，相信孩子能够学好，也相信自己能够帮助孩子。还有就是任劳任怨，为了孩子，再苦我也不会抱怨一句。

社工：这算是您的成功经验吗？

案主：是的。

社工：您也说了，虽然自己读书不多，有时候脾气也不好，但是在孩子的教育问题上，一直都在积极努力，有个良好的心态，所以才把孩子照顾得这么好。如果在其他的事情上您能有这种心态，是否会有更好的结果呢？

案主：也许会吧。

社工：那还有哪些情况让您觉得很有成就感呢？（延伸对话范围）

新的积极叙事可以帮助案主增强自我认同感，让案主认识到自己是有能力的人，自己可以通过努力改变现状，成为自信的人。在形成新的意义蓝图的时候，笔者引导案主思考类似情境出现的时候，应该如何用替代身份认同去应对新的困难。

重写对话是行动蓝图和意义蓝图交叉进行、不断拓展。行动蓝图与意义蓝图不断穿插进行的过程也是替代性故事和积极自我认同的建构过程。在形成新的意义蓝图的时候，笔者引导案主思考类似情境出现的时候，应该如何用替代身份认同去应对新的困难。例外事件成为案主成功对抗消极自我的经验，案主认识到其实故事是有改变性的，案主自身是有能力的，只是案主把外界强加给她的错误归因当成自己生活中的主流事件，使案主认为自己是一个没有能力的人。

（三）目标设定

故事的建构不仅局限于过去的经历，还可以向未来延伸。叙事治疗鼓励案主展望、规划未来，以目标为基础建构积极的未来叙事。经由意义蓝图和行动蓝图拓展独特结果并发展出新的替代性故事之后，社工需要帮助案主树立目标，将已经初现雏形的替代性故事延伸到未来，将过去与未来连接，形成一个完整丰富的积极人生故事。目标的树立主要围绕对未来生活的积极想象。社工鼓励案主先对个人生活层面进行尽可能完整、细致的想象，想象自己未来希望做什么、被怎样看待、未来会怎么看待自己的过去。在对目标的畅想中看到什么是自己需要的，什么是对自己来说重要的，以及如何得到这些。再进一步将这些想象操作化为一些更加细小的目标，比如“今天我希望有个好心情”“今天我不要和别人生气”“ 明天多运动十分钟”等。目标完成会给案主带来成就感与喜悦感，经由这一过程，案主自我意识增强、重获自我控制感。同时，设立目标并完成目标的过程也是延伸积极叙事，重写过去消极自我叙事的过程。

在个案开展中，社工鼓励案主在找出以往生活闪光点的同时，将目光投向未来，为自己的生活设立目标。

社工：您能告诉我您对未来的生活有什么期待和打算吗？

案主：我还是想出去找点事做，在家里闷得慌，一个人整天什么都不干就会胡思乱想。

社工：想做什么事呢？

案主：等我老公退休了就和他一起开个小饭馆，我们自己做点小生意，以后孩子结婚了就给他带孩子。

社工：还有吗？

案主：减减肥，年纪大了胖了不好。再把打毛线的手艺捡起来，给孙子打毛衣……

案主：心情也不能像现在这样，这样我自己都管不好怎么带孩子。心情开朗些，不去想那么多。

社工：您打算怎么做呢？

案主：慢慢调整自己嘛，想开点，有些事情能不去想就不想，多想好的方面……

社工：我们可以来讨论下这些方法……

当案主开始为自己以后的生活考虑时，她的新叙事就被开启了，案主不再一味沉溺于过去的烦恼当中，以往被消极叙事困扰的自我开始焕发生机。案主的人生故事开始向未来延展，在未来的故事中，案主的积极自我意识得到充分激发。

六　重启积极叙事

叙事疗法主要是通过叙述，即通过语言的力量，通过解构，将案主的问题外化，进而发现新的积极的生命故事。所以将叙事疗法应用于女性群体时，必须考虑到女性的叙事特点。女性叙事通常伴随强烈的感情表达，并将叙述作为宣泄的重要渠道，所以很多时候女性依靠倾诉来宣泄压力与痛苦，得到治愈。仅仅是叙述自己的问题这个过程就能让女性缓解痛苦，甚至解决问题。这一点给叙事疗法成果的评估带来了极大的挑战，无法确定前后测量表分数的改变或者是短期的消极情绪缓解是由于消极情绪宣泄还是因为社工对其的介入过程产生了效果。

所以，在本案例中，笔者为了验证介入过程的有效性，除了对案主前后测量表数据的对比和状态、情绪观察外，创造性地加入了叙事拓展环节，即在最后几次访谈过程中嵌入了态度讨论环节。如果案主的自我意识得到提升，那这样的提升就具有迁移性，即对待事件的态度由“我不行”转变为“我可以试试”或者是“我能行”。社工主要从意识和行为两方面进行介入。

（一）巩固积极叙事

1. 主观态度讨论

在自我意识概念内涵中，个体会参照“理想的自我”的标准对自我进行比较评价。当其认为现实的自我达到或超过理想的自我时，个体就会感到满足；而当没有达到理想的自我时，个体则会产生自卑、焦虑、沮丧等自我体验。对“现实的自我”的不合理态度是消极的自我意识形成的重要影响因素。在积极叙事的构建中，可通过主观态度讨论的方式对案主自我意识中的“理想的自我”与“现实的自我”进行澄清；让案主在就具体事实的讨论中看到其对自我的期待，客观地评价现实自我以及正确地认识现实自我与理想自我的差距，从而引导案主树立正向客观的自我评价。

社工先给案主看一个关于家庭暴力的报道，报道中的女性长期遭受家暴，但始终没有选择离婚。

社工：阿姨您对这件事怎么看呢?

案主：我想我可以理解她，她肯定是舍不得孩子、舍不得这个家 。

社工：那您觉得她应该一直这样忍受下去吗?

案主：我觉得她可以找人帮帮自己，就算是为了孩子，也不应该一味这样忍气吞声。万一出了什么事情，孩子的前途也算毁了。

社工：那要是您，您会怎么做呢?

案主：我可能会找我的兄弟出面解决吧，让他们知道我这边的情况。要是他们管不了就去找妇联，我们社区里好像有过这样的宣传，说是可以去维权。

社工：要是这事儿放在以前您会怎么做呢?和现在比有什么改变吗?（引导案主进一步反思）

…………

社工：您觉得还有更加妥善的解决方式吗?（继续追问，引导案主正向思考）

2. 推动行为发展

（1）加入广场舞队伍

案主在社工和朋友的鼓励下加入了社区的广场舞队伍，每天晚上在社区跳一个小时，案主由原来的十分抵触到后来的接受并喜欢上这种集体活动。

刚开始案主的态度是抵触的，去跳舞也是跟在队伍后面，行动十分别扭。

> 案主：我不想去跳，我又胖又不会跳舞，去跳别人会笑话我的。

后来在社工和好友的鼓励下，案主坚持去，对队伍成员也逐渐熟悉，队伍成员对她的接纳和关怀让她有了信心和热情，对自我的评价也明显变高，自我控制感增强。

> 案主：她们说我是个灵活的胖子，哈哈，虽然有点胖但是动作还蛮灵活，还有人说胖点也好，不显老。
>
> 案主：我希望能坚持去跳，看能不能瘦下来，我觉得这次自己能够坚持下来。

（2）找回工作

在现代社会，就业是一种满足社会交往、参与集体、增强社会地位认同的手段，失业导致的被剥夺感会对个人自我意识产生负面影响。案主在个案介入前有一段短暂的工作经历，在个案开始之初，案主刚刚被之前工作的超市辞退，导致案主抑郁情绪集中爆发，表现为自卑退缩、不愿意出门社交。社工深入了解后，发现事件的真实情况是案主与超市片区负责人略有争执，在一次超市的盘存中案主没能正确领会负责人的意思，清点错了商品的数量，于是负责人当着全体员工的面斥责了案主，说“做不好回家去”让案主觉得很没有面子，也很委屈，于是案主索性不再去上班，超市其实并没有明文辞退案主。并且案主内心十分喜欢这份工作，也很看重这份工作，认为这个工作让她的生活更加充实，可以挣得一份收入，在老公面前能抬起头来。

案主：其实我蛮喜欢去上班的，和超市里那些人一起很好耍，大家一起聊聊天，蛮高兴。工作不算很累，又能多少挣点钱。

案主：我觉得她（超市负责人）就是在针对我，但是我又不知道哪里得罪她了，三天两头挑我的毛病。

在案主显现出积极的生活态度后，社工鼓励案主主动联系超市负责人，了解其批评她的真正原因，解开心结，同时也向其争取重回超市上班。

案主：我开不了那个口，何必去求她，我又不是没饭吃了。

社工：您换个角度想想，万一其中是有什么误会呢？您问清楚了原因也让您不再纠结这件事了，打这个电话不会伤害您，我们只是想解答您心中的疑惑。

在社工的一再鼓励下，案主逐渐认识到，打电话给负责人沟通并不是低人一等，也不是委曲求全，而是一种积极解决问题的方法。案主终于拨通了负责人的电话，在电话中案主说出了自己的委屈，也了解到其实负责人并不是针对她，只是平时对案主多有照顾，案主却并不懂其用意，一时气急说了伤人的话。同时，案主之前上班的超市现在急需人手，有意邀请案主回去上班。

案主：我老是不敢说，怕自己说得不好，觉得别人是看不起我。所以你说得对，有时候可能是我自己理解错了别人的意思，以后再碰到这种事我先问问他们到底是什么意思。

案主重新找回工作是整个个案中具有突破性的一节，对案主自信心重塑和消极态度的转变产生了重大影响。经过这件事后案主看到了自我的能量，也从中体会到了积极面对困难的成果。

（二）书面见证

社会建构论认为，个人是社会中的个人，个人的人格和自我是在与他人的互动中形成的，与他人的联系对人格和自我的发展有很大影响。并且个体在社会中，每一步成长都离不开他人的参与或见证。所以叙事治疗提出在治疗过程中，局外人参与治疗、倾听案主的生命故事、见证案主的转变对于提高治疗效果是十分重要的。在此过程中，局外见证人作为治疗的旁听者和记录员，聆听案主的自我叙事，记录案主叙事中的闪光点，并对有所感悟和共鸣的地方发表自己的观点。这个局外人的人选不能是与案主联系非常紧密的人，并且需要在倾听案主故事中带有一定的客观性。

但在我国“家丑不可外扬”的传统观念下，对于“外人”和“自己人”的划分很清晰，大多数人并不适应在外人面前剖白自己的内心，也很抗拒将自己不好的一面或者是不开心、不那么光彩的往事展示在别人面前。在本个案中，当社工提到邀请局外人参与治疗进程时案主显得十分抵触。考虑到案主的个人叙事中带有许多隐私叙述，并且案主不希望有人旁观，于是社工将见证人替换成了见证材料。在了解到案主以前有写日记的习惯后，鼓励案主重新开始写日记，记录每天的感悟，包括对会谈的感悟和对生活事件的感悟，同时每周与社工分享一次。以日记作为见证材料，既是对案主过去经历中的重要时刻的重新发掘和重温，也是以日记的形式续写积极故事。经案主允许将日记部分内容摘录如下：

1. 案主早期日记

今天我终于下定决心对他（案主丈夫）说要不我们分开吧，他说好，只要你能幸福，我愿意放手。我几乎认定面前这个人值得我托付终身……

儿子出生了，重6斤7两，可是医生告诉我孩子有病。我快疯了，我那么艰难才得到的孩子，以后怎么办?！命运对我太残忍!！孩子爸爸说就是砸锅卖铁都要把孩子养大，为了我们这个家他愿意付出一切。

> 没有想到他们（指公公、婆婆）是这样的人，没有人帮我们带孩子，什么都要自己一手一脚来，虽然日子苦点累点，但是有体贴我的老公，还有可爱的儿子。儿子你快快长大，希望你健健康康，妈妈爱你！

在案主早期的日记中可以看出，案主与丈夫感情很好，在面对挫折的时候案主表现出了很强的抗击逆境的信心。在这一时期，案主字里行间表现出来的是感觉自己有价值、对自己有信心，同时这种感觉推动案主对待问题采取主动的态度。这些证据表明，案主是有自我改变的潜能的，案主的自尊与自信可以达到一个很高的水平。

2. 见证案主改变的现有叙事

案主现在的日记多以日程安排与自我反思为主。

> 今天围着公园走了2个小时，全身都出汗了，不错，明天继续坚持。
>
> 今天心情很好，儿子打电话来叫我注意身体，还喊他爸不要和我吵架，感觉孩子长大了，会关心人了。
>
> 他今天心情不好，是不是工作不顺心了，突然发现好像好久都没有关心过他了，今晚炖点汤给他下下火。

虽然日记里记载的都是一些日常的小事，但叙事治疗认为好多不被案主注意的积极变化和新的体验就蕴含在这些小事里面，替代性故事也由此延展开来。将这些小事记录下来，并不断重温，那么逐渐地它的重要性会超过原来的处于支配性地位的消极故事。到最后，处于支配地位的主流叙事就会逐渐被新的故事取代。通过对早期日记的重温，以及新故事的开启，案主逐渐找回了积极的自我，将以往的积极叙事与正在书写中的新故事结合起来，建构出一个更加积极的人生故事。

随着个案进程的一步步推进，案主逐步建构起新的自我叙事，案主身上有别人所没有的特质，越来越多的优秀特质被发现，能够帮助案主达成目标。在写日记的过程中，既给了案主一个反思的机会，又让案主对自己的能力和特点有了更进一步的认识，自信心得以提高，并坚定了案主改变的信心。这些都使她的替代故事变得更加充实，案主的改变已经由行为蓝图上升到意义蓝图。在不断对自我积极叙事的过程中，案主又发展出新的生活期待和自我评价，认为自己是个“积极向上”的人。这些都是案主发生改变和维持改变的动力。

七 评估

（一）结果评估

本研究结果评估主要采用了量表前后测数据对比，同时结合观察与访谈法。量表测量主要采用了焦虑自评量表（SAS）与田纳西自我概念量表（TSCS）。个案开始前案主的 SAS 量表得分 29 分，显示为中度焦虑，结案评估时案主的 SAS 量表得分 22 分，焦虑程度明显减轻。TSCS 量表前测得分为 186 分，后测得分为 228 分，自我意识由个案介入前的一般偏消极转变为一般偏积极。其中，自我批评 SC 总分由初始的 39 分降低为 31 分，自我评价明显改善，自我认知更为积极。

定性评估结果如下。

1. 自我意识提升

（1）自我评价明显提高

在自我评价层面，个案结束时，案主建立起了积极的自我叙事，自信心有很大提高，主要表现为案主叙事中消极话语的显著减少，如“我真没有”“我不行”等，在看待自己的生活时开始把目光投向积极的方面。比如在谈到自己胖时，“虽然我很胖但是不显老”；谈到自己生活时，“虽然我没有钱，但是我孩子有出息，以后生活会越来越好”。这些话语的转变体现出案主开始接纳自己，并能学会用一种更加积极的眼光看待自己，变得更自信。

（2）消极思维模式的转变

在自我体验层面体现为消极思维模式的转变。案主的心态与情绪反应得到了很大的转变，案主总结自己在思考问题上的改变为，从“灰心丧气”到“多问几个为什么”。遇到事情会有意识地问自己：为什么自己会生气？生谁的气？该不该生气？这是一个缓慢变化的过程，需要不断地努力，在案主身上，社工看到了案主有意识控制自己的决心，并在成功的体验中提升了信心。

2. 行为转变

（1）失眠状况得到缓解

在叙事过程中，随着富有力量与积极意义的故事被拾回，案主富有自信的故事重新焕发光彩，随着一遍遍地重温这些故事，案主那些无价值、消极的自我意识储存空间被挤压，甚至被替代。

> 案主：原来睡不着，经常都是白天遇到不顺心的事，晚上就反反复复地想，一个不开心的事又引出了另一个不开心的事，越想越愁，越愁越睡不着。现在好像想得少了，有时候会想你给我说的那些话，有道理的地方我就再学习学习，不对的我就想着再来和你说说，不开心的事想得少了。

通过案主日记记录和自我观察，显示案主的入睡速度变快，由以前的两三个小时到现在基本可以控制在一个小时以内。

（2）自我控制增强

在案主朋友及社工的鼓励下，案主参加了所在社区的广场舞队伍，每天坚持跳舞，并且其肢体表现力和对舞蹈动作较强的领悟力得到了队友们的认可。参与新的团体，获得的积极体验拓展了案主的人生故事，成为积极叙事的一部分。同时，因为每天要出门跳舞，案主也逐渐对自己的外在形象进行有意识的控制，包括注意服装的整洁度，在一次回访中社工发现案主竟然烫了头发，换了发型。

社工：阿姨什么时候换的发型呀？真精神！好看！

案主：（略显不自在）前几天吧，她们说我的发型太老气了，软塌塌地贴在头皮上，看起来没精神。我就跟着去烫了，真的好看吗？好多年不搞了。

社工：您看，要是以前别人说您发型不好看您又得难过半天，现在竟然都会主动改变自己了，真好。（通过与之前对比，肯定案主的改变）

案主：我看她们都在搞这些，有些家庭条件比我差很多的都在花钱打扮，还是要收拾下自己，自己看着也舒服点。

通过结果评估，可以发现社工运用叙事治疗模式对消极自我意识提升介入过程是有效的。案主的自我评价明显提高，消极思维模式也有了相当大的转变。自我意识的提升在行为层面表现为自我控制力增强，失眠状况得到缓解。个案初期制定目标基本达成，①前期目标——引导案主述说自己的故事，宣泄负面情绪，缓解案主的焦虑状况。②中期目标——促进案主转换消极视角，发掘自己的优势，增强自我价值感；培养案主观察自己、反思自己的习惯，引导案主客观地看待自己，对自己进行客观评价。③长期目标——培养积极心态，提高理性看待问题的能力，巩固积极叙事，提高自我意识水平。同时，个案的长期目标还需要社工与案主的共同努力进行维持，案主的积极叙事还需要在未来的生活中进一步巩固。

（二）过程评估

过程评估包括咨询过程中案主的表现、个案开展情况以及效果的分析。社工在个案服务过程中综合运用了叙事治疗的技巧与方法，通过问题外化，案主能够发现问题，看清问题的症结。在问题外化的过程中，社工充分运用了解构式问话，包括“这种感觉是如何影响你的？”“你其实是在害怕，对吗？”等。解构式问话的运用促使案主探寻其叙述的心理机制，发现自身问题的关键所在，对案主的自我认知起到了相当大的作用；在对问题解构的过程中，社工引导案主发现被自己忽视的“优秀的母亲”“被珍惜的妻子”等独特事件，并在个案过程中不断重复这些积极叙事，同时不断挖掘其他被案主忽略的积极叙事，鼓励案主以此作为成功经验去应对生活中的问题；在建构积极叙事的过程中，社工灵活运用行动蓝图与意义蓝图等方法，创造性地将案主故事与现实生活相结合，辅之以态度讨论、行为激励，例如鼓励并督促案主参加广场舞锻炼等，促进案主的积极转变，巩固案主的积极叙事。

此外，在与案主对话的过程中，社工灵活运用对焦、澄清、摘要等个案工作引领性技巧。对焦主要运用在案主叙述开始散漫的时候及时把案主话题聚焦在问题的关键点上，比如案主在对自己的成长历程进行叙述时会与社工分享大量的生活细节，社工运用对焦方法把案主的叙述主题引向核心信息。澄清及摘要等方法是促进案主在相关问题上进行更深入、具体的表达，引导案主进行自我探索与反思。在与案主的访谈过程中，在案主情绪激动，甚至出现痛哭流涕等情形时，在不引起案主反感的前提下，社工通过轻拍案主的肩膀，握住案主双手等的适当的肢体接触鼓励案主情绪宣泄与言语表达。在个案后期案主出现积极行为与态度改变的时候，社工通过现场加油、微笑、直接称赞的方式表达对案主的支持，通过语言及行为肯定案主的改变。

八　反思与总结

（一）总结

1. 中年家庭妇女消极自我意识多受到其角色体验中态度因素的影响

自我意识不是独立存在的，自我意识具有社会性，其形成和发展实际上就是个体角色化的过程。个体在成长中逐渐产生对环境的认知，与此同时，在社会互动中接收到的反馈也促进个体对自己的认识，即形成自我意识。在个体角色化过程中，他人对个体的角色期待、反馈与评价是影响个体自我意识发展的重要因素，个体角色体验的积极与否在于其对他人反馈所持有的态度，当个体对他人反馈进行负性解读时，个体与周围人的关系会失去平衡，导致消极的角色体验。中年家庭妇女的角色体验包括对其身体以及为人女、为人妻、为人母等各个层次的角色体验，在角色体验中，案主受到社会主流叙事压制，屈从于男性的霸权的社会主流话语，将其不符合主流话语的行为与表现进行内归因，痛苦和压抑成为案主主要的自我体验。而当案主与社工一道将问题外化、解构消极叙事，让人和问题分离时，最后达到人是人，问题是问题，随着合理态度的发展，个体逐渐体验到安全感，对自我充满信心。因此，中年家庭妇女消极自我意识多受到其角色体验中信念因素的影响，对角色体验持有信念的积极与否直接影响个体自我意识状况。

2. 叙事疗法通过作用于案主的主观态度间接地对案主的自我及环境认知产生作用

叙事治疗强调社工与案主的“合作”，相信案主有力量、有能力解决自己的问题，叙事治疗认为语言不仅能传达信息，更能带来力量，激发案主的改变。在个案过程中，社工并没有直接介入案主的生活事件，而是通过丰富案主生命故事中闪光的支线故事，建构一个有力量的自我形象，让案主成为解决自己问题的专家。在找回工作、参加社会活动这样的重要生活事件中，社工更多地扮演了支持者和倡导者的角色，支持案主主动应对。案主通过对过去积极生命叙事的发掘，改变了面对生活的态度。而态度的改变带来了能量，一旦消极生活事件在案主眼中不再是“悲剧”而是“机遇”，案主就有了面对生活挑战的勇气。

3. 叙事治疗的运用机遇与挑战并存

问题外化的技术，以语言为主要沟通媒介、发掘积极叙事的方法契合女性的心理需求，适用于对女性群体的服务。通过结果评估，可以发现社工运用叙事治疗模式对消极自我意识提升介入过程是有效的。案主的自我评价明显提高，消极思维模式也有了相当大的转变。自我意识的提升在行为层面表现为自我控制力增强，失眠状况得到缓解。但同时叙事治疗模式也存在对案主问题的物质基础关注不足、缺乏长效评估机制、对案主表达理解能力要求较高等局限性。虽然案主焦虑情况得到明显缓解，消极自我意识得到改善，但在个案过程中，因为社工的能力、资源有限，案主的有些需求，特别是涉及物质层面的需求并没有得到完全满足。例如，虽然在个案开始前社工已经向案主说明服务的范围以及社工能够提供的服务内容，但是案主还是多次提出社区能否为其提供一次免费的全身检查，案主多次向社区争取资源，但因为案主的要求超出了社区服务的范围，并没有得到回应。同时，案主还向社工提出能否办理社区失业补助，但是案主的情况并不符合办理条件，故此需求也未能得到满足。有类似这样的物质需求的案主还有很多，有的超出了合理的需求范围，因社工能力有限而未能全部满足。

4. 叙事治疗在本土化过程中，需要与本土传统文化和价值观念相融合

在叙事治疗本土化应用过程中首先要尊重国人的价值观念，适应国人的叙事偏好与叙事策略，尊重中国在固有的家庭观念影响下的信念系统。在本研究中，笔者发现，叙事治疗中问题外化的“拟人化”对成年群体而言适用性有待考证，把问题当作另一个主体来应对，对于案主的抽象化思维与自我分析能力提出了极大考验，在本研究中案主并未能完成这样一种拟人外化。社工结合本土思维模式，将“拟人化”操作化为“客观看待”这一契合成年人思维模式的方法，取得了一定效果；同时，叙事治疗中“局外人见证”的方法也对我国传统的家庭观念提出了挑战，社工在实践中，注重维持案主的家庭边界；叙事治疗对于女性群体的介入还需要尊重女性的叙事习惯，对于女性在叙事过程中表现出的强烈的情绪反应给予尊重和理解，需要在表达共情的基础上展开理性对话。

（二）对于叙事治疗方法的反思

1. 对于问题外化的反思

叙事治疗借鉴了福柯关于权力与话语的理论基础，强调个人对主流权力体系的反抗，但在实务过程中，案主长期生活在以家庭为本、强调集体权威的传统文化环境下，与西方社会自由主义、个人主义传统有很大差别。成年案主，特别是中年案主，其人生观、价值观已经基本定型，主流价值观的影响根深蒂固。所以，在运用叙事疗法引导案主问题外化、建立积极叙事的过程中，需要把握挑战传统观念的度。所谓过犹不及，即不能全盘推翻其信仰与价值观，应引导案主客观地看待主流价值观对其产生的影响，启发案主客观看待问题，改变其消极自我意识。同时，为外化问题命名及拟人化的手法对于传统国人来说略显尴尬。给问题命名要注意情景与对象，拟人化的命名较适合儿童与青少年。所以在实务过程中，我们要结合具体情况考虑是否需要命名，如果需要该如何命名。给问题命名是为了促进案主客观地看待问题，实现问题与自我的分离，这是我们始终要把握的理念。

2. 对叙事治疗中语言运用的反思

White 认为叙事治疗是一种语言性、叙述性的工作，是一种会话管理的过程，叙事治疗的性质决定了叙事治疗师应具有高超的谈话技巧，精通谈话艺术。在实践中，这就对社会工作者的个人能力提出了很高的要求。社工不仅应具备丰富的心理学知识的积累，同时还应该熟练运用语言去引导案主开启问题。在本次介入中，社工在这一方面的能力欠缺是毋庸置疑的。在运用叙事疗法对案主进行介入的过程中，社工应先了解熟悉不同职业、性别、年龄案主的话语系统，这样才能在一个层面上进行交流。同时，由于叙事治疗起源于西方，其治疗语言同汉语有较大差异，需要对治疗语言进行本土化加工，用案主熟悉的语言体系进行提问。在叙事治疗本土化过程中，许多治疗技术的实践都需要和汉语习惯结合。

3. 对叙事治疗中局外人见证的反思

局外见证人是叙事治疗的一种重要方法，White 认为在叙事治疗的实践当中，鼓励社工之外的“第三者”即局外人见证案主生命故事的历程是相当重要的，局外人的见证能通过经验的共鸣巩固案主的积极生命叙事。一般而言，中国人习惯把关系分为自己人和外人，外人和自己人之间存在显著的信任边界，自己人被赋予高度信任，而外人则相反。家庭边界是划分外人与自己人的重要维度，中国人有“家丑不可外传”的传统观念，当案主深陷家庭矛盾时，对于外人即被自己认为是家人以外的局外人的窥探有种本能的抗拒，认为家庭出现矛盾是自家的事，应该在家庭内部解决，外人的介入会损害整个家族的外在形象，对自我而言是难以背负的压力。所以，在中国社会，运用局外人见证这一方法应对局外人的身份进行澄清，并且对局外人见证的时机进行限定。笔者认为，对于成年案主的叙事治疗介入，前期与中期局外人可选取案主家庭中的成员，可以为案主提供力量支持，同时也是对案主家庭形象的保护；在个案取得阶段性成果之后，可邀请案主生活社区中的外人见证案主的改变，给予案主积极反馈，巩固治疗效果。

4. 叙事治疗方法的局限性

叙事治疗模式难以回应案主的物质需求，忽视案主问题的物质基础。然而存在物质缺失的案主，往往是社会上的弱势群体，并且广泛存在于社会工作领域。面对这些由经济因素造成的困难，社工也会产生无力无能感，最多是从与案主的讨论和对话中不断鼓励她，或是转移注意力，帮助案主看到自己的优势所在，激发其自身潜能。所以，对于生存状况极度困难的案主，叙事治疗有很大的局限性。

（三）对叙事治疗方法介入自我意识提升的反思

1. 叙事疗法介入女性自我意识提升的优势

（1）叙事疗法外化问题的方法维护了女性的自尊

叙事治疗通过问题外化的手段来实现案主自我与问题的分离，使案主能够客观地看待问题以及问题对其生活的影响，再通过扩展独特结果实现案主积极人生叙事的建构。在整个介入过程中，紧紧围绕一个主题：案主本身不是问题，案主是有能力的，只是受到了问题叙事的压制，并且案主可以通过改变看待问题的角度来摆脱问题叙事的压迫。

在本案例中，案主自我评价低、内心自卑感强，长期认为自己是一个“没价值”“被忽视”的人，案主需要一个契机展示自己的与众不同，发掘有信心、有能力的自我，将积极的自我从消极叙事中挣脱出来。叙事治疗过程中，问题外化很好地考虑到了这一点，促进了案主的自我认同，维护了案主的自尊。

（2）叙事治疗以语言为主要沟通媒介，适合女性的角色特点

较男性而言，女性更加喜欢倾诉，这要归结于女性细腻敏感的天性和出色的语言表达能力。女性可以通过叙述这种方式梳理自己的内心世界，让混乱的情绪恢复平静。而且在倾诉中，女性既善于将客观现实抽象化，又善于将感性体验语言化。在叙事治疗过程中，案主是他们故事的主要组织者和描述者，社工只是对他们的故事有极大兴趣的倾听者，在叙事的过程中，案主既能梳理自己的情绪，又能通过叙事建立积极的人生故事。

2. 叙事治疗在构建积极自我意识方面的局限

（1）叙事治疗对案主的理解、反思及对话能力有一定要求

沈之菲认为，叙事心理治疗是在对话过程中，从消极的自我认同中寻找隐藏在其中的积极自我认同的方法（沈之菲，2003：19～22）。这就对案主的理解能力和自我反思能力提出了考验，案主是否能够流畅地与社工进行语言交流是叙事治疗的前提，即案主要具备与社工对话的能力；同时，叙事治疗当中存在大量的与不合理信念的澄清与辩驳，需要案主具备基本的理解能力；叙事治疗强调对过去生活中消极叙事的解构，这就对案主的反思能力提出了要求，反思消极叙事对自身的控制，从而为积极叙事的建构提供可能。叙事治疗方法的特点对案主的能力提出了一定的要求。

（2）语言环境的改变会影响叙事治疗的介入效果

叙事治疗介入是通过语言的力量对案主的消极自我意识进行解构并重构积极叙事的过程，但当案主所处的语言环境发生转变时，治疗效果的持续性就值得商榷。在本研究个案中，社工运用叙事治疗的方法帮助案主营造了一个积极的语言环境，重点在于对生活话语进行正向的解读。当个案结束之际，案主积极叙事习

惯没有得到巩固时，案主生活中的重要他人接替社工去陪伴、支持案主，他们的叙事方式与习惯会对案主的自我叙事带来积极或消极的影响。想要规避由话语环境带来的不确定性，社工在采用叙事治疗过程中，需要不断地进行积极叙事习惯的培养，以巩固其积极叙事。

参考文献

陈亚勤、张博，2012，《工作—家庭关系研究的新趋向：工作—家庭促进研究综述》，《商业文化》第 2 期。

高颖怡、林玉凤、朱劼、易仲怡、朱颖欣、熊浩、梁诗颖、麦婉婷，2015，《城市中年空巢女性心理健康影响因素研究》，《科教文汇》（中旬刊）第 7 期。

耿玉多，2014，《叙事治疗在老年社会工作中的应用》，山东大学硕士学位论文。

郭锡永、吴飞、王悦、计秀生、李振来、张丽芬，2013，《影响更年期妇女抑郁症状发生的生物、心理及社会因素调查分析》，《吉林大学学报》（医学版）第 6 期。

郭喜青，2001，《性别角色社会化与女性消极自我意识的形成》，《信阳师范学院学报》（哲学社会科学版）第 1 期。

韩春雨、余玉花、刘梦慈，2016，《上海市女性幸福指数及其维度——基于 2014 年江浙沪女性幸福指数调查数据报告》，《哈尔滨工业大学学报》（社会科学版）第 5 期。

何洁云、阮曾媛琪，1999，《迈向新世纪——社会工作理论与实践新趋势》，香港：八方企业文化公司。

何雪松，2006，《叙事治疗：社会工作实践的新范式》，《社会学与社会工作》第 3 期。

何芸、卫小将，2008，《“叙事治疗”在青少年社会工作当中的应用》，《重庆工商大学学报》（社会科学版）第 2 期。

吉儿·佛瑞德门、金恩·康姆斯，2008，《叙事治疗——解构并重写生命的故事》，易之新译，台北：张老师文化事业股份有限公司。

冷静，2011，《叙事心理治疗对缓解服刑人员焦虑情绪的实验研究》，漳州师范学院。

李少梅、徐晖，2002，《深圳市妇女儿童发展研究》，海天出版社。
李莹莹，2014，《留守中学生厌学的叙事治疗：小娟的故事》，华东理工大学硕士学位论文。
刘宁，2009，《叙事心理治疗在离异家庭子女心理辅导中的应用》，《中小学心理健康教育》第 8 期。
刘志玲，2001，《基于社会性别的女性心理劣势》，《女性文化研究》第 1 期。
马祥林、王天桥，1999，《中国女性自我意识障碍及对策》，《昆明师范高等专科学校学报》第 9 期。
麦克·怀特、大卫·艾普斯顿，2012，《故事、知识、权力——叙事治疗的力量》，廖世德译，中国轻工业出版社。
米歇尔·福柯，2004，《规训与惩罚》，刘北成译，生活·读书·新知三联书店。
沈之菲，2003，《叙事心理治疗：一种后现代的心理咨询方法》，《上海教育科研》第 12 期。
施铁如，2005，《自我的社会建构观与叙事辅导》，《心理科学》第 1 期。
石红梅，2007，《女性的自我意识及其影响因素——以福建省为例》，《市场与人口分析》第 6 期。
时蓉华，2005，《社会心理学》，浙江教育出版社。
谭琳，2002，《新“空巢”家庭——一个值得关注的社会人口现象》，《人口研究》第 4 期。
王思斌，2006，《社会工作概论》，高等教育出版社。
王小波，2000，《再论女性意识与女性解放》，《江西师范大学学报》（哲学社会科学版）第 4 期。
王燮辞，2010，《34 例汶川地震地震灾区籍大学生创伤后应激障碍症状叙事疗法的疗效研究》，《神经疾病与精神卫生》第 6 期。
王再萍，2009，《关于失恋问题的叙事治疗：个案报告》，《中国心理健康学杂志》第 12 期。
吴熙琄，2013，《熙琄叙语：一个咨询师的成长历程》，中国轻工业出版社。
吴小英，2014，《主妇化的兴衰——来自个体化视角的阐释》，《南京社会科学》第 2 期。
吴愈晓、王鹏、黄超，2015，《家庭庇护、体制庇护与工作家庭冲突——中国城镇女性的就业状态与主观幸福感》，《社会学研究》第 6 期。
西蒙娜·德·波伏娃，2004，《第二性》，陶铁柱译，中国书籍出版社。
杨菲，2007，《自我的建构与叙事心理治疗》，吉林大学硕士学位论文。

杨功焕、周灵妮、黄正京，2004，《中国人群自杀水平的变化趋势和地理分布特点》，《中华流行病学志》第 4 期。

杨莉萍，2006，《社会建构论心理学》，上海教育出版社。

杨青，2004，《从心理层面看性别角色差异对女性的影响》，《社会》第 1 期。

叶浩生，2009，《社会建构论与心理学理论的未来发展》，《心理学报》第 6 期。

尤娜、叶浩生，2005，《叙事心理治疗的后现代视角》，《心理学探新》第 3 期。

袁莉敏，2015，《叙事治疗在网络成瘾大学生心理辅导中的应用》，《北京工业大学学报》（社会科学版）第 2 期。

赵君、李焰、李祚，2012，《叙事取向团体辅导对大学生自我认同的干预研究》，《心理科学》第 3 期。

赵兆，2013，《叙事治疗在儿童情绪障碍中的应用研究》，南京中医药大学硕士学位论文。

朱燕群，1993，《消除心理障碍是女性自强的根本问题：浅论消极自我意识对女性发展的影响及我们的对策》，《新疆社科论坛》第 2 期。

Amia Lieblich, Rivka Tuval-Mashiach, Tamar Zilber, 1998. *Narrative Research: Reading, Analysis and Interpretation*. Sage Publications. 6 – 7.

Besa, D, 1994. "Evaluating Narrative Family Therapy Using Single-system Research Designs." *Research on Social Work Practice*, 1994. (3): 309 – 326.

BesleyT, 2001. "Foucauldian Influences in Narrative Therapy: an Approach for Schools." *Journal of Educational Enquiry*. (2): 72 – 93.

Betz N E, 1994. "Self-Concept Theory in Career Development and Counseling." *Career Development Quarterly*. (1): 32 – 42.

Desocio J, 2005. "Accessing Self-development through Narrative Approaches in Child and Adolescent Psychotherapy." (2): 53 – 61.

Draucker C B, 1998. "Narrative Therapy for Women Who Have Lived With Violence." *Archives of Psychiatric Nursing*. (3): 162 – 168.

Galinsky. E and Bond. J, 1996. *Work and family: The Experiences of Mothers and Fathers in the U. S. Labor Force. In C. Costello & B. K. Krimgold (Eds.), The American Woman*. Norton. 79 – 103.

Hacking, Ian, 1999. *The Social Construction of What?* . Harvard University Press. 58 – 78.

Hermans H J, 2014. "Self as a Society of I-Positions: A Dialogical Approach to

Counseling." *The Journal of Humanistic Counseling.* (2): 134 - 159.

Ma E Y, Yau D C, Ng W, 2004. "Characteristics of Child Sexual Abuse Cases Referred for Psychological Services in Hong Kong: A Comparison between Multiple Incident versus Single Incident Cases." *Journal of Child Sexual Abuse.* (2): 21 - 39.

Michael White, 1990. *David Epston. Narrative. Means to Therapeutic Ends.* Norton.: 66 - 73.

Rogers C R, 1959. *A Theory of Therapy, Personality, and Interpersonal Relationships: As Developed in the Client-centered Framework*. McGraw-hill. 65 - 68.

Seymour F, Epston D, 1989. "An Approach to Childhood Stealing with Evaluation of 45 Cases." *Australian & New Zealand Journal of Family Therapy.* (3): 137 - 143.

Vromans L P, Schweitzer R, 2010. "Narrative Therapy for Adults with Major Depressive Disorder: Improved Symptom and Interpersonal Outcomes." *Psychotherapy Research.* (1): 4 - 15.

Walsh, Joseph, 2006. *Theories for Direct Social Workpractice.* Thomson Brooks/Cole.: 23 - 45.

Weber M, Davis K, Mcphie L, 2007. "Narrative Therapy, Eating Disorders and Groups: Enhancing Outcomes in Rural NSW." *Australian Social Work.* (4): 391 - 405.

个案工作改善流动儿童同伴关系的研究

楚惠雲

一　绪论

（一）问题提出

随着我国改革开放的深入进行以及社会主义市场经济体制的建立健全，大规模的社会流动随之产生，农村人口在城市利益的驱动下纷纷涌进城市务工，由此，流动儿童大量出现。根据 2015 年发布的相关调查报告，在北京市的城镇中，流动儿童的占比高达 36.28%，这意味着北京每 10 个儿童里就有接近 4 个是流动儿童。

多数流动儿童的家长由于生活所迫根本无暇顾及子女的内心成长与变化。对他们而言，将孩子送入学校接受教育便是他们能为孩子做出的最大限度的努力，孩子只要能够在学校接受教育，学校和老师便能教给孩子一切成长成才所需的东西。而实际上，学校由于教学任务繁重、师资力量有限等原因，很难顾及流动儿童除学习之外的问题。过往的研究经验和资料已经表明，流动儿童存在家庭教育缺失、学习环境简陋、心理问题突出等一系列问题。虽然流动儿童面临的现状严峻，但人的社会性决定了流动儿童可以从环境中寻求支持，尤其是从同辈群体中寻找帮助。与同伴群体友好相处，不仅可以帮助流动儿童学习良好的行为模式和品质，还能帮助他们获得情感支撑，满足情感交流的需求，这无疑对流动儿童个体的发展有巨大的促进作用。但同时，不得不承认的是，流动儿童的家庭环境、学校环境、社会环境和其本身的个人素质在一定程度上影响着他们与同伴的友好交往。

社会工作作为一个以“助人自助”为理念，以关爱、服务为宗旨，以个案工作、小组工作和社区工作为方法的实践性专业，对流动儿童同伴关系问题的介入自然是使命中的应有之义。在武汉市民意街T社区的实习中，笔者接触到了这一特殊群体，直接观察到了流动儿童与同伴交往方面的现实情况，也切身感受到了流动儿童在此方面的困境。通过梳理相关文献以及自身在实习过程中的观察和思考，深入挖掘引起流动儿童同伴关系问题的原因，探究如何改善流动儿童的同伴关系、如何运用个案工作的方法与社会工作专业的其他方法进行干预，以及干预的效果如何，这些都将成为本研究的关注重点。

（二）文献综述

1. 国内外关于流动儿童的相关研究

目前我国对于流动儿童的研究非常之多，其中多数是关于流动儿童在城市适应性、社会融合、学校及家庭教育等方面的研究。在城市适应性方面，认为流动儿童能够很好地适应城市生活，而且相比于流动儿童与外部群体的交往，他们内部群体之间形成了紧密联系，交往互动也更为频繁（吴新慧，2004：9～11），呈现这样的状态，是与国家在教育方面的政策以及流动儿童在家庭和生活上的背景等因素紧密相关的（张铁道、梁威，2002：49～56）。在社会融合方面，主要从心理学和社会学的视角进行研究，不仅指出了流动儿童在心理健康和人格方面的特性，同时还探讨了流动儿童在所在地的融入情况及后果（邹泓，2008：49～53；郭良春，2005：50～55）。研究认为，流动儿童存在学习能力低、自我评价低、自信心不高、人际关系紧张、孤独失落感严重等问题。在流动儿童教育方面，主要有教育政策和家庭教育方面的研究。在教育政策上，刘朝晖和蒋志宏认为应该首先改革户籍制度，突破过去的城乡二元结构，以实现教育的公平和公正（刘朝晖、蒋志宏，2005：5～7）；蒋国河和孙萍认为，政府应首先确保打工子弟学校的合法性，然后再对其进行统一管理（蒋国河、孙萍，2005：14～19）。在家庭教育的研究上，李伟梁（2003）在《流动人口子女家庭教育问题研究》一文中指出，影响流动儿童家庭教育的原因极其复杂，不仅包括家庭内部的环境因素，还包括学校、社区环境以及传播媒介、同辈群体等外部环境因素（李伟梁，2003）。

国外对流动儿童的研究包括现状和现状改善方面的研究。在现状上，认为流动儿童容易变成街角儿童或落难儿童。当儿童在流动时，他们的生活状况十分糟糕，而糟糕的生活状况又会直接影响流动儿童的学习状态，使流动儿童的学习状况比城市儿童糟糕（Aptekar，1994：195）。出现这种局面，与流动儿童父母的经济能力、自身素质、受教育程度等密切相关。此外，流入地的社会支持系统、文化氛围、学校环境等状况也是影响流动儿童归属感的主要因素。关于流动儿童境遇改善方面的研究，主要是政策上的研究，认为在制定政策的时候，不应仅考虑事后对流动儿童的补偿和救助，而应首先进行公民教育，然后在社区中营造出一种和谐友善、互帮互助的氛围，避免歧视和社会排斥，达到社会融合，以为流动儿童创造良好的社区环境。关于对流动儿童的补偿，认为不应仅从学校教育和课本知识方面考虑，还应深入流动儿童群体，重点关注他们在社会教育和社会文化方面所应该获得的支持和补偿（Raver，2008：10－26）。如英国 NSPCC 就在构建处境不利儿童的社区支持网络（Support Networks in the Community）和家庭支持系统（Family Support System）。此外，国外的有些学者还开始研究如何培养和提升流动儿童的综合能力和素质，比如研究如何丰富流动儿童的文化知识，研究如何引导流动儿童逐步增强对社区的归属感和幸福感（Miedel、Reynolds，1999：379－402）。通过梳理流动儿童的相关文献，笔者在宏观上了解了该群体。依据所获得的背景知识，笔者明白了流动儿童所面临的一般问题和困境，这为接下来的研究奠定了理论基础。

2. 流动儿童同伴关系的研究

在对国内外有关流动儿童的研究进行梳理后，笔者进一步细化研究，开始分析关于流动儿童在同伴关系方面的研究。经过对数篇文献的整理，发现大多数学者对流动儿童在同伴关系方面的研究主要包括如下几个方面。

流动儿童同伴关系的表现。刘震指出，流动儿童在与城市里的同伴来往时，缺乏共同语言和交往默契，与流入地的环境显得格格不入（刘震，2010：192）。史小花、阳德华指出，流动儿童处在成长的关键期，从农村到城市的环境变化会给他们的身心发展带来影响，毕竟城市的文化、生活方式、生活节奏等方面都与农村有很大的不同。初来城市，流动儿童极有可能存在不适应，对周围环境的陌生感也会加重他们对周围人的疏离感，内心也容易出现情绪低落和孤独感。这个阶段的流动少年儿童，更需要同辈群体的帮助和支持（史小花、阳德华，2008：72～74）。周春通过对上海市松江区X中学的农民工子女人际交往的调查研究指出，农民工子女期待与城市的同辈群体相处，但流动儿童并不能像城市儿童一样经常出入公园、动物园等场所，他们在交往空间上受到限定，能交往的同辈群体自然较少。农民工子女的朋友数目不多，能够与之交心的朋友甚少，为了填补内心的情感空缺，农民工子女会将交往的视角投向网络这个虚拟空间，而慢慢减少与现实生活中同伴的交往。在与城市儿童的交往中，农民工子女会因自己家庭不富裕而感到自卑，由此容易出现自我封闭的情形，进而再度削弱自己与人相处的意愿和主动性（周春，2011）。

流动儿童同伴关系的影响因素。周皓、荣珊认为，流动少年儿童与城市的同辈群体的交往不如流动儿童群体之间的交往频繁，流动儿童群体内部关系紧密，整合度高。流动儿童虽然认可流入地的生活，但自己在融入和适应上困难重重。流动儿童所面临的不利的社区文化、学校环境以及自身的家庭环境都成为阻碍其融入城市的重要因素（周皓、荣珊，2011：94～103）。岳玉阁、卢清提出，家庭经济条件不佳容易让流动儿童产生自卑情绪，而自卑会进一步阻碍流动儿童与同辈群体建立伙伴关系（岳玉阁、卢清，2008：31～33）。王碧玉和李宁均从个人、家庭、学校和社会这四个方面探讨影响流动儿童同伴关系的因素，其中李宁认为，影响他们同伴关系的最主要因素是流动儿童本身；在王碧玉的研究中，个人因素包含了流动儿童的个人品质、学习成绩与沟通技巧，而家庭的经济状况、家庭结构、家庭氛围，学校的课程设置、老师态度，以及社会的文化心理认同、社会保障、社会氛围等因素也都对流动儿童的同伴关系起重要作用（李宁，2007；王碧玉，2012）。朱文闻运用问卷调查法探讨了自我概念在流动儿童的同伴关系和学校适应两个方面所起的中介效应，其结果显示流动儿童的同伴关系、自我概念和学校适应这三者之间存在相互影响的关系，而同伴关系对流动儿童的自我概念与学校适应有非常明显的直接预测作用（朱文闻，2011）。

对流动儿童同伴关系文献的梳理，让笔者看到了研究流动儿童同伴关系的重要性，同时，对流动儿童同伴关系在现状、影响因素等方面的了解，为笔者接下来的服务设计提供了理论背景。

3. 社会工作介入流动儿童同伴关系的研究

从上述文献综述的分析中可以看出，学者对流动儿童同伴关系的研究多是理论探讨，由此，笔者进一步从实务角度梳理文献，以期能为开展服务活动提供实务经验。

干伟溢以小组工作的专业方法对流动儿童同伴关系进行介入，从友谊质量和领悟社会支持两个指标对实验组和控制组进行前测和后测，最后得出支持小组中的小组成员获得同伴关系的效果更为显著的结论（干伟溢，2012）。常晓梅以镜中我理论、社会学习理论和人格发展理论为指导，采用定量研究的方法，指出了流动儿童同伴关系在同伴交往的广度和深度、同伴冲突、同伴合作和同伴支持四个方面均存在问题，并运用小组工作的方法，从帮助流动儿童学习人际沟通的基本技巧和原则、提升团队合作意识、学习解决冲突的方式这三个方面出发，使流动儿童在与人沟通、合作和处理冲突的能力方面均有所提升（常晓梅，2014）。于之宽从优势视角出发，以提升其抗逆力为切入点，以帮助流动儿童加深对同伴交往的认识，提升与同伴相处的交往技能为目标，通过小组工作方法对流动儿童的同伴交往问题进行介入，结果发现，是否流动对儿童的同伴关系的影响大有不同，采用社会工作方法改善流动儿童同伴关系的作用显著（于之宽，2013）。张娅用成长小组模式为流动儿童的同伴关系提供服务，并以镜中我理论、小团体理论、社会学习理论和社会支持网络理论为理论支撑，按照小组工作筹备期、前属期、权力与控制期、亲密期、分辨期和结束期6个阶段设计并开展了7次小组活动来改善组员同伴关系问题（张娅，2013）。

此外，汤素素、张小华以小组动力学为理论依据，设计开展了共计6次小组活动来改善流动儿童人际交往的困境（汤素素、张小华，2011：56～59）。而姚进忠、于卉从生态系统理论出发，为学校的农民工子女构建了一个综合服务的框架雏形，创设了一套包含个案、小组及社区层面的服务模式，帮助农民工子女在个人认知、结交朋友、与家人和老师相处、社区参与等多方面变得更为充实（姚进忠，2010：22～27；于卉，2012）。洪珊珊运用互动模式开展团体社会工作，指出互动模式下的团体工作能够有效改善农民工子女间的同伴关系，并且能对他们后期的社会化起到促进作用（洪珊珊，2009：32～34）。

从社会工作角度进行流动儿童同伴关系介入的研究并不算多，绝大多数研究也都是在某一种理论视角下采用小组工作的方法而进行的介入，它们为解决流动儿童同伴关系带来了一定效果，也为本文的研究提供了借鉴之处。

4. 文献简评

对国内外关于流动儿童研究的梳理，为本文的研究提供了理论框架和背景。基于宏观层面的把握，笔者为了进一步探讨和分析如何解决流动儿童面临的困境，开始寻求可供流动儿童使用的资源，将关注视角转向中观层面的流动儿童同伴关系，然后发现大多数研究都还停留在对流动儿童同伴关系的现状描述及特征、重要性和影响因素的分析上，而关于如何解决流动儿童同伴关系问题多是在理论层面上进行探讨，这种一般性的口号号召缺乏明显的实践意义，流动儿童同伴关系困境依然没有解决。因而笔者将视角转到微观层面，从实务角度梳理社会工作是如何改善流动儿童同伴关系问题的，结果发现：①从社会工作理论与实践相结合的角度对流动儿童进行社会工作服务的研究并不丰富；②在现有的研究中，多数是定量研究，深度访谈、实地观察等定性研究较少；③社会工作的实践研究多数是借助小组活动，尽管有一定成效，但忽视了每个组员的个体化和特殊化，因而在深入挖掘和改进方面较难满足需要，这便为本文的研究提供了思路。鉴于已有的实务经验，本文拟采用个案研究的方法，并结合其他社会工作方法对流动儿童的同伴关系进行介入，以丰富流动儿童同伴关系的实务研究。

（三）研究的意义

1. 理论意义

通过文献回顾得知，对流动儿童同伴关系问题的实务研究较少，而现有的实务研究又多是以小组工作方法为主。有鉴于此，本文以人本治疗理论和社会学习理论为指导，以个案工作为方法介入，注重营造良好的专业氛围，让案主在宽松友好的氛围中更好地认识自己，客观地评价自己。同时，通过为案主搭建一个与同辈群体互动的平台，案主能更好地学习与人相处的方法和技巧，从而帮助案主改善自我概念以及自己与同伴群体的关系。这样做，不仅能进一步拓宽社会工作的实务领域，也拓展了人本主义理论和社会学习理论的应用范畴，对社会工作的相关理论是一种丰富。

2. 现实意义

每个人都不是孤立存在的，对于流动儿童来说，能够与同伴建立关系、友好往来，会让他们获得情感上的支撑和满足。同伴群体作为儿童学习和互动的对象，能为流动儿童的社会化带来积极作用；而同伴关系紧张则会给儿童带来消极影响。Parker 和 Asher 提到，儿童在孩童时期如果遭到同伴的拒绝，那么他们极可能产生情绪问题。比如，产生对自我的负面评价，开始拒绝与他人交往，有的甚至会常常感到孤单（张晓峰，2009：143）。为此，社会工作通过专业理念和方法，以实务为导向进行介入。从以往研究看，小组工作的方法在帮助流动儿童建立同伴关系方面取得了较为显著的成效，但在深入挖掘和改进方面较难满足流动儿童个体的需求，存在忽视组员个体化和特殊化的问题。由此，本文期望运用个案工作的理念和方法来探寻解决流动儿童同伴关系问题的新路径，也期望通过实践让社会工作的理念渗透社会的各个层面，以不断增加社会工作专业的影响力。从这个方面来看，本研究的结果具有一定的实践意义。

（四）研究思路与内容

1. 理论依据

（1）人本治疗理论

人本治疗理论由美国心理学家卡尔·罗杰斯创立。该理论看重对生命的投入和体验，以及对人的尊重。关注的焦点是案主，而不是问题。要求工作者深入了解当事人的心态及处境，协助其解决难题。工作的过程也就是协助当事人成长的过程（李晓凤，2008：9）。人本治疗理论现已成了一个重要的个案工作理论。

人本中心模式是在人本主义心理疗法治疗原则的基础上产生和发展起来的一种社会工作模式。人本中心模式（Person-centered Therapy）也被称为“当事人中心治疗法”（Client-centered Therapy）或“非指导疗法”（Non-directive Therapy），也有人将其称为“案主中心治疗模式”。研究表明，该模式对焦虑、恐惧、情绪低落、交往困难、人格分裂等问题都有明显的积极效果（Rogers，1961：186）。

人本中心模式主张协助当事人重新整理自我概念，发挥当事人的主动性和创造性。罗杰斯认为：“当事人清楚哪里受到了伤害，应该向什么方向努力，关键问题在哪里，哪些经验被埋没了。”（Rogers，1961：186）它的另一个突出特点是，将案主看成正常人，而不是“求助者”、“病人”或“患者”，这也是其区别于其他治疗模式的重要一点（陈志霞，2006：238~239）。根据该理论及其工作模式的指导，本研究注重的是案主能力的长期培养而非短期解决效应。希望通过特定氛围的营造，促使研究对象向一种自我改变和发展的成长模式转变，成为自我潜能发挥的主动实施方，从而改变现有的不恰当认知，达到认识自己和他人的目的。

人本中心模式还认为，技术固然重要，但更为重要的是社会工作者与案主建立起来的一种相互信任的关系，这种关系对当事人产生的影响要远大于具体的方法和技巧（汪新建，2002：184）。因而本研究一直以儿童易于接受的形式作为服务的切入点，建立起与研究对象的良好关系，然后让其在信任和接纳的氛围中不断修正自我概念。而自我概念的形成与周围的环境密切相关，同伴对案主的态度也是形成自我概念的重要因素，因此，从案主的同伴群体入手，为案主营造和谐的同伴交往环境成为必然，这能从侧面增强案主的交往自信心，进一步重塑自我概念。

（2）社会学习理论

该理论由美国心理学家阿尔伯特·班杜拉（Albert Bandura）率先提出。班杜拉试图通过学习机制来解释人的行为形成和变化，并强调人的行为与环境的相互作用。他认为，观察学习和模仿学习对一个人的行为产生有着非常重要的作用。观察是个体通过与他人的互动，发现他人的行为以及行为可能带来的结果，而模仿则是在观察的基础上，重现他人的行为，以此形成自己的行为反应模式。观察与模仿还涉及社会学习理论的另一个重要概念——强化。一个人为什么出现一种行为，为什么避免一种行为，都是因为这种行为的背后有某种奖励或者惩罚的强化物。当某种行为受到他人赞赏或奖励时，个体就更倾向于做出这种行为；而当一个人的行为受到否定或处罚的时候，该行为便会相应减少。另外，在观察学习中，班杜拉十分重视榜样所起到的示范作用。在他看来，示范分为行为示范、言语示范、象征示范、抽象示范和参照示范五种。在模仿学习中，模仿可分为参与性模仿、创造性模仿和延迟性模仿三种（彭华民，2012：275）。研究对象在重塑自我概念后如何使其行为得到进一步改变和强化？社会学习理论为研究者带来很大启发。在干预中，除了注重案主自我内在的成长，还需要进一步为案主提供一个与他人互动的平台，让案主在与同伴的交互学习中进行反思并取得持续进步。

在人本治疗理论指导下，工作者能更好地与服务对象建立关系，且将他们看成有能力发挥潜能的人。整个介入过程都将以案主的内在成长变化为主，让案主在与工作者产生心灵交流后逐步修正不恰当认知，修正自我概念，重新认识并评价自己。而自我概念的获得不仅仅是个人努力的结果，也是通过重要他人对自我的态度和反应而不断积累的，因而，在环境中去帮助案主成为必然。通过社会学习理论的指导，案主能够在与他人的互动中强化已形成的自我概念，并且还能在观察学习和模仿学习中，更新自己与同伴的交往规范与技巧。人本治疗理论和社会学习理论在交互的作用下指导个案工作的介入，这也是本文将问题的解决思路分解为认知、情感和行为的依据所在。

2. 主要思路

利用在武汉市民意街 T 社区青少年服务站实习的机会，笔者首先运用参与式观察和访谈法收集流动儿童成长及其与同伴关系的背景资料，将同伴关系问题较突出的一名流动儿童确定为本文的研究对象。在与流动儿童的多次互动后，首先与研究对象建立起专业关系，然后对研究对象及其同伴和老师进行访谈和观察，以明确案主的现状、困境及原因。另外，再根据需求，制定服务方案，并对服务效果进行评估。最后，总结和讨论个案工作在改善流动儿童同伴关系方面的效果和适用性。

3. 基本内容

本文在人本治疗理论和社会学习理论的指导下，以个案工作中的访谈法为主要方法，并辅之以社会工作其他的特殊治疗技巧，从案主的认知、情感和行为三个层面进行介入。首先，为案主营造友好的专业氛围，以激发案主逐步认识自己，修正不合理认知，形成恰当的自我概念；其次，帮助案主达成与他人的互动，提高案主的交往自信心，树立积极主动的交往态度；最后，为案主学习交往技能和方法提供平台，让案主在实际行动的演练中反省自己的不恰当行为，掌握与同伴交往的基本规范、方法和技巧。

（五）核心概念界定

1. 流动儿童

梳理文献后发现，学者们对流动儿童的概念界定大体一致，所以笔者直接将《流动儿童少年就学暂行办法》里的定义作为本文对流动儿童的界定，即流动儿童少年是指年龄在6周岁到14周岁（或7周岁到15周岁）的，有学习能力的，且随父母或其他监护人在城市居住半年以上的儿童少年。

2. 同伴关系

同伴关系是指存在于年龄相同、相近的儿童之间，或者存在于同龄人或心理发展水平相当的个体之间，他们在交往过程中建立并发展起来的一种共同活动且互相协作的关系。Sullivan认为，同伴关系分为同伴接纳与友谊关系。前者是一种关乎群体指向的单项结构，它能反映群体对个体的某种态度；后者是以个体为指向的双向结构，它能反映个体之间的感情交流（邹泓，1998：39～44）。

（六）研究方法与个案概况

1. 研究方法

（1）资料的收集方法

观察法，即带着收集研究对象资料的目的，观察案主与同辈群体的交往情况，并根据其所呈现出来的动作、表情等，获得非语言信息。介入中，通过观察法和其他工具的辅助，进行服务与评估。

访谈法，通过与案主和其同伴、家长的访谈收集资料。与案主进行无结构式访谈，直接了解案主的个人情况、家庭情况和同伴交往情况。与案主家长及同伴进行半结构式访谈，间接获得案主信息资料。除了初期收集资料以明确问题和需求之外，个案实施过程以及个案结束后的效果评估也都运用了此方法。

（2）个案实务研究法

所谓个案实务研究法，就是以个案工作的通用过程模式为基础，针对研究对象的具体问题，在各个不同的阶段使用不同的工作方法进行研究。在本研究中，笔者通过前期对案主的分析，厘清案主的需求，然后制定相应的服务方案。最后，对服务的效果进行评估和反思。本文除了一对一的个案会谈外，还运用了游戏治疗、父母教育等社会工作常见的特殊治疗方法。父母教育的主要目标是帮助父母理解孩子的行为并形成培育孩子的技巧。游戏治疗被看作儿童自我表达最自然的工具，因此被视为和儿童建立关系、进行沟通的方法。游戏治疗，有时候是其他孩子也在场，由他们来帮助那些需要帮助的孩子学习如何更有效地与其他人互动（扎斯特罗，2005）。

2. 个案选取

从2015年3月中下旬到6月底，笔者在武汉市民意街T社区服务站实习。为了收集有关流动儿童成长的理论资料，首先通过调查提纲了解了服务站里所有的流动儿童，掌握了他们平日的生活以及对同伴和父母的看法。然后利用四点半课堂和游戏互动，深入接触和观察。其中发现，Y同学经常一个人坐在角落，行为表现退缩，几乎不主动参与集体活动。访谈时，该同学自己也明确表达了她有缺乏同伴的困惑，也希望笔者帮助她改善问题。而她身边的同学对她的评价为性格孤僻，不合群，不愿参与集体活动。因此，在笔者的自主发现、Y同学的自我求助和同学们对她界定的基础上，笔者决定将Y同学接收为个案，并作为本课题的研究对象。

3. 个案简介

Y同学，女，11岁，性格内向，现就读于武汉市民意街T社区×小学五年级，总体成绩在班上较好。家中排行老大，有一个弟弟和一个妹妹。父母均是小学文化程度，现属于个体经营者，家中经济条件一般。

放学后，Y同学经常只和小阳一起到服务站，坐在一起写作业，作业完成后，大多数流动儿童吵着让工作者带他们做游戏，Y同学几乎不主动参与，且与其他同学交往较少。在做游戏时，个别同学也不太愿意和她一起。有一次需要男女生搭配开展游戏时，其中的一位男生拒绝和她一组，为此，案主很受挫，情绪低落。此外，Y同学几乎不在活动的分享环节表现自己。在一次游戏环节中，Y同学受罚，被要求表演节目，尽管在场的都是非常熟悉的同学，她却怎么都不愿意当众表现自己，最后虽有所展示，但表现非常害羞。Y同学在四点半课堂期间的表现也是时好时坏，有时候能够安静地坐在那里独自完成作业，遵守活动室的规章制度，有时候却不断进出活动室，随意大声说话，影响他人。同学要求她小声一点，她并不听从，还表现出非常厌烦的态度，甚至有时候还很霸道，吼低年级的同学。Y同学曾说其他同学不喜欢自己，没有同伴，感到自己被孤立。

除此之外，笔者还从其他工作者那里了解到了她家的基本状况：Y同学家经济状况一般，父母做小买卖，生活奔波忙碌。Y同学曾说父母不关心自己，在家和爸爸交流甚少。从Y同学的表述中看出，她缺少与父母的沟通，无法排遣心情和表达情感，与家人缺乏互动。从系统论角度来说，Y同学和同伴的交往问题与其和家长的不良互动有很大的关联。

二　改善流动儿童同伴关系的观察准备期

本阶段的主要任务为：与案主接触，直接收集信息，掌握案主与同伴交往的现状和困境；与案主的同伴、家长和老师接触，间接收集与案主相关的信息，充分掌握案主的各个系统；根据收集到的信息进行全面的分析和评估，初步判定案主在同伴交往中出现的问题及成因；拟定出相应的服务方案。本阶段，笔者共花费两个星期（2015年3月20日—2015年4月3日）完成。

（一）资料收集与问题诊断

1. 资料收集

通过与案主及其同伴、家长和老师的接触，充分了解案主信息，并与案主建立专业关系，为后续服务奠定基础。

（1）与案主接触

为了拉近与案主的距离，笔者以四点半课堂为载体，通过辅导案主作业，逐步建立起了与案主相互熟悉的关系，并通过观察发现，案主经常和小阳结伴而行来到活动室，然后一起完成作业，遇到不会的题目，除了寻求笔者的帮助以外，也多是向小阳求助。四点半课堂结束以后，同学们大多聚在一起聊天、玩游戏，而案主却站在一边并不参与，在小阳的邀请下，案主也会参与进来。经常只和活动室的一名女生互动，说明案主与其他同学互动的低水平状态；集体活动时，需要同伴邀请，说明案主与他人交往并不积极主动。除观察以外，笔者与案主进行了几次简单的交流。

…………

社工：你好像对我们的游戏并不感兴趣？

案主：额……其实也没有吧。

社工：姐姐像你这么大的时候，特别喜欢和大家一起玩。

案主：我也爱玩，但有时候就是不想参与。

…………

社工：怎么样？和同学们一起玩，是不是很开心？

案主：感觉还不错。

社工：刚刚看你玩得也很投入呢。下次再玩这个游戏时，你肯定会更厉害的！

通过简单交流，达到如下目的。一是转变称呼，由“老师”转变为“姐姐”。在服务站内，之前的工作者一直被称呼为老师，而笔者为了拉近与服务对象的距离，也为了区别于学校里带有威严的老师，注重使用“姐姐”的称呼。二是并不急于挖掘案主不愿参加集体活动的原因，不给案主带来压迫感和被询问的感觉，并且不把它当作问题，而认为是游戏设置原因才导致案主不感兴趣，不主动参与，这样避免了给案主贴上“不合群”“有问题”的标签。三是运用鼓励和肯定的技巧，进一步拉近彼此距离，以提高案主下次参与的积极性和主动性。

在经过多次的辅导和交流的铺垫后，笔者越来越为案主所接纳，因而开始与案主约定第一次会谈，以明确案主的问题及其原因。

社工：现在只有我们两个在这里，姐姐是想告诉你，我特别想成为你的朋友。你觉得什么是朋友呢？

案主：我觉得朋友就是可以一起上学，一起放学，一起做作业，一起玩。

社工：如果你还有什么其他的悄悄话想告诉我，我一定替你保守秘密，不经过你的同意，我不告诉任何人。

案主：对，我也觉得朋友就是可以听我说话的人。

…………

社工：不知道我的感觉对不对，你似乎不太愿意和其他同学玩。

案主：不是的，是他们不愿意和我玩，是他们不喜欢我，所以我才不愿意和他们玩。

社工：那你是怎么感觉到他们不喜欢你的？

案主：他们老是叫我“小黑妹”，这多难听呀。我最讨厌别人这样叫我了。都怪张 ×，他这样喊了以后，其他人也就都这么喊我了。

…………

案主：为什么人家都没有外号，我却有，还叫“小黑妹”。他们肯定是嫌我黑，嫌我丑才这样叫我的。

…………

案主：才不是开玩笑的呢，他们肯定是觉得我黑，不喜欢我。不喜欢我就算了，我至少还可以和小阳一起玩。

通过此次访谈，可以看出案主关于同伴交往问题的一些想法。案主不喜欢与人交往是因为案主认为自己不被人喜欢，而不被人喜欢是因为自己长得黑，长得黑因此被同伴们嫌弃，被大家一直叫外号。这种认为自己被嫌弃、不被人喜欢的想法，其实是自我概念低下的表现。为了验证案主所说是否属实，笔者进一步与案主的同学、老师接触。

（2）与案主的同学、家长接触

社工：Y 同学其实也特别想要加入你们。

同学 A：她呀，怎么可能？她才不喜欢和我们玩的。（语

气中带有一种不屑）

同学B：她好像是挺害羞、挺内向的一个人，不怎么合群。

同学C：有一次我们玩三国杀的时候叫她，她怎么都不肯来。

社工：如果是她想和你们一起玩，你们愿意吗？

同学C：大家都是一起玩，想来就来呗，又不强迫，唉，非要死皮赖脸喊她一样。

社工：我常看到她一个人坐那儿，还以为你们不喜欢她呢。

同学C：哪有什么不喜欢啊？

同学A：是她自己不来，你问他们嘛，他们都晓得。（指着另外几个同学）

同学B：反正就是感觉她有点不合群，自己耍自己的。

…………

与同学访谈后得知，同学们并没有真正不喜欢她，也并非因为案主黑而嫌弃她。从同学们的三言两语中反倒是看出，案主在交往上缺乏主动性和自信，使同学都认为她性格内向，不合群，不愿意和他们往来。显然，这和案主表述不一致。案主认为大家不喜欢她是因为自己的外貌，而同学们觉得是案主内向，不愿意和他们一起玩。看得出来，案主和同伴之间存在误会。

此外，笔者还对案主的好友小阳进行了访谈。

社工：她经常和你一起到活动室，你一定是她最好的朋友。每次有你在的场合，她基本都在。

小阳：因为差不多每次都是我叫她的，不然她基本不会主动去玩的。

社工：是她不好意思吗？

小阳：也不算吧，她性格也不是很内向，有时候我们疯起来的时候，她都会追我好几条街，她跑步特别快的。

社工：那你觉得是什么原因让她不参加集体活动，还需要你每次叫她？

小阳：她可能不知道怎么融入吧……我也不知道她为啥明明想参加，又不一起。估计是她怕被人说自己反应慢吧。总之，我也说不好……

可以看出，案主主观上其实是愿意与同伴交往的人，只是不知道如何与同伴交往。

除此之外，笔者与案主的母亲进行了访谈。案主父母在社区附近做小买卖，平时很忙，回家也很晚，孩子睡前都不一定能回家。母亲承认由于自己生意忙，与孩子沟通较少，而孩子也很少主动提起自己的情况。不难看出，案主与父母沟通交流的机会较少，很难从与家人的互动中获得情感支撑。这种家庭环境导致的沟通不足，加重了案主内心的孤独感和失落感。

（3）与案主的班主任接触

为进一步挖掘案主在同伴关系方面的信息，笔者与案主的班主任取得了联系。班主任跟笔者讲了一起案主（Y同学）与班上同学发生的冲突事件。

某次体育课上，老师组织男女接力赛，Y同学与张同学分为一组互为搭档。在竞赛时，Y同学由于未能拿好接力棒，延迟了一些时间，落后于其他同学，导致最后输掉了比赛。当时张同学怪案主反应慢，案主怪张同学未把接力棒传好，两人争吵不下。情急之下，张同学用带有几分风凉意味的语气抱怨道："跑什么跑，这么热，还好意思在外面晒，本来就黑，还不如树下待着去，再晒，就是小黑妹了！鬼才会喜欢小黑妹！"随后便一直在操场上大吼"小黑妹"。Y同学一时语塞，不知道如何回应，便委屈地哭了起来。后来老师虽然对张同学进行了说服教育与批评，但是，Y同学还是觉得内心遭受了很大的打击，后面陆陆续续听到同学都叫她"小黑妹"，她便开始疏远他们。

给人起绰号这种行为，一方面，是一种喜欢、亲昵的表现，以此增进双方的亲密关系；另一方面，也会有意或无意地伤害他人。那些被起绰号的人可能会因此遭受巨大的心理负担，出现厌学、逃避等行为。从老师的反馈来看，案主这次被起绰号的经历所带来的结果之一便是，案主开始不愿意与同学主动交往。经过与张同学的这次摩擦，案主开始对自己皮肤黑这个事实很在意，为了避免同学叫她“小黑妹”，她开始疏远同学。

2. 问题分析与诊断

通过观察与访谈，笔者对所得资料进行了综合分析，最后初步判定案主在同伴交往上出现的问题及原因，主要有如下几点。

第一，给自己贴上了“不受欢迎”的标签。问题表现：案主曾说“感觉他们不喜欢我”“同学们都不愿意和我在一起，感觉自己被孤立了”“为什么就我有绰号，别人都没有，我不喜欢同学这样喊我”。概括起来为：①认为自己不被人喜欢，感到被孤立，常常感到闷闷不乐；②认为只有自己被同学叫绰号而其他人没有是因为自己长得黑而被嫌弃；③认为其他同学是因为不喜欢她才不太愿意和她一起做游戏。

案主自身较为敏感，因为皮肤黑还被同学们叫“小黑妹”而否定自己，介意自己肤色黑这个既定事实，认为自己是因为肤色黑才不被人喜欢，对自己评价低，变得情绪低落还开始自卑，对自己产生负面的认识和评价。此外，那些称呼案主为“小黑妹”的同学，大多是平日常来青少年服务站的流动儿童，比起与城市儿童的交往，流动儿童内部之间交往则更为密切和频繁，因此学校里称呼案主外号的实际上并不多，主要是来服务站的与案主本来交往就很密切的其他流动儿童。

第二，不愿意主动与同伴交往。问题表现：①经常只和小阳一起到服务站，坐在一起写作业，与其他同学交往较少；②在社工带领的活动中，即使参与，也不像其他同学那样积极主动，而且几乎不会在活动的分享环节中有任何表现；③在某次小组活动的游戏环节中，案主因为游戏受罚而被要求表演节目，起初，案主不愿意在众人面前表现自己，经过鼓励和肯定，还是完成了要求，但表现得非常害羞。

通过观察和访谈很容易看出案主不愿意主动与人交往，而在深入挖掘后发现，不愿意主动与人交往的真正原因实际上是，一方面，受到了给自己贴上的“不受欢迎”标签的影响。案主因为对自己和他人持否定态度，认为自己不被人喜欢因而不愿意主动与人交往，认为自己不可能在众人面前表达自己的想法，觉得自己肯定会出错，对自己不自信，这其实是一种自我概念出现偏差的表现。另一方面，流动儿童所处的家庭环境，是一个家庭经济条件一般，父母无暇顾及自己，父母受教育水平低，对孩子教育缺乏足够认识的环境，这些因素都在很大程度上影响了案主与家长的沟通和互动。案主不知道如何排遣心情和表达情感，而这种状况反过来会影响案主与同伴的交往。

第三，不知道如何与同伴更好交往。问题表现：①当有人邀请她参加游戏时，她不愿意参加时常常都是直接不做任何回应；②在四点半课堂期间，无视规范，不断进出活动室，写作业时随意大声说话，影响他人，当同学要求她小声一点的时候，她并不听从，表现出不耐烦和不屑一顾的态度。案主在四点半课堂期间缺乏组织纪律性，其实质也是一种不合群、不礼貌、不合作的态度，而这是一种不尊重他人，缺乏同伴交往基本规范的表现。这自然无法赢得别人的认可和喜欢，导致她与同伴关系紧张。

出现此类问题，主要有如下几点原因。首先，活动室新旧规范更替：在服务站中，原有的两名正式社工已经离职，活动室的行为规范和管理细则在随后来的两名工作者的调整下出现一些波动，这容易造成同学们内心情感的波动和混乱。其次，受服务站中其他流动儿童的不良影响。来服务站的同学大多是相互熟悉的流动儿童，这些儿童在语言表达和行为选择上较为随意，有的会因为一点小事情而说脏话，有的甚至比较冲动，会推搡或者打人。除此之外，有些流动儿童还不遵守活动室的规章制度，整个活动室甚至呈现一种无视规范和组织纪律缺失的状况。而如此不利的环境势必会对其他个体产生不良影响，这其中便包括案主Y

同学。

3. 案主需求评估

案主曾明确表达过自己因为缺乏同伴而导致情感无处宣泄，大家不喜欢自己，自己很着急，也希望自己能够快乐地加入同伴群体圈子，但又不知道如何走出第一步，期望笔者能够帮助她多交朋友。经过一步步的资料整理和诊断分析，笔者最终确定案主的需求为：增加同伴，建立与同伴的良好关系。

（二）目标及方案制定

1. 服务目标

关于案主与同伴交往的情况，经过直接观察和同学们的评价，首先能直接看出的是，案主因自卑而把自己封闭起来，行为退缩，不主动与人交往。访谈后发现，不主动交往的背后其实是因为案主对自我和他人的错误认识，如图 1 所示。

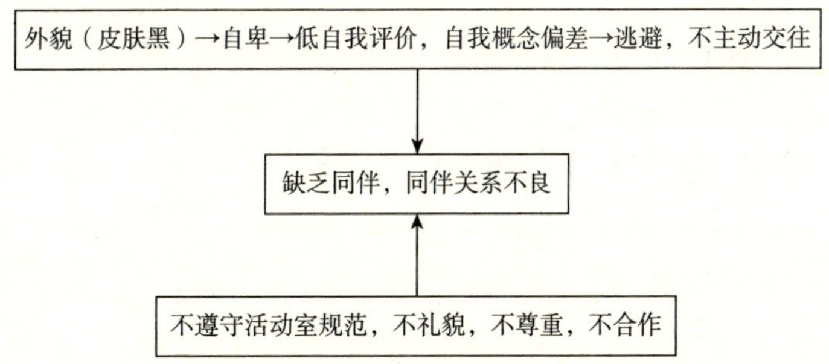

图 1　案主问题内在关系

根据以上分析，确定服务目标为：①帮助案主重新认识自己和他人，重塑自我概念；②处理好与同辈群体的关系，树立与人交往的自信心，学会积极主动地与同伴交往；③掌握良性互动的基本知识，学习与同伴交往的规范和技巧。

2. 服务方案制定

为了充分了解案主目前和同伴交往的现状与困境，笔者先后与案主及其同伴、老师和家长进行了接触和访谈，此外，在青少年服务站中也一直以工作者的身份带领流动儿童做游戏，一方面是为了与案主建立专业关系，另一方面也是为了更好地从中观察案主。通过前期工作的铺垫，笔者分析了案主缺乏同伴的原因不仅仅有自身因素，还包括家庭因素和社区因素，最后在同案主共同商议的基础上，制订了个案服务工作计划，如表1所示：

表1　个案服务工作计划

服务阶段	服务时间	服务目标	服务内容、形式
观察准备期	2015年3月20~21日	与案主接触，收集资料	辅导作业，游戏中观察，无结构式访谈
	2015年3月26~27日	与案主的同伴、家长和老师接触，充分认识案主的各个系统	参与式观察和半结构式访谈
	2015年3月28日	与案主深入接触，建立良好关系，获得信任，初步了解案主同伴关系的现状及成因	会谈聊天，游戏互动
	2015年4月2日	评估现状及原因	整理资料，综合分析，初步判定
	2015年4月3日	评估需求、制定方案	与案主一起评估问题和需求，探讨和制定各阶段的目标与任务
介入干预期	2015年4月10日	认知层面的介入：帮助案主改变对自己和对他人的认识和评价，正视自己和他人	以“我的外貌、举止”为主题，感受其内心世界
	2015年4月17日		以“我的长处、弱点”为主题，通过阅读绘本故事反省自己
	2015年4月24日		以“我的喜爱、厌恶”为主题，正确看待他人对自己的评价
	2015年4月29日	情感层面的介入：营造和谐友善的同伴交往环境，提高案主的交往自信心，强化自我概念	“我与同伴”冰释前嫌
	2015年5月7日		“挑战自己”当众朗诵
	2015年5月15日		带领案主参与“寻宝”
	2015年5月21日		创造亲子沟通机会“我帮妈妈卖水果”

续表

服务阶段	服务时间	服务目标	服务内容、形式
介入干预期	2015 年 5 月 29 日	行为层面的介入：让案主学习与同伴交往的基本规范与技巧，规范自己的行为	访谈，认识“谁是受欢迎的同学”
	2015 年 6 月 5 日		带领案主参与小组活动，并在结束后进行会谈
	2015 年 6 月 12 日		情景模拟，进行角色扮演
	2015 年 6 月 19 日		会谈，并用心愿卡实现爱的反馈
跟进结案期	2015 年 6 月 26 ~ 30 日	结案	巩固：与案主一同回顾，总结已有的成效
			发展：在 QQ 上交流或信件往来
			评估（工作者、案主、同学、家长）

（三）小结与反思

该阶段是个案工作改善流动儿童同伴关系的观察准备阶段。为了能在整体框架和背景上了解流动儿童，笔者先是就青少年服务站的活动开展、人员构成、所有资源等情况进行了解，然后为了熟悉案主和其他流动儿童，以志愿者的名义与服务站的其他工作者一起给流动儿童提供服务，这为之后顺利收集资料奠定了基础。紧接着，开始接触案主，进一步收集案主与同伴交往的信息。最后，在综合案主同伴、老师和家长提供的信息后，明确了案主存在的问题，进而制定了服务方案。

在这个阶段，笔者发现，个案工作的介入，并非聊天这样简单，它比想象得要困难很多。在看似聊天的背后必须要有理论、技巧和方法的支撑。为此，笔者竭力践行个案工作的倾听、尊重、同理心等技巧，同时，也意识到，当案主并不愿意主动分享的时候，工作者应秉承耐心和尊重，不能只顾自己的计划而急于求成，要给案主足够的时间去感觉和思考。可以说，案主是否接纳工作者，与工作者的状态和表现密切相关，因此，笔者在本阶段首先非常注重的是氛围的营造和关系的建立。

三 改善流动儿童同伴关系的介入干预期

基于上述分析，关于改善流动儿童同伴关系问题，本文主要从纠正偏差认知、培养积极情感和改变不良行为三个方面展开。主要的介入阶段和内容如表2所示：

表2 介入阶段和内容

第一阶段——纠正偏差认知			
阶段目标：帮助案主正确看待自己以及他人对自己的认识和评价，让案主拥有真实的自我感觉			
活动主题	服务内容	服务目标	服务形式
我的外貌、举止	分享喜欢的童话故事人物	让案主对自己的外貌有一个正确的认识	一对一访谈
我的长处、弱点	阅读绘本故事——《没有人喜欢我》	让案主反省自己在与朋友互动中存在的优缺点	
我的喜爱、厌恶	引导案主换位思考	帮助案主正确看待他人对自己的认识和评价	
第二阶段——培养积极情感			
阶段目标：帮助案主达成与同伴和家长的良性互动，以此进一步强化案主的自我概念，提升交往动机和自信心，让案主拥有改变的意愿			
活动主题	服务内容	服务目标	服务形式
冰释前嫌	分享一次不愉快的经历	从具体事件入手，找回案主自信	经历分享
挑战自己	当众演说小故事	积累成功感，增加自信	家庭作业
我与同伴来寻宝	参加其他工作者组织的活动	提供与同伴情感交流和互动平台，进一步增强自信	户外游戏
我帮妈妈卖水果	与母亲分工合作，增加互动	使案主与母亲达成的良好互动反作用于案主与同伴的互动	父母教育、亲子活动
第三阶段——改变不良行为			
阶段目标：帮助案主学习与同伴相处的具体方法，在多次与同伴的互动中，让案主学习改变的技巧			

续表

活动主题	服务内容	服务目标	服务形式
向榜样学习	学习尊重他人、遵守规范	用受欢迎的同学来启发案主，引导案主学习他们的优点	示范、讨论
行动初体验	学习主动、倾听、赞赏	在与同伴的游戏互动中掌握互动方法和技巧	小组游戏
行动再强化	学习积极表达、换位思考	初步检验学习的成效，并进一步强化互动的方法和技巧	角色扮演
行动升华	学习主动表达和分享	帮助案主树立与人交往的主动态度	心愿卡回馈

首先从案主的认知开始介入，是考虑到内在因素的重要性，因为认知的改变会带来情绪和行为的转变。而为了更好地达成认知上的改变，还注重案主自信心的提升，用情感层面的强化来巩固认知上的转变。在此基础上，通过学习同伴交往的方法来带动和强化自信心，使自我概念不断强化，认知得到进一步改善，而这种行为层面的介入，也是为了让案主在环境中去巩固所得，检验之前的服务效果。本文虽然从认知、情感和行为三个层面进行干预，但这种划分的差异只是各个阶段侧重点不同的体现，在整个介入过程中，认知、情感和行为三者之间是相互影响的。简单来说就是，某一方面的改变会导致其他方面的改变。如图 2 所示：

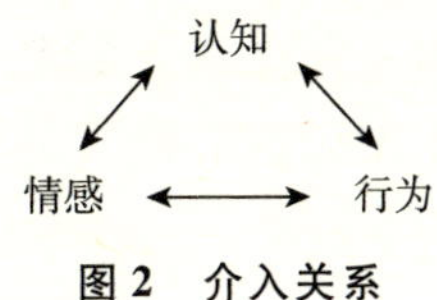

图 2　介入关系

（一）纠正偏差认知

案主之所以认为自己不被人喜欢，是因为她的自我认知出现了偏差。在她看来，由于自己长得黑，同学们就都叫她“小黑妹”，而“小黑妹”是一个带有明显负面情感的词，是一种别人不喜欢自己的表达方式，因为其他同学都没有外号，唯独自己有。由此，案主的自尊心受到了打击，变得非常苦恼，开始介意自己皮肤黑这个无法改变的事实，觉得因为皮肤黑而导致了自己不被人喜欢。对自己肤色的嫌弃，导致了案主对自己非常不自信，开始慢慢地疏远同学。不难看出，这种因为外貌而导致的自卑，影响了案主对自我的正确评价，而低自我评价让案主认为自己不受欢迎，从而出现不愿意主动与同学交往，与同伴关系紧张的问题。

自我概念是人本治疗模式中的一个核心概念。罗杰斯认为，自我概念是一个人对自己的认识、看法和评价。自我概念决定了一个人的情绪、心理和行为（张雄，1999）。在本文中，案主认为自己皮肤黑，这种归因和对自己的评价使她变得自卑。这种较低的自我评价和自我形象导致了她不愿意主动与同学互动。找到了案主不愿意主动与同伴交往的根本原因后，笔者首先从认知层面介入，试图达到以下几个目的：重视自己的感受，对自我有一个较为恰当的认识；较有自信，对自己持一种积极的看法和评价；正确认识他人及正确看待他人对自我的评价。

1. “我的外貌、举止”

时间：2015 年 4 月 10 日

主题：我的外貌、举止

…………

案主：我怕他们不喜欢我。毕竟，我确实太黑了。

社工：你好像因此受了很大的影响。你认为自己不受欢迎，所以你总是一个人坐在那里。

案主：好像是的。

社工：有没有向自己最好的朋友讲过这个事情？

案主：……我不好意思……我不想连她也不理我。

社工：姐姐很高兴，你给我讲了你的感受，我明白你的感受。

很明显，案主对自我的评价已经影响了她对同学的态度和评价。由于没办法悦纳自己，她开始疏远同学。而这样的苦恼，案主之前未曾告诉过他人，将自己封闭起来。事实上，如果能将自己的感受和情绪告诉其他同伴，这不仅仅可以拉近案主与同伴的距离，还可以借此机会加深对自己的认识。

社工：你有没有特别喜欢的童话故事人物？

案主：我最喜欢白雪公主！

社工：姐姐小时候也喜欢白雪公主，你都喜欢她什么呢？

案主：她很善良……而且……美丽，身边还有7个小矮人和她做朋友……我很羡慕她。

社工：用不着羡慕她，你也可以的。

案主：我……我就算了吧，长得这么黑，一点也不好看，也不受人欢迎。

社工：那你有没有想过该怎么改变呢？

案主：这个能改变吗？我爸妈都很黑，我是遗传的，这辈子估计都没办法了。

社工：有些先天性的因素，确实很难改变。《中国好声音》里面有一个叫吉克隽逸的女生，她也特别黑。对了，还有包拯，那更是名副其实的黑。可是尽管他们都很黑，但我们还是很喜欢他们呀。

案主：我知道包大人。他特别厉害，什么案子都能破。

社工：你说得很对。我们喜欢某个人，并不会考虑他的肤色或者外貌。我们喜欢的是他的能力或者品质，就像姐姐愿意和你做朋友，是因为你的善良和真诚吸引了我，而不是外貌。

在自我概念里，外貌是“自我”的一个非常重要的范畴。而外貌又受到先天性因素的影响，这些因素的不同会导致对自我的评价和认识出现不同。在本案例中，案主肤色这一先天性因素导致了她对自己的低评价。为了改变案主对自己的不恰当评价，笔者先是鼓励案主谈谈自己对外貌的感受，然后就外貌展开讨论，引导案主意识到肤色是先天性的，是无法改变的。而且外貌不是最重要的，大家是否喜欢一个人，并不会因为他长得是否好看，品质和能力才是他人喜欢与否的重要决定因素。案主正确看待并评价自己的外貌，这是改善自我的第一步。

2. “我的长处、弱点”

时间：2015年4月17日

主题：我的长处、弱点

考虑到案主喜欢看故事书，笔者第二次的介入便借助绘本故事书——《没有人喜欢我》。在耐心等待案主看完之后，笔者与之展开了会谈：

> 社工：你知道巴迪为什么在刚开始的时候交不到小老鼠这个朋友吗？
>
> 案主：巴迪误会小老鼠了，他以为小老鼠是不喜欢他才拒绝了他，但其实是因为那时候小老鼠在忙着做蛋糕，而且，是巴迪自己没有把意思表达清楚。唉，真为他着急。
>
> …………
>
> 案主：他还真是傻，后面找小猫、小兔子还有小绵羊玩的时候，估计是因为担心他们也会像小老鼠一样拒绝他，所以他躲得远远的。
>
> 社工：没错，其实是巴迪自己拒绝了朋友，让小猫、小兔和小羊一开始还以为是巴迪不愿意靠近他们。
>
> 案主：看着就着急呀，都是误会嘛。
>
> 社工：所以说，当我们想要交朋友的时候，是不是应该考虑自己先主动表达自己呢。而且不要担心自己被拒绝，对不对？就算被拒绝了，也要问问原因，不然很容易误会别人。也不能因为害怕再被拒绝而疏远其他伙伴，不然，就会像巴迪一样，交不到朋友。

在案主对绘本故事的内容有了清楚的了解后，笔者开始引导案主反省自己与朋友的互动，以及与朋友互动中存在怎样的优缺点。

案主：我希望我可以变成巴迪后来的样子，有很多的朋友。

社工：后来的巴迪变得主动、友善，自然收获了友情。

案主：确实是。姐姐，其实上次他们玩三国杀，我也很想玩，只是不好意思罢了。

社工：你不试一试，怎么就直接退缩了呢？我们说好的要向巴迪学习呢。如果你尝试着去主动，一定会有很好的效果的。而且你这么聪明，心思又这么细腻，玩三国杀的时候，肯定很厉害。

案主：我要是玩这个，肯定不容易被他们察觉的。但他们如果掩藏不好或表达不好的话，我多半都能判断出来谁是真正的杀手，哈哈。

“长处”和“弱点”是“自我”的重要范畴。笔者让案主阅读绘本故事——《没有人喜欢我》，用人物形象去慢慢引导案主，促使案主一步步深入地表达自我。而表达自我能够使案主在与他人的互动中更好地认识自我，因为自我表达的程度代表了一个人的自我接纳程度。自我接纳程度越高，一个人就越愿意向他人透露自己的事情，就越容易更好地认识自己，反之亦然（梁传孙等，2008）。在此阶段，案主知道了自己在与同伴交往中缺乏积极主动性的弱点，但是也有自己的优势所在，笔者再通过运用鼓励技巧，让案主对自己有了一个较为积极的评价。

3. “我的喜爱、厌恶”

时间：2015 年 4 月 24 日

主题：我的喜爱、厌恶

此次介入的目标是协助案主正确认识他人，正确看待他人对自己的评价。为此，笔者与案主展开了一次半结构式访谈：

社工：你喜欢什么样的同学？不喜欢什么样的同学？

案主：我喜欢积极乐观的、热情、友善、包容、愿意帮助同学的人，讨厌那些不尊重别人、自以为是、说脏话、对别人爱答不理的人。

…………

社工：你也说了你喜欢积极主动的人，而姐姐知道你也是一个愿意交朋友的人。但你仔细回想看看，你是不是经常只有在别人邀请的情况下才参与活动？

案主：好像是有那么点吧。

社工：你也说了，喜欢积极乐观的同学，所以，在我们和其他人相处的时候，是不是也应该更积极主动一点呢？你的被动，很有可能给大家一种爱答不理的印象。

案主：姐姐，现在我不怎么讨厌别人叫我绰号了，无所谓了，但我还是不知道该怎么融入，他们好像都有自己的朋友圈。

社工：姐姐很高兴，你明白了用绰号叫你，可能大家也就是顺口罢了，甚至有些是代表你们很亲密。而你的被动，却会让其他同学认为你不喜欢他们。久而久之，他们便会和喜欢他们的人玩，并和那些人成为朋友。你可能没有意识到，与人交往时候的不主动，给自己带来了多么不好的影响。

事实上，每一个人都有“盲我”的存在。盲我就是那些别人知道而自己却不知道的“我”，是“我”虽然并没有有意把它隐藏起来，但是被别人发现，并且还给“我”提出来的那一面。案主并不知道自己的不主动态度让其他人误会了自己，还给他人造成一种自我封闭、不爱搭理他人、不愿主动交往的印象。因此，笔者在此阶段强调的是帮助案主认识到盲我，以及盲我会对自己造成的不良影响。

“自我”的另一个非常重要的范畴便是“喜欢”和“厌恶”。笔者以“我的喜欢、厌恶”为切入点，帮助案主进行换位思考，引导案主认识自己存在的盲我，从而明白他人是如何看待和评价自己的。而他人的认识和评价也是基于自己的态度和行为，这便从侧面达到了进一步认识自我的目的。当案主越来越能敞开自己的心扉表达自己的时候，便更容易让别人看见自己的盲点，而这些案主不知道的盲点会由于他人的提醒，让她越来越清楚地了解自己。

4. 拥有真实的自我感觉

在本阶段，笔者总共历时三个星期，以三次正式访谈为主要的介入并辅之以多次的简单会谈、作业辅导和游戏。针对案主存在的缺乏同伴、与同伴交往不畅的问题，在明确了案主实际上是因为自我认识偏差、自我评价较低才不愿意与同伴主动交往之后，笔者首先从认知层面介入，帮助案主对自己持有一种积极的看法和评价，帮助她形成对自我、对他人的恰当认识。这是改善案主与同伴关系问题的第一步。

关于如何改变对自我的认识，怎样正确认识自我，笔者从“自我”的三个范畴开始。在案主看来，因为皮肤黑，所以自己不被人喜欢，这显然是案主的不恰当认知，为此，笔者便以案主的外貌为切入点，通过会谈，鼓励案主分享自己对外貌的感受，然后就外貌展开讨论，让案主在最后认识到，虽然先天性的东西很难改变，但品质和能力会成为一个人是否受欢迎的重要因素。紧接着，从“自我”的第二个范畴即“长处”和“弱点”着手，让案主阅读绘本故事——《没有人喜欢我》。案主意识到了自己在与同伴交往中缺乏积极主动性，并运用鼓励技巧，使案主对自己持有一个较为积极的评价。最后，从“自我”的第三个范畴，即“喜欢”和“厌恶”展开，帮助案主换位思考，从而明白了他人是如何看待和评价自己的。通过对“外貌”“长处、弱点”“喜欢、厌恶”的探讨，进而对案主进行了自我形象的问卷调查，看到了服务所取得的效果。

人本治疗理论和模式决定了本文的介入不可能像有些理论要求的那样有标准化的操作过程和技巧，只是非常注重访谈氛围的营造，让案主与笔者展开一次分享之旅。而为了达到效果，笔者在时间的把控上存在不足，三次正式访谈都超出了预期时间。

（二）培养积极情感

人本治疗理论认为，当我们看到一个人做出某种行为时，还需要考虑他的情绪、感受和处境等因素，也就是需要从整体上来把握这个人（高剑宝慈、区泽光，2001：38～44）。前一阶段的介入主要是从案主自身及“自我”的几个范畴着手，让案主认识了自己，拥有了对自我的真实感觉。接下来，为了更深入地解决问题，也为了帮助案主强化自我概念，笔者从情感层面进行介入，通过让案主与同伴、父母达成互动来帮助案主增强与人交往的主动性和自信心，进一步强化自我概念。这是改善同伴关系的第二步。

1. “冰释前嫌”

表3 冰释前嫌

主题及时间	冰释前嫌 2015年4月29～30日
内容	1. 让案主讲述一次与同伴交往的不愉快经历，宣泄自己的情感，找到问题切入点 之前的社工老师带领我们做一个数字游戏，那时候我经常踩地雷，说到不该说的数字，然后一个男生就说我笨，还吵着让我表演一个节目，可我没什么会的，就很着急，大家都在起哄，让我唱歌，或者背诗，当时我紧张，连简单的诗都没背，都急哭了，还好最后社工老师帮助了我。我不可能在大家面前表达自己的想法，我肯定会出错 2. 找到案主提到的那名男生，向该同学讲述那次经历给案主带来的困扰。之后该同学主动提出想给案主道歉，但又怕被嘲笑，在笔者的鼓励和建议下，该同学通过写纸条的方式表达了对案主的歉意 3. 笔者与案主进行正式访谈，让案主明白每个人都会有失败的经历，但是并不影响之后与他人的正常交往 我很高兴听他说你原谅了他。你看，他也有一次与你相处的不愉快体验，但最后他并没有因为这次经历而使自己一直不跟你交往。如果你也愿意做出改变，我相信你也会因此收获友情
目标	1. 从案主的真实经历出发，让案主披露自己的情感 2. 联合有关方一起帮助案主形成转变，防止因为此类负面事件而对案主以后的人际交往造成消极影响 3. 通过深入访谈使案主明白，一次不愉快的交往经历并没有什么大不了
分析与总结	自我概念的形成会受到环境影响，尤其是环境中的重要他人影响。在本案例中，某男生便成为案主自我概念形成的重要他人。该男生的不好评价给案主带来了着急、紧张、害怕的感觉，而这样的回馈给案主带来糟糕的自我想象——“不可能在大家面前表达自己的想法，因为自己肯定会出错”。与同伴相处的一次不愉快体验，打击了案主的自信心，使她更加不敢当众表达自己的想法

续表

分析与总结	通过与案主此次的深入交流，案主抒发了内在的情感，笔者也找到了导致案主不愿意主动与人交往的直接原因，由此联合案主的同学进行介入，在同学做出积极回应之后再与案主深度访谈，使其明白，失败的经历人人都有，但都是暂时的，从而找回了案主在以后交往时的自信心

2. “挑战自己”

表 4　挑战自己

主题及时间	挑战自己 2015 年 5 月 6 ~7 日
内容	1. 与服务对象的同伴进行访谈，收集同伴对案主的期待。综合起来，大多数同学提到有两点，即“不要太害羞”“更积极主动” 2. 明确了同伴对案主的期待后，给案主布置家庭作业；让案主提前准备一个小故事，在四点半课堂上讲给同学听。然后在工作者的协助下，邀请同学就故事内容提问或者谈感受，案主做出回应 3. 结束后，与案主进行访谈，先将同学们对她今天表现的评价告诉她，然后引导案主表达此时此刻的情绪和感受 “还是会紧张”“我准备了很久”“没想到我会成为四点半课堂的主讲，感觉很有成就感”
目标	通过布置家庭作业然后当众演说的方式，让案主在实际行动中积累成功感，增加自信心，达到用外在的行为对自己的内在施加影响的目的
分析与总结	过时的信息是造成一个人扭曲自我评价的原因之一（黄素菲，2010）。由于案主之前经历了一次与同伴交往的失败经历，因此就认为以后自己“肯定会出错”。这种觉得自己以后再碰到类似的场合仍会以失败告终，把自己的处境想象得比实际更为严重和糟糕的状况实际上是案主缺乏自信的表现。因此，为了削弱案主因失败经历而导致的不良影响，协助案主克服消极情绪和自卑，笔者通过布置家庭作业的方式，让案主在四点半课堂上当众讲故事，然后与案主探讨当下的感受，在与案主的情感交流中促使案主明白当众表达并不是她想象得那样困难。 人本治疗法当中的“有价值的条件”概念提到，有价值的条件会直接影响一个人的自信。而有价值的条件，就是指一个人为了赢得他人的认可和欣赏而努力去达成他人期望的那些要求和准则（汪新建，2002）。当个体达成了有价值的条件，那么他便会得到对方的赞赏和认可，而这种赞赏和认可便会促进一个人的自信和自我概念的形成。基于此，笔者便从同学对案主的期待出发，通过当众讲故事的行为去达成“不要太害羞”和“更积极主动”的期待，这种通过让案主做以前不敢做的事情，然后得到同学和工作者肯定的过程，无疑帮助案主积累了成功感，达到认可自己、增加自信的目的

3. “我与同伴来寻宝”

表 5　我与同伴来寻宝

主题及时间	我与同伴来寻宝 2015 年 5 月 15 日
内容	1. 带领案主参加服务站其他工作者组织的寻宝活动，增加案主与其他同伴情感交流的机会，并共同完成寻宝任务 2. 与工作者和其他同学展开访谈，了解案主在活动过程中的表现和情绪 “感觉她今天情绪很高涨”“她挺厉害的，有好几次，都是她告诉我方向”“她主动过来帮助我，这是以前没有过的”“没想到在找小沙包的时候她比我还有耐心，还能坚持”“她是能够和其他同学一起友好相处的” 3. 寻宝任务结束后，对案主进行及时的沟通辅导，了解案主的感受，并将工作者和同伴对她表现的评价回馈于她，对其给予精神奖励和适当的物质奖励，并答应她下次带她参与有更多同学的互动游戏 “我今天玩得很开心”“大家好像并不像以前那样，那么不喜欢我了”“他们叫我‘小黑妹’的时候，我居然没有那么不高兴了，哈哈，看来我以后都甩不掉这个名字了”“收到了你给的礼物，很开心，谢谢你”
目的	1. 重视儿童爱玩的天性，给案主提供一个与同伴情感交流和互动的平台。一方面让案主体会到与人和谐相处的快乐，认识到自己是可以和其他同伴一起愉快交往的；另一方面方便笔者多角度观察案主，以检验自我改善达成后的实际效果 2. 及时给予奖励，让案主在赞赏中强化自己的行为，不断积累自己的成功感，从而进一步增强案主与同伴交往的自信心，改变认知
分析与总结	以前的服务都是以一对一访谈的形式开展的，这难免让案主产生倦怠感，再加之自我概念的重塑除了需要与案主进行心灵访谈外，还需要通过实际的与人互动产生强化，因而本次的介入以户外活动为主，联合其他工作者，安排案主参与到与人互动的寻宝活动中。从案主、工作者和其他同学的反馈中可以看出，案主在引导下是能够融入集体的，为了完成共同的任务也能够与同伴主动交流。 在人本主义看来，每个人都有与他人友好相处的愿望和能力。从案主的表现来看，案主由于在活动过程中得到了愉悦感，因而开始肯定和赞赏自己。此外，案主还得到了工作者和同伴的肯定。这都从侧面激发了案主对自我的积极评价。 社会学习理论认为，人的行为能够通过直接学习和观察学习得到。在寻宝活动中，工作者有意把案主与性格较为活泼开朗、与人相处积极主动的大磊分为一组，这为案主观察学习提供了行为示范，使案主能够观察他人的恰当行为，然后学习并模仿，最后形成自己的行为。而一个人是否再做出某种行为与他曾经行为的强化有关。因此笔者及时与案主进行访谈交流，帮助案主梳理自己在寻宝活动中的表现和感受，紧接着对案主的行为表现给予精神鼓励和物质奖励，起到直接强化作用，这些都使案主发生改变，让她更有信心面对以后的交往和生活

4. “我帮妈妈卖水果”

表 6　我帮妈妈卖水果

主题及时间	我帮妈妈卖水果 2015 年 5 月 21 ~23 日
内容	1. 与案主进行访谈，了解她对父母的认识与看法 我妈妈还好，有时候我还会去她的水果摊前晃荡，但和我爸爸的话，就基本不怎么有机会讲话，他很少在家，平时也很少管我，一管我就是凶我，或直接吼我 有时候爸妈答应我们，周末带我们出去玩，但最后还是没去，一点儿不像小阳的爸妈，不守信用 2. 与母亲访谈。将案主目前与同伴的关系、与同伴交往的初步成效以及案主对父母的看法等信息反馈给家长，让其了解孩子的现状。然后，给案主母亲提出实际建议，以获得家长的配合和支持 她在你们那里我非常放心，老师你就多关照一下她，你也看到了，我做这个一天也是起早贪黑，平时确实没有那么多精力 3. 邀请母亲周六参加亲子活动，遭到拒绝以后，提议周五让孩子帮忙卖水果，得到双方的同意，母亲负责售卖，案主负责收钱，分工合作，增加亲子情感交流互动的机会 妈妈夸我懂事，还教会我怎么看秤，说我一学就会，很聪明，哈哈 4. 与孩子进行再一次的访谈。告诉孩子其父母的处境，体谅父母的不容易 和妈妈一起做，感觉能帮到些。要是她一个人的话，有时候确实忙不过来
目标	了解案主和母亲对彼此的看法，跟家长澄清案主对他们的期望，再通过给双方创造合作和情感交流的机会，缓和母女双方的关系，促使双方形成良性互动，进而将这种积极互动的影响投射到案主与同伴的交往之中
分析与总结	案主与同伴的交往，除了受案主自我概念的影响以外，还会受到来自父母的影响。可以说，父母对孩子自我概念与交往方式的形成有至关重要的作用。有鉴于此，笔者便从家长层面进行干预，让案主在和父母的交往中获得自信和安全感，从而使家庭的气氛能够反作用于案主与同伴的交往 在流动儿童的家庭，父母往往因为工作忙，没有更多的时间和精力去照顾孩子。该案例中，母亲承认自己与孩子沟通较少，并对工作者期望较高，父亲在管教方式上简单粗暴。在这样的环境中，案主非常缺乏与父母良性互动和情感交流的渠道。因而笔者提出双方分工合作卖水果，以增加母女情感交流和互动的机会 此外，为了让案主家长学习如何与孩子互动，以营造出一种良好的家庭环境，笔者还与案主母亲进行了三次访谈，并给出了实质性建议，包括多询问孩子在学习和生活方面的心情和感受；多关心孩子，让孩子明白自己其实也是被关心、被疼爱的；多用肯定和赞赏，不去与别人的孩子

续表

分析与总结	做比较，不让孩子丧失信心等。最后与案主进行正式访谈，力求减少她对父母的误解，让其明白父母不守信用实则是被迫无奈之举，并引导案主从家庭的实际情况出发考量，懂得父母的良苦用心

5. 拥有改变的意愿

自我概念的形成不仅是个人努力的结果，同时也是受他人影响的结果，所以，笔者从关注案主本身转变为关注与案主有关的他人，即同伴和家长。由于和同伴、家长的不良互动，案主缺乏主动性和自信心。因而，本阶段从情感层面进行介入，使案主能够在与同伴、母亲的互动中提高自己的主动性和自信心，让案主拥有改变的意愿。这是改善同伴关系的第二步。

“冰释前嫌”，以案主过往的情感经历为切入点，梳理她与同学的不愉快经历，进一步探究她不愿意主动和同伴交往的原因，然后纠正案主的不恰当想法，克服失败经验带来的心理创伤。第二次“挑战自己”，注重案主当下的情感体验，通过讲故事的活动来带动和增强案主的自信。第三次介入，为案主提供一个与同伴进行情感交流的平台，注重她与同伴此时此地的互动，让案主在与同伴交往的快乐体验中加强对自我的积极评价，然后从笔者、同伴和其他工作者的肯定和赞赏中，进一步强化案主对自己的正向评价，变得更有自信。考虑到家庭对案主的影响，笔者同案主的母亲进行了四次访谈，让其母明白自己在管教孩子方面存在的不足，还提议案主帮母亲卖水果，让案主在与母亲的分工合作中增加彼此的情感交流，从而把在母亲那里获得的自信和安全感反作用到与同伴的交往中。

本阶段仍以个案工作的一对一访谈为主要方法，同时也更加注重集体游戏和单独辅导相结合，并通过四次与家长的访谈，多次与案主同伴和其他人交流来实现本阶段的目标。在综合自信心问卷的评估后可以看出，案主在交往意愿和自信心上有了转变。但不得不承认的是，在家长的教育意识和方法的介入上仍有不足，这不仅和短期介入的效果有关，更是由流动儿童家庭环境的复杂性决定的。

（三）改变不良行为

经过从认知和情感层面的介入，案主对自己和他人已经有了较为积极的评价，也有了想要改变与同伴关系现状的主动性和自信心。因此，接下来，笔者以社会学习理论为指导，从行为层面进一步推进服务，帮助案主学习与他人相处的基本规范和具体技巧。而行为的改变，反过来也能强化案主业已形成的自我概念，巩固认知和情感层面的效果。

1. “向榜样学习”

表 7　向榜样学习

主题及时间	向榜样学习 2015 年 5 月 29 日
内容	1. 与案主进行正式访谈 社工：你觉得小雨和小飞这两个人在服务站的表现怎么样？ 案主：小雨挺好的，写作业时比较安静，而且基本上没看见他在活动室吃过零食。小飞嘛，成绩好，威望又高，大家都喜欢和他玩。 社工：那你有没有觉得小飞其实也特别照顾大家的感受？ 案主：嗯，他上次帮我听写，还给我讲了错题，感觉还不错。 社工：这可能就是大家喜欢他的原因。我还注意到，他到这里总是很快就把作业做了，然后就坐着看书，有时候还帮着辅导你们的作业。这两个同学，我们都喜欢。你觉得他们受人喜欢的共同点是什么？ 案主：他们都挺听话的吧。 社工：是的，而且他们都很好地遵守了活动室规范，做到不打扰别人写作业，遵守纪律。而且这个规范是我们上次一起讨论，最后用民主投票的方式产生的，所以我们每个人都有义务去遵守，对不对？（不直截了当地指出案主不遵守活动室纪律，不采用指责批评的方式进行教育，而是引导案主进行自我反思） 案主：影响别人写作业这样的行为确实很令人讨厌。我好像确实没有管好自己，我知道了姐姐，就像学校也有学校的规矩一样，在这里我也要按照规矩做事情。 2. 与案主重温活动室管理规范和细则
目标	用受欢迎的同学来启发案主，以反思自己在与他人相处时存在的不足
分析与总结	班杜拉的社会学习理论认为，榜样的行为可以传递给周围的人。榜样示范是一个人观察、模仿和学习的重要来源。本次服务，笔者便以案主身边的受欢迎同学为例，先是与案主一起探讨二者身上存在的共同特征和行为表现，然后分析他们受人喜欢的原因，这样做能很好地促使案主发

续表

分析与总结	现自己的问题，进行自我反思，明白良好的人际关系的获得不是凭空而来的，受人欢迎的同学首先是能够尊重他人、遵守规则的人，最后通过引导，号召案主模仿榜样，向榜样学习

2. “行动初体验——小组活动”

表8　行动初体验——小组活动

主题及时间	行动初体验——小组活动 2015年6月5日
内容	1. 带领案主参加由笔者主带的以“有情有谊”为主题的小组活动 (1) 以歌传情。播放《朋友》的歌曲视频，一起聆听、观看并歌唱，然后引导大家就歌曲本身或对朋友的感受等进行分享，明白朋友的重要性之后，再引出本次活动的主题和目的，即在与人交往时应该注意些什么 (2) 分组，为游戏做准备。通过标有不同标志（水果类、球类、学习用品类）的纸签抽签决定分组，然后从怎样才能达成良好的互动角度去引导组员尤其是案主进行分享，如怎样才能快速找到自己的组员 (3) 游戏——拼凑友情。给三个小组分别发两条长约一米的绳子，采用竞赛的方式，比较哪一组能用最快的时间拼出社工要求的图形（两个三角形、一个平行四边形、一个梯形、一个小房子、一只小鸟），并不断增加难度，提醒大家可以用鞋子，或身上的物品协助完成要求，给最快完成任务的小组以表扬和肯定，然后引导小组思考能够第一个完成规定的任务的原因，以及在这个过程中组员的体会 (4) 游戏总结：人与人之间需要团结协作，需要交流沟通，而交流沟通时，微笑、分享、尊重、主动交流、给同伴以支持和赞扬等要素非常重要 2. 小组活动结束后，与案主进行一对一的访谈，再一次强化活动内容，使案主掌握与同学相处的方法和技巧，并检验案主掌握的效果
目标	为案主学习如何与他人相处创设环境，在游戏互动中掌握与同伴互动的一些方法和技巧
分析与总结	在每一个环节结束后，工作者都特别注重对组员尤其是案主进行主题引导。通过游戏的各个环节可以看出，案主已经开始由之前的几乎不分享转变为现在较为积极的主动分享，而且在小组结束后的自我陈述中案主也表示自己乐在其中，这显示了游戏辅导的优势和个案服务的效果。这种寓教于乐的方式，让组员能够在真实的情景中表现自己的社交技巧，然后工作者通过在游戏的间隙进行主题教育和引导，既及时肯定了案主的好的表现，又让组员明白了与人相处是需要相互尊重、赞赏、沟通、主动分享的，让案主在轻松而愉悦的氛围里与同伴产生新的交互作用，以体验并演练与同学的相处之道，从而掌握与人相处的基本规范和技巧

3. “行动再强化——情景模拟”

表 9 行动再强化——情景模拟

主题及时间	行动再强化——情景模拟 2015 年 6 月 12 日
内容	工作者只规定了人物形象，即案主扮演一位受人喜欢的同学，另一位同学在自愿的情况下扮演不礼貌、不尊重他人的人，故事的进程由双方自由发挥 在十分钟的准备时间之后，案主与王同学开始进行表演。二者假定了他们是在上绘画课。王同学没有足够的彩色笔，随手抓起同桌也就是案主的笔，用完后，也没有及时归还，之后，案主便询问同桌为什么拿自己的彩色笔也没有说一声，王同学对此非常不满，认为“不就用一下下嘛，用得着这么小气吗”。案主回答：“我没有说不给你用，但是你至少要给我说一声，用完了说声谢谢呀。”“我们都这么熟了，不用这么认真吧。”“我愿意借给你用，但是你也要有礼貌，有借有还……”结束后，笔者先是引导双方谈当时的感受，并探讨两个人当下的表现和与人交往互动时所呈现出来的优缺点，最后与案主进行一对一的访谈 案主：不礼貌真的会让人很讨厌，遇到他这种怎么说都不听的人就更郁闷了 社工：没错。受欢迎，被大家喜欢，要做到这个样子，很重要的一点起码是先让自己不被讨厌。王同学刚刚的表现确实让人讨厌，你刚刚表现得很好，一直在给他讲道理。遇到矛盾和冲突的时候，就是应该像刚刚那样，多沟通，及时表达自己的看法
目的	在半结构式的情景模拟中，发挥案主的想象，增强趣味性，并检验案主在前两次介入后的效果，将学习到的成果应用到现实生活中
分析与总结	在此次的情景模拟中，案主扮演了一个正面的人物形象，并且运用了不错的应对方式。笔者借此引导案主分析她与同学的交流方式，理解各自行为可能会给他人留下的印象，懂得换位思考。然后指出案主表现不错的地方，并对其进步给予了肯定，这样持续鼓励案主，强化自信心的同时，也让案主明白了受喜欢的人是怎样的一种反应模式

4. “行动升华——回馈”

表 10 行动升华——回馈

主题及时间	行动升华——回馈 2015 年 6 月 19 日
内容	1. 想办法哄同学开心 在与案主进行正式访谈之前，服务站的 WX 神情沮丧，一个人坐在角落里闷闷不乐。有同学反映，是因为 WX 交上去的家庭作业错误较多，因

续表

内容	而受到老师的点名批评。知道了事情的前因后果之后，案主主动上前关心，笔者在一旁进行了观察 我知道你今天被批评了，所以不开心，不过你也不要不高兴了，老师也是为我们好嘛。我也被老师批评过，也很伤心，但后面玩着玩着也就忘了这回事了 2. 写心愿卡 在进行正式访谈的时候，笔者首先把之前的观察反馈给了案主，对其主动表达关切、给同学安慰的行为给予了及时的赞赏和鼓励。 刚刚你去 WX 那里，问她的状况，姐姐都看到了，你做得非常棒，真为你高兴。要想赢得更多的友情，其实很简单，就像你刚刚那样，真诚地关心她、帮助她 接着让案主在提前准备好的卡片上，写下最想对几个朋友说的话。案主不想让笔者看到她写给谁、写什么，对此，笔者选择了尊重
目标	学会积极主动地表达自我，树立与人交往的主动态度
分析与总结	在对待他人发生的突发情况时，案主首先表现出了一种对同学的积极主动关心之情。而且还说出了“老师也是为我们好”，这说明了之前服务的效果，也从侧面证明了案主实际上是一个非常懂事的孩子。而这份关心的背后实际上体现了案主对同学的同感和换位思考。此外，案主还为同学概略性地提到了玩是可以解决目前忧愁的一种途径，尽管最后 WX 并没有实质性的转变，情绪也仍然未好转，但案主的实际行动足以为她赢得朋友的尊重和喜欢带来帮助 在行为层面的前几次介入后，案主已经初步尝试了如何与他人交流互动。此次，笔者让案主在自我袒露的途径中进一步发生行为改变，借写心愿卡的方式向同伴传达自己的真心话，这样的主动示好能够帮助案主建立与同伴的良好关系。尽管笔者并不清楚案主所袒露的内容，但从案主当时认真的状态以及案主的描述“我感觉这样很舒服，我喜欢这样的方式”来看，案主能接受这种表达自我的方式。此外，也通过这种方式让案主明白，建立人际关系的途径在日常生活中是随处可见的

5. 拥有改变的技巧

针对案主缺乏同伴，与同伴关系不良问题的另一个原因——不尊重同学，不合作、不礼貌态度，不知道如何与同伴交往，笔者从行为层面展开了共计四次的服务活动。在介入形式上仍以一对一访谈为主，并结合示范、讨论、小组游戏、角色扮演和回馈的形式，帮助案主学习与人交往的基本规范，拥有如何与他人更好相处的技巧。

本阶段的服务首先是从“向榜样学习”开始的，案主明白了榜样行为和自己行为的差异，察觉到了自己的不足。然后通过小组活动的开展，案主在实际与人交往中，体验并演练了如何与人更好地相处，掌握了诸如尊重、分享、积极主动表达等技巧。接着通过情景模拟的方式，案主进行了角色扮演，在自己创设的情景中进一步发生行为改变。最后，通过写心愿卡，强化了与人交往的具体技巧——积极主动。

（四）小结与反思

经过观察准备阶段的分析，案主缺乏同伴、与同伴关系不良的问题，具体表现在认为自己很丑，自我评价低；不愿意主动交往；不知道如何交往。由此，服务围绕纠正偏差认知、培养积极情感和改变不良行为三个层面展开。在认知层面，从“自我”的“外貌”“喜爱、厌恶”“长处、弱点”三个范畴开始，帮助案主一步步认识自己，改善对自我的评价，形成新的自我概念。在情感方面，通过“冰释前嫌”“挑战自己”“我与同伴来寻宝”“我帮妈妈卖水果”四次服务，促使案主宣泄内心的情感，从而提高交往的主动性和自信心。在行动层面，以“向榜样学习”“行动初体验”“行动再强化”“行动升华”为主题，帮助案主学习与人交往的基本规范，掌握和他人友好相处的技巧。在不断推进服务的过程中，笔者发现，从认知、情感和行为三个层面分别介入只是侧重点有所不同，而实际的操作过程中，认知、情感和行为三者之间其实是互相关联和相互影响的。

从服务的内容上看，认知的改变会带来情绪和行为的改变，行为的改变也会带来认知和情绪的改变。当学习了某个新的技巧或方法后，案主的情绪状态、自我概念、与他人的关系都会发生改变（杜景珍，2007：190~191）。从认知层面的内容来看，仅有三次的服务活动似乎不足以说明目标的达成，但实际上，情感层面的增强自信心、提升交往意愿和行动层面的掌握与人交往的基本规范和技巧又都会反过来强化案主的自我概念。而行为层面的案主与他人互动，使案主的同学和工作者都对案主有了积极评价，这种积极评价反过来又能让案主体验成功，增强自信心。因此，三者其实是环环相扣，相互影响的。

从服务方式上看，除了一对一的访谈以让案主意识到自己存在的不恰当之处外，笔者还非常强调通过游戏、角色扮演等方法使案主与他人、笔者和他人达成互动，因为互动后他人对案主的回馈实则也是加强案主自我概念、解决问题的途径之一。他人的评价能够让案主明白自己怎么样，这样能让案主不断地了解真实的自己，减少自我否定，最后形成新的自我形象。

总之，笔者在整个的介入策略上，注重的是三个层面的内在关联，注重案主本身和与案主相关的他人、外在的动力和内在的成长、对自我的评价和与人互动技巧之间的关联，这也是本案例取得成功的原因所在。

四 改善流动儿童同伴关系的跟进结案期

在对案主的认知、情感和行为三个层面介入之后，案主的问题已经基本得到解决，但这并不代表对案主的服务就会马上结束，还需要有一定的缓冲期，以跟踪观察案主的行为表现，然后通过多方评估后，与案主协商结束个案。

（一）跟踪观察

为了更好地跟进观察，检验案主所取得的效果，笔者主要通过以下内容展开服务。

1. “羽谁争锋”游戏

随着时间的推移和服务站活动的不断深入，案主对笔者已经越来越熟悉，会在不是约定的时间内主动找到笔者，提出自己的需求。案主提出，该社区流动儿童尤其是男生非常喜欢打羽毛球，因此希望举办一次羽毛球比赛。在笔者的鼓励和引导下，案主想出了活动的主题“羽谁争锋”，并希望对最后得分胜出的一组给予物质奖励。笔者采纳了其建议，并与之详细商讨了羽毛球比赛的具体形式和奖励的物资。案主随后在服务站中的小黑板上提前写下了主题和时间。并在之后四点半课堂上，当众给其他流动儿童说明此次活动，进行宣传，在整个过程中，笔者扮演的只是一个参与者的角色。

从案主此次的行为表现可以看出：案主已经能够主动地与笔者沟通，分享自己的感受和看法；对其他同学有关切之情，能从流动儿童的喜好出发；具有服务意识；能够当着其他同学的面表达自己的意思，不再像以前一样害羞。这些都足以说明笔者对案主的介入有了明显的成效。

2.“优点轰炸”游戏

召集案主及其同学参加“优点轰炸”游戏。在笔者的引导下，每一个人都要说出其他人的优点，尤其是现在与之前的差别。在轮到案主被优点“轰炸”时，同学们说的“比以前更喜欢和我们玩了”“开朗了”“不爱哭了”，这种正面评价是对其两个多月以来转变的肯定，增强了案主的自信心。

3. 辅导作业

服务站中各个年级的流动儿童都有，案主读五年级，完全有能力为低年级的同学辅导作业。案主多次帮助其他同学听写和背诵，在询问案主这样做之后的感受时，案主明确表达“感觉很有成就感”，可以看出，案主的自我认同感在与他人的互动中得到了巩固和强化。而活动室形成的这种互帮互助氛围反过来也有利于案主更好地与他人相处。

（二）综合评估

为了全方位地考察服务效果，笔者从以下几个方面展开评估。

1. 服务对象的评估

在与案主的访谈中，案主这样告诉笔者：

> 以前我老是不自信，觉得自己不被人喜欢，现在想起来觉得自己真好笑，怎么会有这种感觉呢？其实我觉得，我还是有很多优点的。
>
> 我发现，以前都是我自己想多了。

谢谢你一直关心我，还听我讲了很多以前我不可能给别人讲的事情。

哪天如果还要唱歌或者表演节目，我应该会表现得很好。

和他们一起去玩后发现，他们其实没有我想象得那么不喜欢我，还有上次读的那个故事书，巴迪是我的榜样。

你教我的那些东西特别有用，感觉比学校的老师给我的帮助都大。

从案主对服务的整体感受和评价看出，案主对整个的服务还是很满意的。现在案主能够肯定自己的价值，对自我的认识和评价也变得乐观了许多。而评估是一个持续性过程，除最后一次的访谈外，案主对自己的评估实际上也体现在每次的介入过程之中，在此不做赘述。

2. 社会工作者的评估

社会工作者对案主的评估包括两个方面。一方面是过程评估，把评估贯穿在每次的介入之中，具体表现在每次介入结束后的分析与总结，以及各个阶段结束后的小结与反思中。每一次介入结束后的分析和总结包括了理论在实际操作中的运用，服务目标、服务内容、服务达成的效果，以及过程中存在的不足，这些实际上都是研究者对个案服务的反思和评估。这种将介入与评估相结合的方式，对工作者服务活动的推进有很大的积极作用。另一方面是结果评估，是笔者在结案之前运用问卷调查、结构式访谈和观察所开展的评估。

（1）认知层面的评估

主要运用了自我形象问卷调查。从对案主的调查问卷和访谈中看出，案主认为自己虽然不白，但也不是很丑；认为“小黑妹”这个称呼，自己虽然不喜欢，但当再听到的时候也不会像以前一样感到郁闷甚至气愤；认为自己虽然有时候很敏感，也爱哭，但其实是一个很善良的人，也有一些优点；认为同学们很友善、很活泼，和他们在一起，自己也变得活泼。案主能够一分为二地看待自己和同伴们的优缺点，能够承认自己的价值，对自己抱有积极的态度。至此，案主对自我和他人有了恰当的评价，在认知层面的目标基本实现。

（2）情感层面的评估

运用自信心问卷、访谈和观察的方式评估情感层面的介入效果，结果表明：案主有时候还是会喜欢一个人待着，但比起之前的封闭已经有了很明显的好转，能够和活动室其他同学说话、做游戏；对于其他工作者组织的活动，不需要他人邀请，会根据自己的兴趣和作业完成的情况考虑是否参与，一般情况下，案主会参加集体活动，尤其是绘画兴趣课堂，基本上是每周都参与；在游戏的分享环节中，能够主动表达自己的内心感受，还能够在社会工作者的安排下担当四点半课堂的主讲人，不惧怕当众表演节目。综上，案主在交往的意愿、主动性和自信心方面都得到了提高。

（3）行为层面的评估

经过同学、其他工作者的反馈以及笔者的观察，案主在行为层面的转变主要表现在：四点半课堂上，自己很安静地做自己的事情，不像以前一样随便进出、大声说话、扰乱他人写作业；做作业时更专注，提前做完后，看故事书，还能主动辅导低年级同学写作业；和其他同学玩游戏的时候更投入；到活动室后，看见有同学已经来了，会和他打招呼；有一次主动帮同学检查背诵的体验；主动帮助其他工作者准备活动所需物资；工作者下班的时候，帮忙打扫卫生。现在，案主整个人的状态是较积极主动的，还能够遵守活动室基本规范，也非常乐于助人、有礼貌、和他人合作完成游戏，这些都说明了案主已掌握了与人相处的基本技巧。

运用访谈提纲，对案主进行整体评估，如表11所示。

表11　对案主评估的访谈提纲及结果

1. 谈谈你身边的同学	我和那个曾经拒绝和我分到一组的同学再在一起玩的时候，他没有走开。我又有了两个非常好的新朋友
2. 你觉得自己更主动、更外向了吗	我觉得是。虽然有时候我还是会有点不好意思，但如果看到一群人围坐在一起，我会看心情吧，想加入就加入，不会再像以前一样了，傻傻地躲得远远的

续表

3. 你喜欢现在的自己吗	反正不讨厌（总体上，案主对自己还是满意的）
4. 你会害怕当众表演节目吗	看他们让我表演什么吧，如果是唱歌的话，那我可能不太会，但如果是背诗的话，那我肯定没问题
5. 和同学相处，你感觉如何	我觉得特别开心，大家都很活泼，自己变得爱笑了
6. 通过服务，你有什么收获	感觉我整个人好像没那么敏感了，也试着积极主动了，跟大家交往越来越多；每天都会想着来这里，这样我就可以和其他人一起玩
7. 你如何评价工作者	我很喜欢你，你对我很好；我愿意给你讲悄悄话；你真的很有耐心

在服务站内，依然有流动儿童喜欢说脏话或推搡他人，但案主都能有一个较包容的心态，也更容易赞赏别人和自己，认为自己会被人接受和喜欢；与同学相处时候，觉得舒服自在，也不再独自坐在位置上；和大家互动时，更专注、更爱笑。从案主的种种行为表现可以看出，此次的介入目标基本达成，服务效果较好。

3. 同学对服务对象的评估

在之前多次集体活动中，同学已经反映过案主跟他们的交流增多。而在结案之前，笔者又对几名同学进行了结构式访谈，其评价主要有：

> 我以前都没怎么注意到她，但是那一次她给我们讲故事，我印象很深刻。
>
> 她不像以前一样老是一个人待着了，上次我们还一起下跳棋，她还把她的辣条给我吃。
>
> 以前总感觉她对人爱答不理的，上次在街上遇到的时候，我没看到她，她居然还主动和我打招呼，这可是以前没有出现过的呀。
>
> 感觉她人挺好的，看着挺内向，其实玩熟了，一点儿也不，我们还说好了，我教她跳舞，她教我折东西，比如花、皇冠、包包，这方面她挺厉害的。
>
> 现在她除了我一个朋友以外，又多了两个朋友，我们四

个上次还一起去打了羽毛球。她还给我讲了你，说你对她帮助很大。我也觉得她的变化挺大的，比如，现在都不需要我叫她，她就来这里了。

从同学们的反馈可以看出，案主现在是一个大方、热情、积极主动、礼貌、会分享的人，又增加了两个新的朋友，与同伴也能很好地相处。

4. 父母对服务对象的评估

社工：现在Y同学在服务站的变化挺大的。不知道她在家是不是也愿意给你们分享她的事情？

案主母亲：她给我说，她有时候回来得晚，是因为到同学家里玩去了。

社工：看来她已经慢慢开始结交新朋友啦。

案主母亲：前两天，她也带了一个同学到家里来玩，留她在家里吃饭，还挺热情呢。我知道这和老师你的照顾分不开，真是太感谢你了。

从案主母亲的表述可得出：案主与同伴互动频繁，与同伴能很好地相处。除上述几个方面的评估外，笔者还利用QQ群与案主及其他流动儿童进行线上交流。流动儿童不用等到每周四、周五见到笔者后才反映，在QQ群里，他们可以随时表达需求。而案主在其中虽然讲话频率不高，但也能和其他同学愉快交流。

（三）结案

本次个案研究共对案主进行了11次访谈，时间跨度近三个月。在与案主的共同努力下，认知、情感和行为三个层面的目标基本达成。而在正式结案之前的一个多星期跟踪观察和评估中，也可以看出，案主与同伴的交往已经比介入之前好很多，因而笔者认为，可以结案。最后一次会谈时，笔者梳理了整个的服务过程，总结案主已经取得的效果，并鼓励案主今后用更积极主动的姿态与同学交往。当然，笔者也告诉案主，以后仍然愿意在其需要时帮助她，让她明白自己一直是被关心和照顾的。

五　结论与讨论

（一）基本结论

在与案主近三个月的共同努力之后，本研究得到如下结论。

1. 服务对象认知、情感和行为发生转变

案主缺乏同伴、与同伴关系不良的问题表现在：认为自己丑，自我评价低；不愿意主动交往；不知道如何交往。由此，笔者从认知、情感和行为三个层面进行介入。

在认知层面，通过对“自我”的三个范畴，即“外貌”、“长处、弱点”和“喜爱、厌恶”进行讨论，协助案主重新认识自己，重塑自我概念。首先从案主最为关心的“外貌”开始，让案主客观地评价自己。案主承认自己很黑，但不再认为自己很丑，也清楚地知道了，外貌与他人是否喜欢自己并没有直接的关系。紧接着通过阅读绘本故事《没有人喜欢我》，察觉自己的“长处、弱点”。把握了故事主人公巴迪的形象特征后，案主意识到了自身存在缺乏积极主动性的弱点，但同时也有自己的优势所在，比如自己心思细腻、会折纸、玩三国杀很厉害，对自己的评价积极乐观了许多。然后从“喜爱、厌恶”着手进行探讨，让案主形成对他人的恰当的认识。案主讲述了自己喜欢和不喜欢的同学，总结了他们各自不同的行为表现和特征，并换位思考，明白了他人对自己的认识和评价也是基于自己的态度和行为。现在，案主对其他同学的评价不像以前那样充满敌意和误解。

在情感方面，为了促使案主宣泄内心的情感，提高与人交往的主动性和自信心，笔者提供了四次服务。第一次“冰释前嫌”，梳理了案主与同学的不愉快经历，进一步探究她不愿意主动和同伴交往的原因。第二次“挑战自己”，通过当众讲故事帮助案主进一步克服由失败经验带来的心理阴影，以用成功的经验来增加案主的自信。第三次“我与同伴来寻宝”，通过与他人共同完成任务，强化对自己的正向评价，变得更加自信。第四次“我帮妈妈卖水果”，与母亲达成互动，把从中获得的自信和安全感反作用于日后案主与同伴的积极交往中。现在案主更倾向于表达自己，在多次的活动总结环节中，案主都有主动分享。与他人相处时，也变得开放和活泼了很多；当众表演节目时，也更有自信。

在行为方面，致力于帮助案主学习与人交往的基本规范，掌握和他人友好相处的方法和技巧。首先从“向榜样学习”开始，让案主明白榜样行为和自己行为的差异，察觉到自己的不足。然后进行“行动初体验——小组活动”，让案主在实际的与人交往中去演练尊重、分享、积极主动表达等技巧。接着通过“行动再强化——情景模拟”的方式，让案主进行角色扮演，在自己创设的情景中进一步发生行为改变。最后，通过“行动升华——回馈”，即写心愿卡的实际行动，强化案主与人交往的具体技巧——积极主动。案主现在在四点半课堂上不再大声喧哗，懂得尊重他人的感受；和同学碰面时能够主动打招呼；主动帮助工作者准备活动物资，帮助同学听写，得到了他们的赞赏和肯定。随着时间的推移，研究者感受到，案主从一开始不愿意与同伴接触、不知道如何与同伴交往到现在能够主动关心他人、融入集体，个案研究取得了明显的效果。

2. 个案工作改善流动儿童同伴关系的明显性优势

问题分析的深入性。采用个案工作的方法进行介入，笔者有更多的时间和精力去了解服务对象，然后给予服务对象更好的关怀和服务。此外，个案工作的方法也弥补了以往研究的不足，是对流动儿童同伴关系研究的丰富。在本研究中，笔者是结合了调查提纲、参与式观察和 Y 同学的自我陈述等资料收集方式后才将 Y 同学确定为研究对象的。如此确定的研究对象，笔者能更容易与之建立专业关系，且在研究对象强烈的改变意愿下，更容易实施服务方案。在对问题的归因上，笔者对案主相关的各系统进行了访谈，然后在与案主的深入交流后，综合分析了研究对象缺乏同伴、与同伴关系不良的根本原因。

服务内容的层层推进。本研究的介入是从认识自我开始的，当案主修正了对自我的不恰当认识，改变了自我形象，自我概念得到重建以后，再在情感上去肯定和支持她，让她产生改变的意愿，拥有与人相处的自信，学会主动与人交往沟通，这样进一步巩固案主所获得的新自我概念。最后在认知和自信的基础上，帮助 Y 同学改变交往行为上的具体问题，多与他人互动，从他人的言行举止中受到启发，以检验自己的行为得失，从而学习与同伴友好相处的技巧和方法。

服务方式的灵活性和趣味性。笔者所采用的是个案工作法，这决定了服务内容的安排和服务方式的选择会根据介入的实际情况而灵活调整和处理。本文中，传统的一对一访谈仍是介入的主要方法，因为这能更好地与案主展开深入交流，达到感化和教育的目的。但同时，为了不让案主感到枯燥乏味，避免说教和强行灌输的嫌疑，还需要考虑案主的年龄、素质、性格特性，因而在介入形式上，除了一对一正式访谈外，还融合了游戏治疗和父母教育这两种特殊的社会工作治疗技巧，并运用了许多充满趣味性的介入方式，比如阅读绘本故事、进行角色扮演、借助小组活动等，将这些形式各异的载体赋予新的主题，能够使服务对象更好地融入其中。

评估的持续性。采用个案工作的方法能够与案主进行直接的、面对面的交流沟通，这样能够使笔者与案主建立起不设防的专业关系。而在这种安全而信任的环境中，案主能较好地发泄情绪、自我坦露，笔者也容易根据她的表现来评估目前的状况继而决定接下来如何开展服务活动。可以说，个案工作的评估是一个动态的过程，贯穿于每次的服务之中。与案主的每一次深入会谈，既是一次以目标为导向的推进服务的活动，也是一次不断总结和反思的评估活动。这种把干预和评估相结合的个案工作方式，必定能更好地达到服务效果。

总之，无论是问题界定、需求评估，还是内容安排、方法选择及评估，运用个案工作的方法介入流动儿童同伴关系改善都有其明显的优势所在。

（二）进一步讨论

1. 人本治疗理论和社会学习理论交互使用效果更佳

人本治疗理论强调的是通过特定氛围的营造，让案主发挥潜能，达到自我成长，工作者无须为案主提供解决问题的建议和方法，而扮演的只是一个参与者和协助者的角色，用长期的陪伴和关怀去深切了解案主的心态及处境，然后协助案主处理难题。该理论也不强调具体的治疗技术，因为工作者与案主建立起来的信任关系对案主所产生的影响要远大于具体的治疗方法和技术。而社会学习理论强调通过学习达到行为的改变，注重外在环境对案主行为的影响。一个强调内在成长，一个重视外在环境，二者看似格格不入，但在服务过程中，笔者发现，在两个理论的综合指导下，服务效果能够达到最佳。当内在发生改变后，再用外在的刺激和鼓励去强化内在变化，那么行为转变也会更加顺理成章。

在认知上解决自我评价较低、自我概念存在偏差的基本问题，再在社会学习理论的指导下去解决案主不知道如何与人主动交往这个表面问题，这能更深入地改善案主的同伴关系。另外，按照人本治疗理论及其模式的要求，服务要想取得预期效果，与案主的改变意愿、个性特征和能力素质等密切相关，而本文的服务对象只是一个小学五年级学生，对抽象的自我概念较难把握，因此，结合社会学习理论，通过游戏治疗、角色扮演、示范、模仿等方式，将抽象性的概念一步步分解为具体、可供完成的行为目标，这不仅具有可操作性，也能一步步积累案主的成就感。基于两个理论的综合指导，笔者完成了整个个案工作的介入。这也是本文从认知、情感和行为三个层面进行介入的理论依据所在。

2. 认知、情感和行为三个层面之间的共生共存关系

认知、情感和行为三者之间并不截然分开，相反，它们是一种共生共存的关系。在本研究中，将整个介入的服务内容分为三个阶段，只是侧重点的不同，这并不影响它们之间的内在关联。案主缺乏同伴、与同伴关系不良的问题，主要是因为她对自我的不恰当认识：认为自己很黑、很丑，不受人喜欢。这种对自我的低评价使她

不愿意主动与人交往，而交往时也不知道如何表现得更好。据此，本研究首先从案主的内在出发，通过帮助案主修正自我概念来促使自己行为发生转变。而在情感阶段开展的一系列旨在提高案主与人交往自信心的活动，实则也是让案主在拥有强烈改变意愿的同时，再度强化自我概念。而新的行为的获得反过来又会塑造她如何看待自己，再进一步影响自我概念的形成，加深她对自我的新的认识。可以说，本研究的每一个阶段性任务的完成，都为接下来的服务活动奠定了基础，而之后每一个任务的完成，又反过来继续巩固之前所取得的效果。因此，考虑到效果的持续性和问题解决的深入性，从内在出发，帮助研究对象重新认识自己，重修自我概念，并辅之以外在技巧的获得，注重认知、情感和行为三个层面的内在联系，即注重案主本身和与案主相关的他人、案主对自我的评价和与人互动的技巧、外在的动力刺激和内在的自我成长的联系，如此，才能更有效地改善案主的同伴关系。

3. 流动儿童是能动的还是被动的?

经现有文献的回顾和已有的常识经验判断，流动儿童面临很多的成长困境，因而在未深入了解案主时，笔者有一种先入为主的倾向，想象她一定生活得很不如意，而她所面临的缺乏同伴、与同伴交往不良问题的原因也一定是复杂且社工无力改变的。但深入接触后发现，案主虽然年龄小，从父母那里得到的情感支持也非常有限，但她是一个非常乖巧懂事的孩子，寻求改变的意愿和能动性都很高，在工作者的适当引导和陪伴支持下，案主与同伴关系紧张的问题是能够改善的。再加之流动儿童内部较为团结，这能在无形中帮助案主向好的方向转变。而笔者所接触的其他多数流动儿童，尽管也会失落于父母无法腾出更多时间陪伴自己，但他们仍然能通过自己的努力自娱自乐。而且他们还结成了自己牢固的朋友圈，相互支持和帮助。因此可以看出，流动儿童面临的并不全是问题和不足，他们身上藏着巨大潜能。

4. 关注视角的“去问题化”

工作者如何看待流动儿童缺乏同伴、与同伴交往不良这个问题，决定了他会采取怎样的介入方式。在本文中，笔者以人本治疗理论及其模式为依据，认为 Y 同学所呈现的行为退缩、自我封闭、不愿意与人交往等并不是一个问题，而只是她在成长道路的某个时期必然会有的一个经历。面对该状况，Y 同学自己暂时无法发挥潜能去解决。因而笔者需要做的便是以案主为中心，注重她的感受而非表面问题。在轻松的环境中，帮助案主发泄情绪，表达自己，在陪伴和关怀下，给她鼓励和肯定，协助她植入希望，发挥潜能。这种陪伴以及看待问题的视角本身就能够起到一种积极干预的效果。案例中的 Y 同学并不是不能与人友好交往，她只是因为皮肤黑而暂时性地无法接纳自己，选择了社交逃避。因此，笔者要关注的重点便是帮助她走出认识误区，承认自我价值，形成新的自我概念，并通过情感和行为层面的介入，进一步巩固自我概念，让案主得到真正的内在成长。

（三）研究的不足

在介入的角度上，本文多是围绕服务对象本身，而仅仅改变服务对象本身是存在缺陷的，因此也需要对与服务对象相关的他人进行介入，这样才能让服务对象在良好的互动氛围中巩固自己的言行。而本文虽涉及服务对象的家庭层面，但几次的家访和教育观念与技巧的传授，仍不足以改变父母教养方式不足的根深蒂固性，而面对服务对象家庭境遇上的需求，工作者更是有心无力，这些都会在一定程度上削弱服务对象的改变效果。因此，如何改善流动儿童的家庭环境，提高父母的教育水平，还需要进一步考证。而关于其他流动儿童，本文也缺乏针对性的服务。尽管其他流动儿童在同伴关系上并没有表现出像服务对象一样明显而突出的问题，但从长远的角度去提供发展性的服务也是必不可少的，否则个案服务的效果很可能在群体的不良影响中大打折扣。

参考文献

常晓梅，2014，《促进城市流动儿童同伴关系的社会工作实践研究》，云南大学硕士学位论文。

陈志霞，2006，《个案社会工作》，华中科技大学出版社。

杜景珍，2007，《个案社会工作：理论·实务》，知识产权出版社。

干伟溢，2012，《流动少年儿童同伴支持小组工作介入研究》，华中农业大学硕士学位论文。

高剑宝慈、区泽光，2001，《个案工作理论及案例》，香港：中文大学出版社。

郭良春，2005，《公立学校流动儿童少年城市适应性研究——北京市JF中学的个案调查》，《中国青年研究》第9期。

洪珊珊，2009，《低年级农民工子女团体社会工作介入的互动模式初探——以厦门市C小学社会工作实习为例》，《社会工作》第8期。

黄素菲，2010，《沟通的艺术》，世界图书出版公司北京公司。

蒋国河、孙萍，2005，《农民工子女教育问题的政策反思》，《江西财经大学学报》第6期。

李宁，2007，《城市高中生同伴关系发展特点研究——以辽阳市为例》，辽宁师范大学硕士学位论文。

李伟梁，2003，《流动人口子女家庭教育问题研究》，华中师范大学硕士学位论文。

李晓凤，2008，《社会工作：原理·方法·实务》，武汉大学出版社。

梁传孙、伍锐明、吴敏洁，2008，《社会工作实践——认识自我与沟通技巧》，商务印书馆。

刘朝晖、蒋志宏，2005，《流动儿童义务教育问题探析》，《现代教育科学》第10期。

刘震，2010，《关于流动儿童群体的研究综述》，《法制与社会》第1期。

彭华民，2012，《人类行为与社会环境》，高等教育出版社。

史小花、阳德华，2008，《城市流动青少年人际交往问题研究》，《现代中小学教育》第10期。

汤素素、张小华，2011，《“小组动力学”视角下学龄儿童“人际交往小组”社会工作介入》，《社会工作》第7期。

汪新建，2002，《西方心理治疗范式的转化及其整合》，天津人民出版社。

王碧玉，2012，《流动儿童同伴关系影响因素调查研究》，广西师范大学硕士学位论文。

吴新慧，2004，《关注流动人口子女的社会融入状况——社会排斥的视角》，《社会》第9期。

姚进忠，2010，《农民工子女社会适应的社会工作介入探讨——基于生态系统理论的分析》，《北京科技大学学报》（社会科学版）第26期。

于卉，2012，《生态系统视角下社会工作介入流动儿童成长过程研究》，南京大学硕士学位论文。

于之宽，2013，《优势视角下社会工作对流动儿童同伴关系的介入研究》，华中科技大学硕士学位论文。

岳玉阁、卢清，2008，《城市流动幼儿同伴关系不良的原因与对策》，《学前教育研究》第 6 期。

扎斯特罗，2005，《社会工作实务：运用与提高》（第七版），晏凤鸣译，中国人民大学出版社。

张铁道、梁威，2002，《建立适应社会人口流动的接纳性教育——流动人口子女教育问题研究》，《教育科学研究》第 11 期。

张晓峰，2009，《儿童同伴关系的研究综述》，《辽宁教育行政学院学报》第 11 期。

张雄编，1999，《个案社会工作》，华东理工大学出版社。

张娅，2013，《运用成长小组模式介入流动儿童同伴关系问题》，华中科技大学硕士学位论文。

周春，2011，《农民工子女的人际交往障碍及其对策的研究》，华东师范大学硕士学位论文。

周皓、荣珊，2011，《我国流动儿童研究综述》，《人口与经济》第 3 期。

朱文闻，2011，《流动儿童同伴关系、自我概念和学校适应的关系研究》，四川师范大学硕士学位论文。

邹泓，2008，《流动儿童受教育状况及其与心理健康的关系》，《教育科学研究》第 C1 期。

Aptekar，Lewis，1994. “Street Children in the Developing World：A Review of their Condition.” *Cross-Cultural Research.* （28）：195.

Miedel，W. T. Reynolds，A. J，1999. “Parent Involvement in Early Intervention for Disadvantaged Children：Does it Matter?” *Journal of School Psychology.* （4）：379 -402.

Raver，C. Cybele，Stephanie M. Jones，Christine P. Li-Grining，Molly Metzger，2008. “Proving Preschool Classroom Processes：Preliminary Findings from a Randomized Trial Implemented in Head Start Settings.” *Early Childhood Research Quarterly.* （23）：10 -26.

Rogers C，1961. *On becoming a Person：A Therapist's View of Psychotherapy.* Houghton Mifflim. ：186.

生态系统理论视角下中职生职业生涯规划研究

——对武汉市S职高一个社工课堂服务的分析

王静芸

一 绪论

（一）研究背景

随着我国经济社会的快速发展，社会对职业技能人才的需求日益扩大；与之相应的，作为提供职业技能人才坚实后盾的中等职业教育在国家的支持下得以迅猛发展：中职学校规模不断扩大，学生数量不断增长。根据中国职业技术教育学会2013年发布的《2012中国中等职业学校学生发展与就业报告》，2012年全国有中职学校1.3万多所，全日制在校生有2200多万人（《2012中国中等职业学校学生发展与就业报告》编写组，2013：23~24），几乎占高中阶段教育的“半壁江山”。然而，在中职教育迅猛发展的同时，中职教育的问题也日益暴露。

根据2011年教育部发布的《2010年全国中等职业学校毕业生就业情况报告》，中职教育就业状况呈现“三高三低”的矛盾特点：社会需求量高与社会地位低的矛盾、就业率高与就业质量低的矛盾和学生就业预期高与综合素质低的矛盾（王宇波，2012：29~34）。以就业教育为主的中职教育，无法回避学生进入类似于工厂流水线这一单调、机械的工作环境的问题。中职生从事的不仅是一份技术含量低的工作，更是一份环境差、时间长、强度大甚至权益受损的工作，几乎沦为社会的底层。在这一矛盾下，中职生职业生涯规划的重要性日益凸显。

然而，引起重视的只是中职生的就业问题，中职生的职业生涯规划并未能引起足够的重视。以笔者服务的武汉市 S 职高为例，学校为达到政府的要求开设了德育课程，以供中职生职业生涯规划的开展。可是，无论是老师还是学生，并未真正重视中职生的职业生涯规划。德育课上，德育老师照本宣科，或让学生朗读书本，课堂流于形式，格外沉闷。学生不知道其就业方向，对职业世界知之甚少，在睡觉、玩手机中应付课堂。基于这样的背景，笔者决定通过社工课堂丰富多样的活动介入中职生的职业生涯规划。

（二）研究意义

1. 现实意义

首先，中职生职业生涯规划社工课堂可以有效回应中职生对职业世界的未知和迷茫。开展职业生涯规划，有助于中职生加深对自身和职业世界的认识，帮助中职生认清就业形势，提高职业技能，合理调整就业预期，为日后进入职业环境奠定基础。

其次，中职生职业生涯规划社工课堂可以有效回应中职教育存在的问题。一方面，社工课堂丰富多样的活动在某种程度上充实了原本枯燥无味、流于形式的德育课堂和班会；另一方面，中职生对自身职业的明晰有助于中职生寻找更为满意的工作，从而缓解中职学校就业率高而就业质量低的矛盾。

最后，开展中职生职业生涯规划社工课堂对社会有重要意义。中职生职业能力和职业生涯规划意识的提高，可以更好地为企业提供人职匹配的人才，从而稳定人才队伍。从长远来看，有利于整个社会的稳定发展。

2. 理论意义

本研究主要有两点理论意义。首先，社工课堂服务方法的探索。以中职生职业生涯规划为主题的研究可谓硕果累累，然而，已有研究多集中在教育学和社会学视角下，鲜有社工视角的研究；

且已有研究多探讨中职生职业生涯规划的现状、存在的问题和可能的介入，具体描述如何介入中职生职业生涯规划的研究并不多。本文从社工实务的角度出发，运用社工课堂的服务手法介入中职生的职业生涯规划，并进行长期追踪，既丰富了中职生职业生涯规划的介入手法，也丰富了社工在学校领域的介入手法。

其次，生态系统理论视角的创新。已有的关于社工介入中职生职业生涯规划的实务研究，多集中在中职生自身层面的职业意识和职业能力提升。本文以生态系统理论为指导，从微观系统、中间系统、外部系统和宏观系统四个层面介入中职生的职业生涯规划，突破了已有研究对中职生自身的聚焦，将环境因素纳入中职生的职业生涯规划，有助于开展人与环境的综合性服务。

（三）文献综述

1. 职业生涯规划的研究

（1）国外职业生涯规划的研究

职业生涯规划教育源于美国，至今已有百年历史。“职业指导”一词最初在美国波士顿大学教授弗兰克·帕森斯的《选择职业》中出现。1908年，帕森斯在波士顿创立地方职业局，提出自我认识－环境评估－匹配选择的择业“三步范式”，首开职业指导活动先河（黄俊毅等，2010：22）。帕森斯提出不是寻找工作，而是选择职业，并提出“人职匹配”理论，将职业与人的匹配分为两种类型，分别是：条件匹配，职业找人；特长匹配，人找职业。以此为始，职业生涯规划在理论层面得到迅速发展。

1953年，舒伯在《美国心理学杂志》发表文章，提出“生涯”的概念，并根据生涯发展形态研究的结果，提出生涯发展理论，将职业生涯划分为成长、探索、建立、维持和衰退五个阶段（张益民，2013：11）。

1971年，美国霍普金斯大学心理学教授约翰·霍兰德提出了人格类型—职业匹配理论，并编制出霍兰德职业人格能力测验。他认为，生涯选择是个人人格在工作世界中的表现，并将人格和职业两方面综合起来概括为：现实型、研究型、艺术型、社会型、企业型和传统型六种类型（张益民，2013：11）。

在理论迅速发展的同时，美国的职业生涯规划教育也开始了实践。美国从中学甚至更早阶段便开设职业指导课程，还兴起生涯教育，从幼儿园阶段便开始推行职业生涯规划的理念（陈利琼，2008）。美国学校顾问协会（ASCA）给学校咨询项目建立了国家标准，把生涯发展与学业、个人和社会发展放在同等重要的位置上，看作学生成功的最重要因素（王黎明，2003：44～47）。大学生就业服务中心、职业介绍与就业辅导中心等形式多样的职业生涯辅导机构纷纷出现。

在美国职业生涯规划教育和研究发展期间，其他国家的职业生涯规划教育也纷纷发展。20 世纪 50 年代，日本的就业指导从“择业指导”扩展到“生存方式的指导”。日本为中学生（包括中职生）专门组织了“进路指导”活动，开设了“进路指导”课程（即生涯辅导），一般情况下，初一到初三的学生分别要上 10 课时、20 课时和 15 课时的课程；高一到高三的学生分别要上 13 课时、17 课时和 11 课时的课程，以帮助中学生思考和设计如何实现升学、就业等人生发展目标（尤敬党、吴大同，2003：12～15）。

20 世纪 80 年代以后，英国政府陆续颁布一系列文件，要求普通中学开展职业教育和职业指导课程，并由学校的指导老师和校外的职业官员协作进行。学校指导老师负责实施职业教育计划，安排职业官员接受学生咨询，并提供最新的职业信息；职业官员的职责是对学生进行个别和集体咨询，帮助学生制订职业教育计划，参加家长会议，举办咨询日、职业参观和职业演讲等活动（胡元聪、黄晓梅，2008：32～34）。

虽然不同国家在职业生涯规划教育和研究上进度不同、侧重点不同，但是总的来看，国外职业生涯规划教育呈现以下特点。首先，起步早。大多数国家中学教育便开设职业设计辅导这门课程。其次，专业化。大多数国家从中央到地方政府都对职业生涯规划教育做出了要求，学校和机构在开展职业生涯规划时，根据学生就读年级的不同，设置不同的课程学时，且有专业人员指导。最后，实用性。职业生涯规划教育并不是停留在理论层面，而是用理论指导实践。

（2）国内职业生涯规划的研究

20世纪初，我国的职业指导受到美国等西方国家的影响，1916年，清华大学校长周寄梅首次将心理测试的手段应用到学生选择职业中，并实施与生涯规划相关的课程辅导，这是中国生涯教育的开山之作（肖利哲等，2011：19～2）。此后，到中华人民共和国成立，上海先后成立了中华职业教育社和职业指导所，为我国职业指导事业奠定了基础。

中华人民共和国成立后，由于实行计划经济和就业分配政策，在相当长的一段时间内，我国的职业生涯规划教育都处于空白状态。

进入20世纪90年代，随着国家提出大学生通过人才市场进行自主择业的要求，就业指导问题再次进入公众的视野。在此背景下，高校就业中心、就业指导中心、就业指导服务中心等机构应运而生（高尚荣，2010：41～44）。2000年，随着职业指导人员职业资格鉴定工作的展开，我国的职业指导走向了规范化。2003年，教育部在《关于进一步深化教育改革，促进高校毕业生就业工作的若干意见》中明确规定："加强毕业生就业指导，将就业指导课作为学生思想政治教育的重要组成部分，并纳入日常教学。"（刘献文、李少芬，2007：93～96）

近年来，国家和教育部把职业生涯教育作为全面推进素质教育的工作，高度重视职业生涯教育，已连续举办多届大学生职业生涯规划大赛。2007年11月，首届中国职业生涯规划国际论坛暨GCDF全球峰会在北京召开，来自16个国家的职业生涯规划专家参与了此次会议，在吸取其他国家经验的基础上，将中国的职业生涯规划教育推向更高的实践与应用层面（肖利哲等，2011：19～20）。

在职业生涯规划教育实践展开的同时，我国的职业生涯规划理论也取得了发展。2004年，廖泉文提出职业生涯发展的"三、三、三理论"，将个人职业生涯分为输入、输出和淡出三个阶段，每一阶段又分为适应、创新和再适应三个子阶段，每一子阶段又可分为顺利晋升、原地踏步和降到波谷三种状况（廖泉文，2004：21～23）。

总体来看，我国的职业生涯规划教育处在快速前进的阶段，但是，与西方发达国家相比，我国的职业生涯规划教育仍然存在起步晚，教育理念、教育方式和教育实践滞后等问题。

2. 中职生职业生涯规划的研究

（1）中职生职业生涯规划教育的研究

第一，中职生职业生涯规划教育现状的研究。在中职生职业生涯规划的研究中，中职生职业生涯规划教育现状的研究占据了多数。

燕亚明从中职生自身的角度分析了中职生职业生涯规划存在的问题，认为中职生在职业生涯规划上存在专业选择缺少主见、职业规划意识薄弱、学习职业技能积极性不高和职业理想偏颇等不足（燕亚明，2011）。张建娣从多角度对这一现状进行了分析，认为中职生职业意识薄弱、职业目标模糊，学校教育偏颇（张建娣，2012）。

王美凡认为中职教育存在教育内容课本化、教育方式单一化、教育过程形式化等问题，并给中职生带来职业目标偏颇、职业意识薄弱和职业发展潜力认识模糊等问题（王美凡，2008）。刘文生认为中职生职业生涯规划教育存在校方重视不够、课程建设滞后和师资队伍不专业等问题（刘文生，2011）。陈瑛认为中职生职业生涯规划在教育环节上存在以下不足：师生对职业生涯规划的重要性认识不足、教育方式单一、内容单调、时间安排过于集中、缺乏专业指导、缺乏专业测评工具（陈瑛，2014：170～172）。

张甲峰研究了农村地区中职生职业生涯规划教育的现状，发现农村地区存在教育主管部门重视不够、师资力量不足、职业与就业指导课程滞后等问题（张甲峰，2011）。

郑丽丽研究了少数民族地区中职生职业生涯规划教育的现状，发现少数民族地区存在教育相关机构功能缺失、专业化师资不足、教育流于形式、教育效果差和学生认可度低等问题（郑丽丽，2012）。

第二，中职生职业生涯规划教育对策的研究。针对中职生职业生涯规划教育存在的问题，罗亚利和张常洁认为，中职生职业生涯规划教育应按不同年级分层实施，并从开设课程、专题辅导、实践体验、榜样启发、个别化咨询和集体咨询等方面多形式实施（罗亚利、张常浩，2007）。

许援竺认为应该从三个方面实施对策。首先，课程上，专业基础课和职业指导课同步；其次，教学上，应采用任务驱动法；最后，应将中职生的职业生涯规划纳入考核体系（许援竺，2007）。

李冬梅认为应该分年级、分阶段实施七大主题教育活动来解决中职生职业生涯规划教育存在的问题。七大主题教育活动分别是："生涯觉察"、"自我探索"、"职业探索"、"环境探索"、"生涯决策和计划"、"择业就业技巧" 和 "工作适应方法"（李冬梅，2007）。

第三，中职生职业生涯规划的教学探索。不同学者运用不同的方法对中职生职业生涯规划的教学进行了探索。高丽认为"活动本位"的教学方式有利于中职生职业生涯规划的进行。"活动本位"包含通过丰富的实践活动开展"职业生涯规划"这一正式课程，以及通过讲座、竞赛和资料展示等方式开展丰富多彩的职业生涯教育活动这一非正式课程。

张玉荣认为案例教学法在中职生职业生涯规划教学中作用显著（张玉荣，2010）。案例教学法从案例的选择、实施、分析和总结四个环节展开。

张波和林广婷认为"体验式教学"可以激活中职生的职业生涯规划课堂。张波认为通过生涯幻游体验、角色扮演体验和任务驱动体验可以增加教学的效果（张波，2012）。林广婷认为可以通过游戏体验、案例分析体验、情景模拟体验、多媒体资源体验和课堂实践活动体验来丰富教学的形式（林广婷，2014）。

李雪清认为项目教学法可以提高教学实效性。项目教学法是指学生在老师的指导下，围绕一个相对独立的项目，按照信息—计划—决策—实施—检验—评价的程序进行实操，以了解并把握整个项目所涵盖的知识点和技能点，以及每一环节基本要求的教学形式，实质上就是一种以项目为主体的行为引导教学方法（李雪清，2014：51～53）。

雷敏认为联动式教学法可以提升中职生职业生涯规划的教学质量。联动式教学法指的是在教学设计过程中嵌入专业认识教育、求职应聘教育、就业市场调查等任务情景，重视信息技术手段在教学中的应用，强调多元教学资源的有机整合，注重构建作业链和评价体系（雷敏，2014：259～261）。

（2）中职生职业生涯规划能力的研究

一些学者认为只有提升中职生的职业生涯规划能力，才能让中职生真正成长，并确立学习目标，明确努力方向，提升就业竞争力。现有的关于中职生职业生涯规划能力的研究多集中在中职生的能力现状上。

陈坤林采用随机抽样的方式，对粤东地区 8 所学校的 780 名中职生的职业生涯规划能力进行了问卷调查（陈坤林，2012）。调查结果显示，在职业生涯规划能力上，男生强于女生，理工科学生强于文科学生，高年级学生强于低年级学生，城市学生强于农村学生，学生干部强于普通学生。

王震对河南省 7 个城市 131 所中职学校的 12081 名中职生进行了问卷调查（王震，2014）。调查结果发现，中职生职业生涯规划能力面临课程不规范、师资力量薄弱、理论脱离实践和职业心理偏差的问题。

针对中职生职业生涯规划能力存在的问题，柴薇认为应该通过深化学生认识、提高教师素质和指导学生实践三个举措，来培养中职生职业生涯规划的能力（柴薇，2015）。

（3）团体辅导在中职生职业生涯规划中的应用研究

团体辅导指的是，针对一群有相同问题或在某些方面有共同成长意愿的人，通过活动的开展，帮助团体成员解决问题，促进团体成员的成长与发展（孙大雁，2008：20～38）。一些学者认为对中职生职业生涯规划进行团体辅导是极其重要的。

孙大雁以中职生为对象，设计了团体心理辅导方案。该方案由四次活动构成，分别是：认识职业阻力、拍卖职业价值观、测试职业兴趣和绘制职业生涯图。

王木生等人以江西某校护理专业学生为对象，通过对辅导前后问卷数据的对比分析，发现团体辅导在中职护理专业学生增加自我认知、培养职业兴趣和挖掘职业潜能等方面有积极作用（王木生等，2009：49～51）。辅导的过程分四阶段进行，分别是：职业认知、了解自己、人生探索和科学选择。辅导的方式有角色扮演、小组讨论和专题讲座等。

唐玮通过对照实验，发现通过团体辅导，中职生在自我认知、职业规划和就业自信方面的水平有显著提高（唐玮，2014）。唐玮以山东青岛某职校为依托，选取60名同学进行问卷调查。之后，在这60人中，选20人为实验组，并开展自我认知、探索未来、职业认识和职业规划四阶段的辅导活动。辅导结束后，通过问卷对实验组的20人与对照组的40人的前后数据进行对照分析，并得出结论。

3. 社会工作介入中职生职业生涯规划的研究

（1）社工课堂介入中职生职业生涯规划的研究

已有文献中，用社工课堂的服务手法介入中职生职业生涯规划的研究很少。

李双娇以中职生职业生涯规划为主题，从自我认识、职业认识、职业生涯设计和职业能力提升四个方面，开展了14次社工课堂服务。在服务效果并不显著的情况下，李双娇从生态系统理论的三个系统反思社工课堂对中职生职业生涯规划的介入，并得出结论：中职生在职业中存在的问题是微观、中观和宏观三个系统交互作用的结果，仅对中职生自身开展服务并不能很好地解决问题（李双娇，2013）。

周欣以中职生职业规划为主题，在行动研究的指导下将整个社工服务分两个周期进行。在以职业规划课本为依托开展服务的第一个行动周期里，周欣发现服务效果并不理想，并在及时反思的基础上，调整了第二个行动周期的方向，即立足于服务对象的需求开展服务，且发现取得了比上一周期更好的服务效果。通过对两个行动周期的分析，周欣认为中职生职业规划的内容不应该仅从中职生的学生角度出发，还应该从准基层劳动者的身份出发，把劳动者权益维护和劳动安全意识等方面也囊括在内（周欣，2015）。

（2）社会工作介入其他人群职业生涯规划的研究

郑木溪等人在对广州市农民工职业生涯规划现状实证调查的基础上，认为小组工作可以从强化职业生涯规划的意识、探索和认识自我、分析外界社会环境、确定职业生涯目标和实践职业生涯目标几个方面介入农民工的职业生涯规划（郑木溪、郝柱、万江红，2009）。

史金玉在对苏州工业园区内 20 名新生代农民工职业生涯需求调查的基础上，运用小组工作方法，从了解自我、了解职业和了解企业三个维度，介入新生代农民工的职业生涯规划。介入结果发现，小组成员对职业生涯规划的重视程度、职业生涯规划的能力、利用企业和朋辈资源的能力都有所提升（史金玉，2012：108～110）。因此，运用小组工作的方法介入新生代农民工的职业生涯规划是可行、可推广的。

针对贫困生存在的问题，莫小枚认为小组工作的介入可以帮助贫困生在提升自信、制定科学职业生涯规划的基础上，摆脱家庭贫困。通过小组工作的方法，从提高自我认识、制定职业生涯规划、模拟学生会和企业招聘三个方面，介入职高和大学贫困生的职业生涯规划，成效显著，但也存在一些不足。研究认为，可以从提高小组工作者的专业能力、增强社会工作者之间的分享合作、增加服务时间和建立追踪评估机制来弥补服务的不足（莫小枚，2013）。

朱慧以扬州市 Y 企业 20 名新生代打工者为服务对象，研究了企业社会工作对员工生涯规划的介入。企业社会工作者可以综合运用个案、小组和社区的服务方法，从帮助企业员工认识自我、认识职业环境、设计多重职业生涯路径和提供职业咨询帮助四个方面介入员工职业生涯规划。研究认为，企业可以从优化人力资源部门、购买服务和培养企业社会工作者三个方面介入员工职业生涯服务（朱慧，2013）。

张闽湘以在东莞 Y 工厂针对未成年工开展的探索和认识自我、探索和认识职业生涯两方面内容的小组工作为例，探讨未成年工职业生涯规划的小组工作模式（张闽湘，2014）。研究认为，小组工作可以从原则、内容和方法三方面介入未成年工的职业生涯规划。

4. 研究述评

在对已有研究的梳理和分析上，笔者发现已有研究存在以下特点。

首先，研究内容丰富，但操作不够。无论是对职业生涯规划的研究，还是对中职生职业生涯规划的研究，已有研究几乎涵盖了职业生涯规划从理论到实践的各个方面。但已有研究多集中在探讨中职生职业生涯规划的教育现状上，除去“团体辅导”的几篇文章介绍如何将职业生涯规划分阶段、分步骤实施外，其他研究鲜有介绍。学者们虽然探讨了案例教学法、联动式教学法和项目教学法等教学方法的有用性，但仍然缺少实践层面的操作。

其次，以教育学视角为主。已有研究多是从教育学或教育技术的角度出发，或是探讨职业生涯规划教育的现状，抑或是探讨更为有效的教学方法，且都偏重理论研究，缺少跨学科的交流。以社会工作的方法介入中职生职业生涯规划的研究几乎没有。

最后，围绕中职生自身开展职业生涯规划活动。无论是教育学视角中职生职业生涯规划的介入，还是社工课堂对中职生职业生涯的介入，介入的内容大都是围绕中职生自身展开的。社会工作在介入农民工和企业员工的职业生涯规划时，虽然看到了环境对职业生涯的影响，但只强调了职业环境，忽视了个体的其他环境的影响。

基于上述分析，笔者认为中职生职业生涯规划教育存在诸多问题，为社工提供了介入的依据。笔者认为，中职生生活和接触的环境也是影响其职业选择的关键因素。因此，笔者决定从中职生自身和其环境系统，综合介入其职业生涯规划。服务方法上，小组工作原是介入团体需求的有效手段，但是中职学校紧凑的教学任务，使以小组工作的方式介入受到时间和人员的限制。因此，笔者决定以整个班级为服务对象，用社工课堂的方法介入中职生职业生涯规划。

5. 研究创新

笔者的研究是在武汉市S职高进行的，在笔者介入之前，笔者导师所带领的团队已连续四年在S职高开展社工服务，且职业生涯规划几乎是中职生服务必需的主题。那么，同样是中职生职业生涯规划，笔者与之前团队服务的区别在哪里？笔者在前几届团队服务的基础上有什么发展？笔者的创新在哪里？为了回应这些问题，笔者选择了前两届团队中较为典型的李双娇和周欣的服务作为对比，笔者的创新主要体现在以下两个方面。

首先，评估维度的扩展，从围绕中职生自身扩展到对中职生所处系统的评估。如表1所示，李双娇从自我认识、职业认识、职业生涯决策的实施和职业能力的掌握四个方面对中职生的需求进行了评估。周欣在研究的第一个行动周期里，以职高职业生涯规划课本为依托开展服务，并未进行需求评估；在对第一个行动周期服务反思的基础上，周欣从中职生的基本信息、自我认知和职业规划认知三个方面进行了需求评估。笔者在借鉴她们研究的基础上，以生态系统理论为支撑，在中职生的自我和职业认知之外，拓展了中职生对环境和劳动者权益认识的评估。

表1　评估维度的不同与扩展

<table>
<tr><th>研究者</th><th colspan="2">评估维度</th></tr>
<tr><td>李双娇</td><td colspan="2">（1）中职生的自我认识
（2）中职生的职业认识
（3）中职生职业生涯决策的实施
（4）中职生职业能力的掌握</td></tr>
<tr><td rowspan="2">周欣</td><td>第一个行动周期</td><td>无（依托职业生涯规划课本开展服务）</td></tr>
<tr><td>第二个行动周期</td><td>（1）中职生的基本信息
（2）中职生的自我认知
（3）中职生的职业规划认知</td></tr>
<tr><td>笔者</td><td colspan="2">（1）中职生的自我认知
（2）中职生的环境认知（家庭、学校和同辈群体）
（3）中职生的职业认知
（4）中职生的权益认识</td></tr>
</table>

其次，服务内容的开拓，从围绕中职生自身的服务扩展到中职生的环境系统和权益意识。如表2所示，李双娇和周欣的研究虽然表述不同，但都是在需求评估的基础（不包括周欣的第一个行动周期）上，将服务落脚在中职生的自我认知、职业认知、职业决策和职业能力上。笔者在她们研究的基础上，结合需求评估和生态系统理论，在围绕中职生的自我认知、职业认知和职业能力开展服务之外，还引导中职生对其所处的家庭、学校和同辈群体进行了分析，并带领中职生走进工厂流水线、认识劳动者权益和学习权益维护。

表2　服务内容的不同与开拓

<table>
<tr><th>研究者</th><th colspan="2">服务内容</th></tr>
<tr><td>李双娇</td><td colspan="2">（1）自我认识（整体了解职业生涯规划/自我优缺点/职业价值观）
（2）职业认识（认识职业世界/探索未来可能从事的职业）
（3）职业决策和规划（职业决策/设计职业规划/模拟面试）
（4）职业能力提升（时间管理/团结协作/沟通倾听）</td></tr>
<tr><td rowspan="2">周欣</td><td>第一个行动周期</td><td>（1）自我认识（优缺点/职业规划目标/职业价值）
（2）探索职业生涯（认识职业/绘制职业关系网/模拟面试）
（3）锻炼职场能力（时间管理/沟通倾听/团队协作）</td></tr>
<tr><td>第二个行动周期</td><td>（1）自我认知（兴趣爱好/性格特征/突出能力）
（2）职业初体验（职业兴趣/职业特征/能力匹配）
（3）职业大碰撞（职业憧憬/职业扮演/职业交流）
（4）职业蓝图绘（电工发展路径/绘制职业蓝图）</td></tr>
<tr><td>笔者</td><td colspan="2">（1）自我认知（性格/职业兴趣/职业价值观/职业能力）
（2）分析生活环境（家庭/学校/同辈群体）
（3）探索职业环境（工厂参观/职业猜想/职业决策/表达能力）
（4）强化权益认识（认识权益受损/了解权益维护/绘制职业规划）</td></tr>
</table>

最后，整体而言，笔者的研究是在前几届团队研究反思的基础上进行的，是对前几届团队研究反思的尝试。当李双娇发现服务效果不显著且不同内容模块呈现差异性结果后，运用生态系统理论对服务进行了反思，并发现中职生的职业问题是微观、中观和宏观系统交互影响的结果，只针对中职生自身开展服务并不能很好地解决问题，社工应该以一个系统、全面的视角，从中职生

的家庭、学校和社会等角度开展综合性服务。周欣在反思服务内容时，认为应突破中职生的学生身份，从中职生准基层劳动者的身份出发，将劳动者权益、劳动安全意识和社会活动能力等内容纳入服务，以帮助中职生更好地面对就业前后可能出现的职业问题。在对她们研究反思的思考中，笔者决定以生态系统理论为支撑，从中职生的微观、中间、外部和宏观四个系统为中职生提供全方位的服务，并尝试将与中职生职业问题息息相关的中职生的家庭、学校、同辈群体、工厂和劳动者权益纳入服务，以探讨社工服务介入中职生职业生涯规划的效果。这是对前几届团队研究反思的尝试。

（四）核心概念

1. 中职生

中职生，即中等职业学校学生。在我国，中等职业学校包括中等专业学校、技术学校和职业高中。中职生即指在此类中等职业学校中学习的、全日制、非成人的学生。

本文中所提及的中职生，特指高级职业中学里的学生。他们未能通过中考进入普通高中，但又不想过早脱离学校，便来到职业高级中学。他们的年龄在 15 岁至 18 岁，正处在生理、心理快速发展但价值体系尚未形成的青春期，极易受到外界的影响。

2. 社工课堂

史柏年在《希望社工服务十法》里提到社工课堂，指的是学校社会工作者秉持社工理念，按照既定目标，协助班级成员，通过课堂互动、体验和班级成员相互间的支持，以及班级氛围的营造，改善他们的态度、人际关系和应付实际生存环境的能力，帮助班级成员解决问题和发展潜能（史柏年，2011：34～51）。

社工课堂有两种形式，即非持续性的社工课堂和持续性的社工课堂。非持续的社工课堂分为两类：一类是在同一班级开展多次社工服务，但每次社工服务的主题不同，且每次社工服务之间没有关联；另一类是依托节日或其他特殊事件，进入某一班级开展一节至两节的社工服务。持续性的社工课堂指的是在同一班级，围绕同一主题，开展多次社工服务，每次社工服务之间具有关联性。本文指的是持续性的社工课堂。

3. 职业生涯规划

关于职业生涯规划的概念，不同学者从不同的角度和侧重点给予了不同的界定。本文参照赵英兰的定义，将职业生涯规划界定为：有目的、有计划、有组织地培养个体设计自我职业生涯的意识与技能，发展个体综合能力，促进个体职业发展，引导个体进行并落实以职业生涯设计为主线的综合性教育活动（赵英兰，2008）。

（五）研究思路

开展社工服务，不单是活动的开展，也是在评估服务对象需求的基础上开展的专业服务。本文在诊断和界定服务对象需求的基础上，基于生态系统理论，实施行动计划，评估行动结果，并得出研究结论。本文的研究思路如图1所示。

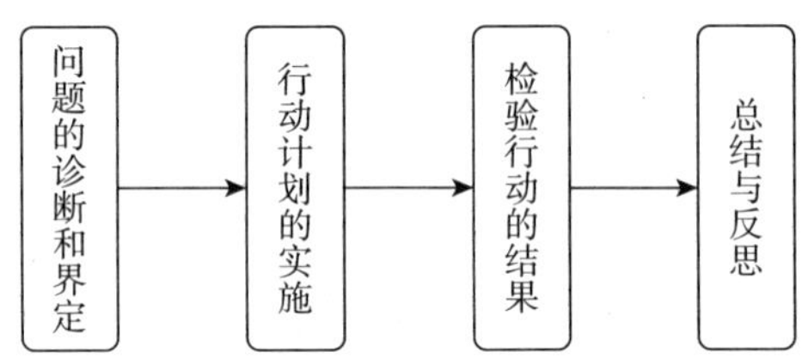

图1　研究思路

首先，问题的诊断和界定。问题的诊断和界定即社会工作实务过程中的需求评估。在笔者与服务对象接触的过程中，笔者发现，服务对象在职业生涯规划方面存在以下问题：自我认知不足；环境认识片面；职业认识模糊；权益意识薄弱。因此，笔者将研究主题确定为“职业生涯规划”。

其次，行动计划的实施。确定了研究主题后，笔者开始寻找介入问题的模式和指导思想。在梳理文献的过程中，笔者发现，中职生在职业方面的问题不仅受其自我认知不足的影响，更与其环境系统密切相关。因此，笔者尝试以生态系统理论为支撑，将中职生职业生涯规划这一主题操作化为四个维度展开行动，分别是：微观系统，提高自我认知；中间系统，认识家庭、学校和同辈群体对自身职业选择的影响；外部系统，认识职业环境，提升职业能力；宏观系统，认识国家政策，强化权益意识。

再次，检验行动的结果。笔者利用服务对象满意度问卷和基线测量法，从服务对象的问题出发，结合职业生涯规划的四个维度，检验行动介入后服务对象在自我认知、环境认知、职业认知和权益意识四个方面的提升和改变，并以此探讨以生态系统理论为支撑的社工课堂介入中职生职业生涯规划的效果。

最后，总结与反思。在探讨以生态系统理论为支撑的社工课堂介入中职生职业生涯规划的效果的基础上，总结社会工作介入对中职生职业生涯规划的影响，反思社工课堂介入中职生职业生涯规划的不足，探讨更为完善的以中职生职业生涯规划为主题的社会工作介入方案。

（六）理论基础

1. 生态系统理论

心理学家布朗芬布伦纳在研究儿童发展特点时，提出生态系统理论，认为研究儿童发展时，需要强调儿童发展的情景性。布朗芬布伦纳在其生态系统理论模型中，将人与生活于其中并与之相互作用的不断变化的环境称为行为系统，并将其分为四个层次，由小到大分别是微观系统、中间系统、外部系统和宏观系统，发展中的个体嵌套于这些相互影响的环境系统之中（刘杰、孟会敏，2009：250～252）。

微观系统是指个体直接接触的环境，包括不同的人和事物，它是与个体互动最为频繁、关系最为密切的环境，并构成个体生活的主要场域，因此，它对个体的影响最大。布朗芬布伦纳指出，微观系统是“成长中的人在特定的、面对面的生活场域中所察觉到的活动、角色及人际关系的组合，而这个组合能激发或干扰成长中的人，去参与当下生活场域中持续且渐进复杂的人际互动”（Swick and Williams，2006：371－378）。

中间系统是指各个微观系统之间的联系，如果各个微观系统之间存在积极的联系，那么个体的发展就会实现优化；相反的，如果各个微观系统之间存在非积极联系，那么将会对个体的发展产生消极后果。

外部系统是指个体并未直接参与，却对个体产生影响的环境。比如，对儿童来说，父母的工作环境就是儿童的外层系统。儿童虽未直接参与父母的工作环境，但是父母的工作环境影响儿童的成长和发展。

宏观系统是指广泛的意识形态，包括文化或者亚文化的支撑性部分，例如经济、社会、教育、法律和政治体系，它影响个体的思想以及思考空间，同时影响微观系统、中间系统和外部系统（姚进忠，2010：22～27）。

2. 生态系统理论的指导意义

生态系统理论对本文具有重要的指导意义，为笔者的实务方案和研究提供了依据和方向。

依据生态系统理论，中职生的职业生涯规划不仅受其对自身认知的影响，还离不开中职生生活和接触的环境的影响。在生态系统理论的行为系统模型下，笔者绘制了中职生的行为系统图，如图2所示。

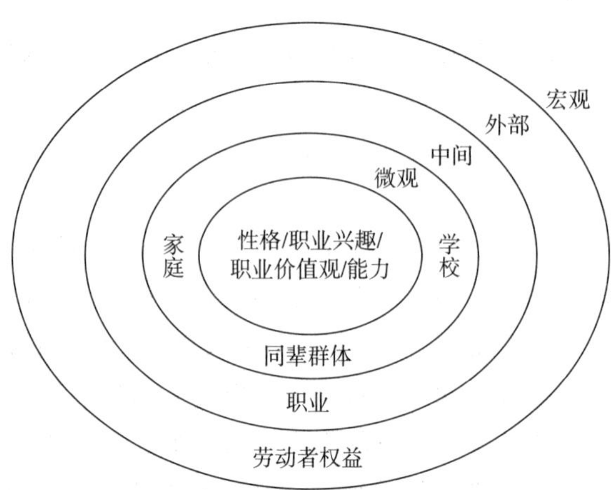

图2　中职生的行为系统

笔者将社工课堂介入中职生职业生涯规划的实务方案划分为四维度、四阶段进行，分别是：第一阶段，微观系统层面，从服务对象的性格、兴趣、职业价值观和能力入手，改善服务对象的自我认知；第二阶段，中间系统层面，促进服务对象对密切接触的家庭环境、学校环境和同辈群体的认识；第三阶段，外部系统层面，从服务对象的专业入手，帮助服务对象认识职业世界，确立职业目标；第四阶段，宏观系统层面，帮助服务对象认识与劳动者权益相关的法律法规，增强维护权益的意识。

（七）研究方法

在整个研究过程中，笔者采用了以下研究方法。

1. 资料收集方法

（1）非结构化观察

非结构化观察，指的是没有先期具体设计要求的观察类型，它一般只要求观察者有一个总的观察目的和要求，或一个大致的观察内容和范围，但是没有很明确的研究假设，而是到观察现场根据当时的环境和条件的变化随时进行观察内容和观察角度的调整（叶吉季斯、魏因巴赫，2004：162～165）。在非结构化观察中，研究者作为观察者，可以参与其中，也可以不参与其中。

在进入职校服务的初期，笔者为了加深对服务对象的认识，便进入职校观察了两天。在这两天的时间里，笔者与服务对象一起上课，一起做早操，一起午休，收集了服务对象的第一手资料，包括服务对象的兴趣爱好、学习情况、师生关系、同辈群体关系、业余生活和行为习惯等。

（2）访谈法

访谈法，指的是调查者运用面谈的方式，向被调查者了解情况的一种资料收集方法。在本研究中，笔者对服务对象的访谈主要通过两种方式——面谈与QQ访谈进行。面谈的对象是班级学生和老师。利用午休时间和课间，笔者与服务对象交谈，可以直接了解他们的情况；通过与班主任和授课老师的交谈，既能了解服务对象的情况，也能了解老师对学生的态度和师生间的关系。QQ

访谈的对象是班级学生，主要在晚上和休息日进行。

（3）问卷法

问卷法，指的是调查者运用事先设计好的问卷或权威量表，向被调查者了解情况的一种资料收集方法。在本研究中，为了收集服务对象的资料，笔者既设计了问卷，又运用了权威量表。

首先，在评估的过程中，笔者在对服务对象进行观察和访谈的基础上，依据生态系统理论，从服务对象的自我认知、家庭、学校、同辈群体和职业等维度设计了中职生职业生涯规划需求评估问卷；相应的，通过对需求评估问卷的简单修改和调整，笔者设计了中职生职业生涯规划后测问卷，用来对比社工服务的介入效果。其次，在开展服务的过程中，为了带领服务对象探索自身的职业兴趣，笔者运用了霍兰德职业兴趣测试量表。最后，在服务后期，为了提升服务对象的表达能力，笔者运用了表达能力小测试量表。

2. 服务方法

本文的服务方法是社工课堂。作为学校社会工作实务的服务方法，一节社工课堂通常由热身活动、主题活动、活动分享和活动总结四个环节构成。进入职校初期，在与校方和班主任交谈，以及与自身时间相协调后，笔者于每周五下午的班会课进入班级开展服务。然而，班会课经常受到学校大扫除、用作考场等事件的干扰，使数次服务无法顺利开展。基于此，在开展主题服务的后期，笔者不仅利用原有的班会课，还利用体育课开展服务。从进入班级到服务结束，笔者共开展了17次社工课堂服务。

3. 研究方法

本研究采用的方法是行动研究法。“行动研究”一词源于美国学者Kurt Lewin。Lewin认为行动与研究是相结合的。行动研究具有一些基本特性：第一，以实务问题为导向；第二，重视实务工作者的参与；第三，从事研究和运用研究两者合一；第四，研究场域就是实务工作场域；第五，强调民主参与精神（费梅苹，2007：26～32）。行动研究要求实务工作者与服务对象相互合作，通过在实务过程中的参与研究来获得对实务经验的反思，从而达到解决问题的目的。

在笔者介入武汉市S职校初期，最核心的工作是了解服务对象，与服务对象建立信任关系，贴近服务对象的需求。在问卷、观察和访谈等方式的基础上，笔者与服务对象一起，确定服务对象的需求，并尝试寻找介入问题的理论和方法。最终，笔者确立了在生态系统理论的指导下，通过社工课堂介入中职生的职业生涯规划。于是，笔者开始了实务行动。在实务行动的过程中，笔者不断地与服务对象沟通，探讨和调整介入方案，并在此基础上，检验实务行动的结果，总结与反思行动的效果。

二　中职生职业生涯规划的现状及需求分析

武汉市S职高是一所集职业高中（中专）和短期培训于一体的国家级重点中等职业技术学校。学校现有教职工141名、教学班52个、学生2200余名，并开设计算机应用、机电设备应用与维修、电子电器应用与维修、社会文化艺术、电子商务和数控技术等专业。职高学制三年，即学生初中毕业进入学校后，前两年学习专业知识，最后一年带薪顶岗在与学校签订了校企合作协议的公司实习，如华工正源、武汉烽火集团、武汉电信器件等公司。三年级末期，学校给学生颁发普通中专文凭。

笔者的服务对象是武汉市S职高二年级电子电器2班的学生。该班为就业班，共有25名男生，年龄在15岁到18岁之间，且大都来自武汉市郊区或武汉市周边地区，在上学期间跟随务工父母来到武汉。笔者在与服务对象建立关系的基础上，运用问卷调查的方式对服务对象进行了需求评估。同时，为了弥补问卷资料的不足，笔者还采用了访谈和观察的方式对服务对象相关资料进行收集。在对资料分析的基础上，笔者发现，服务对象在职业生涯规划上存在以下问题和需求。

（一）中职生的自我认知不足

认识自我往往是职业生涯规划最令人困惑的工作，但同时也是最基础和最重要的工作。在问卷调查和分析的基础上，笔者发现，服务对象的自我认知不足，具体表现在以下四个方面。

首先，服务对象对自身性格的认知不足。在问卷问题“你了解自己的性格吗？”中，有84%的服务对象对自己的性格处在“不太了解”或“不了解”的水平。在问卷问题“你了解自己的性格适合从事什么工作吗？”中，分别有44%和48%的服务对象“不太了解”和“不了解”自己的性格适合从事什么工作（见表3）。

表3 需求评估——自我性格认知

单位：%

问题	选项				
	非常了解	有点了解	不太了解	不了解	没想过
你对自己的性格	0	16	44	40	0
你对自己性格适合从事的工作	0	8	44	48	0

这在对服务对象的访谈中也得以体现，如服务对象经常喜欢说：“管他是什么样的人，以后还不都是去搬砖。”

其次，服务对象对职业兴趣的认知不足。在问卷问题“你了解自己的兴趣爱好吗？”中，共有76%的服务对象处在“不太了解”和“不了解”的水平。在问卷问题“你了解自己喜欢做什么工作吗？”中，分别有48%和32%的服务对象“不太了解”和“不了解”自己喜欢做什么工作（见表4）。

表4 需求评估——职业兴趣认知

单位：%

问题	选项				
	非常了解	有点了解	不太了解	不了解	没想过
你对自己的兴趣爱好	4	20	64	12	0
你对自己喜欢做什么工作	4	16	48	32	0

再次，服务对象对职业价值观的认知不足。职业价值观指个体在职业中最看重、任何时候都不想放弃的因素，如收入、自由、人际关系等。在问卷问题“你了解自己在工作中追求什么吗？”

中，分别有32%和36%的服务对象“不太了解”和“不了解”自己在工作中的追求；有16%的服务对象表示自己“没想过”这个问题（见表5）。

表5　需求评估——职业价值观认知

单位：%

问题	选项				
	非常了解	有点了解	不太了解	不了解	没想过
你了解自己在工作中的追求	0	16	32	36	16

最后，服务对象对自身能力的认知不足。在问卷问题“你了解自己具备什么能力吗?”中，分别有48%和36%的服务对象“不太了解”和“不了解”自己所具备的能力，只有12%的服务对象“有点了解”自身的能力。在问卷问题“你了解自己欠缺什么能力吗?”中，分别有44%和36%的服务对象“不太了解”和“不了解”自身欠缺的能力，只有16%的服务对象“有点了解”自身欠缺的能力（见表6）。

表6　需求评估——自身能力认知

单位：%

问题	选项				
	非常了解	有点了解	不太了解	不了解	没想过
你了解自己具备什么能力吗?	4	12	48	36	0
你了解自己欠缺什么能力吗?	4	16	44	36	0

（二）中职生的环境认知片面

家庭、学校和同辈群体是与中职生关系最为紧密的环境系统，对个体的成长和发展产生深远影响。在对服务对象进行需求评估的基础上，笔者发现，服务对象对环境系统与职业关系的认识较为片面。

首先，服务对象对家庭环境与职业关系的认识不够。通过问卷调查，笔者发现，90%以上的服务对象父母处于高中以下受教育水平，在城市务工或做着小生意。

从表 7 可以看出，有 64% 的服务对象认为自己的家庭收入低于当地收入水平，48% 的服务对象认为家庭经济水平对自身职业选择的影响很大，但有 56% 的服务对象不清楚这种影响体现在哪里。

表 7　需求评估——家庭经济水平与职业关系的认知

单位：%

问题	选项				
你的家庭收入与当地收入水平相比	很高	比较高	差不多	较低	低很多
	4	4	28	56	8
你的家庭经济水平对你的职业选择有影响吗？	影响很大	有点影响	一般	影响不大	没影响
	48	32	16	4	0
你的家庭收入如何影响你的职业选择？	直接安排工作	提供经济支持	我要努力改变现状	不清楚，没想过	其他
	4	8	24	56	8

家庭对服务对象的影响还体现在家庭教育方式上。只有 12% 的服务对象认为自己的家庭教育方式是健康的“民主型”。在问卷问题“你认为你的家庭教育方式对你的职业选择有影响吗？”中，76% 的服务对象认为家庭教育方式对职业选择产生了影响，但有 48% 的服务对象不清楚教育方式如何影响其职业选择（见表 8）。

表 8　需求评估——家庭教育方式与职业关系的认知

单位：%

问题	选项				
你的家庭教育方式属于	民主型	专制型	溺爱型	放任型	不一致，随时改变
	12	28	8	12	40
你的家庭教育方式对你的职业选择有影响吗？	影响很大	有点影响	一般	影响不大	没影响
	44	32	12	12	0
你的家庭教育方式如何影响你的职业选择？	影响我的价值观念	影响我的自身能力		不清楚，没想过	其他
	32	12		48	8

其次，服务对象对学校环境与职业关系的认识不够。在问卷问题“你了解学校的培养模式吗？”中，共有32%的服务对象“不太了解”或“不了解”学校的培养模式，48%的服务对象“一般了解”学校的培养模式。在问题“你了解学校的实习安排吗？”中，只有24%的服务对象“非常了解”或“有点了解”学校的实习安排（见表9），大多数服务对象是从上一届学生口中打听得来，班主任或授课老师从未告知他们。在一次访谈中，“比较了解”实习安排的一位服务对象这样告知笔者：

我听上一届的人说，好像是公司来学校招人，我们在来的公司里面选，我也不知道要不要带简历，应该不要吧。老师都不跟我们说这些，谁知道怎么搞的。（服务对象ZXX）

该服务对象打听来的实习安排的消息在绝大多数服务对象中流传。然而，由于没有班主任或授课老师的正式通知，服务对象对实习感到迷茫。

表9　需求评估——学校培养方式认知

单位：%

问题	选项				
	非常了解	有点了解	一般了解	不太了解	不了解
你了解学校的培养模式吗？	4	16	48	28	4
你了解学校的实习安排吗？	4	20	44	28	4

最后，服务对象对同辈群体与职业关系的认识不够。在25名男生中，多数同学跟随班级内一位家境极富裕的同学，每天课间一起抽烟、中午轮换吃饭的餐馆、放学后一起出去玩，在这些跟随的同学中，有些家境较为贫寒，难以负担跟随的费用。他们并不明白同辈群体以何种方式、在何种程度上对自身产生影响。在访谈中，一位服务对象说：

他们（指家境富裕同学身边的跟随者）整天跟着XCR

（家境富裕同学的名字）一起玩，他们哪里玩得起。XCR家里有钱，毕业后就能给他安排工作，就算不上班都行，跟我们又不一样。天天跟他玩，那我们毕业后怎么办，我们又不像他家里这么有钱。（服务对象SY）

然而，绝大多数服务对象依旧是“被跟随者”的玩伴，不间断地从“被跟随者”处得到一根烟或游戏币；至于能否相互学习、相互进步，他们却不曾思考。

（三）中职生的职业认识模糊

在笔者与服务对象的接触过程中，笔者发现绝大多数服务对象缺乏对职业世界的认识，且主要体现在以下三个方面。

首先，服务对象对专业对口的职业认同度低。服务对象所学专业为电子电器，专业对口职业为电工；按照学校的安排，服务对象首先要去工厂流水线实习，服务对象对此认同度颇低。在一次社工课堂服务中，服务对象对专业对口职业讨论起来：

学了我们这个专业以后不就是去搬砖吗？（服务对象DYF）

我们以后就是去厂里上班，去做流水线。（服务对象LW）

能去富士康里面上班都算是好的了，根本去不了那么好的厂。（服务对象ZXX）

我们以后要去工厂里做流水线，我一点也不想做。做这个很没有意思，就一个一个东西地搞，不想做，也不知道以后想做什么。（服务对象CW）

以后去做流水线，可能还要加班，就算加班了也不一定给我们发加班工资，工资又不高。（服务对象LYJY）

从服务对象的讨论中可见，服务对象对专业对口职业的认知大都离不开“工厂”“流水线”“搬砖”“没有意思”等词语；服务对象在讨论未来可能的工作时，颇为消沉。

其次，服务对象对职业种类的认识极其有限。在一次社工课堂服务中，笔者让服务对象于两分钟内在纸上写下十个职业，结果发现，服务对象对职业种类的了解较为缺乏。根据统计结果，在服务对象笔下频繁出现的大都是服务对象日常能够接触到的职业，如电工（专业对口）、教师、保安、店长、秘书和会计等。较之于丰富的职业种类，服务对象的认识极为单薄。

最后，服务对象的职业目标模糊。在问卷问题“你有心仪的职业吗?”，60%的服务对象表示没有心仪的职业。在问题“你了解你心仪的职业岗位需要具备什么职业技能吗?”，在有心仪职业的40%的服务对象中，76%的服务对象“不太了解”或“不了解”心仪的职业岗位所需的职业技能（见表10）。

表10　需求评估——心仪职业所需职业技能的认知

单位：%

问题	选项				
	非常了解	有点了解	一般了解	不太了解	不了解
你对自己心仪的职业岗位需要具备的职业技能	0	8	16	32	44

在笔者的访谈过程中，提及未来职业时，服务对象的回应大都较为迷茫：

> 一点也不想做流水线的工作，但是也不知道能做什么，还没有想好要做什么。（服务对象SC）
>
> 我们必须要把这个学好，要是不会做这个，可能就没办法实习。只能做这个，没有办法。（服务对象ZF）
>
> 我也不清楚以后要做什么，也不知道要准备什么。（服务对象XJ）

从访谈中可以看出，服务对象在抵触专业对口职业的同时，对未来的职业感到迷茫，并不知道自己想做以及能够做怎样的工作。

（四）中职生的权益意识薄弱

了解国家政策，维护合法权益，是个体迈入工作岗位后的坚实保障。根据武汉市S职高的规定，服务对象将在三年级进入工厂实习，且大多是工厂流水线。面对流水线工作极易出现的高强度、长时间和拖欠工资等使劳动者权益受损的问题，服务对象却对与劳动者权益相关的法律法规和政策知之甚少。

在问卷问题“你了解与劳动者权益相关的法律法规吗?”中，56%的服务对象选择“不太了解”，12%的服务对象表示“不了解”（见表11）。由此可以看出，服务对象对劳动者权益认识不深，权益意识不够。

表11 需求评估——权益意识

单位：%

问题	选项				
	非常了解	有点了解	一般了解	不太了解	不了解
你对与劳动者权益相关的法律法规	0	12	20	56	12

在问卷问题“如果你知道与劳动者权益相关的法律法规，请写出它的名称，或者你记忆中的名称”中，只有5位服务对象正确写出了《劳动者权益保护法》，其他服务对象对此基本没有认识。

在问卷问题“假设工作后，你非常真实地感觉到你的权益受到了用人单位的侵犯，你会怎么做?”中，36%的服务对象选择“和亲戚、朋友抱怨一下便算了”，32%的服务对象选择“忍气吞声”，20%的服务对象选择“辞职”（见表12）。

表12 需求评估——权益受到侵犯，会怎么做?

单位：%

选项	人数
和亲戚、朋友抱怨一下便算了	36

续表

选项	人数
忍气吞声	32
辞职	20
向有关部门投诉	8
联合其他同事或工友反抗	4

由表 12 可以看出，选择通过“向有关部门投诉”和“联合其他同事或工友反抗”的途径以维护自身合法权益的服务对象只有 12%。这意味着绝大多数服务对象在合法权益受损时选择忍受，不会主动维护自身合法权益。

三　社工课堂介入中职生职业生涯规划的服务

笔者于 2014 年 9 月进入武汉市 S 职高二年级电器 2 班。为了与服务对象建立良好的关系，笔者在 10 月开展了三次主题为“相约此刻，共识你我他”的社工课堂服务活动，通过“猜数字”、“奇幻漂流”和“解手链”等游戏促进并加深与服务对象的相互认识。在与服务对象建立关系的基础上，笔者于 2014 年 11 月综合运用社工课堂、问卷、观察和访谈的方式对服务对象进行了需求评估，并发现服务对象在职业生涯规划上存在多种问题和需求。

基于此，笔者以生态系统理论为支撑，为服务对象开展多层面的服务，并设计了 17 节社工课堂的主题服务计划书。笔者依据生态系统理论的微观系统、中间系统、外部系统和宏观系统四个维度，将中职生职业生涯规划社工课堂分为改善自我认知、分析生活环境、探索职业环境和强化权益意识四个阶段进行；每个阶段依据上一阶段的服务不断调整服务内容。社工课堂的整体服务内容如表 13 所示。

表13 社工课堂服务内容

<table>
<tr><td colspan="3">第一阶段：微观系统——改善自我认知</td></tr>
<tr><td colspan="3">阶段目标：促进服务对象了解自我，并在正确的自我认知基础上，进行接下来的职业选择</td></tr>
<tr><td>服务主题</td><td>服务目标</td><td>服务形式</td></tr>
<tr><td>职来职往</td><td>使服务对象总体了解职业生涯规划</td><td>分组讨论</td></tr>
<tr><td>我的性格我做主</td><td>分析自身职业性格</td><td>游戏：优点大轰炸</td></tr>
<tr><td>兴趣部落</td><td>探索自身职业兴趣</td><td>霍兰德职业兴趣测试</td></tr>
<tr><td>价值观大拍卖</td><td>探索自身职业价值观，发现最为看重的职业因素</td><td>游戏：价值观拍卖会</td></tr>
<tr><td>能力大解剖</td><td>探索自身所具备和欠缺的能力</td><td>写作：成就故事</td></tr>
<tr><td colspan="3">第二阶段：中间系统——分析生活环境</td></tr>
<tr><td colspan="3">阶段目标：帮助服务对象分析家庭、学校和同辈群体在其职业选择过程中的影响</td></tr>
<tr><td>服务主题</td><td>服务目标</td><td>服务形式</td></tr>
<tr><td>我的家庭</td><td>帮助服务对象了解家庭经济水平和家庭教育方式对其职业选择的影响</td><td>视频分享</td></tr>
<tr><td>我的学校</td><td>帮助服务对象了解学校的培养模式和实习安排</td><td>PPT 展示</td></tr>
<tr><td>我的小伙伴</td><td>帮助服务对象了解同辈群体在其职业选择上的影响</td><td>案例分析</td></tr>
<tr><td colspan="3">第三阶段：外部系统——探索职业环境</td></tr>
<tr><td colspan="3">阶段目标：帮助服务对象了解专业对口的职业环境，丰富职业认识，确立职业目标，提升职业技能</td></tr>
<tr><td>服务主题</td><td>服务目标</td><td>服务形式</td></tr>
<tr><td>昱升半日行</td><td>带服务对象参观专业对口的职业环境，提升对专业与职业的认识</td><td>工厂参观</td></tr>
<tr><td>职业大猜想</td><td>丰富服务对象对职业种类的认识</td><td>游戏：职业大猜想</td></tr>
<tr><td>职业决策</td><td>引导服务对象确立职业目标</td><td>师兄分享
游戏：造句</td></tr>
<tr><td rowspan="3">我是“演说家”</td><td>帮助服务对象分析心仪职业所需的职业技能</td><td>小组讨论</td></tr>
<tr><td>带服务对象体验良好的口头表达需要具备的条件</td><td>视频分享</td></tr>
<tr><td>训练服务对象的口头表达能力</td><td>游戏：口头演讲</td></tr>
</table>

续表

第四阶段：宏观系统——强化权益意识		
阶段目标：帮助服务对象了解与劳动者权益相关的法律法规，强化服务对象的权益意识。在前期服务的基础上，带领服务对象进行职业展望		
服务主题	服务目标	服务形式
我的权益我做主	认识常见的权益受损的案例	情景模拟
	了解劳动者权益维护的相关知识	PPT 展示
职业展望	绘制职业规划图；总结前期活动；后期评估，处理离别情绪	绘画：职业规划图

（一）微观系统——改善自我认知

1. 服务目标和内容

这一阶段的总目标是改善服务对象的自我认知。针对服务对象存在的对自身性格、职业兴趣、职业价值观和自身能力的认知不足，开展相应的社工课堂服务活动，加深服务对象对自身的了解，让服务对象在正确自我认知的基础上进行职业选择。

2. 服务过程分析

此阶段一共开展了 5 次社工课堂服务活动，基本上每次社工课堂活动都由热身活动、主题活动、活动分享、活动总结和活动反馈 5 个环节构成。

（1）职来职往

在“职来职往”社工课堂中，笔者首先带领服务对象玩热身游戏“7 的倍数”，服务对象迅速进入游戏状态，热情高涨。热身游戏之后，笔者介绍了本次社工课堂的服务主题，并将服务对象分为四组，围绕职业生涯规划这一主题，四个小组分别讨论什么是职业生涯规划、需不需要职业生涯规划、职业生涯规划包括哪些内容，以及如何进行职业生涯规划。但是，与热身游戏相比，服务对象的热情明显下降。笔者在服务后反思，服务对象并不喜欢以分组讨论的方式进行这些内容较为正式的话题，这需要在后期活动中注意。

（2）我的性格我做主

在“我的性格我做主”社工课堂中，笔者在课间进入班级后发现服务对象大多趴在桌上睡觉，因此笔者临时决定将热身游戏“猜数字”换成“站站坐坐”。“站站坐坐”游戏过后，服务对象精神了许多。之后，进入主题活动“优点大轰炸”环节。笔者将事先准备好的写有服务对象名字的便利贴打乱发给服务对象，并要求服务对象在拿到名字的便利贴上写下那位同学的优点，再将写好优点的便利贴贴在黑板的“希望之心”（辅助社工画的树）上。服务对象全部贴完后，笔者邀请同学随机选取便利贴，并将上面的优点大声念出来，请同学们猜这个优点描述的是谁。在这个环节里，虽然伴随着起哄，但服务对象参与积极，非常配合。在分享环节，服务对象认为如果不是他人来评价自己，自己可能不会发现自己的某个优点。笔者在日后与服务对象的接触和了解中，回想起服务对象写的内容时，愈发明白，虽然优点写得简短，但非常真实。

（3）兴趣部落

在“兴趣部落”社工课堂中，笔者首先与服务对象讨论了了解兴趣与发现职业兴趣的重要性，服务对象大都认为兴趣的确重要，但是要做自己感兴趣的工作很难。之后，笔者将霍兰德职业兴趣测试量表发给服务对象，让服务对象勾选。但是，由于在讨论过程中延误了时间，还来不及分析霍兰德职业兴趣量表，就下课了。因此，笔者将服务对象勾选的量表收回，并承诺在分析答案后，于下节社工课堂带回。

（4）价值观大拍卖

在此节社工课堂主题服务开始之前，笔者带领服务对象分析霍兰德职业兴趣测试的结果。笔者将每位服务对象的测试结果制作成“职业密码”，写上职业性格类型、推荐职业和一段鼓励的话语，并发给服务对象。服务对象在收到自己的“职业密码”后非常开心，除了与他人分享，了解对方的职业密码外，不断评价该测试的准确度。

在分析完上节社工课堂的遗留问题后，笔者带领服务对象进入本节社工课堂的主题“价值观大拍卖”。辅助社工将准备好的“钱”发给服务对象，并邀请一位同学担任“拍卖员”。笔者通过PPT播放13种职业价值观（选取自美国心理学家洛特克提出的13

种价值观：成就感，审美追求，挑战，健康，收入与财富，独立性，爱、家庭与人际关系，道德感，欢乐，权利，安全感，自我成长和社会交往），服务对象“买下”自己最想要的价值观。模拟拍卖会的活动形式很受服务对象的欢迎。从拍卖的过程来看，引起拍卖高潮的价值观分别是“收入与财富”、“健康”和“爱、家庭与人际关系”。

（5）能力大解剖

在“能力大解剖”社工课堂中，笔者要求服务对象撰写成就故事，即写出一个最有成就感的故事，故事里要包含想要完成的事情、面临的困难、行动的步骤和获得的成就。服务对象完成后，笔者随机邀请服务对象分享自己的成就故事。之后，笔者带领服务对象认识能力的三种类型——专业知识技能、自我管理技能和可迁移技能，并让服务对象在成就故事下写出自己拥有的技能。

（二）中间系统——分析生活环境

1. 服务目标和内容

这一阶段的服务目标是带领服务对象分析生活环境对职业选择的影响，包括家庭环境、学校环境和同辈群体。此阶段共开展了3次社工课堂，分别是“我的家庭”、“我的学校”和“我的小伙伴”。

2. 服务过程分析

（1）我的家庭

笔者在前期需求评估的基础上了解到服务对象的家庭情况：父母受教育程度不高，家庭经济收入水平较低。基于此，在“我的家庭”社工课堂上，笔者选择了安徽卫视《超级演说家》第二季总冠军刘媛媛的演讲视频《寒门贵子》，讲述了就算命运的起点比别人低，也可以奋斗出一个绝地反击的故事。在看视频的过程中，服务对象非常专注；看完视频后，服务对象沉默了些许时间。之后，笔者邀请服务对象分享观看视频的感受，有服务对象说想要出人头地只能靠自己奋斗，也有服务对象认为靠自己走向成功太难了，但是大多数服务对象都保持沉默，完全没有平时闹腾的状态。笔者认为服务对象保持沉默的一个原因是，视频触动了他们的心。

（2）我的学校

在“我的学校”社工课堂开始之前，笔者从服务对象的班主任和上一届的一位毕业生处细致了解了学校的培养模式和实习安排。因此，在本节社工课堂上，笔者通过PPT展示的方式向服务对象介绍了学校的三年培养模式、实习安排和实习的企业、实习期间的薪资待遇，以及大家能够得到的来自学校和老师的帮助。因为服务对象几个月后就要去实习，因此，在笔者介绍的过程中，服务对象很专注。

（3）我的小伙伴

在“我的小伙伴”社工课堂上，笔者通过案例分析的形式带领服务对象分析同辈群体给自己职业选择带来的影响。该案例讲述的是：小李和小王都是高一年级的学生，但小李比小王大两岁，是降级生。由于座位离得很近，小王很快就成了小王在班级的第一个朋友。由于小李降级之前总在各种游乐场所玩耍，认识了一批在外面吃喝玩乐的“朋友”，因此，在与小王成为朋友后，小李总带着小王去与这些朋友玩。慢慢地，小王的成绩越来越差，经常与小李一起旷课……笔者带领服务对象分析该案例时，服务对象立刻明白“近朱者赤，近墨者黑”的道理。当笔者问服务对象他们是否有和小王相似的经历，总是追随在别人身后吃喝玩乐时，平日里有过这样行为的服务对象低下了头，没有说话。

（三）外部系统——探索职业环境

1. 服务目标和内容

这一阶段的服务目标是带领服务对象了解专业对口的职业环境，丰富职业认识，确立职业目标，提升职业技能。此阶段共开展了6次社工课堂服务活动，服务主题分别是“昱升半日行”、“职业大猜想”、“职业决策”和“我是‘演说家’”；其中，“我是‘演说家’”主题服务通过3次社工课堂进行。

2. 服务过程分析

（1）昱升半日行

为了帮助服务对象直观地了解专业对口职业的工作环境，笔者与辅助社工在武汉市光谷工业园踩点了多家公司，最终武汉昱升光器件有限公司愿意接受笔者带领服务对象前来参观。在整个参观过程中，服务对象大都处于较为兴奋的状态，或上前去听昱升人力资源部员工的介绍，或自己认真地看，并拍照记录车间的一些情况。去宿舍参观时，服务对象的兴趣降低，有好几位服务对象在宿舍区门口抽烟，不愿意进宿舍。在参观完后，笔者拿出准备好的问题，让服务对象针对问题填写参观后的感受，有的服务对象认真填写，有的服务对象嚷嚷没有带笔，不想写。

（2）职业大猜想

在本节社工课堂开始之前，笔者带领服务对象分享了参观昱升的感受。在分享的过程中，服务对象大都积极表达昱升与自己想象中的车间的异同。但是，也有服务对象表示：就那样，没什么感觉。

在分享结束后，笔者介绍了本节社工课堂的服务主题。笔者将服务对象按照班级内的自然组分成五组，每组设记分员一名；当笔者在 PPT 上列出描述不同职业的词语时，每组依次派代表猜是何种职业。服务对象非常喜欢这样带有比赛性质的活动形式，因此，他们大都积极参与。在职业猜想过后，笔者按照得分高低依次给每个小组派发了小礼物，并向服务对象详细讲解了类型多样的职业，服务对象对没有听过的职业感到非常新奇。个别服务对象没有兴趣，趴在桌上睡觉。

（3）职业决策

笔者在向服务对象的班主任咨询往届毕业生的就业情况后，班主任向笔者推荐了 2013 级毕业生小雷。班主任介绍："他（指小雷）现在在保利大酒店做空调维修工，虽然听起来不怎么高级，但是待遇相当不错，而且还有上升空间。"因此，笔者在此节社工课堂中，邀请小雷将自身的学习和工作经验与服务对象分享。在小雷的分享过程中，服务对象大都专注；但在提问环节时，服务对象只是问了小雷在保利大酒店的工资待遇。

在小雷分享结束后，笔者让服务对象在空白纸上写下"我想成为________"，横线处填写以后想从事的职业。服务对象完成后，笔者让服务对象在班级内分享自己的理想职业。在这一过程中，有的服务对象认为"只有获得高学历才能做自己想做的职业”；有的服务对象积极表达自己想成为店长或老板的想法；有的服务对象则比较沉闷。

（4）我是“演说家”

“我是‘演说家’”主题服务的目标是带领服务对象分析心仪的职业岗位所需的职业技能和自身欠缺的技能，选出大多数服务对象都欠缺的技能，开展相应的活动，提升该职业技能。该主题服务共利用了三节社工课堂。

在第一小节社工课堂上，笔者根据上节社工课堂服务对象心仪职业的相关性，将服务对象分成了“老板组”、“小生意组”、“公司员工组”、“电工组”和“不清楚组”五组，并让五组服务对象分别讨论该职业或相关职业所需的技能和自己目前欠缺的技能。在讨论的过程中，“老板组”和“小生意组”讨论积极；“不清楚组”三言两语闲聊，并未真正进入讨论。在讨论结束后，笔者列出服务对象欠缺的领导能力、沟通能力、表达能力和人际交往能力，并将服务对象选择最多的表达能力作为能力提升的重点。

在第二小节社工课堂上，笔者先让服务对象填写了一份关于表达能力的测试问卷。填完问卷后，笔者带领服务对象观看了视频《鲁豫有约之都市田园梦》。在观看视频的过程中，服务对象非常专注。在看完视频后，笔者引导服务对象分享视频中主持人的表达能力如何、有没有值得学习的地方，以及良好的表达能力需要注意哪些条件。有的服务对象积极分享，认为“好的表达建立在懂得多的基础上”“要想表达好，就要胆子大”。此外，有的服务对象指责TZY同学在与他人有不同观点时极易产生争辩与反驳，并在班级内“还原”了辩驳的场景。

在第三小节社工课堂上，笔者按照班级内的自然组将服务对象分成五组，并指定了五位较少参与活动的服务对象担任“评委”。接着，笔者让每个小组选出一位同学抽取一个话题（自我介绍、兴趣爱好、我的校园、我的理想、感恩母亲）进行演讲。在演讲过程中，担任“评委”的服务对象非常兴奋，演讲的服务对象略微紧张，最后，根据“评委”评分，有两位服务对象获得了一致认可。然而，在这个过程中，触碰到一位服务对象的伤心事，该同学说：“我妈早就不要我了，还感恩她，不可能。”其他服务对象觉得他这样说母亲不应该，便进行了批判，笔者及时介入和引导。

（四）宏观系统——强化权益意识

1. 服务目标和内容

最后一个阶段的服务目标是带领服务对象了解与劳动者权益相关的法律法规，让服务对象在日后就业中学会维护自身权益。在前期服务的基础上，引导服务对象进行职业展望。此阶段共开展了三次社工课堂服务活动。

2. 服务过程分析

（1）我的权益我做主

在该主题的社工课堂服务活动中，笔者开展了两小节社工课堂。在第一小节社工课堂服务活动中，笔者准备了三个案例，分别是关于工作未签订劳动合同、未发放合理加班工资和工伤赔偿，并请服务对象模拟这三个情景。服务对象在情景模拟过程中非常开心。在情景模拟结束后，笔者带领服务对象分析这三个案例中是否存在劳动者权益受损的情况。部分服务对象知道未签订劳动合同不能获得保障，但不知道如何算加班工资和处理工伤。

在第二小节的社工课堂服务活动中，笔者通过 PPT 向服务对象介绍了在校学生的权利维护、劳动关系的证据、劳动关系的解除、工作时间和工资。在这个环节中绝大多数服务对象非常认真，不停提问不懂的地方。之后，社工分享了一份工资单，让服务对象找出工资单中的问题，服务对象很认真，但不知道问题在哪里。笔者带领服务对象细致分析了工资单及其中存在的问题。最后，笔者引领服务对象分享如何面对侵权，可是由于课前被耽误了十分钟（第二天教室要用作考场，服务对象要将书本搬去住校生寝室），分享不够深入。

（2）职业展望

这是最后一次社工课堂服务活动，活动结束后，服务对象将在下周走向实习岗位。在本次社工课堂中，笔者让服务对象在前期对自我、环境和职业认知的基础上，绘制职业规划图。大多数服务对象认真地在纸上画自己的职业规划图，有的是长期规划，有的是自己一年内的规划；虽然画得较为简单，但基本上涉及了自我、环境和职业几个模块的内容。在绘制完职业规划图后，笔者让服务对象填了后测问卷。接着，笔者播放了事先制作的视频（视频内容是实习一年来与服务对象的点滴，以及对每个服务对象的祝福语），看视频的过程中，服务对象都在期待自己的名字出现。最后，笔者对服务做了总结，与服务对象合照，结束了社工课堂服务。

四 社工课堂介入中职生职业生涯规划的效果分析

在社工课堂服务即将结束时，笔者以基线测量法（笔者在前期需求评估问卷的基础上，设计了中职生职业生涯规划后测问卷）为主，并辅之以访谈的方式对社工课堂介入中职生职业生涯规划的效果进行了评估。从评估结果来看，微观系统层面，服务对象提升了自我认知；中间系统层面，服务对象增强了对生活环境的认识，但是家庭层面难以介入；外部系统层面，服务对象提高了对职业环境的认识；宏观系统层面，服务对象增加了对劳动者权益的认识，但是权益难以维护。

（一）微观系统的效果分析

1. 服务效果评估

通过对问卷进行前测和后测对比发现，微观系统层面，服务对象提升了自我认知，且主要表现在服务对象提升了对自身性格、职业兴趣、职业价值观和自身能力的认知。为了从整体上直观地呈现服务效果，笔者将中职生职业生涯规划后测问卷问题1到问题7（与需求评估问卷的问题一致）的5个备选答案分别赋予了1分到5分的分值，即“非常了解”5分、“有点了解”4分、“不太了解”3分、“不了解”2分、“没想过”1分。在赋予分值的基础上，笔者对比了在社工课堂介入前，服务对象在每个问题选择上的平均分值（见图3）。

由图3可以看出，与社工课堂介入前相比，服务对象各方面的

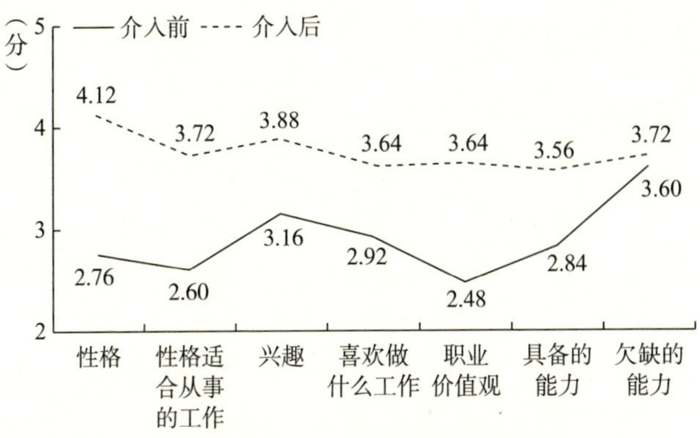

图3 效果评估——服务对象的自我认知

自我认知都获得了不同程度的提升，且服务对象对自身性格、职业价值观和性格适合从事的工作的认知提升最为明显。下文将具体描述社工课堂介入后，服务对象各方面自我认知的提升情况。

首先，服务对象提升了对自身性格的认知。在问卷问题“你了解自己的性格吗?”中，与介入前只有16%的服务对象“有点了解”相比，介入后，该比例提升至48%（见图4）。同时，在问卷问题“你了解自己的性格适合从事的工作吗?”中，与介入前相比，介入后的效果明显（见图4）。

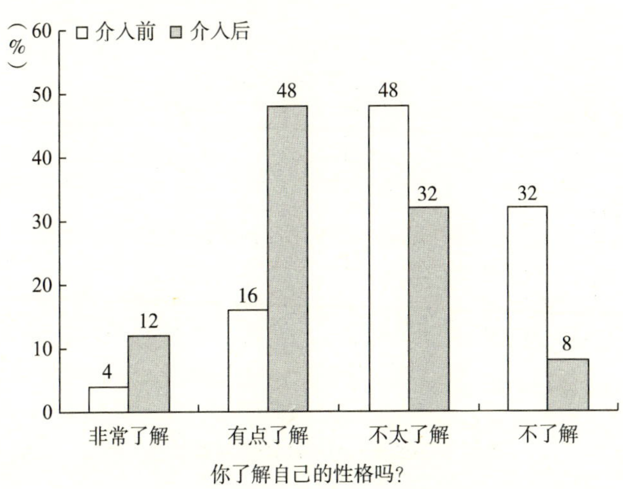

图4 效果评估——自我性格认知

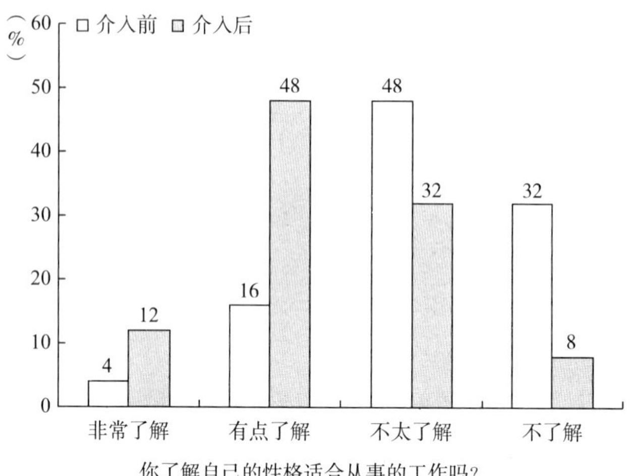

图4　效果评估——自我性格认知（续）

其次，服务对象提升了对职业兴趣的认知。在问卷问题“你了解自己的兴趣爱好吗？”中，与介入前12%的服务对象“有点了解”相比，介入后，该比例提升至40%（见图5），介入效果明显。

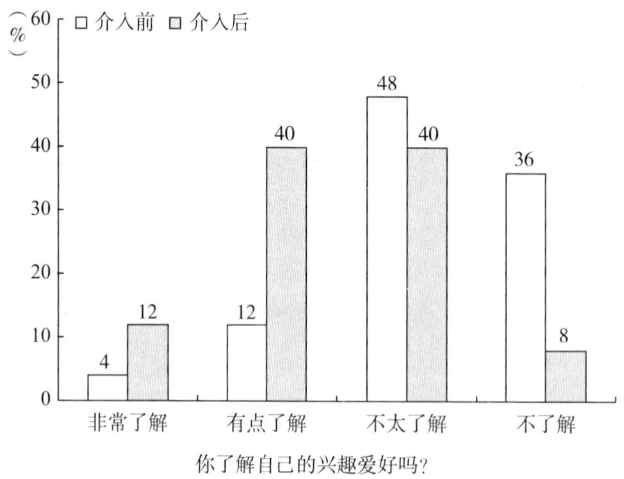

图5　效果评估——职业兴趣认知

再次，服务对象提升了对职业价值观的认知。在问卷问题“你了解自己在工作中的追求吗？”中，与介入前只有16%的服务对象“有点了解”相比，介入后，该比例提升至48%（见图6）。

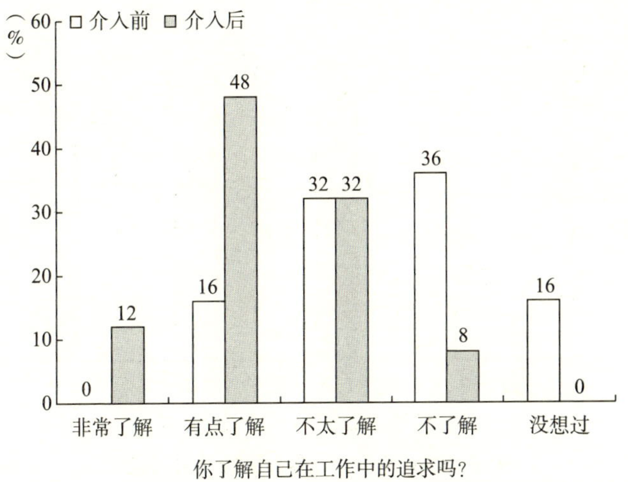

图6　效果评估——职业价值观认知

最后，服务对象提升了对自身能力的认知。在问卷问题“你了解自己具备什么能力吗？”中，介入之前，12%的服务对象“有点了解”，而在社工课堂介入之后，该比例提升至40%（见图7），提升较为明显。在对欠缺能力的了解中，虽有提升，但幅度不大。

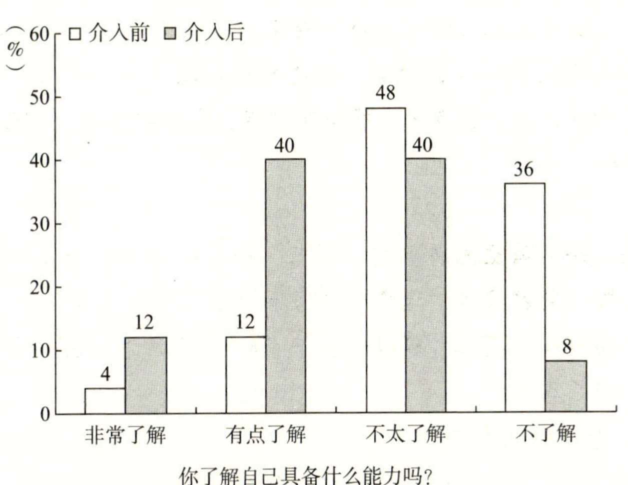

图7　效果评估——自身能力认知

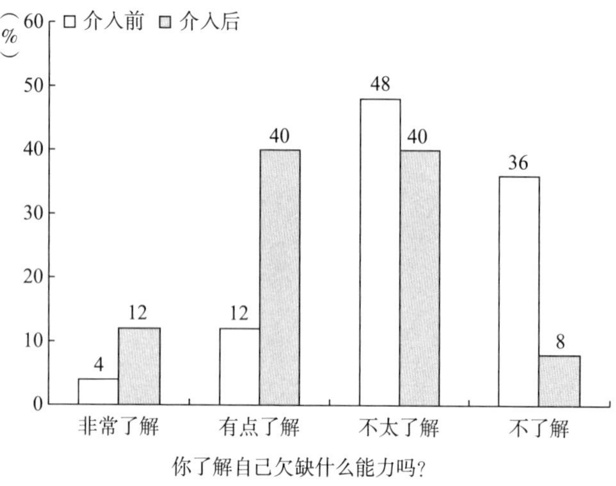

图7　效果评估——自身能力认知（续）

服务对象对自身欠缺能力认识的提升不明显，在访谈中也得到体现：

> 我也不知道我到底缺少什么能力，我感觉我很多能力都缺少，我好像没什么能力，我就是这样的人。（服务对象YP）
>
> 我感觉跟之前（指社工课堂服务前）相比，我现在好像知道我缺少什么能力了，但是我到底缺少什么能力，我又说不清楚，表达能力啊，写作能力啊，我好像都缺。（服务对象LD）

通过服务对象的描述可以看出，服务对象对自身欠缺能力的认识模糊。笔者认为这与服务对象不喜欢“能力大解剖”社工课堂的活动形式（写作“成就故事”）有关，活动形式在一定程度上影响了服务效果。

2. 服务形式评估

笔者设计了服务形式评估表，针对自我认知的五次社工课堂服务，服务对象的评分（满分为10分）如表14所示。

通过表14可以看出，首先，服务对象对“价值观大拍卖”和

“我的性格我做主”两次社工课堂的服务形式评分较高。原因在于，这两次社工课堂是以游戏的方式带领服务对象思考自我认知的内容。其次，服务对象对“兴趣部落”的霍兰德职业兴趣测试评分较高，这与服务对象对量表测试结果准确性的好奇心有关。再次，服务对象对“职来职往”社工课堂分组讨论的活动形式评分不高，原因在于服务对象不喜欢单调枯燥的分组讨论，若带有比赛性质，服务对象会活跃很多。最后，服务对象对“能力大解剖”社工课堂写作的活动形式评分最低，这在一定程度上反映出中职生不喜欢动笔写作的特点。

表 14　服务形式评估——服务对象的自我认知

服务主题	服务形式	平均分
职来职往	分组讨论	6.36
我的性格我做主	游戏：优点大轰炸	8.24
兴趣部落	霍兰德职业性格测试	8.08
价值观大拍卖	游戏：价值观拍卖会	9.04
能力大解剖	写作：成就故事	5.88

（二）中间系统的效果分析

1. 服务效果评估

服务对象从整体上提升了对生活环境以及生活环境与职业关系的认识，但是服务对象的家庭层面介入不足。

为了系统直观地了解社工课堂的介入效果，笔者对中职生职业生涯规划后测问卷的问题 8、问题 10、问题 12 和问题 13（与需求评估问卷的问题一致）的五个备选答案分别赋予了 1 分到 5 分的分值，即“非常了解”5 分、“有点了解”4 分、“不太了解”3 分、“不了解”2 分、“没想过”1 分。在赋予分值的基础上，笔者对比了在社工课堂介入前，服务对象在每个问题选择上的平均分值（见图 8）。结果发现，服务对象对学校培养模式和学校实习安排的认识大幅度提高，但是，服务对象对家庭经济水平和家庭教育方式与职业关系的认识提升不明显。下文将具体阐述社工课堂介入服务对象中间系统的服务效果。

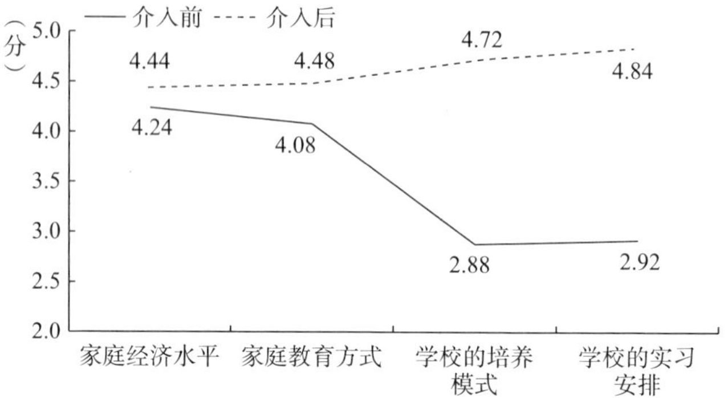

图8　效果评估——服务对象对家庭和学校环境的认识

首先，服务对象提升了对家庭环境与职业关系的认识。在问卷问题"你认为你的家庭经济水平对你的职业选择有影响吗?"中，在社工课堂服务后，有64%的服务对象认为家庭经济水平对职业选择"影响很大"，比介入前提升了16%。与之相应的，在家庭教育方式对职业选择的影响的认识中，认为"影响很大"的服务对象由44%提升至64%（见图9）。

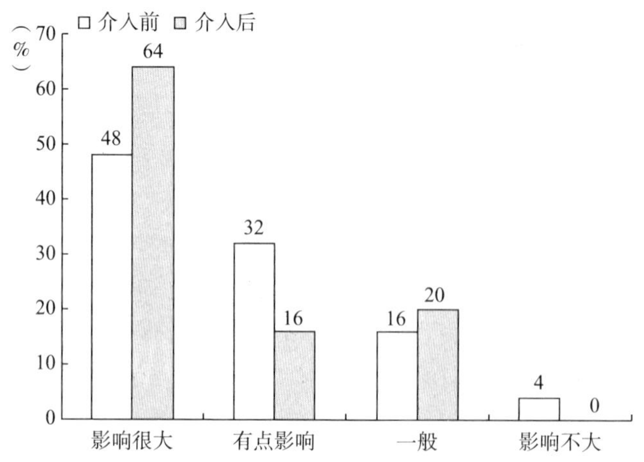

图9　效果评估——家庭环境与职业关系的认识

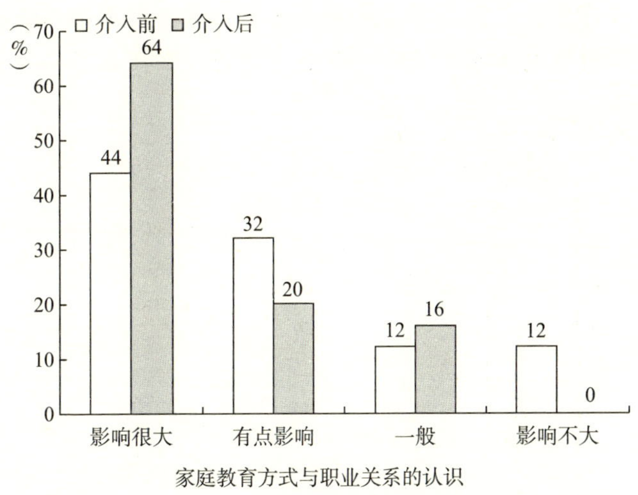

图 9　效果评估——家庭环境与职业关系的认识（续）

然而，尽管服务对象提升了对家庭经济水平和家庭教育方式与职业关系的认识，但是在接下来的访谈中可以发现，在社工课堂介入之后，服务对象对家庭经济水平和家庭教育方式如何影响自身的职业选择仍不清楚。

> 我父母都在外面打工，家里条件不是很好。我知道我找工作的时候，家里面肯定不能给我什么帮助，直接安排工作、给我在外面租个房子住什么的肯定都不太可能。但是应该怎么做，我到现在还不知道。或许努力工作，多赚钱吧。（服务对象 XJ）
>
> 我家里爸爸对我很凶，管得很严，就是不怎么管我学习。说实话，我以前（指社工课堂介入之前）并没有想过我家是什么样的教育方式，我现在知道了，是专制型。但是他们这样到底对我的工作有什么影响，我也讲不清楚，反正我不喜欢他们这样。（服务对象 TZY）

其次，服务对象提升了对学校环境与职业关系的认识。由图10 可以看出，与介入前绝大多数服务对象不了解学校的培养模式和实习安排相比，社工课堂服务介入后，服务对象的认识大幅度提高。笔者认为这是因为实习期越来越近，因而服务对象更加关注与投入。

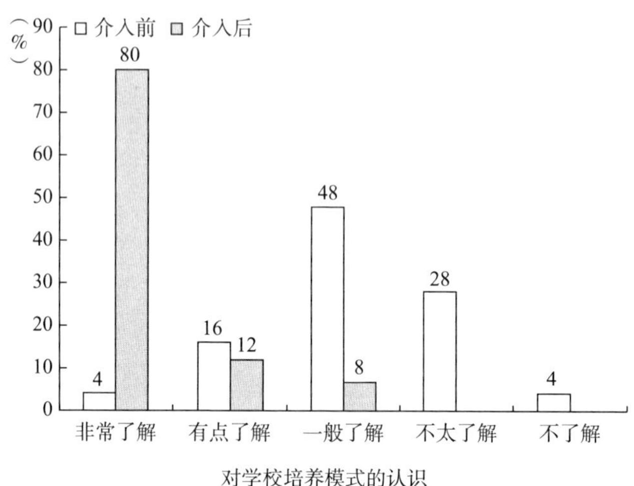

对学校培养模式的认识

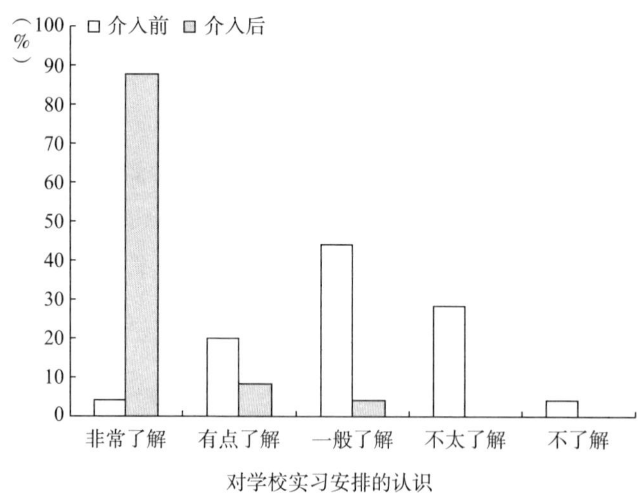

对学校实习安排的认识

图 10　效果评估——学校环境与职业关系的认识

最后，服务对象提升了对同辈群体与职业关系的认识。在与服务对象访谈的过程中，提及同辈群体时，服务对象的表述如下：

> 我们都跟XCR不一样，他那么土豪，你看他什么牌子的手机都有，就算天天跟他玩，难道不花钱他就能把手机给我们吗？肯定不可能。我们可以跟他做朋友，但是不能盲目，像他那样天天玩，肯定是不行的。（服务对象TH）
>
> 我比较喜欢LYJY（班长），你看他的想法比我们成熟好多，他在班上很有权威，我们都愿意听他的，跟他在一起总是能学到很多东西。（服务对象ZXX）

由服务对象的表述可以看出，与介入之前只有个别服务对象认识到同伴对自身的影响相比，在社工课堂介入后，大部分服务对象加深了对同伴与职业关系的思考和认识。服务对象逐渐明白择友的重要性，单纯地跟随条件优越的同学，既不能改变生活，也不能取得进步。

2. 服务形式评估

针对第二阶段中间系统的三次社工课堂服务，服务对象对服务形式的评分（满分为10分）如表15所示。

由表15可以看出，服务对象对这三次社工课堂的服务形式都较为满意。但是，笔者在服务过程中发现，当服务形式需要依靠PPT、视频和案例等素材时，素材的选取最为关键。若选择的内容与服务对象无关或服务对象不感兴趣，那服务对象对此次社工课堂也毫无兴趣。在一次社工课堂服务中，服务对象TZY说："你们能不能搞点好玩的游戏啊，你看《快乐大本营》里面的游戏都很好玩啊！"由此可见，服务对象更喜欢新奇、充满趣味和带有比赛性质的服务形式。

表15 服务形式评估——服务对象对生活环境的认识

服务主题	服务形式	平均分
我的家庭	视频分享	8.32
我的学校	PPT展示	8.32
我的小伙伴	案例分析	8.04

（三）外部系统的效果分析

1. 服务效果评估

在外部系统层面，服务对象增强了对职业环境的认识，包括对专业对口职业的认识、对职业种类的认识、对心仪职业及心仪职业所需技能的认识。

首先，服务对象提高了对专业对口职业的认识。从“昱升半日行”和“师兄经验分享会”活动结束后服务对象的分享中可以看出，服务对象对专业对口职业的认识由模糊到清晰。

> 我们毕业以后要做的工作跟这个（指昱升的流水线）很像，原来环境就是这样的啊。跟我想的不一样，我想的没有这么多人，工作更独立一点。（服务对象CW）
>
> 这个公司（指昱升）环境比较好，员工的工作态度挺好。公司给人很正规的感觉，里面的人都很守职，都在努力付出，认真工作。这里比我想象的工作环境要好一些吧。（服务对象HSG）
>
> 我一开始还以为我们毕业后只能去流水线，不过听师兄分享后，我好惊喜，还能去酒店，那样的话，读这个专业也是可以的啊。（服务对象YZZ）

尤其是在“师兄经验分享会”结束后，当服务对象发现尽管是职校毕业，但是专业对口职业除了流水线还有其他可能时，对专业的认可度有所提高。

其次，服务对象提高了对职业种类的认识。与社工课堂介入前大多数服务对象对职业的认识停留在电工、教师、保安、店长、秘书和会计相比，服务结束后，服务对象增加了对职业种类的认识。

> 原来有这么多种职业，我之前也知道职业多种多样，但是我就是没怎么查、没怎么去了解，比如我都不知道图书管

理员这个职业，我觉得还是蛮适合我的。(服务对象 SC)

以前觉得就算不喜欢这个专业我以后也只能做这个，现在我不这样想了，很多种职业啊，也不是每个职业都要求很高的学历，我觉得我还可以做很多事情，挺开心的。(服务对象 XTB)

从服务对象的描述中可以发现，当职业视野拓展到专业对口职业之外时，服务对象感到兴奋，并对未来职业充满向往。

最后，服务对象提升了对职业目标的认识。在社工课堂“职业决策”中，部分服务对象说出了自己的职业目标，如当老板、做小生意、做个正规公司的普通员工、做个厉害的电工等。在一次小组讨论中，笔者问服务对象期望的职业时，服务对象就职业目标展开了讨论。从这次讨论可以看出，服务对象加深了对职业目标的思考和认识。

服务对象 WJ：我以后想做个老板。

笔者：你们觉得什么样的人才能成为老板？

服务对象 SY：成为老板首先要积累经验和资本。“吃得苦中苦，方为人上人”，要从搬砖开始。(其他服务对象表示赞同)

笔者：那你们认为怎么样才能积累经验和资本呢？

服务对象 WBH：搬砖攒钱，吃到了足够的苦，攒到钱，可以先去开一个小店面。

服务对象 LW：对啊，我有个同学利用暑假兼职当保安，也赚了好些钱，先把兼职的钱存起来，会越来越多的。

服务对象 SY：摆摊卖茶叶蛋都可以攒钱的。我之前看新闻大学生卖茶叶蛋，赚了挺多钱。其实，只要我们不嫌弃，很多职业都可以攒到钱。坚持几年，先开个小店面，只要踏实做，以后就会从店长成为老板。

在提升对职业目标认识的同时，服务对象提升了对心仪职业所需职业技能的认识。在问卷问题“你了解心仪职业所具备的职业技能吗?”中，与介入前只有8%的服务对象“有点了解”相比，介入后，该比例提升至36%（见图11）。

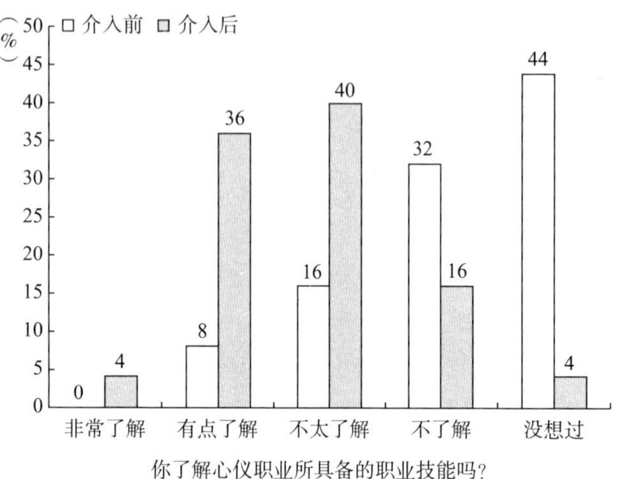

图11 效果评估——心仪职业所需职业技能的认识

此外，笔者在开展“我是‘演说家’”社工课堂服务时，多数服务对象认为面对心仪职业时，表达能力最为欠缺，因此，笔者针对表达能力开展了两次社工课堂服务。与介入前相比，介入后，服务对象的表达能力有所提升（见图12）。

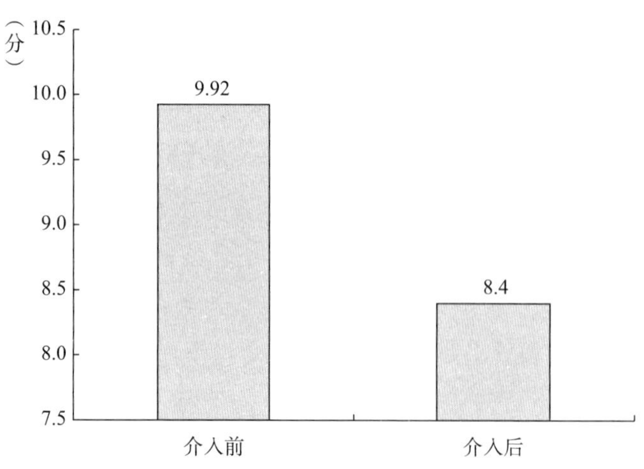

图12 效果评估——服务对象的表达能力

由图12可以看出，在社工课堂介入之前，服务对象的表达能力平均分为9.92分。按照表达能力测试问卷中的计分方法，9分到14分，说明表达能力一般。在社工课堂服务介入后，服务对象的表达能力下降到8.4分，按照计分表5分到9分，说明表达能力良好，服务对象的表达能力获得了提升。

2. 服务形式评估

针对第三阶段外部系统的6次社工课堂的服务形式，服务对象的评分（满分为10分）如表16所示。

表16 服务形式评估——服务对象对职业环境的认识

服务主题	服务形式	平均分
昱升半日行	参观工厂	8.76
职业大猜想	游戏：职业大猜想	8.08
职业决策	师兄经验分享/游戏：造句	8.8
我是“演说家”	小组讨论	7.56
	视频分享	7
	口头演讲	8.84

由表16可以看出，服务对象对“我是‘演说家’”第三小节社工课堂的口头演讲和“职业大猜想”社工课堂的服务形式评分较高，原因在于这两节社工课堂的游戏都是分组比赛，并由“评委”评分，派发礼品，这样的服务形式深受服务对象的欢迎。“昱升半日行”是服务对象之前从未体验过的，因此也深得服务对象的喜欢。但是“我是‘演说家’”另外两次社工课堂并不太受服务对象欢迎，一是由于小组讨论时，部分服务对象没有目标职业，因此未能参与课堂；二是视频的内容未能够引起服务对象足够的兴趣。

（四）宏观系统的效果分析

1. 服务效果评估

通过服务对象职业生涯规划问卷前测和后测的对比，可以发现，在宏观系统层面，服务对象增强了权益意识，然而其劳动权益难以得到维护。

首先，服务对象提升了对劳动者权益的认识。在问卷问题“你了解与劳动者权益相关的法律法规吗?”中，与介入前只有12%的服务对象“有点了解”相比，介入后，该比例增加至64%（见图13）。

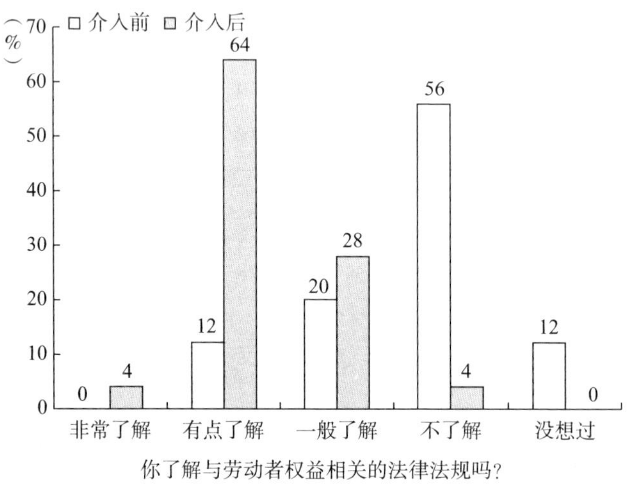

图13 效果评估——权益意识

然而，在面对问卷问题“假设工作后，你非常真实地感觉到你的权益受到了用人单位的侵犯，你会怎么做?”时，与社工课堂介入前相比，服务效果并不明显。与介入前只有8%的服务对象选择在权益受到侵犯时向相关部门投诉相比，介入后，该比例虽然提升至24%，然而，绝大多数服务对象依旧选择“和亲戚、朋友抱怨一下便算了”、“忍气吞声”或“辞职”（见表17）。

表17 效果评估

单位：%

问题	选项	人数	
		介入前	介入后
权益受到侵犯，你会怎么做?	和亲戚朋友抱怨一下便算了	36	32
	忍气吞声	32	28

续表

问题	选项	人数	
		介入前	介入后
权益受到侵犯，你会怎么做？	辞职	20	12
	向相关部门投诉	8	24
	联合其他工友反抗	4	4

除了表格中的数据，服务对象“息事宁人”的态度在访谈中表现得更加明显。

我现在知道加班工资怎么算了，那要是我工作的时候，没有按法律规定的加班工资给我算，我怎么办？要是我投诉了，获得了补偿，那公司是不是就不要我了？那我怎么办？（服务对象 XTB）

要是我投诉了，这个公司不要我了，我就换个公司，那万一还是这样怎么办？我还能继续投诉吗？那我岂不是要永远换工作？（服务对象 DYF）

我感觉维护权益真的好难，除非你决定不干了，否则就没有办法，社会好像就是这个样子，不会让我们得到好处。（服务对象 SY）

除非很多人一起对抗，否则就只有你一个人这样，那你不就很傻吗？但是很多人肯定都不想这样，大家肯定觉得安稳地上个班就行了，不想这么麻烦，搞这么多事情出来。要是我，我肯定就不想这么麻烦，想想就算了。（服务对象 YZZ）

那些维护自己权益的人其实挺了不起的，那么艰难也不放弃，我觉得我肯定做不到，我好像胆子比较小。现在说到时候要怎么怎么样，真到了那个时候，肯定又不敢或者也不想了。（服务对象 ZXX）

服务对象虽然有了维护自身合法权益的意识，但是当面对现实社会的压力与困境时，权益维护往往只是美丽的设想，难以真正实现。

2. 服务形式评估

针对第四阶段宏观系统的 3 次社工课堂的服务形式，服务对象的评分（满分为 10 分）如表 18 所示。

由表 18 可以看出，服务对象对最后三次的社工课堂服务都较为满意。笔者认为其中一个原因是，社工课堂走向尾声，服务对象产生了不舍的情绪，因此格外关注。此外，服务对象在社工课堂介入前，对与劳动者权益相关的知识知之甚少，因此在笔者通过情景模拟和 PPT 展示讲解和分析劳动者权益时，受到了服务对象的欢迎。

表 18　服务形式评估——服务对象的权益意识

服务主题	服务形式	平均分
我的权益我做主	情景模拟	8.44
	PPT 展示	8.6
职业展望	绘画：职业规划图	8.36

五　结论

（一）结论

从与服务对象建立关系、评估服务对象的需求到设计主题服务方案、开展主题服务活动，笔者在将近一年里，带领服务对象从对职业生涯规划的模糊认知走向规划自己的职业生涯。在这一过程中，笔者以生态系统理论为指导，带领服务对象依次提升对自身微观系统、中间系统、外部系统和宏观系统的认知，并在此基础上，确立职业目标，强化权益意识，规划职业生涯。因此，从总体上来看，生态系统理论指导下的中职生职业生涯规划社工课堂是有效的。

第一，中职生有增强职业意识、认识职业世界和确立职业目标的需求，社会工作的介入有助于满足中职生的这些需求。

中等职业教育的不断发展、中职学校规模的不断扩大和中职学生数量的不断增长与中职生就业质量低、职业社会地位低形成了鲜明的对比，尽管社会对职业技能人才的需求庞大，中职生的就业形势却依旧严峻。然而，在与中职生接触的过程中，通过问卷调查、观察和访谈等方式，笔者发现，与外界所描述的“差生”“问题生”“混日子”不同，中职生虽然文化课基础没有普通高中的学生好，但是思维活跃、动手能力强，有极强的提升自身能力以适应社会发展的需求。

职业是中职生最为关注，同时也是最为迷茫的问题。三年甚至两年的职高学习生活一结束，中职生就要走进职场；可是，处于青春期的中职生在这个就业形势严峻的社会中该何去何从成了不可回避的问题。因此，以需求为导向的社会工作的介入，既契合中职生的需求，又有助于解决中职生的这一问题。社会工作者在分析中职生问题的基础上，确立服务方案，并综合运用多种服务方法开展活动，有助于中职生增强职业意识，提升对职业世界的认识并确立职业目标。

第二，生态系统理论强调个体与生活于其中的环境系统相互影响在中职生职业生涯规划社工课堂中发挥了积极作用。

生态系统理论强调个体的发展嵌套在一系列相互影响的环境系统之中，在这些系统中，系统与个体相互作用并影响个体的发展。由小到大，个体发展的环境系统被分为微观系统、中间系统、外部系统和宏观系统。因此，以该理论为指导时，需要将服务对象置于环境之中，即服务对象的问题并不是服务对象个人造成的，而是受所处环境的影响。

在中职生职业生涯规划社工课堂中，笔者从提升中职生微观系统的自我认知入手，提升中职生对家庭、学校和同辈群体的认知，增加中职生对职业环境的认知，到最后强化中职生对劳动者权益的认识，并在此基础上规划职业生涯，由个体到环境，提供了整体且系统的服务。这突破了以往将聚焦点放在中职生自身，而忽略了环境影响的中职生职业生涯规划研究。此外，从效果评估中中职生对各个系统认识的提高可以看出，生态系统理论在中职生职业生涯规划社工课堂中发挥了积极作用。

第三，社工课堂协助中职生通过课堂互动、体验和相互支持，帮助中职生解决问题和发展潜能，有效促进了服务目标的实现。

社工课堂是一种在既定目标内，秉承社会工作价值理念，协助班级成员在课堂互动和体验中，营造积极的班级氛围，提升班级成员应对环境能力，并帮助班级成员解决问题和发展潜能的社会工作服务手法。以社工课堂的服务手法提供专业服务时，既要考虑社工课堂的内容，又要结合社工课堂的形式。在中职生职业生涯规划社工课堂中，笔者以服务对象的需求为出发点，提供整体且系统的服务。在每节社工课堂的服务过程中，笔者本着个别化、不批判的原则，积极地运用同理心，一方面鼓励服务对象分享自己的感受，另一方面引导班级成员相互支持，既加深了服务对象对问题的思考，又有助于服务对象行动的选择。

在社工课堂的服务形式中，单调、重复的活动形式只会引起服务对象的反感。因此，笔者在设计社工课堂活动时，既考虑服务对象对课堂内容的关注，又结合服务对象自身的特点，设计多样化的社工课堂形式。通过趣味性的游戏展现社工课堂的内容最受服务对象欢迎。此外，视频分享、情景模拟、拍卖会等打破了传统教学教授方式的社工课堂，既能吸引服务对象的注意，又能有效促进社工课堂目标的实现。

（二）讨论

本文以生态系统理论为指导，运用社工课堂的服务方法介入中职生职业生涯规划虽然取得了积极的效果，但在实践的过程中仍然存在介入不足的问题。

第一，中职生的家庭系统介入不足。生态系统理论强调个体与生活于其中的环境的相互作用。中职生直接接触且与其密切相关的环境包括家庭、学校和同辈群体。家庭是对个体影响最大的环境系统，全面了解服务对象的家庭情况，可以帮助服务对象做出更加有效的职业选择。然而，笔者在开展服务的过程中发现，对服务对象家庭系统的介入薄弱。笔者只能通过服务对象了解其家庭经济水平和家庭教育方式，得到的只是服务对象单方面对家庭的主观认识与感受，却难以接触服务对象的家长，无法全面了解其家庭情况。究其原因，一方面，大多数服务对象的家长都在本地或外地务工，将服务对象寄宿在学校；另一方面，笔者受到自身时间的限制。该服务项目是笔者的实习项目，除每周一次至两次的实习之外，笔者还需要在校内完成学业任务，鲜有时间与服务对象的家长接触。在日后的服务中，应将家庭系统作为中职生职业生涯规划的介入重点之一。

第二，劳动者的合法权益难以维护。在宏观系统层面的服务中，笔者带领服务对象认识了劳动者权益，并且通过效果评估发现，服务对象的权益意识得到了强化。然而，在这个特别是底层劳动者权益容易受到侵犯的社会，要不要争取自身权益、怎样维护自身权益成了难题。在笔者与服务对象的访谈中，大多数服务对象表达了当权益受到侵犯时，缺乏维护权益的勇气和害怕面对维护权益后的情形。这形成了服务对象的矛盾：具备权益意识却不知如何维护权益。同样，这也成了笔者服务过程中的矛盾。面对这样一群极易走向流水线等社会底层的中职生，其权益受到侵犯的可能性大大增加。作为一名社工，该如何引导服务对象应对权益受损？如何带领服务对象面对勇敢维权后可能出现的一系列难题？这些都是值得深入思考的问题。

参考文献

柴薇，2015，《中职生职业生涯规划能力的培养对策分析》，《课程教育研究》第1期。

陈坤林，2012，《中职中专学生职业生涯规划能力现状分析与教育对策——基于对粤东八所中职中专学校学生的调查研究》，《吉林化工学院学报》第2期。

陈利琼，2008，《高职学生职业生涯规划研究》，西北农林科技大学硕士学位论文。

陈瑛，2014，《中职学生职业生涯规划教育存在的问题和对策》，《广西教育学院学报》第1期。

费梅苹，2007，《上海青少年社会工作者专业能力建设的行动研究》，《华东理工大学学报》（社会科学版）第4期。

高丽，2008，《中职学生“活动本位”职业生涯规划教育的实践和探索》，《江苏职业技术学院学报》第3期。

高尚荣，2010，《开展中国特色的职业生涯规划教育》，《中国高等教育评估》第2期。

胡元聪、黄晓梅，2008，《职业生涯规划实践的国际比较及我国的改革方向探析》，《教育与职业》第5期。

黄俊毅、沈华玉、胡潇文，2012，《大学生职业生涯规划》，清华大学出版社。

雷敏，2014，《浅析联动式教学在中职职业生涯规划教学中的应用》，《教育教学论坛》第45期。

李冬梅，2007，《中职生职业生涯规划问题研究》，广西师范大学硕士学位论文。

李华伟，2012，《基线评估法在社会工作实务中的应用》，《社会工作》第6期。

李双娇，2013，《中职生职业生涯规划社工课堂服务的反思——基于社会生态系统理论视角》，华中科技大学硕士学位论文。

李雪清，2014，《项目教学法在中职职业生涯规划课程中运用的研究》，《教育教学论坛》第24期。

廖泉文，2004，《职业生涯发展的三、三、三理论》，《中国人力资源开发》第9期。

林广婷，2014，《体验式教学在中职职业生涯规划课程中的应用》，《卫生职业教育》第7期。

刘芳、吴世友，2013，《案主满意度评估：一种有效的社会工作实务评估方法》，《华东理工大学学报》（社会科学版）第4期。

刘杰、孟会敏，2009，《关于布朗芬布伦纳发展心理学生态系统理论》，《中国健康心理学杂志》第2期。

刘文生，2011，《中职院校学生职业生涯规划教育的现状及对策》，《中国校外教育》第9期。

刘献文、李少芬，2007，《大学生职业生涯规划教育本土化研究》，《辽宁教育研究》第5期。

罗亚利、张常洁，2007，《谈中职生职业生涯规划教育》，《职业圈》第

22 期。

莫小枚，2013，《社会工作小组模式介入贫困生职业生涯规划的应用研究——基于典型案例的评估分析》，南京理工大学硕士学位论文。

史柏年，2011，《希望社工服务十法》，社会科学文献出版社。

史金玉，2012，《新生代农民工职业生涯规划的企业社会工作介入——以苏州工业园区某企业的小组工作介入为例》，《中外企业家》第 16 期。

史文生，2002，《奥地利职业教育的特色》，《中国职业技术教育》第 14 期。

孙大雁，2008，《中职生职业生涯规划的团体心理辅导方案设计》，《中等职业教育》第 8 期。

唐玮，2014，《中职生生涯规划团体辅导研究》，曲阜师范大学硕士学位论文。

王黎明，2003，《美国中学的职业生涯规划》，《基础教育参考》第 Z2 期。

王美凡，2008，《中职生职业生涯规划教育现状及实施途径研究》，广西师范大学硕士学位论文。

王木生、詹泽群、王凯民、闵王萌、杨洪飞，2009，《团体辅导对中职护生职业生涯规划的影响》，《中国护理管理杂志》第 6 期。

王震，2014，《中职生职业生涯规划能力现状、问题与对策研究——以河南省部分城市为例》，《中国职业技术教育》第 15 期。

肖利哲、王雪原、武建龙，2011，《大学生职业生涯规划理论与设计》，科学出版社。

许援竺，2007，《中职生职业生涯规划指导模式初探》，《职业圈》第 23 期。

燕亚明，2011，《中职生职业生涯规划的现状研究》，《考试周刊》第 40 期。

姚进忠，2010，《农民工子女社会适应的社会工作介入探讨——基于生态系统理论的分析》，《北京科技大学学报》（社会科学版）第 1 期。

叶吉季斯、魏因巴赫，2004，《社会工作研究方法》，黄晨熹、唐咏译，华东理工大学出版社。

尤敬党、吴大同，2003，《生涯教育论》，《江苏教育学院学报》（社会科学版）第 1 期。

袁乐、周炜炜、戴敏秀，2007，《国内外职业生涯规划教育比较研究》，《世纪桥》第 8 期。

张波，2012，《“体验式教学”在中职学校职业生涯规划课中的应用》，《黑河学刊》第 4 期。

张甲峰，2011，《农村中职生职业规划教育现状与对策研究——以德州市中等职业学校为例》，山东师范大学硕士学位论文。

张建娣，2012，《中职生职业生涯规划现状及对策研究》，《职业教育研究》

第6期。

张闽湘，2014，《未成年工职业生涯服务的小组工作探索——以东莞Y厂为例》，云南大学硕士学位论文。

张益民，2013，《大学生职业生涯规划研究》，北京交通大学出版社。

张玉荣，2010，《浅谈案例教学法在中职职业生涯规划课程教学中的应用》，《中国职业技术教育》第29期。

赵英兰，2008，《中职生的职业生涯规划教育研究——以南宁机电工程学校为例》，广西师范大学硕士学位论文。

郑丽丽，2012，《民族地区中职学校职业生涯规划教育问题研究——以鄂尔多斯卫生学校为例》，中央民族大学硕士学位论文。

郑木溪、郝柱、万江红，2009，《广州市农民工职业生涯规划调查与小组工作介入的探索》，《商场现代化》第31期。

周欣，2015，《社会工作介入中职生职业规划的行动研究——基于武汉市S职高的社工服务》，华中科技大学硕士学位论文。

朱慧，2013，《企业社会工作对员工生涯服务的介入研究——以扬州市Y企业为例》，苏州大学硕士学位论文。

《2012中国中等职业学校学生发展与就业报告》编写组编，2013，《2012中国中等职业学校学生发展与就业报告》，外语教学与研究出版社。

Kevin James Swick., Reginald D. Williams, 2006. "An Analysis of Bronfenbrenner's Bio-Ecological Perspective for Early Childhood Educators: Implication for Working with Families Experiencing Stress." *Early Childhood Education Journal*. 33 (5): 371 - 378.

图书在版编目(CIP)数据

华中科技大学社会学院优秀硕士论文集. 第1卷 / 华中科技大学社会学院主编. -- 北京 : 社会科学文献出版社, 2018.4
(华中科技大学社会学文库)
ISBN 978-7-5201-1904-7

Ⅰ.①华… Ⅱ.①华… Ⅲ.①社会科学-文集 Ⅳ.①C53

中国版本图书馆CIP数据核字(2017)第297859号

华中科技大学社会学文库
华中科技大学社会学院优秀硕士论文集(第1卷)

主　　编 / 华中科技大学社会学院

出 版 人 / 谢寿光
项目统筹 / 谢蕊芬　任晓霞
责任编辑 / 任晓霞　马甜甜　杨鑫磊

出　　版 / 社会科学文献出版社 · 社会学出版中心 (010) 59367159
地址: 北京市北三环中路甲29号院华龙大厦　邮编: 100029
网址: www.ssap.com.cn
发　　行 / 市场营销中心 (010) 59367081　59367018
印　　装 / 三河市尚艺印装有限公司

规　　格 / 开 本: 787mm × 1092mm　1/16
印 张: 31　字 数: 439千字
版　　次 / 2018年4月第1版　2018年4月第1次印刷
书　　号 / ISBN 978-7-5201-1904-7
定　　价 / 138.00元

本书如有印装质量问题, 请与读者服务中心 (010-59367028) 联系